Liuge Weishenme

Lilun Sikao yu Jiaoxue Tantao

六个“为什么”
理论思考与教学探讨

杨河 白雪秋 主编

北京大学出版社
PEKING UNIVERSITY PRESS

图书在版编目(CIP)数据

六个"为什么"理论思考与教学探讨/杨河,白雪秋主编.—北京:北京大学出版社,2013.6

ISBN 978-7-301-22526-4

Ⅰ.①六…　Ⅱ.①杨…②白…　Ⅲ.①社会主义建设模式-中国-高等学校-教学参考资料　Ⅳ.①D616

中国版本图书馆 CIP 数据核字(2013)第 098820 号

书　　　　名:六个"为什么"理论思考与教学探讨
著作责任者:杨　河　白雪秋　主编
责 任 编 辑:董郑芳　胡利国
标 准 书 号:ISBN 978-7-301-22526-4/A·0045
出 版 发 行:北京大学出版社
地　　　　址:北京市海淀区成府路 205 号　100871
网　　　　址:http://www.pup.cn　新浪官方微博:@北京大学出版社
电 子 信 箱:ss@pup.pku.edu.cn
电　　　　话:邮购部 62752015　发行部 62750672　编辑部 62753121
出版部 62754962
印　刷　者:三河市北燕印装有限公司
经　销　者:新华书店
650 毫米×980 毫米　16 开本　29 印张　430 千字
2013 年 6 月第 1 版　2013 年 6 月第 1 次印刷
定　　　　价:55.00 元

目　录

下篇 教学探讨

前　言

当今世界正处在蓬勃发展、深刻变革和急剧调整时期，世界多极化和经济全球化的趋势在曲折中发展，各种思想文化相互激荡，国内外形势复杂多变。人们思想活动的独立性、选择性、多变性、差异性日趋增强。如何清醒地认识国际国内形势发展变化的新特点和人类社会的发展趋势，深入把握社会主义建设的客观规律及其核心价值体系，对我们坚定不移地走中国特色社会主义道路具有重要的现实意义。

为此，中共中央宣传部紧密联系国内外形势的深刻变化和广大干部群众的思想实际，以鲜明的观点、深入的分析、生动的事例、透彻的说理，全面准确地阐述了关于社会主义核心价值体系的六个重大理论问题，出版了《六个“为什么”——对几个重大问题的回答》(简称《六个“为什么”》)。随后，中宣部、教育部先后发出通知，明确要求各高校要把《六个“为什么”》作为大学生思想政治理论课的重要辅助材料，推动中国特色社会主义理论体系进教材、进课堂、进头脑。教育部社会科学司还以委托课题的形式，组织高校扎实做好推进工作。

北京大学作为部属高校的唯一试点单位，有幸于 2009 年 7 月承担了本课题。对此，北京大学党委高度重视，充分认识到《六个“为什么”》对当今中国“举什么旗、走什么路、以什么样的精神状态、朝着什么样的发展目标继续前进”等方面的六个重大问题作出了全面准确、深入浅出的回答，是深入学习中国特色社会主义理论体系，准确把握社会主义核心价值的重要辅助材料。在北大思想政治理论课教学中，突出六个“为什么”的思想内容和理论观点，将大大深化学生对社会主义核心价值体系的认识和理解，有助于增强学生对中国特色社会主义的理论认同、政治认同和情感认同，从而进一步坚定走中国特色社会主义道路的理想信念。因而，校党委组织领导，由承担全校思想政治理论课教学的马克思主义学院具体实施，上下齐心，扎实而有效地推进了课题的顺利开展。几年来，推进工作取得了预期的成效，在2011年教育部社科司组织召开的经验交流会上，北大的汇报得到了教育部领导和与会同行们的充分肯定和高度认同。

本书集结的正是课题组成员在推进《六个“为什么”》进课堂、进头脑实践中的成果。这里既有理论思考，又有现实解读；既有学术上的研究，又有教学上的探讨；既有哲理的逻辑推演，又有案例的对比分析；既有命题的严谨思辨，也有事实的娓娓道来。有老教师长期追索的思想沉淀，更有年轻教师活跃的新锐思考。本书的突出特点，是紧密联系当代大学生的思想实际和认识困惑，基于马克思主义各二级学科的不同视角，从“问题”切入，摆事实，生动准确；讲道理，心平气和，观点明确，分析深入，材料鲜活，体现了研究集体对六个“为什么”的严肃认真和孜孜以求。

马克思主义学院作为北京大学的教学科研单位，秉承“以教学带动科研，以科研促进教学”的发展理念，实践中也取得了良好的效果。学院内相关学科齐全，既能独立地从各自的学科视角进行深入研究，又可以相互合作，从总体上用马克思主义的立场、观点、方法剖析上述这些重大问题，具有优势互补、相互促进的坚实学科背景。为使推进工作扎实有效，在校党委的领导下，马克思主义学院的领导班子、各研究所所长和各课程主持人，做了精心的组织工作，制订实施方案，几上几下；划分各课的教研视角，苦思苦想。承担课题的老师倾注了可贵的热情，其他老师也为此做了大量细致的教学和科研工作：融入教学，课上课下；理论研究，白天夜里。几年来的推进实践表明，通过对六个“为什么”问题的深入思考和理论研究，不仅促进了教学质量的提高，深化了学生的思想认识，而且培养和锻炼了师资队伍，这有利于进一步加强学科建设、教材建设和教学体系建设。

本书的出版，既是前一阶段六个“为什么”研究成果的总结，更是今后继续深入探讨重大理论和实践问题的新起点。相信通过马克思主义学院《六个“为什么”》进课堂工作的不断推进和完善，通过对这些重大问题的进一步思考和持续的研究，将会大大地增强思想政治理论课教学的针对性、实效性和说服力、感染力，使得社会主义核心价值体系真正为大学生所感知、所认同、所接受，从而有利于大学生树立正确的世界观、人生观、价值观，茁壮成长为中国特色社会主义事业的建设者和接班人。

北京大学　杨河

2012 年 4 月

上篇　理论思考

（一） 为什么必须坚持马克思主义在意识形态领域的指导地位，而不能搞指导思想的多元化

建设中国特色社会主义必须坚持和巩固马克思主义的指导地位

张守民

马克思主义是我们立党立国的根本指导思想，是我们党和国家一切工作的行动指南，是保证我们党团结和带领人民建设中国特色社会主义、实现中华民族伟大复兴的思想基础，也是我们认识世界、改造世界的强大思想武器。正因为如此，在改革开放新时期，我们党始终强调，必须在意识形态领域坚持和巩固马克思主义的指导地位，不断用马列主义、毛泽东思想和中国特色社会主义理论体系武装全党、教育全国人民，绝不允许搞指导思想的多元化。这是一条根本原则。正确理解这个问题，就要正确理解：什么是马克思主义，为什么我们党和国家把马克思主义作为根本指导思想、建设中国特色社会主义、实现中华民族的伟大复兴为什么必须坚持马克思主义。

一、马克思主义是科学的世界观和方法论

马克思主义之所以成为我们党和国家的根本指导思想、一切工作的行动指南，最根本原因就在于它是被我国革命、建设和改革实践证明了的科学的世界观和方法论。正如毛泽东在我国民主革命时期指出的："我们学马克思列宁主义不是为着好看，也不是因为它有什么神秘，只是因为它是领导无产阶级革命事业走向胜利的科学。"①

① 《毛泽东选集》第3卷，人民出版社1991年版，第820页。

（一）马克思主义是时代的产物，回答了时代提出的历史课题，马克思主义回答的问题是科学的

科学理论必须以客观事实为基础，但并不仅仅是对客观事实的简单描述，而是对客观事实所提出的科学问题的回答。正确理解、把握和回答时代发展提出的问题，是理论成为科学理论的前提。马克思和恩格斯之所以能够创立马克思主义，马克思主义之所以是科学的世界观和方法论，首先就在于马克思和恩格斯及他们创立的马克思主义世界观，正确理解和回答了资本主义时代“人类先进思想已经提出的种种问题”[①]，其中最根本的就是“资本和劳动的关系”问题。恩格斯说：“资本和劳动的关系，是我们全部现代社会体系所围绕旋转的轴心。”[②]从主体方面说，“资本和劳动的关系”问题，就是无产阶级与资产阶级的对立、对抗问题和无产阶级的解放问题。

恩格斯说：“1831 年在里昂发生了第一次工人起义；在 1838—1842 年，第一次全国性的工人运动，即英国的宪章派运动，达到了高潮。无产阶级和资产阶级之间的阶级斗争一方面随着大工业的发展，另一方面随着资产阶级新近取得的政治统治的发展，在欧洲最先进的国家的历史中升到了重要地位。事实日益令人信服地证明，资产阶级经济学关于资本和劳动的利益一致、关于自由竞争必将带来普遍和谐和人民的普遍福利的学说完全是撒谎。所有这些事实都再也不能置之不理了，同样，作为这些事实的理论表现（虽然是极不完备的表现）的法国和英国的社会主义也不能再置之不理了。”[③]这就是马克思主义产生的时代背景。

马克思和恩格斯原本都是崇尚自由、民主的革命民主主义者。随着马克思、恩格斯目睹资本主义社会的生活现实，认识了工人阶级并把自己的政治立场转到无产阶级一边，无产阶级的解放问题成为他们理论研究和实践活动围绕着旋转的中心。马克思主义回答的问题是科

---

① 《列宁选集》第 2 卷，人民出版社 1995 年版，第 309 页。
② 《马克思恩格斯选集》第 2 卷，人民出版社 1995 年版，第 589 页。
③ 《马克思恩格斯选集》第 3 卷，人民出版社 1995 年版，第 738—739 页。

学的。

（二）马克思主义是建立在客观事实基础上的

科学理论是对问题的科学回答，这种回答必须是以事实为根据的。牛顿说“任何不是从现象中推导出来的说法”，即“没有任何实验证明的——臆断或猜测”，“在实验哲学中都没有它们的地位”。[①] 恩格斯说，思维永远不能从自身，而只能从外部世界汲取和引出“存在的形式”或“原则”。“原则不是研究的出发点，而是它的最终结果；这些原则不是被应用于自然界和人类历史，而是从它们中抽象出来的；不是自然界和人类去适应原则，而是原则只有在符合自然界和历史的情况下才是正确的。这是对事物的唯一唯物主义的观点。”[②]因此，恩格斯强调，“在自然界和历史的每一科学领域中，都必须从既有的事实出发”，从事实中“发现”联系，而“不是设计种种联系塞到事实中去”。[③]

马克思主义是建立在科学事实基础上的。事实首先是，资本主义机器大工业的发展、世界市场的形成、不可遏制的竞争、日趋严重和日益普遍的经济危机、无产阶级的日益贫困化以及由此产生的无产阶级和资产阶级之间的阶级斗争。马克思和恩格斯曾不止一次地指出这一点。如恩格斯说，现代社会主义“不是基于某一个蛰居书斋的学者的关于正义和非正义的观念”，而是基于这样一个“以或多或少清晰的形象和不可抗拒的必然性印入被剥削的无产者的头脑中的、可以感触到的物质事实”，即“现代资本主义生产方式所造成的生产力和由它创立的财富分配制度，已经和这种生产方式本身发生激烈的矛盾，而且矛盾达到了这种程度，以致如果要避免整个现代社会毁灭，就必须使生产方式和分配方式发生一个会消除一切阶级差别的变革”。[④]

其次是，空想社会主义失败的经验教训。空想社会主义不是一种只存在于头脑和书本中的思想、学说，它的创立者和追随者们为实现自

---

① 参见《牛顿自然哲学著作选》（王福山译），上海译文出版社 2001 年版，第 8—9、64 页。

② 《马克思恩格斯选集》第 3 卷，人民出版社 1995 年版，第 374 页。

③ 《马克思恩格斯选集》第 4 卷，人民出版社 1995 年版，第 288 页。

④ 《马克思恩格斯选集》第 3 卷，人民出版社 1995 年版，第 500—501 页。

己的主张也进行了各种各样的试验、示范、实践。这些试验、示范或实践活动虽然都失败了，但却为马克思和恩格斯创立科学社会主义学说提供了宝贵的经验教训。正如马克思指出的，虽然我们不应该否定傅立叶、欧文、圣西门等这些社会主义的鼻祖，正如现代化学家不能否定他们的祖先炼金术士一样，“但是我们应该努力避免重犯他们的错误，因为我们犯这样的错误将是不可饶恕的”。[①]

再次，资本主义机器大工业推动自然科学由搜集材料的阶段进入整理材料的阶段，自然科学的巨大进步，不仅证明了唯心主义世界观的荒谬、旧唯物主义世界观和形而上学思维方式的局限性，而且为新的世界观的产生提供了大量科学事实，其中最重要的是能量守恒与转化定律、细胞学说和达尔文的进化论这三大发现。恩格斯说：“由于这三大发现和自然科学的其他巨大进步，我们现在不仅能够说明自然界中各个领域内的过程之间的联系，而且总的说来也能说明各个领域之间的联系了，这样，我们就能够依靠经验自然科学本身所提供的事实，以近乎系统的形式描绘出一幅自然界联系的清晰图画。”[②]而在此之前，这几乎是不可能的。

（三）马克思主义吸收和改造了人类思想和文化发展中一切有价值的东西

任何科学理论都是新思想、新理论和新观点，但这种新思想、新理论和新观点又不是偶然出现的，而是人类认识积累、发展的结果。科学是社会的事业、人类的事业。任何新思想、新理论和新观点都不能不吸收和继承前人创造的有价值的思想成果。从新的事实材料出发，吸收和改造前人创造的思想文化中一切有价值的东西，是提出新思想、新理论和新观点的重要环节。如哥白尼“日心说”的提出，就不仅在于哥白尼“认识到天文学家们对天球运动的研究结果不一致”，“觉察”到“有非常多的事实”与从托勒密的“地心说”体系应当得出的结论“不相符”，“发现”了一些托勒密“所不知道的运动”，而且在于哥白尼“不辞

① 《马克思恩格斯选集》第3卷，人民出版社1995年版，第230页。
② 《马克思恩格斯选集》第4卷，人民出版社1995年版，第246页。

辛苦重读了"他所能得到的"一切哲学家的著作",从中发现了古希腊思想家关于地球运动的思想,并把"地球有某种运动"作为"假设",来确定是否可以找到"更可靠的对天球运行的解释"。[①] 自然科学如此,哲学社会科学也是如此。

马克思主义的根虽然"深深扎在物质的经济的事实中",它也"必须首先从已有的思想材料出发"[②],吸收和改造前人创造的有价值的思想成果。这是马克思和恩格斯多次阐明了的。如马克思说:"社会主义和共产主义,是在古典政治经济学本身的著作中,特别是在李嘉图的著作中找到自己的理论前提的"。[③] 恩格斯说:"德国的理论上的社会主义永远不会忘记,它是站在圣西门、傅立叶和欧文这三个人的肩上的"[④];科学社会主义"不仅继承了圣西门、傅立叶和欧文,而且继承了康德、费希特和黑格尔"。[⑤]

所以,列宁说,马克思主义这一革命无产阶级的思想体系之所以"赢得了世界历史性的意义",就在于"它并没有抛弃资产阶级时代最宝贵的成就,相反却吸收和改造了两千多年来人类思想和文化发展中一切有价值的东西"。[⑥]

(四) 马克思主义揭示了自然界、人类社会和思维发展的一般规律,揭示了无产阶级推翻资本主义、建设社会主义、实现共产主义的一般规律,马克思主义的内容是科学的

没有科学事实作根据的理论,不是科学理论。但科学理论之所以是科学的,不在于它如实地"描述"了客观对象(因为这种"描述"什么也不能说明),而在于它正确地揭示了客观对象的本质和规律,因而能够指导人们正确地说明世界、成功地改造世界。这是科学理论的本质特征和根本标志。伽利略、牛顿之所以成为近代科学形成时期的代表,

---

① 哥白尼:《天体运行论》,陕西人民出版社 1999 年版,第 3—4、12 页。
② 《马克思恩格斯选集》第 3 卷,人民出版社 1995 年版,第 719 页。
③ 《马克思恩格斯全集》第 30 卷,人民出版社 1995 年版,第 4 页。
④ 《马克思恩格斯选集》第 2 卷,人民出版社 1995 年版,第 635 页。
⑤ 《马克思恩格斯选集》第 3 卷,人民出版社 1995 年版,第 692 页。
⑥ 《列宁选集》第 4 卷,人民出版社 1995 年版,第 299 页。

就在于他们的理论揭示了自然界的物理运动的规律。马克思主义之所以是科学的世界观和方法论，从内容方面说，就在于它揭示了自然界、人类社会和思维发展的一般规律，揭示了无产阶级推翻资本主义制度、建设社会主义、实现共产主义的一般规律。用马克思、恩格斯和列宁的话说就是，它是从自然界和人类历史中抽象出来的“世界观”、关于外部世界存在的“基本原则”①、“一般原理”②，因而为人们提供了“进一步研究的出发点和供这种研究使用的方法”③、“行动的指南”④、“总的指导原理”⑤。

规律是“以铁的必然性发生作用”的，它“不仅不以人的意志、意识和意图为转移，反而决定人的意志、意识和意图”。⑥ 例如：“氯和氢在一定的压力和温度下受到光合作用就会爆炸而化合成氯化氢；……只要具备上述条件，这种现象随时随地都会发生。”⑦这是规律的无条件性、绝对性。但这个例子又表明，只有具备上述条件，这种现象才会发生。这就是说，规律又是在一定条件下存在并发生作用的。这是规律的有条件性、相对性。正因为如此，人们认识了规律，就可以通过实践，创造或改变规律起作用的条件，利用规律为我们的目的服务。这就是毛泽东所说的：“自由不在于幻想中摆脱自然规律而独立，而在于认识这些规律，从而能够有计划地使自然规律为一定的目的服务。”⑧马克思主义揭示了自然界、人类社会和思维发展的一般规律，揭示了无产阶级推翻资本主义制度、建设社会主义、实现共产主义的一般规律，从而也就为人们正确地认识世界、成功地改造世界提供了世界观和方法论的保证。20 世纪 80 年代以来，我国有一些人指责马克思主义哲学强调“物质、运动、必然规律”，强调规律“不依人的主观意志为转移”，“要

---

① 《马克思恩格斯选集》第 3 卷，人民出版社 1995 年版，第 347、375 页。
② 《马克思恩格斯选集》第 1 卷，人民出版社 1995 年版，第 248 页。
③ 《马克思恩格斯选集》第 4 卷，人民出版社 1995 年版，第 742—743 页。
④ 同上书，第 677 页。
⑤ 《列宁选集》第 1 卷，人民出版社 1995 年版，第 274 页。
⑥ 《马克思恩格斯选集》第 2 卷，人民出版社 1995 年版，第 100、110 页。
⑦ 《马克思恩格斯选集》第 4 卷，人民出版社 1995 年版，第 341 页。
⑧ 《马克思恩格斯选集》第 3 卷，人民出版社 1995 年版，第 455 页。

人主观符合客观、行动服从规律、自由服从必然,即一切服从物质运动的必然法则”,把主观“完全排除在哲学之外”,就是否定个人“有独立的人格性和价值”,因而是“前定论哲学、顺从论哲学、客体决定论哲学、替天行道论哲学”。[①] 这是一种自己先把自由和必然绝对对立起来,然后又据以指责马克思主义哲学的、既浅薄又错误的形而上学观点。

(五)马克思主义坚持的是实事求是、逻辑和历史相一致的方法,马克思主义的方法是科学的

正确认识事物的本质和规律要有正确的方法。方法正确是理论正确的重要保证。马克思主义的方法从根本上说就是“实事求是”,即“从既有的事实出发”,从事实中“发现”联系,而“不是设计种种联系塞到事实中去”。[②]

“实事求是”的根本在于从“实事”中“求”得“是”,揭示对象的本质和规律。世界不是既成事物的集合体,而是过程的集合体。事物是作为过程而存在的,事物运动的规律就存在于事物的发展过程中。因此,毛泽东说:“应当从历史发展过程的分析中来发现和证明规律。不从历史发展过程的分析下手,规律是说不清楚的。”[③]这就是马克思主义的辩证唯物主义强调的“逻辑和历史相一致”的方法。在这里,所谓“历史”是指客观对象自身发展的历史和人类对其认识的历史,所谓“逻辑”是指客观对象在思维中的再现。现实的历史过程是第一性的,思维的范畴和逻辑是第二性的,思维的逻辑必须反映客观对象自身发展的逻辑,必须和现实的历史过程相一致。恩格斯说“历史从哪里开始,思想进程也应当从哪里开始,而思想进程的进一步发展不过是历史过程在抽象的、理论上前后一贯的形式上的反映”。[④] 列宁说,要正确地分析、要有把握地切实地解决社会科学中的问题,“最重要的”就是

---

① 《我的哲学思路——访高清海教授》,《哲学动态》1994 年第 11 期。

② 《马克思恩格斯选集》第 4 卷,人民出版社 1995 年版,第 288 页。

③ 《毛泽东文集》第 8 卷,人民出版社 1999 年版,第 106 页。

④ 《马克思恩格斯选集》第 2 卷,人民出版社 1995 年版,第 43 页。

“不要忘记基本的历史联系”，要“对它的整个发展过程作历史的考察”，即“看某种现象在历史上怎样产生、在发展中经过了哪些主要阶段，并根据它的这种发展去考察这一事物现在是怎样的”。这是研究社会科学问题的“一种最可靠的方法”①。

逻辑和历史相一致的方法是实事求是在研究过程中的具体展开。正是实事求是、逻辑和历史相一致的科学方法，为马克思主义理论内容的科学性提供了重要保证。

二、马克思主义是“关于无产阶级解放的条件的学说”，是“共产主义世界观”

马克思主义之所以是科学的世界观和方法论，还在于它是“关于无产阶级解放的条件的学说”，是“共产主义世界观”。无产阶级的政治立场是马克思主义最根本的政治立场，无产阶级的解放是全部马克思主义理论的出发点和归宿。无产阶级的政治立场，无产阶级改造世界的革命实践，是马克思主义的科学性的现实基础。

（一）马克思主义“一开始就是主要是面向工人阶级的”

马克思和恩格斯青年时代都是崇尚自由民主的革命民主主义者。在《莱茵报》工作期间，马克思通过深入社会生活、参加实际斗争，不仅深刻认识到思想家必须有“明确的政治立场”，“把明确的政治立场，因而把实际斗争”作为批判的“出发点”②，而且明确宣布站在“政治上和社会上一无所有的贫苦群众”③一边。1843 年 10 月到达法国巴黎之后，马克思通过深入工人运动，亲眼看到法国社会主义工人联合起来的“实践运动”取得的“光辉的成果”，亲身感受到工人们那由于劳动而变

① 《列宁选集》第 4 卷，人民出版社 1995 年版，第 26 页。
② 《马克思恩格斯全集》第 47 卷，人民出版社 2004 年版，第 66 页。
③ 《马克思恩格斯全集》第 1 卷，人民出版社 1995 年版，第 248 页。

得坚实的形象“放射出人类崇高精神之光”①,“劳累不堪”的工人“纯洁无瑕,心地高尚”②,深刻认识到“历史正在把我们文明社会的这些‘野蛮人’变成人类解放的实践因素”③,无产阶级是实现“彻底的革命、普遍的人的解放”的“心脏”和“物质力量”④,“产业工人的起义不管带有怎样的局部性,总包含着恢弘的灵魂”⑤。1842 年 11 月,恩格斯奉父命到英国曼彻斯特学习经商。在英国曼彻斯特,他认识了无产阶级。恩格斯指出,“无产者阶级”是资本主义大工业的产物,是“一个以后再也消灭不了的阶级”,“按人数来说,这个阶级已经成了英国最强大的一个阶级”,“尽管他们粗野,尽管他们道德堕落”,但“只有”他们“才是真正值得尊敬的人”。恩格斯借用《新约全书》的话说:“贫穷者是有福的,因为天国是他们的,而且这个世界的王国迟早也是他们的。”⑥马克思和恩格斯毫不动摇地把自己的政治立场转到了无产阶级一边,把为无产阶级的解放事业——共产主义而奋斗作为自己终生的理想和信念。无论在任何艰难困苦的场合,这两位工人阶级的忠诚战士丝毫没有动摇过自己的政治信念和阶级立场。

马克思和恩格斯首先是无产阶级革命家。他们是为无产阶级的解放事业而从事理论研究、创立马克思主义的。马克思和恩格斯之所以批判以布鲁诺·鲍威尔为代表的青年黑格尔派,不仅在于他们的世界观是唯心主义的,更重要的是在于他们从这种唯心主义世界观出发,不仅宣称工人群众是“消极的”历史因素、“精神的真正敌人”,而且把工人群众的苦难归咎于工人自己的“自我意识”,要求工人阶级“鄙弃”“真正改变自己的现实的生存、改变自己生存的现实条件、改变自己这个现实的‘我’的任何行动”⑦。马克思和恩格斯之所以批判并抛弃费尔巴哈的人本主义,不仅在于费尔巴哈的人本主义用“人的本质”的

---

① 《马克思恩格斯全集》第 3 卷,人民出版社 2002 年版,第 348 页。

② 《马克思恩格斯全集》第 47 卷,人民出版社 2004 年版,第 74 页。

③ 同上。

④ 《马克思恩格斯全集》第 3 卷,人民出版社 2002 年版,第 214 页。

⑤ 同上书,第 394 页。

⑥ 同上书,第 410、497、425 页。

⑦ 《马克思恩格斯全集》第 2 卷,人民出版社 1957 年版,第 66—67 页。

“异化—复归”来说明社会历史过程，这本身就是唯心主义的，更重要的是在于这种人本主义把“爱”变成了一个随时随地都能创造奇迹、克服实际生活中的一切困难的“神”，“这样一来，他的哲学中的最后一点革命性也消失了，留下的只是一个老调子：彼此相爱吧！”①马克思和恩格斯之所以批判“真正的社会主义者”，就在于他们把“人本主义”作为自己的“最高原则”，用“关于真正的社会、关于现实的人的本质的无谓思辨”取代关于无产阶级解放条件的科学认识，把“社会主义”理解为“一种‘以对内在人类本性的意识即理性为基础’的理想的真正社会”②；他们“不偏不倚地超乎任何阶级斗争之上的”③，拒绝甚至反对无产阶级争取自身解放的一切实际行动，“主张靠‘爱’来实现人类的解放，而不主张用经济上改革生产的办法来实现无产阶级的解放”④。

所以，恩格斯说，马克思主义“一开始就主要是面向工人阶级的”。⑤ 坚定不移的无产阶级立场，是马克思主义最根本的政治特征。无产阶级的解放是全部马克思主义理论的出发点和最终归宿。

（二）马克思主义是“关于无产阶级解放的条件的学说”

恩格斯在为共产主义者同盟起草的纲领草案——《共产主义原理》中，一开始就说：“什么是共产主义？”“共产主义是关于无产阶级解放的条件的学说”。⑥ 这是马克思主义同形形色色的人本主义学说、空想社会主义学说的根本区别。

千百年来，劳动者创造了财富，但自己却备受折磨和欺凌，终生挣扎在贫穷和苦难的深渊；历史的变迁、文明的进步对于劳动者来说，不过是新枷锁代替旧枷锁；千百次的抗争，千百次的失败，愤怒与希望交织，希望却总以绝望告终。文艺复兴和启蒙运动的思想家们提倡“人道”反对“神道”。在他们看来，只要按照人类自身固有的“理性”的原

① 《马克思恩格斯选集》第4卷，人民出版社1995年版，第240页。
② 《马克思恩格斯全集》第3卷，人民出版社1960年版，第567页。
③ 《马克思恩格斯选集》第1卷，人民出版社1995年版，第301页。
④ 参见《马克思恩格斯选集》第4卷，人民出版社1995年版，第222页。
⑤ 同上书，第258页。
⑥ 《马克思恩格斯选集》第1卷，人民出版社1995年版，第230页。

则建立起“理性的国家、理性的社会”,“迷信、非正义、特权和压迫”就将为“永恒的真理,为永恒的正义,为基于自然的平等和不可剥夺的人权”所取代。但事实上,“这个理性的王国不过是资产阶级的理想化的王国”,在这个“理性的”国度里,“富有和贫穷的对立”不仅没有化为“普遍的幸福”,反而更加尖锐化,千百万劳动群众的贫穷和苦难成了资本增值、社会生存的条件。空想社会主义者奋起揭露资本主义“实际上是恢复了的奴隶制度”①,是“个人所有制的暴政”②。在他们看来,按照启蒙学者的原则建立起来的资产阶级世界也是不合理性的、非正义的,也应该像封建制度一样被抛到垃圾堆里去。他们同情无产阶级,但却不想代表无产阶级。在他们的心目中,无产阶级只是一个受苦受难、值得同情的阶级,因而,他们同启蒙学者一样诉诸理性和正义,企图通过向社会呼吁,甚至主要是向富人、向统治阶级呼吁,通过示范、试验实现他们设计的改造社会的计划、方案。

19 世纪三四十年代,无产阶级和资产阶级之间的阶级斗争在欧洲最先进的国家的历史中上升到重要地位,无产阶级作为独立的政治力量登上历史舞台,使马克思恩格斯不仅认识到,“无产阶级能够而且必须自己解放自己”,而且认识到无产阶级解放的条件,不应当到人们的头脑里去寻找,而应当到“无产阶级本身的生活条件”、无产阶级存在的“必然性”中去寻找。③ 这就是后来恩格斯指出的:“社会主义现在已经不再被看作某个天才头脑的偶然发现,而被看作两个历史地产生的阶级即无产阶级和资产阶级之间斗争的必然产物。它的任务不再是构想出一个尽可能完善的社会体系,而是研究必然产生这两个阶级及其相互斗争的那种历史的经济的过程;并在由此造成的经济状况中找出解决冲突的手段。”④通过研究必然产生无产阶级和资产阶级及其相互斗争的“历史的经济的过程”,马克思和恩格斯在《共产党宣言》中第一次系统地阐明了无产阶级解放的一般条件。

---

① 《傅立叶选集》第 1 卷,商务印书馆 1979 年版,第 117 页。
② 《傅立叶选集》第 2 卷,商务印书馆 1981 年版,第 247 页。
③ 《马克思恩格斯全集》第 2 卷,人民出版社 1957 年版,第 45 页。
④ 《马克思恩格斯选集》第 3 卷,人民出版社 1995 年版,第 739 页。

马克思主义是关于无产阶级解放的条件的学说,同时也是关于人类解放的学说。马克思和恩格斯说:"过去一切阶级在争得统治之后,总是使整个社会服从于它们发财致富的条件,企图以此来巩固它们已经获得的生活地位。无产者只有废除自己的现存的占有方式,从而废除全部现存的占有方式,才能取得社会生产力。无产者没有什么自己的东西必须加以保护,他们必须摧毁至今保护和保障私有财产的一切。"[①]无产阶级的生活条件和社会地位,决定了无产阶级只有消灭资本主义生产方式、消灭私有制、消灭一切阶级差别和阶级统治,换言之就是,无产阶级只有解放全人类,才能最后解放自己。无产阶级的解放,也就是全人类的解放;马克思主义是关于无产阶级解放的条件的学说,同时也就是关于人类解放的条件的学说。这里所谓"人类解放",就是人类从阶级对立、对抗的社会条件下解放出来,"成为自己的社会结合的主人",从而"成为自然界的主人","成为自身的主人——自由的人"[②],就是实现共产主义。

(三)马克思主义是"彻底而严整"的理论体系,是"共产主义世界观"

在为无产阶级解放事业而斗争的实践中,马克思和恩格斯彻底抛弃了"从天国降到人间",即"从意识出发,把意识看作是有生命的个人"[③]这种唯心主义的世界观和思维方式,批判了旧唯物主义的"机械性"、"形而上学性"和"不彻底性"[④],用"最完备最深刻最无片面性的关于发展的学说"——辩证法,"加深和发展了哲学唯物主义"[⑤]。马克思和恩格斯不止一次地称他们是"唯物主义者"[⑥],称他们创立的世界观是"比从前所有世界观都更加唯物的世界观"[⑦]。这种世界观在理解

---

① 《马克思恩格斯选集》第1卷,人民出版社1995年版,第283页。
② 《马克思恩格斯选集》第3卷,人民出版社1995年版,第760页。
③ 《马克思恩格斯选集》第1卷,人民出版社1995年版,第73页。
④ 参见《马克思恩格斯选集》第4卷,人民出版社1995年版,第227—231页。
⑤ 《列宁选集》第2卷,人民出版社1995年版,第310—311页。
⑥ 《马克思恩格斯选集》第4卷,人民出版社1995年版,第579页。
⑦ 《马克思恩格斯选集》第2卷,人民出版社1995年版,第41页。

现实世界(自然界和历史)时,决心毫不吝惜地抛弃一切同事实不相符合的唯心主义怪想,一切从现实的前提出发,一刻也不离开现实的前提,按照现实世界的本来面貌来理解世界。马克思恩格斯把辩证唯物主义的世界观和思维方式运用于对人类社会的认识,阐明了"尘世的粗糙的物质生产"是"历史的发源地"[①],"物质生活的生产方式制约着整个社会生活、政治生活和精神生活的过程",随着生产力的发展,人类社会必然从一种生活结构中发展出另一种更高级的结构,"不是人们的意识决定人们的存在,相反,是人们的社会存在决定人们的意识"[②]。马克思恩格斯把辩证唯物主义的世界观和思维方式运用于研究资本主义生产方式,通过分析体现在资本主义生产方式占统治地位的社会财富的形式——商品中的劳动的二重性,揭示了社会化生产和资本主义占有形式之间的矛盾是资本主义生产方式的基本矛盾,生产剩余价值是资本主义生产方式的绝对规律,证明了"剥夺者被剥夺"、生产资料公有制代替私有制的历史必然性。由于唯物史观和通过剩余价值揭开资本主义生产的秘密这两个伟大发现,社会主义由空想变成了科学。马克思恩格斯证明了,资本主义生产方式是以资本家和无产者这两个社会阶级的存在为前提的,这种生产方式不仅为社会变革准备了物质条件、指明了方向,而且为自己锻造了"掘墓人",即不可遏制地去实现这一伟大变革的革命阶级——无产阶级,社会主义代替资本主义不再是思想家头脑中的幻想,而是"现存的阶级斗争、我们眼前的历史运动"的必然结果。因此,马克思恩格斯称他们创立的历史观是"唯物主义历史观"[③],称他们创立政治经济学的方法的"基础"是"唯物主义"[④],称他们创立的科学社会主义是"唯物主义的批判的社会主义"[⑤]。科学社会主义是马克思主义的"核心"[⑥];政治经济学是科学社

① 《马克思恩格斯全集》第2卷,人民出版社1957年版,第191页。

② 《马克思恩格斯选集》第2卷,人民出版社1995年版,第103页。

③ 同上书,第38页。

④ 同上书,第110页。

⑤ 《马克思恩格斯选集》第4卷,人民出版社1995年版,第628页。

⑥ 《马克思恩格斯选集》第3卷,人民出版社1995年版,第348页。

会主义学说的直接前提、马克思主义理论“最深刻、最全面、最详尽的证明和运用”[①];辩证唯物主义和历史唯物主义是贯穿于全部马克思主义学说的世界观,是整个马克思主义理论大厦的基础。所以,列宁说,马克思主义是“完备而严密”、“彻底而严整”[②]的理论体系。

在《反杜林论》这部第一次“比较连贯地阐述”马克思和恩格斯的各种见解的著作中,恩格斯给了马克思主义理论体系一个本质规定,即马克思主义是“共产主义世界观”[③]。对马克思和恩格斯来说,“共产主义”,就是工人阶级“实际地反对并改变现存的事物”的革命实践,“消灭现存状况的现实的运动”。[④]“共产主义世界观”这一本质规定,首先表明马克思主义是无产阶级的世界观和思想体系,是“无产阶级立场”在无产阶级和资产阶级之间的阶级斗争中的“理论表现”,“是无产阶级解放的条件的理论概括”[⑤],它的历史使命就是为工人阶级“实际地反对并改变现存的事物”的革命实践服务,“使现代无产阶级意识到自身的地位和需要,意识到自身解放的条件”[⑥]。这是马克思主义的共产主义世界观的根本特点。其次,“共产主义世界观”这一本质规定表明,马克思主义与旧哲学根本不同:它彻底抛弃了旧哲学构造“凌驾于其他科学之上”的“科学的科学”的一切不切实际的哲学幻想,吸取了旧哲学特别是德国古典哲学取得的一切积极成果;它不是从头脑中构想、幻想出来的,而是通过头脑从现实世界(自然界和历史)中引出的关于存在的形式和原则,是“在各种现实的科学中得到证实和表现出来”[⑦]的人们科学地认识世界的一种形式;它不是包罗万象的终极真理的体系,而是建立在对物质和精神关系的唯物主义理解基础上的关于现实世界的一般本质及其运动的一般规律的科学;它“不是必须背得

---

① 《列宁选集》第2卷,人民出版社1995年版,第428页。
② 同上书,第309、418页。
③ 《马克思恩格斯选集》第3卷,人民出版社1995年版,第347页。
④ 《马克思恩格斯选集》第1卷,人民出版社1995年版,第75页。
⑤ 同上书,第75、87、211页。
⑥ 《马克思恩格斯选集》第3卷,人民出版社1995年版,第777页。
⑦ 同上书,第481页。

烂熟并机械地加以重复的教条”,而是“发展着的理论”①;它为人们认识世界和改造世界提供的不是“现成的公式”、“现成的教条”、“一劳永逸的现成方案”,而是“一般原理”②,是“进一步研究的出发点和供这种研究使用的方法”③,是“行动的指南”④;它向一切科学提出的唯一要求就是,在自己的特殊领域内揭示现实世界“不断的转变过程的运动规律”⑤。理论联系实际是马克思主义的基本原则,实事求是是马克思主义的精髓,与时俱进是马克思主义的理论品质。

(四)工人阶级的阶级性是马克思主义的科学性的前提和基础

无产阶级的阶级本性和历史使命,决定了无产阶级推翻资本主义、建设社会主义、实现共产主义是一个极其困难、复杂而又漫长的历史过程,无产阶级改造世界的革命实践,要求指导它前进的精神武器,必须是正确反映社会发展客观规律、能够指导它正确判断斗争的方向和条件、制定正确的战略和策略、克服困难、取得胜利的科学。无产阶级只有在改造客观世界的同时不断地改造自己的主观世界,既坚定不移地坚持共产主义的大目标,又根据当时当地的历史条件,提出符合实际的直接行动的任务,制定符合实际的理论、路线和方针政策,才能实现自己的历史使命。如果说,资本家为了发财致富,为了在竞争中打败对手,为了制服罢工、反抗的工人,不能不“利用科学,占有科学”,那么,劳动、工作的环境条件,反抗剥削、压迫的斗争,则使崇尚科学、尊重科学、掌握科学成为无产阶级的阶级本性,使无产阶级认识到实现自己历史使命的每一步都离不开科学理论的指导。

马克思主义要成为指引社会历史进步的科学理论,就必须代表无产阶级的根本利益,具有鲜明的无产阶级的阶级性。无产阶级的政治立场对于马克思主义的科学性之所以具有决定性的意义,无产阶级的阶级性之所以是马克思主义的科学性的前提和基础,就在于无产阶级

---

① 《马克思恩格斯选集》第4卷,人民出版社1995年版,第681页。

② 《马克思恩格斯选集》第1卷,人民出版社1995年版,第248页。

③ 《马克思恩格斯选集》第4卷,人民出版社1995年版,第742—743页。

④ 《列宁专题文集:论马克思主义》,人民出版社2009年版,第300页。

⑤ 《马克思恩格斯选集》第3卷,人民出版社1995年版,第362页。

是资本主义生产方式产生的最先进、最革命的阶级。在阶级社会里，个人总是隶属于一定阶级的，个人的活动本身就是一定阶级的活动，不管他们是否自觉地意识到。社会发展的必然性、规律性，社会进步的方向和要求，就存在于他们的活动、他们的阶级关系之中，并通过他们的活动、他们之间的矛盾、斗争表现出来，反映在他们的意识中，积累在他们的思想中。而他们的物质生活条件，也就是他们的阶级地位，决定着他们活动的社会性质，决定着他们反映社会生活的内容和形式。因此，在阶级社会里，只有先进阶级改造世界的实践活动，代表着社会历史发展的趋势和方向；思想家们只有坚定地站在先进阶级的立场上，代表先进阶级的利益、愿望和要求，才能正确反映和把握社会生活的本质和发展趋势。先进阶级的阶级立场，是思想家正确反映和把握社会生活的本质和发展趋势的重要条件。在近代，文艺复兴和启蒙运动的思想家们之所以能够不同程度地正确反映社会历史发展的趋势，就在于他们代表了新生的资产阶级的利益、愿望和要求。马克思和恩格斯之所以能够创立马克思主义，就在于他们从资产阶级的立场彻底转到了无产阶级的立场上，坚定地站在无产阶级的立场上；马克思主义之所以具有科学性就在于它正确反映了无产阶级这个资本主义时代最先进、最革命的阶级的利益、愿望和要求。马克思主义的科学性同它的阶级性是内在地本质地联系着的。

与马克思和恩格斯形成鲜明对比的是费尔巴哈。1844 年 8 月，马克思曾在给费尔巴哈的信中委婉地劝告这位哲学家到工人中去，把理论批判和实际斗争结合起来，不要像布鲁诺·鲍威尔那样“把‘批判’变成某种超验的存在物”。马克思说：“您要是能出席法国工人的一次集会就好了，这样您就会确信这些劳累不堪的人纯洁无瑕，心地高尚。……历史正在把我们文明社会的这些‘野蛮人’变成人类解放的实践因素。”①但费尔巴哈对此并没有响应。正由于长期脱离德国真正的革命力量和革命实践，费尔巴哈始终未能找到从他所极端憎恶的抽象王国通向活生生的现实世界的道路，尽管他反复地强调从现实的人

① 《马克思恩格斯全集》第 47 卷，人民出版社 2009 年版，第 74—75 页。

出发,但这种现实的人并不是"在历史中行动的人",依然不过是"从上帝引申出来的"抽象的人,因而费尔巴哈不仅不能把哲学唯物主义推向前进,而且"正是在共产主义的唯物主义者看到改造工业和社会结构的必要性和条件的地方,他却重新陷入唯心主义"①。

三、坚持马克思主义是建设中国特色社会主义、实现中华民族伟大复兴的必然要求

毛泽东在民主革命时期不止一次地强调,我们的斗争需要马克思主义。同样,今天,我们党强调在建设中国特色社会主义、实现中华民族伟大复兴的历史进程中必须坚持马克思主义,这也是客观现实的要求。动摇马克思主义的指导地位,"我们的事业就会因为没有正确的理论基础和思想灵魂而迷失方向,就会归于失败。这就是我们为什么必须始终坚持马克思主义基本原理的道理所在"②。

(一)正确地认识世界离不开科学世界观和方法论的指导

深刻理解为什么建设中国特色社会主义、实现中华民族伟大复兴必须坚持马克思主义,就要懂得人类历史虽然是自己创造的,但"不认识世界就不能改造世界"③,成功地改造世界必须有正确的方法,同样,正确地认识世界也必须有正确的方法。所谓"方法",就是人们认识世界和改造世界的手段(工具)、程序、规则等等的总和。方法无疑是属于认识和实践的主体(人)的,用黑格尔的话说就是,"方法……是站在主观方面的手段,主观方面通过它而与客体相关"④,但方法绝不是如康德所说的,只是"知性自身所备有",而与"思维的质料"即思维的内容、认识的对象"绝对无关"⑤。在哲学史上黑格尔第一个提出了方法

① 《马克思恩格斯选集》第1卷,人民出版社1995年版,第78页。
② 《江泽民文选》第3卷,人民出版社2006年版,第282页。
③ 《毛泽东文集》第2卷,人民出版社1993年版,第343页。
④ 黑格尔:《逻辑学》下卷,商务印书馆1976年版,第532页。
⑤ 康德:《逻辑学讲义》,商务印书馆1991年版,第2—4页。

"只能是在科学认识中运动着的内容的本性"①,认识的"内容"(对象)决定方法。这就是说,主体要真正认识和把握对象,获得关于对象的真理性认识,思维的概念工具、方法就应不"只是我们的主观的东西",而且"是客观对象本身的规定"②,"是内容的灵魂和概念"③,即对象自身的本质及其运动的必然性、规律性。正因此,黑格尔指出,他的逻辑学所遵循的方法,"与其对象和内容并无不同",这个方法"正是内容本身,正是内容在自身所具有的、推动内容前进的辩证法"。④

列宁发挥和改造了黑格尔关于"逻辑"的思想,给"逻辑"下了一个科学的定义。列宁说:"逻辑不是关于思维的外在形式的学说,而是关于'一切物质的、自然的和精神的事物'的发展规律的学说,即关于世界的全部具体内容的以及对它的认识的发展规律的学说,即对世界的认识的历史的总计、总和、结论。"⑤根据列宁阐述的"逻辑"定义可见,"逻辑",或者说思维的形式、规律、规则,是第二性的,是物质世界的客观运动规律性在人类思维中的反映,是人类改造世界的实践活动的产物。"逻辑"之所以能够成为人们正确地认识世界的工具,既不在于如康德所说的思维的形式和规则来自人类的理性,自身就具有严格的普遍性和必然性,也不在于如黑格尔所说的"逻辑"的内容"是上帝的展示","展示"了"永恒本质中的上帝在创造自然和一个有限的精神以前是怎样的"⑥,而在于它正确反映了"世界的全部具体内容的以及对它的认识的发展规律",且"逻辑"只有正确反映了"世界的全部具体内容的以及对它的认识的发展规律",才能成为人们正确认识世界的工具。这是因为,人们在认识和实践中面对的是客观世界,这个世界是独立于、不依赖于人的认识和实践的;人们在认识过程中能否正确地认识对象,既不取决于人们的主观愿望如何,也不取决于客观对象自身,而是

① 黑格尔:《逻辑学》上卷,商务印书馆 1966 年版,第 4 页。
② 黑格尔:《小逻辑》,商务印书馆 1980 年版,第 123 页。
③ 同上书,第 427 页。
④ 黑格尔:《逻辑学》上卷,商务印书馆 1966 年版,第 36—37 页。
⑤ 《列宁全集》第 55 卷,人民出版社 1990 年版,第 77 页。
⑥ 黑格尔:《逻辑学》上卷,商务印书馆 1966 年版,第 31 页。

取决于人们所使用的认识工具，正如人们在实践过程中能否成功地改造客观对象，既不取决于人们的主观愿望如何，也不取决于客观对象自身，而是取决于人们所使用的物质工具一样。某种思维的形式和规则能否作为人们正确地认识客观对象的工具，不是人们主观设定的，而是由这种形式和规则同客观对象的关系决定的。只有那些来自人们认识世界和改造世界的实践并由实践所证明了的、凝结着人类认识世界和改造世界的历史经验，正确地反映了客观世界的本质和规律、具有客观普遍性的思维形式和规则，才能成为人们正确地认识世界的工具。只有以这样的思维形式和规则为工具，人们才能正确地认识世界，获得关于对象的真理性认识。由此就可以理解，为什么列宁称马克思主义是“伟大的认识工具”①。其理由就在于，马克思主义揭示了自然界、人类社会和思维发展的一般规律，揭示了无产阶级推翻资本主义制度、建设社会主义、实现共产主义的一般规律，因而又成为人们认识客观世界的本质和规律的思维形式、规则，成为“伟大的认识工具”。

总之，外部世界是独立于、不依赖于人的认识和实践的；人们要认识这个世界，“离开思维便不能前进”，而“要思维就得有思维规定”②，就得掌握“运用这些概念的艺术”③，在今天就是要掌握马克思主义的世界观和方法论。

（二）马克思主义是建设中国特色社会主义的指导思想

自1840年鸦片战争失败时起，我们的国家和人民被西方列强一步步逼进苦难的深渊，中华民族的优秀儿女前仆后继、历尽千辛万苦寻找救国救民的道理，直到俄国十月革命后，找到了马克思主义，中国的面貌才开始发生根本的变化。中国共产党人把马克思主义同中国革命的实际结合起来，开辟了中国革命走向胜利的道路，领导全国各族人民夺取了新民主主义革命的胜利。新中国成立后，中国共产党人坚持把马克思主义同中国的具体国情相结合，找到了建设中国特色社会主义的

---

① 《列宁选集》第2卷，人民出版社1995年版，第311页。

② 《马克思恩格斯选集》第4卷，人民出版社1995年版，第308页。

③ 《马克思恩格斯选集》第3卷，人民出版社1995年版，第353页。

道路,领导全国各族人民取得了令全世界瞩目的巨大成就。我们的国家从来没有像今天这样欣欣向荣、蒸蒸日上,我们的民族从来没有像今天这样充满自信与希望,我们的人民从来没有像今天这样团结一心、意气风发。这是中国共产党领导全国各族人民认识世界、改造世界的伟大创举,是根本改变中华民族的历史命运和中国的面貌、深刻影响人类历史进程的伟大变革。毫无疑问,这也是马克思主义的伟大胜利。

毛泽东说:“领导我们事业的核心力量是中国共产党,指导我们思想的理论基础是马克思列宁主义。”这是中国人民一百多年奋斗的历史证明了的科学真理,也是我们今后在建设中国特色社会主义、实现中华民族伟大复兴的征程中,必须时时牢记在心的真理。

为什么建设中国特色社会主义必须坚持马克思主义?

这首先是因为,马克思主义是“关于无产阶级解放的条件的学说”,是“共产主义世界观”,是公然申明“为无产阶级服务的”;坚定不移的无产阶级立场,是马克思主义最根本的政治特征;无产阶级和广大劳动群众的解放,是全部马克思主义理论的出发点和归宿。马克思主义传到中国,首先是使中国一批先进的知识分子的阶级立场和政治理想发生了根本变化,由资产阶级民主革命立场转到了工人阶级和广大劳动群众一边,找到了决定中国革命成败的根本力量——中国工人阶级和广大劳动群众,促进他们同工人运动相结合建立了中国共产党。中国共产党人运用马克思主义这个思想武器逐步认清了中国的具体国情,找到了中国民主革命胜利的道路和建设中国特色社会主义的道路。中国共产党领导全国各族人民建设的中国特色社会主义,是以中国工人、农民、知识分子为主体,以不断实现好、维护好、发展好最广大人民群众的根本利益为出发点和落脚点的社会主义。建设中国特色社会主义,不仅是一种特定的社会制度要求,同时也是一种特定的政治立场要求。中国共产党之所以赢得全国各族人民的拥护,成为领导中国革命、建设、改革事业的核心力量,在剧烈变动的国内外环境中立于不败之地,最根本的就在于它是中国工人阶级的先锋队,是全心全意为民族、为人民谋利益的政党。人心向背,是决定一个政党、一个政权兴亡的决定性因素。始终保持同人民群众的血肉联系,全心全意为人民服务,是我们党战胜各种困难和风险、立于不败之地的根本保证。离开广大人民群众的支持和奋斗,党就一事无成。过去如此,现在如此,将来也是如此。在对外开放和发展社会主义市场经济的历史条件下,我们党作为执政党,特别是作为长期执政的党,能不能始终保持工人阶级先锋队的性质,始终坚持全心全意为人民服务的根本宗旨,始终与人民群众同呼吸、共命运、心连心,立党为公,执政为民,始终带领人民走在时代的前列,始终成为中国特色社会主义事业的坚强领导核心,是我们党面临的最严峻的考验。始终坚持以马克思主义作为指导思想的理论基础,坚持不懈地结合新的实际用马克思主义教育和武装全党特别是党的领导干部,是我们党经受新的历史考验、完成新的历史任务、始终保持马克思主义政党的先进性的重要保证。

其次是因为,马克思和恩格斯通过创立辩证唯物主义和历史唯物主义的世界观,揭示自然、社会和思维发展的一般规律,揭示工人阶级推翻资本主义、建设社会主义、实现共产主义的一般规律,“把伟大的认识工具给了人类,特别是给了工人阶级”①。我国的改革开放和社会主义现代化建设是在极其复杂多变的国内外条件下进行的:在国际上,我国发展面临新的机遇和挑战,世界多极化、经济全球化深入发展,科技进步日新月异,综合国力的竞争和各种力量的较量更趋激烈,世界上“希望我们好起来的人很多,想整我们的人也有的是”②,他们不喜欢我们这个中华人民共和国,对我国实施西化、分化的政治图谋不会改变。在国内,我国现代化建设虽然取得了举世瞩目的成就,但由于人口多、底子薄、地区发展不平衡,全面实现现代化还是一个长期的、复杂的、艰巨的历史任务,阶级斗争虽然已经不是我国社会的主要矛盾,但在一定范围内还将长期存在,在一定条件下还可能激化,“树欲静而风不止,这是不以人们的意志为转移的”③;建设中国特色社会主义是一项新事业,马克思没有讲过,我们的前人没有做过,其他社会主义国家也没有

① 《列宁选集》第2卷,人民出版社1995年版,第311页。
② 《邓小平文选》第3卷,人民出版社1993年版,第319页。
③ 《江泽民文选》第1卷,人民出版社2006年版,第458页。

干过，没有现成的经验可学，特别是在建设中国特色社会主义的进程中，旧的矛盾解决了，新的矛盾又会不断产生，正如邓小平所说，“过去我们讲先发展起来。现在看，发展起来以后的问题不比不发展时少”①。正确认识和把握不断变化着的国内外条件，正确处理和解决改革开放和现代化建设进程中的各种矛盾，保证我国在激烈的国际竞争中始终掌握主动权、在改革开放和现代化建设进程中始终沿着社会主义的方向前进，是我们党和国家面临的重大历史任务。这就需要我们认真学习马克思主义，掌握和运用这个“伟大的认识工具”，去认识和解决我们面临的种种复杂而困难的问题。19 世纪 80 年代，恩格斯曾对俄国的一位革命者说：“马克思的历史理论是任何坚定不移和始终一贯的革命策略的基本条件；为了找到这种策略，需要的只是把这一理论应用于本国的经济条件和政治条件。”②对我国的改革开放和现代化建设来说，也是这样。所以，从我国改革开放和现代化建设一开始，邓小平就要求广大干部“努力针对新的实际，掌握马克思主义基本理论”。他说：“只有这样，才能提高我们运用它的基本原则基本方法，来积极探索解决新的政治经济社会文化基本问题的本领，既把我们的事业和马克思主义理论本身推向前进，也防止一些同志，特别是一些新上来的中青年同志在日益复杂的斗争中迷失方向。因此，我希望党中央能作出切实可行的决定，使全党的各级干部，首先是领导干部，在繁忙的工作中，仍然有一定的时间学习，熟悉马克思主义的基本理论，从而加强我们工作中的原则性、系统性、预见性和创造性。只有这样，我们党才能坚持社会主义道路，建设和发展有中国特色的社会主义，一直达到我们的最后目的，实现共产主义。”③马克思主义创立以来国际工人运动的历史，特别是 20 世纪 20 年代以来社会主义建设和改革成功与失败的历史，雄辩地证明了：“马克思主义一定要向前发展，要随着实践的发展而发展，不能停滞不前。停止了，老是那么一套，它就没有生

---

① 冷溶、汪作玲编：《邓小平年谱（1975—1997）》（下），中央文献出版社 2004 年版，第 1364 页。

② 《马克思恩格斯选集》第 4 卷，人民出版社 1995 年版，第 669 页。

③ 《邓小平文选》第 3 卷，人民出版社 1993 年版，第 147 页。

命了。但是,马克思主义的基本原则又是不能违背的,违背了就要犯错误。"[①]我们的党只有毫不动摇地坚持马克思主义的基本原则,坚持把马克思主义作为自己行动的指南,才能正确地认识风云变幻的国际局势和中国的具体国情,保证我国在激烈的国际竞争中始终掌握主动权,在改革开放和现代化建设进程中始终沿着社会主义方向前进。

再次是因为,我国是"工人阶级领导的、以工农联盟为基础的人民民主专政的社会主义国家",社会主义制度是我国的"根本制度",生产资料的社会主义公有制,是我国社会主义经济制度的基础;我国社会制度的经济基础和国家性质决定了在我国意识形态领域,必须坚持以无产阶级的世界观和思想体系——马克思主义为指导思想,决不允许搞指导思想多元化。毫无疑问,人们自己是自己的思想、观念的生产者,但无论在任何时代,人们的思想、观念都不过是自己的物质生活条件的表现,不是人们的意识决定人们的存在,相反,是人们的社会存在决定人们的意识。社会分裂为利益不同甚至相互对立的阶级,也就产生了反映不同阶级的利益、愿望和要求的思想、观念。一个阶级是社会上占统治地位的物质力量,同时也是社会上占统治地位的精神力量。支配着物质生产资料的阶级,同时也支配着精神生产资料。所以,在阶级社会里,占统治地位的思想"始终都不过是统治阶级的思想"[②],统治阶级正是通过使自己的思想成为占统治地位的思想并借助于这种思想来影响人们的思想、观念,进而影响人们的行为,把人们的活动规范在他们所允许的社会秩序之内,这里没有平等、没有自由,正如统治阶级和被统治阶级在经济上和政治上没有平等、没有自由一样。我国古代,从秦始皇"废先王之道,焚百家之言"到汉武帝"罢黜百家,独尊儒术",反映了新兴地主阶级"振长策而御宇内"的决心和意志。在欧洲近代,资产阶级夺得政权之后便以关于"人权"的宪法规定的形式,用资本主义经济关系要求的"自由和平等"的权利和观念取代了为封建等级、贵族特权制度服务的意识形态——宗教神学的统治地位,反映了资产阶级按

① 《毛泽东文集》第 7 卷,人民出版社 1999 年版,第 281 页。

② 《马克思恩格斯选集》第 1 卷,人民出版社 1995 年版,第 292 页。

照自己的面貌为自己创造出一个世界的决心和意志。同样，无产阶级在争得自己的政治统治之后，也就是在社会主义社会，在意识形态领域坚持和巩固马克思主义的指导地位，也是天经地义的，没有什么输理的地方。这是无产阶级实现自己的历史使命，达到消灭一切阶级统治和阶级差别、消灭一切奴役和一切剥削所不能不采取的重要手段之一。

我国现在还处于并将长期处于社会主义初级阶段，旧中国遗留的封建主义、资本主义腐朽思想和小生产习惯势力在社会上还有广泛影响，还在我们中间腐烂发臭并且毒害我们；在对外开放过程中，西方资产阶级的政治主张、价值观念、思想文化和生活方式也会乘隙而入，特别是在西方敌对势力对我国实施的和平演变战略的推动下，这种“渗透”更是积极主动、花样翻新、无孔不入；特别是我国社会主义初级阶段现实生活中经济成分、组织形式、物质利益、就业方式的多样化，市场经济活动存在的弱点及其带来的消极影响，必然反映到人们的思想意识和人与人的关系上来，诱发自由主义、分散主义、拜金主义、享乐主义、利己主义等等。所以，在社会主义初级阶段，由于国际国内的复杂因素，“我国思想政治领域的矛盾和斗争是长期的、复杂的，在一定条件下甚至会是十分尖锐的”①。江泽民说：“大量事实证明，思想文化阵地，马克思主义、无产阶级的思想不去占领，各种非马克思主义、非无产阶级的思想甚至反马克思主义的思想就会去占领。”②又说：“如果放弃马克思主义的指导地位，在指导思想上搞多元化，势必导致人心大乱、天下大乱，给党和国家带来灾难。”③这就是我们党和国家在意识形态领域坚持和巩固马克思主义指导地位的客观根据和根本原因。

（三）马克思主义是中华民族思想文化创新的精神武器

新世纪伊始，江泽民提出了一个很重要的思想，即“在全党全社会大力弘扬科学精神和创新精神”。江泽民指出：“创新是一个民族进步

---

① 《江泽民文选》第3卷，人民出版社2006年版，第84页。

② 同上书，第97页。

③ 同上书，第86页。

的灵魂,是一个国家兴旺发达的不竭动力,也是一个政党永葆生机的源泉。"[①]就当今世界日趋激烈的国际竞争和我国的实际状况而言,我们的国家能不能在本世纪中叶达到中等发达国家的水平,特别是能不能在达到中等发达国家的水平之后,继续坚持不懈地努力,把我国建设成为社会主义的现代化强国,跻身于发达国家的行列,我们的民族能不能在中国特色社会主义道路上实现伟大的复兴,自立于世界先进民族之林,关键就看我们能不能解放思想,实事求是,紧跟时代发展潮流,不断研究新情况,解决新问题,形成新认识,开辟新境界,以理论创新推动体制创新和科技、文化等方面的创新。否则,我们就是跑得再快也总是跟在别人的后面,就不可能跻身于发达国家的行列。而要实现理论创新、体制创新和科技、文化创新,就要坚持马克思主义。马克思主义是指导我们进行理论创新、体制创新和科技、文化创新的强大思想武器。

创新,包括理论创新、体制创新和科技、文化创新,实质上是认识世界和改造世界的问题。对于一个民族、一个国家来说,究竟以什么思想理论作为创新的指导思想,实质上是依靠哪个阶级来实现自身面临的历史任务的问题。因为作为民族、国家指导思想的理论总是一定阶级的思想。鸦片战争失败以后,面对列强入侵、国运日衰的局面,一批地主阶级改良派知识分子倡导以"二帝三王之心法,周公孔子之学术"外御列强、内固国基、振兴中华。但历史已经证明,儒家思想不能救中国,决心"倾覆清廷,创建民国"的中国资产阶级也不接受这种政治主张和思想意识。孙中山在领导革命屡遭失败被迫流亡海外期间,目睹"国家富强、民权发达"的欧洲列强"犹未能登斯民于极乐之乡"[②],意识到照搬西方资本主义解决不了中国的问题,遂在提出"民族"和"民权"问题的主张之后,又提出了关于"民生"问题的主张。"民生主义"从"平均地权"发展到"耕者有其田"、"节制资本"、"扶助农工",是终生为"振兴中华"而奋斗的孙中山先生的创造。但这一主张不仅遭到地主阶级的拒绝,就连大资产阶级也拒绝接受。孙中山的"三民主义"终因

① 《江泽民文选》第3卷,人民出版社2006年版,第34、64页。

② 《孙中山全集》第6卷,中华书局1985年版,第232页。

不能从根本上认定工人阶级是中国革命的领导阶级而成为空想。这就是毛泽东所说的:“孙中山主张‘唤起民众’,或‘扶助农工’。谁去‘唤起’和‘扶助’呢? 孙中山的意思是说小资产阶级和民族资产阶级。但这在事实上是办不到的。”因为,“在帝国主义时代,小资产阶级和民族资产阶级不可能领导任何真正的革命到胜利”。[①] 中华民族是在中国工人阶级的先锋队——中国共产党的领导下,推翻三座大山的压迫,实现民族独立并走上国家富强、民族振兴之路的。这是毋庸置疑的历史事实。如前所述,正是一批中国先进的知识分子接受了马克思主义,转变了阶级立场,找到了决定中国革命成败的根本力量——中国工人阶级和广大劳动群众,中国共产党人秉承全心全意为民族、为人民谋利益的宗旨,运用马克思主义这个认识世界的“显微镜和望远镜”观察国内外的实际,不断总结中国革命、建设和改革的实践经验,逐步认清了中国的具体国情,找到了中国民主革命胜利的道路和建设中国特色社会主义的道路,创立了新民主主义革命理论和建设中国特色社会主义理论。新民主主义革命的理论和道路、建设中国特色社会主义的理论和道路,是中国共产党人集体智慧的结晶,也是近代以来中华民族奋斗、实践、创新的最伟大的成果。

这段历史清楚地说明了,在当代中国,工人阶级的政治立场和政治方向、作为工人阶级的世界观和思想体系的马克思主义在创新中的重要作用。今天,我们为什么强调坚持马克思主义,最根本的就在于它是工人阶级的世界观和思想体系,它为我们理论创新、体制创新和科技、文化创新指出了正确的方向,提供了强大的动力,那就是为人民、为国家和民族。其次就在于,马克思主义阐明了人民群众是历史的创造者,这也就是指明了人民群众改造世界的实践活动是理论创新、体制创新和科技、文化创新取之不尽、用之不竭的源泉。在建设中国特色社会主义的进程中,我们进行的一切创新都是为了实现好、维护好、发展好最广大人民群众的根本利益,用邓小平的话说就是,“解放生产力,发展

---

① 《毛泽东选集》第4卷,人民出版社1991年版,第1480页。

生产力,消灭剥削,消除两极分化,最终达到共同富裕”①。所以,创新不能脱离广大人民群众改造世界的实践,创新必须尊重人民群众的首创精神,必须坚持实践标准和邓小平提出的“三个有利于”标准。脱离人民群众实践的“创新”,不仅不可能是真正的创新,甚至会走到邪路上去。再次,马克思主义指出了进行理论创新、体制创新和科技、文化创新的方法论原则,即一切从实际出发,解放思想,实事求是。解放思想,就是要从各种陈旧的教条的束缚中解放出来。脱离中国的实际,照抄照搬马克思主义的“本本”,是教条主义;同样的,把西方的民主、自由和价值观奉为“普世价值”,或者,把我国古代儒家的思想奉为不变的“道统”,也是教条主义。这些教条主义都要不得,都是必须打破的。在现阶段,解放思想,就是要毫不动摇地坚持中国特色社会主义的政治方向,在马克思主义的指导下,一切从我国社会主义初级阶段的实际出发,以我国改革开放和现代化建设的实际问题为中心,实事求是,大胆探索、实践、创造。这才是中华民族光辉灿烂的未来之所系。

谈到建设中国特色社会主义,包括理论创新、体制创新和科技、文化创新等,必须坚持以马克思主义为指导,不允许搞指导思想的多元化,有人会说这样就取消了个性与自由。这是一种肤浅的错误的认识。毫无疑问,无论在任何时代,对世界的认识都是通过人类的个体实现的,因而都不能不深深地打着认识者(主体)个性的特点和印记。但是,人类对世界的认识又是有规律的过程,正如德国古典哲学的开创者康德所说,“除非按照某些规则,我们就不能思维”②。思维是属于主体的,但思维的规律或规则却如同客观世界的运动规律一样,是人类认识世界、改造世界的实践经验的科学总结,是客观世界运动的普遍规律在人类头脑中的正确反映,是不依主体的意志为转移的。人们只有遵照思维的规律或规则,才能达到对客观世界的正确认识。其次,思维规律,如恩格斯所说,“并不像庸人的头脑在想到‘逻辑’一词时所想象的那样,是一种一劳永逸地完成的‘永恒真理’”。“每一个时代的理论思

① 《邓小平文选》第3卷,人民出版社1993年版,第373页。

② 《康德著作全集》第9卷,中国人民大学出版社2010年版,第11页。

维,从而我们时代的理论思维,都是一种历史的产物,它在不同的时代具有完全不同的形式,同时具有完全不同的内容”①。这就是说,思维规律也是历史的,总是同一定的社会历史条件特别是其中的物质生活条件联系着的。因此,主体的个性和自由,在认识世界的过程中,如同在改造世界的过程中一样,是具体的、历史的,而不是抽象的。自由不在于幻想中摆脱客观规律而独立,而在于认识和掌握这些规律,利用这些规律为我们的目的服务。马克思主义揭示了自然、社会和思维发展的一般规律,揭示了工人阶级推翻资本主义、建设社会主义、实现共产主义的一般规律,因此,在建设中国特色社会主义的实践中坚持以马克思主义为指导,不仅不破坏主体的个性和自由,而是给主体的个性和自由的实现指出了正确的方向、提供了切实可靠的工具、开辟了广阔的道路。

---

① 《马克思恩格斯选集》第4卷,人民出版社1995年版,第284页。

坚持马克思主义的指导地位和社会意识的多样化是统一的[①]

闫志民

坚持马克思主义的指导地位和社会意识的多样化，这两者是内在统一的而不是矛盾的。不能因为坚持马克思主义的指导地位，而否定了社会意识的多样化，同样也不能因为社会意识的多样化，而反对以马克思主义为指导。

马克思主义对我们社会意识的发展，对于我们思想方面的活跃和多样化是有着极其重要的作用的。这个作用可以把它概括成三个方面：第一，因为马克思主义是关于自然、社会和人的思维的一般规律的科学，它解释了世界事物的本质，它解释了发展的基本规律和发展变化总的趋势。因此，它能够为我们探寻科学的真理，为我们思考问题提供世界观和方法论的指导。有了这样一种思想的指导，我们就能够更加自觉地按照自然、社会和人类思维的客观规律去办事情，就可以使我们的思想更加科学、更加符合实际、更能够避免思想和行动当中的盲目性，增强我们的自觉性。第二，坚持以马克思主义为指导，为我们提供了一个强大的理论武器，马克思主义既是科学的，同时又是革命的。马克思和恩格斯根据人类社会发展的规律，为无产阶级和人类解放指明了前进的方向和道路，创造了无产阶级和全人类实现解放的这样一个科学的理论，这样一个理论是我们进行革命、进行建设和当前进行改革和建设现代化的基本的指导思想。所以，无论是马克思主义和恩格斯理论或者是毛泽东思想和邓小平理论、“三个代表”重要思想、科学发展观等，都是我们进行社会主义建设的最重要的理论武器。第三，马克

---

① 此文是作者2009年2月6日做客人民网理论频道《理论观察家》栏目的发言。摘自中国共产党新闻网。

思主义作为一种理论、作为一种意识形态、作为社会主义文化的一个重要组成部分，它的位置是不寻常的，它是社会主义文化当中最重要的部分，它也是我们中国特色社会主义的核心价值体系里面最重要的部分，可以说是它的灵魂。所以，我们要建设中国特色社会主义的文化，要建设社会主义的核心的价值体系，我们就必须以马克思主义来引领，引领我们文化的前进方向。我们怎么样来发展先进文化？怎么样来支持积极的文化？怎么样来改造落后的文化？怎么样来抵制腐朽的文化？那就要靠我们运用马克思主义强大的理论武器来进行。所以说，马克思主义是我们在中国特色社会主义文化建设当中起着引领作用的指导思想。总之，坚持马克思主义为指导，对于发展我们社会主义中国特色社会主义的文化，对于我们实现思想的繁荣发展是非常重要的。

另外一个方面，社会思想的多样化同样对马克思主义的发展也会起着重要的促进作用。我们看到在各个领域各种科学发展起来了，人们的思想空前的活跃，人们的思想实现了大的解放，勇于去思考问题、探索问题，大胆地去进行理论的创新，提出各种积极的、有价值的思想观点，这样对于我们发展马克思主义是十分重要的。所以我们看到，马克思主义在创立的时候，就离不开其他的学说，马克思主义的创立是吸收了德国的古典哲学、英国的古典政治经济学和空想社会主义中积极的成果才创立出来的。马克思主义在发展的过程当中，也是不断的吸收科学发展的最新成就，吸收人类思想当中的一些积极的、有价值的东西。马克思和恩格斯自己就曾经讲过万有引力规律的发现、细胞学和进化论的创立，以及在社会科学方面像摩尔根关于原始氏族社会的创立，都对社会的发展起着积极的作用。正因为这样，马克思和恩格斯对于科学发展每一个重大的进步，都是十分的欣喜，他们把这些看作是推动马克思思想发展重大的动力。当代也是这样的，比如说我们讲科学发展观，科学发展观的提出一方面是总结了我们国家发展实践的经验，针对我们国家发展当中的问题提出来。但同时也是吸收了其他的国家发展这方面的经验和教训，吸收了当今世界上各种发展理论的一些积极的成果，比如说关于可持续的发展理论等。在这些方面国外有很多的研究成果，我们创立科学发展观是吸收了这方面的成果，还有吸收了其他方面的成果,比如说怎么解决人口和环境的关系上,就吸收了国外很多的成果。所以最后我们概括出来了要以人为本、全面协调可持续发展。所以中国特色社会主义理论这些年不断地在创新、不断地在发展,不断地提出一些新的理论和观点,这些理论和观点很多都是人民群众创造的,都是思想界、理论界首先提出来的,而我们党中央加以总结、汇总、提高,最后不断地发展中国特色社会主义理论。

总之,只有思想的多样化,才能够使我们思想有生机、有活力,才能够使我们的思想文化繁荣发达起来,为马克思主义的发展提供了取之不竭、源源不断的思想来源。我们只有坚持以马克思主义为指导,才能够自觉地按照自然社会和人思维的规律办事情,我们的国家、我们的民族、我们的人民才有团结奋斗的思想基础。我们也才能够以先进的文化来引领我们思想文化的发展,使它成为我们思想文化发展的主心骨。所以,坚持马克思主义理论为指导和社会意识的多样化两者是辩证统一的。只有马克思主义一元是不好的,或者是只有思想的多样化也不行,必须把这两者有机地统一起来、结合起来,真正地做到一和多辩证的统一,这才能够建设好我们中国特色社会主义。

从中国共产党的成立看两个“为什么”

全　华

1921 年,在马克思列宁主义同中国工人运动相结合的进程中,中国共产党应运而生。那么,中国人民在探索中国出路的征程上,为什么会选择了马克思列宁主义(亦统称马克思主义)、选择了中国共产党呢？这是研究中国近现代史不能不回答的最重要的问题之一。本文将对此进行探讨。

一、中国先进分子向西方寻找真理及其迷梦的破灭

(一)中国先进分子向西方寻找真理

众所周知,近代中国的大门,是通过 1840 年的中英鸦片战争被西方资本主义侵略势力用坚船利炮和鸦片打开的。此后,西方列强对中国的入侵和掠夺更加野蛮和疯狂,反动的封建统治者更加腐朽无能。在外国资本—帝国主义列强的侵略、掠夺和压迫下,中国逐步从一个独立的、完整的和比较纯粹的封建社会演变为半殖民地、半封建社会。中国人民和中华民族遭受了世所罕见的深重苦难。反对资本—帝国主义、封建主义的反动统治,争得民族独立和人民解放,实现国家的繁荣富强,成为近代中国面临的根本性的历史任务。

但是,面对这样艰巨的历史任务,中国封建社会的正统思想不可能成为中国人民团结御侮的有效武器。为了改变中国积贫积弱、落后挨打的境况,在中国共产党出世以前,先进的中国人,经过千辛万苦,虔诚地、一步比一步深入地向西方资本主义寻找真理。而“洪秀全、康有为、严复和孙中山,代表了在中国共产党出世以前向西方寻找真理的一

派人物”[①]。在这一过程中,以洪秀全为最高首领的太平天国农民政权,在其后期颁布了社会发展方案——《资政新篇》。它把向西方的学习,从生产力领域扩展到生产关系领域,即开始提倡资本主义的雇佣劳动制。19 世纪 90 年代,作为维新志士主要代表之一的康有为,大力鼓吹用西方和日本资本主义国家的政治、经济、文化制度模式,取代中国传统的封建制度,他为戊戌维新运动的发动和进行做出了重要贡献。“‘戊戌变法’的那些措施,虽然是微不足道的,但在当时却曾经震撼人心”[②]。19 世纪末和 20 世纪初,严复先后翻译了多部西方有关思想学说的著作。其中以《天演论》、《原富》、《法意》、《名学》四部最为著名。尤其是他对《天演论》(1898 年正式出版)的译述,“第一次将西方近代重要学术著作比较完整地直接介绍到中国来。它震动了整个思想界,影响了一代知识分子,为当时求进步的中国人提供了一种同传统儒家思想截然不同的新观念:进化论”[③]。

中国民主主义革命的先行者孙中山,在向西方学习的过程中形成了民族、民权、民生三大主义即三民主义思想,在中国第一次提出了建立资产阶级共和国的完整方案。1911 年,孙中山领导的辛亥革命,推翻了腐朽的清朝政府,结束了统治中国几千年的君主专制制度,尝试建立了中国历史上未曾有过的共和政体。辛亥革命,是一场比较完全意义上的资产阶级民主革命,它标志着中国人向西方资本主义的学习到达了更高的阶段,它以巨大的震撼力和深刻的影响力推动了近代中国的社会变革。

可以说,在中国共产党成立前的近 80 年间,向西方资本主义学习,是渴望救国救民的中国先进分子的共同选择。如同毛泽东所写“那时,求进步的中国人,只要是西方的新道理,什么书也看。向日本、英国、美国、法国、德国派遣留学生之多,达到了惊人的程度。国内废科举,兴学校,好像雨后春笋”。[④] 的确,翻译西书、派遣留学生以及废科

---

① 《毛泽东选集》第 4 卷,人民出版社 1991 年版,第 1469 页。

② 《吴玉章文集》下卷,重庆出版社 1987 年版,第 961 页。

③ 金冲及:《二十世纪中国史纲》,社会科学文献出版社 2009 年版,第 19 页。

④ 《毛泽东选集》第 4 卷,人民出版社 1991 年版,第 1469 页。

举、建学堂,从一个重要方面反映了当时中国人向西方学习的情况。从翻译西书看,据统计,在1888年以前,同文馆(1862年创办)师生译辑的各种书籍达22种。江南制造总局的翻译馆,从1871年到1880年共刊印译书98种,235册;译成未印者45种,140余册,尚有13种未译完。[①] 从派遣留学生看,洋务运动前后主要是留学欧美,戊戌变法至辛亥革命时期出现“留日热”;清末民初出现留美高潮,“五四”时期许多学生留法勤工俭学。这前后50年间,走出国门的中国学生达4万多人。[②] 从废科举,建学堂看,据当时学部的统计,随着1906年科举制度的废除,建立学堂的步伐大大加速。至1909年,全国学堂总数为52346所,学生达156.027万人[③],这是以往未有的现象。

当时,人们把西方资产阶级民主主义的文化称为新学,以与封建文化相区别。所谓新学,包括西方的社会学说和自然科学。“学了这些新学的人们,在很长的时期内产生了一种信心,认为这些很可以救中国,除了旧学派,新学派自己表示怀疑的很少”[④]。因为“那时的外国只有西方资本主义国家是进步的,它们成功地建设了资产阶级的现代国家。日本人向西方学习有成效,中国人也想向日本人学。在那时的中国人看来,俄国是落后的,很少人想学俄国”[⑤]。

(二)帝国主义的侵略逐步打破了中国人学西方的迷梦

在中国共产党出世以前,中国的先进分子曾经十分认真、十分虔诚并且是一步比一步深入地向西方学习的。但是,中国先进分子和中国人民多次奋斗,包括辛亥革命那样全国规模的运动,都失败了。“先生老是侵略学生”的残酷现实,“打破了中国人学西方的迷梦”[⑥]。西方资本主义的建国方案为什么在中国行不通呢?其根本的原因在于:资本—帝国主义列强来到中国,不是为了使中国成为一个独立、富强的资

---

① 参见李侃等:《中国近代史》(第四版),中华书局1994年版,第164页。
② 参见李喜锁:《近代留学生与中国文化》,天津人民出版社1992年版,第1—2页。
③ 参见李侃等:《中国近代史》(第四版),第316页。
④ 《毛泽东选集》第4卷,人民出版社1991年版,第1470页。
⑤ 同上。
⑥ 同上。

本主义国家,而是为了掠夺中国来发展它们自己的资本主义。因此,“帝国主义侵略中国,反对中国独立,反对中国发展资本主义的历史,就是中国的近代史。历来中国革命的失败,都是被帝国主义绞杀的,无数革命的先烈,为此而抱终天之恨”①。也正因为这个原因,“资产阶级的共和国,外国有过的,中国不能有”②。

由于学习西方的结果,不仅没有使中国走向独立和富强,相反,“国家的情况一天一天坏,环境迫使人们活不下去”③,这不能不使中国先进分子对以往学习西方的选择产生怀疑,并且这种怀疑,随着第一次世界大战的爆发而日益“增长了,发展了”④。

那么,第一次世界大战是在什么背景下爆发的?它对世界、对中国到底产生了什么影响呢?

我们知道,19 世纪最后 30 年,是资本主义各国加强侵占殖民地的时期。追求高额利润以及因垄断组织的出现而引起世界市场竞争的加剧,成了资本主义各国侵占殖民地的新的刺激因素。在这种情况下,到 19 世纪末,世界已被资本主义各国瓜分完毕,于是它们开始了重新瓜分世界的斗争。与此同时,这一阶段,西欧、北美各资本主义国家,无论是君主国(实行君主立宪制)还是共和国(实行共和制),都已形成各种资产阶级的议会制。尽管这些国家的政体形式和制宪发展水平不尽一致,但这些国家的统治阶级都力图用议会制来掩饰资产阶级或资产阶级—地主专政。

西方发达国家进入帝国主义阶段后的 1914 年 8 月,第一次世界大战爆发。战争主要在同盟国和协约国之间展开,德国、奥匈帝国和意大利是同盟国;英国、法国、俄罗斯和塞尔维亚是协约国。这场战争席卷了世界上的 30 多个国家,卷入的人口达 15 亿,伤亡总人数超过 2800 万。战争持续了 4 年多,于 1918 年 11 月 11 日(德国正式投降)结束。

第一次世界大战是帝国主义两大军事侵略集团疯狂扩军备战的必

① 《毛泽东选集》第 2 卷,人民出版社 1991 年版,第 679 页。

② 《毛泽东选集》第 4 卷,人民出版社 1991 年第 2 版,第 1471 页。

③ 同上书,第 1470 页。

④ 同上。

然结果，是帝国主义各国为重新瓜分世界而进行的不义战（虽然塞尔维亚进行的是民族解放性质的战争，但是，在整个大战中只是处于局部和从属的地位）。

战争结束后，1919 年 1 月 18 日至 6 月 28 日，战胜国协约国一方在巴黎举行讨论战后问题的国际会议，即巴黎和会。参加此会的有美国、法国、英国、意大利、日本、中国等 20 多个国家，代表共计 1000 多人。但是，实际操纵会议的是美、英、法、意、日 5 个国家，特别是美、英、法 3 个国家。巴黎和会后来成立的“四人会议”（由美国总统威尔逊、英国首相劳合·乔治、法国总理克里孟梭和意大利总理奥兰多组成）和“五人会议”（由美、英、法、意四国外长和日本代表组成），成了和会的决策机构，一切重大问题皆由他们决定，其他国家只是在讨论到与其有关的问题时才能列席。巴黎和会名义上是拟订对德和约、建立战后世界和平，实际上是帝国主义协约国集团商讨如何重新瓜分势力范围。

需要说明的是，巴黎和会之所以有中国代表参加，是因为在第一次世界大战期间，1917 年 8 月 14 日，北洋政府正式宣布加入协约国一方，对德国及其盟国宣战。经与英法等国议定，中国参战主要采取“以工代兵”的方式，提供 10 万劳工做战地服务。因此，战争结束后，中国也作为战胜国之一派代表参加了巴黎和会。巴黎和会没有俄国代表参加，是因为 1917 年 11 月，俄国爆发了“十月社会主义”，并在世界范围内产生了重大影响。1918 年 3 月，新生的苏维埃俄国退出了第一次世界大战。

1919 年 4 月 26 日，巴黎和会对中国山东问题作出了无理的决定。消息传来，许多中国人，特别是广大的爱国知识分子，他们曾对巴黎和会所报的热切期望一下子破灭了。在此情况下，5 月 4 日，以“外争国权、内惩国贼”为基本口号的五四爱国运动不可遏制地爆发，它进一步表明了中国先进分子对欧美民主主义幻想的破灭。与此密切相联系，巴黎和会的反面教育，更加促使中国人民回望俄国十月革命和关注其发展。

二、俄国十月革命的发生及中国民众的初步反响

（一）俄国十月革命的发生及其标志性进程

正当中国人民在苦闷中摸索、在黑暗里苦斗的时候，1917 年 11 月 7 日（俄历 10 月 25 日），“俄国人举行了十月革命，创立了世界上第一个社会主义国家。过去蕴藏在地下为外国人所看不见的伟大的俄国无产阶级和劳动人民的革命精力，在列宁、斯大林领导之下，像火山一样突然爆发出来了”[①]，它使陷于绝望之中的中国人看到了民族解放的新希望。

俄国十月革命的发生与第一次世界大战密切相关。因为，在这场战争中，作为协约国之一的沙皇俄国，其军队屡遭惨败，许多地区被德军占领，生灵涂炭。正是在这一背景下，1917 年 2 月 25 日，彼得格勒 30 万左右的工人举行政治总罢工。同月 27 日，布尔什维克党中央委员会发表《告全体俄国公民书》，号召人民：推翻沙皇制度，成立工兵代表参加的临时革命政府，建立民主共和国；制定保护人民权力和自由的临时法令，镇压反革命；没收皇室、教会和地主土地，实行 8 小时工作制；联合各交战国人民，立即制止帝国主义战争。

但是，由于当时无产阶级的觉悟性不高和组织性不够，由于孟什维克和社会革命党人对资产阶级奉行妥协路线，至 3 月初，俄国出现了两个政权并存的错综复杂的局面。一个政权是“正式的政府”——资产阶级临时政府，它拥有社会中上层的支持，是资产阶级专政；另一个政权是彼得格勒苏维埃，它是革命群众的阶级组织，拥有一定的实力，行使着一定的政权职能，是工人、农民的革命民主专政。

俄国资产阶级临时政府决心继续进行战争，这就不能不遭到人民群众特别是工农群众的反对。因此，二月革命后，资产阶级临时政府的统治频频出现危机。7 月 4 日，该政府在彼得格勒制造了镇压游行示

① 《毛泽东选集》第 4 卷，人民出版社 1991 年版，第 1470 页。

威工人的“七月流血事件”。随后，它们大肆迫害布尔什维克党人，包括下令逮捕列宁等布尔什维克党领袖。正是在这种情况下，近 4 个月后，十月革命在俄罗斯第二大城市和重要港口——彼得格勒爆发。

1917 年 11 月 7 日下午，彼得格勒的两万名赤卫队员和士兵包围了资产阶级临时政府所在地——冬宫。当晚 9 点 40 分，停泊在涅瓦河畔的“阿芙乐尔”号巡洋舰上，起义成功的士兵开始炮轰冬宫。次日凌晨，冬宫被攻陷，临时政府 16 名部长在起义者的枪口下交出了证件，被逮捕。俄国资产阶级临时政府垮台。

在 11 月 7 日武装起义的当晚，全俄工兵苏维埃第二次代表大会在十月革命的指挥部斯莫尔尼宫召开。次日清晨，大会通过了列宁起草的《告工人、士兵和农民书》，宣告代表大会已把政权掌握在自己手中。大会通过了列宁起草的《和平法令》和《土地法令》。《和平法令》是苏维埃政权建立后的第一个纲领性的外交文件，它向全世界表明了苏维埃政权的和平对外政策。《土地法令》则宣布，将以国家土地所有制代替地主土地所有制。根据土地法令，改革的结果将使俄国彻底解决二月革命未能解决的消灭封建土地私有制和消灭农奴制残余的问题。大会选出了临时苏维埃政府——人民委员会。列宁当选为人民委员会主席。11 月 9 日清晨，代表大会胜利闭幕。它宣告了世界上第一个社会主义国家的诞生。

十月革命后至 1918 年 3 月，苏维埃政权在全俄范围内普遍建立。同月 3 日，苏维埃政权同交战国德国在布列斯特签署了和约，俄国退出了第一次世界大战。同月，俄国社会民主工党（布尔什维克）第七次代表大会召开。大会通过了关于更改党的名称和修改党章的决定。俄国社会民主工党（布尔什维克）开始改称俄国共产党（布尔什维克），简称俄共（布）。在随后的 3 年，俄共（布）领导苏俄人民粉碎了国内反革命势力的叛乱和 14 国帝国主义的武装干涉，初步巩固了新生的苏维埃政权。

俄国十月革命具有伟大的意义：

第一，它开辟了世界无产阶级社会主义革命的新时代，建立了一条从西方无产者经过俄国革命到东方被压迫民族的、新的反对世界帝国主义的革命战线。“在这种时代，任何殖民地半殖民地国家，如果发生了反对帝国主义，即反对国际资产阶级、反对国际资本主义的革命，它就不再是属于旧的世界资产阶级民主主义革命的范畴，而属于新的范畴了；它就不再是旧的资产阶级和资本主义的世界革命的一部分，而是新的世界革命的一部分，即无产阶级社会主义世界革命的一部分了”①。因为只要这些国家进行反对帝国的斗争，在客观上它就是在削弱国际帝国主义的力量，这当然是对国际社会主义力量的支持和援助。

第二，它扩大了民族问题的范围。即把民族问题从欧洲反对民族压迫的斗争的局部问题，变为各被压迫民族、各殖民地及半殖民地从帝国主义侵略压迫之下解放出来的总问题。

第三，它给世界被压迫民族和人民解放事业，开辟了广大的可能性和现实的道路，极大地促进了世界革命的进程。

十月革命后，1919 年 3 月 4 日，列宁领导的共产国际在莫斯科成立。30 个国家的共产党或左派社会团体的代表出席了大会。共产国际建立后，积极帮助包括中国在内的一些国家的先进分子创建共产党。在此期间，1922 年 12 月 30 日，俄罗斯、乌克兰、白俄罗斯和外高加索联邦共同组成了苏联。在此前后，亚洲、非洲、拉丁美洲人民反对帝国主义压迫的民族解放运动或民族民主革命运动，开始进入一个新阶段。

（二）十月革命消息的传入及中国民众的初步凡响

十月革命爆发的第 3 天(11 月 10 日)，上海《民国日报》即刊登了此消息。它是中国最早的较为详细地公开报道十月革命的报纸。其报道的题目为“突如其来之俄国大政变”。其中写到：“彼得格勒戍军与劳动社会已推倒克伦斯基政府”等。但是，由于北洋政府站在协约国一边，因此，它拒绝承认十月革命后的苏俄，并很快召回了驻俄公使。

新生的苏俄政府于 1919 年 7 月 25 日发表《俄罗斯苏维埃联邦社会主义共和国对中国人民和中国南北政府的宣言》，表明自己的对华政策。但是，该宣言发表时，中俄交通是被阻隔的。因为 1918 年 1 月至 1920 年春，从国际上看，日、美、英、法等国武装干涉俄国，而西伯利

① 《毛泽东选集》第 2 卷，人民出版社 1991 年版，第 668 页。

亚也正被俄国反革命武装高尔察克军队所控制；从中国的情况看，北洋军阀段祺瑞把持的北京政府在政治上反对苏俄，并响应美国的“创议”，于1918年4月派了相当一个团的兵力出兵西伯利亚，参加日、美、英、法等国对苏俄的武装干涉。这种情况直到1920年春才基本结束，中俄交通随之重新打开，苏俄政府的第一次对华宣言随后传来。

《宣言》写道：苏俄政府“代表俄国人民向全世界人民倡议建立巩固持久的和平，这种和平的基础应当是决不侵犯他国领土，决不强行吞并其他民族、决不勒索赔款。每一个民族不论大小、不论居住何地、不论它至今是否独立自主或被迫附属他国，在自己的内部生活中均应享有自由，任何政权都不得把它强留在自己的领域之内”[①]。《宣言》还申明“苏维埃政府废弃一切特权”，“苏俄政府准备与中国人民的全权(代表)就一切其他问题达成协议，并永远结束前俄国政府与日本及协约国共同对中国采取的一切暴行和不义行为”[②]。

消息传来，“中国人民心理上起了一个极大的震动。这几天以来，各团体对于俄国劳农政府的通告，都有极诚恳而有力的表示”。这两句评论出自1920年4月14日的上海《民国日报》，评论是符合实际的。对此，仅以《新青年》第7卷第6号(1920年5月1日出版)刊登的有关内容为例，1920年4月，《中华劳动公会致苏俄政府电》写道：“我们中华的人民，接着你们的通告，非常的喜欢；知道你们的革命，是要恢复我们劳动者的权利，是为世界人类谋真正的自由平等底幸福，知道你们全俄的农民、工人和红卫兵，是世界上最可爱的人类。中华全体的平民，都钦佩你们创造的势力和牺牲的精神。我们劳动界尤其欢欣鼓舞，愿与你全俄的农民、工人和红卫兵提携，立在那人道正义的旗帜下面，一齐努力，除那特殊的阶级，实现那世界的大同。”[③]

同月，《全国各界联合会致苏俄政府电》表示：“吾人前此，以中外报章传闻复杂，无从悉俄国之真相。今读俄国通牒，一种正义人道之主

---

① 《共产国际、联共(布)与中国革命文献资料选辑》(1917—1925)2，北京图书馆出版社1997年版，第80页。

② 同上书，第81页。

③ 同上书，第86页。

张流露言表。……吾人更信中国人民除一部分极顽朽之官僚武人政客外，皆愿与俄国人民携手。中华民国全国各界联合会，勇敢代表中国人民，答复俄国人民暨俄国劳农政府之盛意。”①

同月11日，全国学生联合会也致电苏俄政府，其中写道：“我们自当尽我们所有的能力，在国内一致主张，与贵国正式恢复邦交；并敢以热烈的情绪，希望今后中俄两国人民在自由平等、互助的正义方面，以美满的友谊戮力于芟除国际的压迫，以及国家的种族的阶级的差别，俾造成一个真正平等、自由、博爱的新局面。”②

由上可以看出，中国各阶层民众对《宣言》最热烈的反响有两个原因：一是它表达的苏俄政府对中国的“自由、平等、互助的正义”；二是它的“要恢复我们劳动者的权利”的内涵。它们从一个方面昭示了中国民众积极反响十月革命的重要原因。

三、中国先进分子开始把学习目光转向苏俄和马克思列宁主义

（一）正确评价和热情赞颂十月革命

十月革命对中国的影响是巨大而深远的。其突出地表现为：促使中国产生了一批具有初步共产主义思想的知识分子。在他们的努力下，马克思主义开始在中国传播。而正确评价和热情赞颂十月革命，又是他们在中国传播马克思主义的开始。在这方面，李大钊是杰出代表。

1918年7月1日，《言治》季刊第3册发表了李大钊的《法俄革命之比较观》一文。这是他最早阐述如何认识俄国十月革命的政论文章。其主要观点是：

第一，俄国十月革命将政权全归革命党之手，“将从来之政治组织、社会组织根本推翻”的举动，预示着“二十世纪初叶以后之文明必

① 《共产国际、联共（布）与中国革命文献资料选辑》（1917—1925）2，第83页。

② 同上书，第82—83页。

将起绝大变动"[①]。李大钊联系法国大革命的历史写道:当年对法国大革命,"流俗"曾"视此根本之颠覆,乃为非常之祸变"。但是,历史的发展证明,"尔后法人之自由幸福,即奠基于此役"。因此,李大钊告诫人们:若"今之为俄国革命抱悲观者,得毋与在法国革命之当日为法国抱悲观者相类欤"[②]。

第二,俄国十月革命"是立于社会主义上之革命,是社会的革命并著世界的革命之采色者"。它对内"足以唤起其全国之自觉",对外"足以适应世界之潮流"。李大钊认为,倘若不是这样,"则赤旗飘飘举国一致之革命不起"。因此,这一革命"入人之深,世无伦比"[③]。

第三,应以俄国十月革命的"知运之鹃声唤醒读者"[④],以求达到适应这一世界新潮流的目的。

虽然,这篇文章只是表达了李大钊对十月革命的初步认识,但是,他对这一革命所蕴涵的社会主义理想与实践的充分肯定和赞颂,则是十分明显的。

继此之后,同年 11 月和 12 月,李大钊先后写作了《庶民的胜利》和《Bolshvism 的胜利》两文,并都发表在 1919 年 1 月的《新青年》5 卷 5 号上。同月(元旦),李大钊在《每周评论》第 3 号上发表了《新纪元》一文。从这 3 篇文章中,可以看出李大钊对十月革命认识的提高。

例如,他运用历史唯物主义观点,揭示了第一次世界大战发生和终结的真因:"原来这回战争的真因,乃在资本主义的发展。…… 是资本家的政府想靠着大战,把国家界限打破,拿自己的国家做中心,建一世界的大帝国,成一个经济组织,为自己国内资本家一阶级谋利益。"[⑤]李大钊并说明,正因为"俄、德等国的劳工社会",首先看破资本家政府的野心,因此,他们"不惜在大战的时候,起了社会革命,防遏这资本家政府的战争。联合国的劳工社会,也都要求平和,渐有和他们的异国的同

---

① 《李大钊全集》第 2 卷,人民出版社 2006 年版,第 225 页。
② 同上。
③ 同上书,第 226 页。
④ 同上书,第 228 页。
⑤ 同上书,第 255 页。

胞取得一致的趋势”。而“这亘古未有的大战,就是这样告终。这新纪元的世界改造,就是这样开始”[①]。李大钊也由此而预言:“俄国的革命,不过是使天下惊秋的一片桐叶”[②],“试看将来的环球,必是赤旗的世界!”

又如,他指出俄国的 Bolshvism“就是革命的社会主义”;持这一主义的 Bolshviki“是奉德国社会主义经济学家马客士(Maxr)为宗主的;他们的目的,在把现在为社会主义的障碍的国家界限打破,把资本家独占利益的生产制度打破。”[③]

可以说,李大钊是通过赞颂十月革命和宣传布尔什维主义的政治主张,开启马克思主义在中国的传播之门的。

(二) 开始以十月革命为借鉴,反思曾经走过的路

在这一问题上,董必武、朱德、毛泽东等人都曾明确地表达了自己的认识。

董必武是辛亥革命的参加者,并在这一革命过程中加入了中国同盟会。他后来回忆说,五四运动前的两三个月,他在上海开始了解十月革命和阅读马克思主义的书籍。通过这段时间的学习,他已经逐渐感到“俄国革命中,列宁党的宗旨和工作方法与孙中山先生的宗旨和方法迥然不同”,感到“现代社会已发生毛病了,传统的观念、道德、方法都要改变了”。不过,至于“怎样改变,改变成一种什么样子,都很漠然”[④]。他还说,五四运动爆发后,他和他的朋友们“在这种形势下,估计中国还是要革命,要打倒列强,要除军阀,要建立民主制度(当然还不知道新民主主义),要唤醒民众。国民党一套旧的搞军事政变的革命方法,行不通了,应改为一种能唤醒群众、接近群众的方法”[⑤]。

同样是辛亥革命的参加者的朱德,在 1961 年 10 月 10 日发表的

① 《李大钊全集》第 2 卷,人民出版社 2006 年版,第 255 页。
② 同上书,第 263 页。
③ 同上书,第 260 页。
④ 《董必武统一战线文集》,法律出版社 1990 年版,第 34 页。
⑤ 《董必武选集》,人民出版社 1985 年版,第 504 页。

《辛亥革命回忆》一文中写道："我自己是在十月革命的影响之下，走上了新的革命道路的。我当时担任云南军队的旅长驻防在四川。……我已亲身认识到用老的军事斗争的办法不能达到革命的目的，加上受到十月革命的影响，我深深感到有必要学习俄国的新式革命理论和革命方法来从头进行革命。"①

毛泽东是五四运动前后湖南学生界的领袖之一。1920 年 12 月 1 日，他在致蔡和森等的信中指出"我看俄国式的革命是无可如何的山穷水尽诸路皆走不通了的一个变计，并不是有更好的方法弃而不采"②。

董必武、朱德、毛泽东的思想认识，都从一个方面反映了十月革命后中国先进分子的学习目光开始转向的情况。这也正如毛泽东所写："十月革命一声炮响，给我们送来了马克思列宁主义。十月革命帮助了全世界的也帮助了中国的先进分子，用无产阶级的宇宙观作为观察国家命运的工具，重新考虑自己的问题。走俄国人的路——这就是结论。"③毛泽东的这段话阐明了三个重要观点：(1)十月革命对中国产生影响的核心因素是"给我们送来了马克思列宁主义"；(2)"用无产阶级的宇宙观作为观察国家命运的工具"，是十月革命给予中国人民的最根本的帮助；(3)基于前两点，这里所说的"走俄国人的路"，指的是走十月革命所昭示的社会主义发展方向之路。

综上所说，促使中国先进分子"重新考虑自己的问题"的原因是多方面的。其中特别是中国旧民主主义运动屡遭失败的教训的警示，俄国十月革命的启发，苏俄政府对被压迫民族所采取的友好、平等的政策的鼓舞和推动。此外，更为直接的近因，则是 1919 年巴黎和会上中国外交的失败。

① 《朱德选集》，人民出版社 1983 年版，第 385—386 页。

② 《毛泽东书信选集》，人民出版社 1983 年版，第 5—6 页。

③ 《毛泽东选集》第 4 卷，人民出版社 1991 年版，第 1471 页。

四、五四运动促进马克思主义与中国工人运动相结合

（一）中国先进分子以马克思主义为指导推进五四运动

还在五四运动发生前，1919年元旦，李大钊写就了《大亚细亚主义与新亚细亚主义》一文。并于同年2月1日发表在《国民》杂志第1卷第2号上。该文对日本军国主义鼓吹的“大亚细亚主义”进行了无情的揭露。他指出：“‘大亚细亚主义’是并吞中国主义的隐语。”因为，中国的命运，全靠着列强均势才能维持，……日本若想独吞，非先排去这些均等不可，想来想去，想出这个名辞。所以，李大钊强调：大亚细亚主义“不是平和的主义，是侵略的主义；不是民族自决主义，是吞并弱小民族的帝国主义”。[①] 在此，他不仅准确地使用了列宁关于帝国主义的概念，而且明确提出：亚细亚人应该共倡一种新亚细亚主义，即“凡是亚细亚的民族，被人吞并的都该解放”，在此基础上，“益进人类的幸福”。[②]

李大钊的上述认识和主张，为他此后正确引导五四运动奠定了重要的思想基础。

五四运动爆发后，以李大钊为代表的中国先进分子努力对这一运动予以马克思主义的思想指导。比如，5月18日和26日，《每周评论》先后登载了李大钊的文章《秘密外交与强盗世界》和《太上政府》。其中，《秘密外交与强盗世界》一文指出：“我们反对欧洲分赃会议所规定对于山东的办法，并不是本着狭隘的爱国心，乃是反抗侵略主义，反抗强盗世界的强盗行为。”他分析说：现在的世界仍然是强盗世界，不止夺取山东的是我们的仇敌，这强盗世界中的一切强盗团体、秘密外交这一类的一切强盗行为，都是我们的仇敌。我们若是没有民族自决、世界改造的精神，把这强盗世界推翻，单是打死几个人，开几个公民大会，也

---

① 《李大钊全集》第2卷，人民出版社2006年版，第269页。

② 同上书，第270页。

还是没有效果。为此，李大钊提出：“我们的三大信誓是：改造强盗世界，不认秘密外交，实行民族自决。”①《太上政府》一文，则以形象、通俗的语言指出，外国驻华使馆集中的“东交民巷里有我们的太上政府”，这个太上政府“干涉我们的言论自由”，对我们“用惯了那年五月七日的哀的美敦书”。②

这些文章对帮助人们学习、掌握和运用唯物史观，认识帝国主义的本质以及帝国主义势力与中国封建统治者之间的关系十分有益。

6 月 28 日，五四运动的直接斗争目标实现。次日，李大钊在《每周评论》第 28 期发表了六篇随感录，其表达的中心意思，是提醒人们不要放松革命斗争。如在第一篇随感录中，李大钊写道：“现代的生活，还都是牢狱的生活啊！象这样的世界、国家、社会、家庭，那一样不是我们的一层一层的牢狱，一扣一扣的铁索！”③由此可见他对五四运动的进一步指导。

同年 11 月 1 日，《国民》杂志第 2 卷第 1 号上发表了李大钊的《再论新亚细亚主义》一文，在此他不仅进一步表达了前述他的主要思想，而且有新的见地。如提出：一方面，不要被帝国主义“威势煊赫”的表象所吓倒；另一方面，不要被帝国主义的所谓的“公道”所欺骗。李大钊指出：“世界上的军国主义、资本主义，都像唐山煤矿坑上的建筑一样，他的外形尽管华美崇闳，他的基础，已经被下面的工人抽空了，一旦陷落，轰然一声，归于乌有。我们应该在那威势煊赫的中间，看出真理的威权，因而发生一种勇气与确信，敢与他搏战，信他必可摧拉。”④并且，因为“资本主义、帝国主义，不论他是东方的、欧美的，绝讲不出公道话来”，所以“我们应该信赖民族自觉的力量，去解决一切纠纷，不可再蹈从前‘以夷制夷’的覆辙”。这些思想是李大钊运用历史唯物主义观点分析帝国主义对华侵略问题的重要体现。

---

① 《李大钊全集》第 2 卷，人民出版社 2006 年版，第 339 页。
② 同上书，第 341 页。
③ 同上书，第 348 页。
④ 同上书，第 77 页。

(二) 中国工人阶级的新觉醒及马克思主义“灌输”工作的加强

马克思主义认为,工人阶级政党产生的基本条件,是“工人运动和社会主义的结合”①。而结合的基本途径,是革命知识分子把科学社会主义理论灌输到工人运动中去。当然,灌输工作如何进行,则要根据各国的具体条件来决定。亦如列宁所说:“每个国家社会主义和工人运动的结合,都是历史上形成的,都经过了独特的道路,都是以地点和时间为转移的。”②

从五四运动的情况看,其直接斗争目标有两个:一是要求北洋军阀政府拒绝和约签字;二是要求惩办三个亲日派官僚(曹汝霖,签订二十一条时的外交次长;陆宗舆,签订二十一条时的驻日公使;章宗祥,当时的驻日公使)。

五四运动的发展经历了两个阶段:

第一阶段,5月4日—6月4日。这是以知识分子(具有初步共产主义思想的知识分子、小资产阶级知识分子、资产阶级知识分子)为主体,以爱国学生打先锋的阶段。在这一阶段,自6月3日起,运动面临夭折的危险:北洋政府在北京和其他城市大肆逮捕和镇压学生;学生的情绪开始波动,队伍开始分化。

第二阶段,6月5日—28日。自6月5日起,中国工人阶级第一次作为独立了的政治力量登上历史舞台,站到了斗争的前列,促使这一运动走出了知识分子的狭小范围,而很快地发展为以工人阶级为主力军,有广大的城市小资产阶级和民族资产阶级群众参加的、全国范围的革命运动。在这一阶段,五四运动的两个直接斗争目标胜利实现,从而显示了这一运动“彻底地不妥协地反帝国主义和彻底地不妥协地反封建主义”③的姿态和意义。

这一局面的出现,为中国工人阶级充分展现自己的阶级优点开辟了道路,为中国共产党的成立进一步准备了阶级基础。中国工人运动

---

① 《列宁选集》第1卷,人民出版社1995年版,第284页。

② 同上书,第285页。

③ 《毛泽东选集》第2卷,人民出版社1991年版,第699页。

的早期领导人邓中夏在其后来所写的《中国职工运动简史》一书中写道:"中国工人阶级的政治罢工开始于这一次,后来中国工人阶级能发展自己阶级的独立力量与独立斗争,显然的此次罢工有很大的影响。"①

与此相联系,这一局面的出现,也为中国先进分子从本质上认识中国工人阶级的力量进一步开阔了视野,从而空前地促进了马克思主义与中国工人运动的初步结合。

还在五四运动前,1918年4月,毛泽东、蔡和森等在湖南长沙组织成立了新民学会,它成为我国五四运动前后影响最大的一个革命团体,及湖南传播马克思主义和反帝反封建的中心。五四运动前后,恽代英、林育南等在湖北组织了互助社、利群书社和共存社等进步团体,传播马克思主义。

五四运动动后,1919年9月,周恩来、马骏等在天津组织的青年学生的进步社团——觉悟社,成为天津传播马克思主义的和反帝反封建的中心。从1919年起,李大钊先后在北京大学、北京女高师、朝阳大学等校开设有关马克思主义理论的课程,不遗余力地向在校学生宣传马克思主义学说;1920年3月31日,李大钊在北京大学秘密发起组织马克思主义研究会,以研究和宣传马克思主义的著述为主要目的。在此期间及之后,一批先进的知识分子,还通过创办刊物、开设课程、创办工人夜校等,促使马克思主义与中国工人运动进一步结合。

对此,可以北京共产主义小组创办长辛店劳动补习学校的情况为例。长辛店劳动补习学校是北京共产主义小组在李大钊指导下,于1921年1月1日创办的。在中共一大上,小组代表向大会报告了他们创办该校的情况。其中说道:这是在"既没有工人组织又没有工人领袖的地方"②所开办的一所学校,"有三位教员——社会主义者在那里教课"③。"学校的任务主要是教育工人,并使他们习惯于亲自从他们

---

① 《邓中夏文集》,人民出版社1983年版,第430页。

② 《建党以来重要文献选编》第1册,中央文献出版社2011年版,第12页。

③ 同上书,第11页。

当中选出有觉悟而又积极的人来管理学校和工会的事情”①。

从该校开办的效果看，它成为北京共产主义小组成员“接近工人的一个途径，我们和工人之间逐渐产生了亲密友好的感情；我们不止一次地向工人提出鼓舞他们的重要建议，结果，我们看到，提出的各种阶级要求，像增加工资、缩短工时、成立工会等思想，在工人中间已不断增长起来。后来，他们成立了拥有三百四十至三百五十人的铁路工人工会”。②

经过到工人中去，先进的知识分子进一步了解了社会，了解了工人群众及其他劳动群众的疾苦，日益树立起为民族、为人民谋利益的无产阶级责任感，并进一步培养了自己做革命工作的能力。一部分工人则在与这些先进知识分子的接触中，接受了马克思主义的教育，提高了思想和政治觉悟。这样，经过革命知识分子与工人群众的结合，而逐步实现了工人运动与科学社会主义的结合，并使之不断巩固和发展。在这一过程中，一批工人阶级的先进分子相继涌现出来，从而使建党成为可能。也正是在这个意义上，毛泽东指出“五四运动是在思想上和干部上准备了一九二一年中国共产党的成立”。③

五、马克思主义的深入传播与中国共产党的成立

（一）同反马克思主义的思潮进行论争，坚定对马克思主义的信仰

五四运动后，伴随着马克思主义在中国的传播，以李大钊为代表的中国先进分子同反马克思主义的思潮进行了有理有力的论争。其开端是同胡适主张的实用主义思潮的论争。

在五四运动期间，6 月 11 日，陈独秀因上街向群众散发《北京市民宣言》而被捕（9 月 16 日，在各界人士多方奔走和强大舆论的压力下，

① 《建党以来重要文献选编》第 1 册，中央文献出版社 2011 年版，第 12 页。

② 同上书，第 11 页。

③ 《毛泽东选集》第 2 卷，人民出版社 1991 年版，第 700 页。

北洋当局被迫将他释放)。与此同时,北洋当局加紧对所谓"过激主义"和"过激派"的迫害。在这种形势下,7 月 20 日,李大钊不得不离开北京回故乡(河北省乐亭县大黑坨村)避难。行前,他收到本日出版的《每周评论》第 31 号(陈独秀被捕后,该刊自第 25 号起由胡适接办)。其第一版刊登了胡适的《多研究些问题,少谈些主义》一文。该文劝说人们"多多研究这个问题如何解决,那个问题如何解决,不要高谈这种主义如何新奇,那种主义如何奥妙",因为"'主义'的大危险,就是能使人心满意足,自以为寻着包医百病的'根本解决',从此用不着费心力去研究这个那个具体问题的解决法了"。在该文中,胡适还嘲讽说:"空谈好听的'主义',是极容易的事,是阿猫阿狗都能做的事,是鹦鹉和留声机都能做的事。"①

对胡适的上述主张,李大钊"发生了一些感想",认为应该对社会"告白"②。于是,在故乡期间,他写了《致胡适之的信》,寄给胡适,并以《再论问题与主义》为标题,发表在 8 月 17 日的《每周评论》第 35 号上。在此,李大钊从多角度宣传了马克思主义。

第一,针对胡适"少谈些主义"的主张明确声明:"我可以自白,我是喜欢谈谈布尔扎维主义的。"③"布尔扎维主义的流行,实在是世界文化上的一大变动。我们应该研究他,介绍他,把他的实象昭布在人类社会,不可一味听信人家为他们造的谣言,就拿凶暴残忍的话抹煞他们的一切"④。

第二,强调"问题"与"主义",有不能十分分离的关系,因而不能不谈主义。他指出:因为一个社会问题的解决,必须靠着社会上多数人共同的运动。这就需要先有一个共同趋向的理想、主义,作他们实验自己生活上满意不满意的尺度(即是一种工具)。因此,"我们的社会运动,一方面固然要研究实际的问题,一方面也要宣传理想的主义"⑤。

---

① 欧阳哲生编:《胡适文集》(2),北京大学出版社 1998 年版,第 249—252 页。

② 《李大钊全集》第 3 卷,人民出版社 2006 年版,第 1 页。

③ 同上书,第 4 页。

④ 同上书,第 5 页。

⑤ 同上书,第 2 页。

第三，提出运用马克思主义，一定要从“实境”出发。即“一个社会主义者，为使他的主义在世界上发生一些影响，必须要研究怎么可以把他的理想尽量应用于环绕着他的实境”①。

第四，针对胡适所说“主义的危险”，李大钊明确回应：“只怕不是主义的本身带来的，是空谈他的人给他的。”②因而，李大钊主张：“我们惟有一面认定我们的主义”，“一面宣传我们的主义，使社会上多数人都能用他作材料、作工具，以解决具体的社会问题”。③

第五，明确指出：“经济问题的解决，是根本的解决。”李大钊强调，依马克思的唯物史观，社会上法律、政治、伦理等精神的构造，都是表面的构造，他的下面，有经济的构造作他们一切的基础。经济组织一有变动，他们都跟着变动”。因此，“经济问题的解决，是根本的解决”④。与此相联系，李大钊还指出：我们应该承认，遇着时机，因着情形，或须取一个根本解决的方法，“而在根本解决以前，还须有相当的准备才是”。⑤

李大钊的上述思想，是经过五四运动洗礼后，中国先进分子在学习、研究和传播马克思主义的征程上取得的重要新成果。

继此之后，1920 年 11 月—1922 年夏，陈独秀、李大钊、李达、蔡和森等，同张东荪、梁启超所吹捧的“基尔特社会主义”进行了论争，比较深刻地批驳了张、梁极力反对在中国宣传马克思主义和建立无产阶级政党，而宣扬通过消极静待资本主义的兴起和发展，来使中国实现社会主义的主张。在中国共产党成立前后，陈独秀、李达、施存统、蔡和森、李大钊等还围绕着革命的形式、国家的本质等问题，对无政府主义的错误主张进行了严肃的批判，从而帮助大批激进青年比较清楚地区分了马克思主义和无政府主义的界限。许多曾经的无政府主义者放弃了错误信仰，选择了科学社会主义，其中并有一批人后来成长为英勇的共产

---

① 《李大钊全集》第 3 卷，人民出版社 2006 年版，第 3 页。
② 同上。
③ 同上书，第 6 页。
④ 同上。
⑤ 同上书，第 7 页。

主义战士。

（二）深入研究马克思主义和了解世情，提出对中国的“改造计划”

在中国先进分子同反马克思主义思潮进行有理有力的论证进程中，中国先进分子深入研究马克思主义和了解世情，提出“略具规模”的对中国的“改造计划”。在这方面，1920 年 8 月 13 日、9 月 16 日，蔡和森关于中国革命问题给毛泽东的两封信很有代表性。在 8 月 13 日的信中，蔡和森写道：“我到法后，卤莽看法文报，现门路大开，以世界大势律中国，对于改造计划略具规模。”①随后，蔡和森从多方面论述了他的相关认识。其中第二部分是关于“无产阶级革命运动之四种利器”②。这四种利器分别是：(1)党(社会党或共产党)；(2)工团；(3)合作社；(4)苏维埃。蔡和森写道：“我以为先要组织党——共产党，因为他是革命运动的发动者，宣传者，先锋队，作战部。以中国现在的情形看，须先组织他，然后工团，合作社，才能发生有力的组织，革命运动，劳动运动，才有神经中枢。”③他还写道：“我意中国于二年内须成立一主义明确、方法得当和俄一致的党。”④

为切实成立这样的党，在 9 月 16 日的信中，蔡和森提出了相关的“组织的步骤”：“结合极有此种了解主张的人组织一个研究宣传的团体及出版物”；“严格的物色确实党员，分布各职业机关、工厂、农场、议会等处”；“显然公布一种有力的出版物，然后明目张胆正式成立一个中国共产党”⑤等。蔡和森的这些主张，深得毛泽东的赞同，认为“见地极当”。⑥

中国先进分子的上述探讨及其在实践中的逐步实施，日益为中国共产党的成立准备了必需的基本条件。

---

① 《建党以来重要文献选编》第 1 册，中央文献出版社 2011 年版，第 447 页。
② 同上书，第 447 页。
③ 同上书，第 449 页。
④ 同上书，第 450 页。
⑤ 《建党以来重要文献选编》第 1 册，第 459—460 页.
⑥ 《毛泽东文集》第 1 卷，人民出版社 1993 年版，第 4 页。

（三）各地共产党早期组织的建立和中国共产党的诞生

自1920年8月至1921年春，中国先进分子相继在上海、北京、武汉、长沙、济南、广州等地建立了共产党早期组织；中国留学生在日本东京和法国巴黎也建立了共产党早期组织。

在各地共产党早期组织卓有成效地进行多方面工作的基础上，1921年7月23—31日，中国共产党第一次全国代表大会先在上海后移至嘉兴南湖胜利召开。大会通过的《中国共产党第一个纲领》，毫不含糊地向世界宣示“本党定名为‘中国共产党’”；“承认无产阶级专政，直到阶级斗争结束，即直到消灭社会的阶级区分”；“承认苏维埃管理制度，把工农劳动者和士兵组织起来”①等。虽然，一大纲领还很不完备，特别是未能提出适合当时中国国情需要的彻底的民主革命纲领，但是，这几点宣示，是其最核心、最本质的内容。它把党的最高理想以及实现这一最高理想的基本途径和方法昭示于天下，从而为中国革命指明了根本航向。

中共一大宣告了中国共产党的成立。“这是中华民族发展史上开天辟地的大事变。从此，中国人民踏上了争取民族独立、人民解放的光明道路，开启了实现国家富强、人民富裕的壮丽征程”②。

中共一大后，1922年召开的中共二大，不仅十分明确地表述了党的最高纲领——“铲除私有财产制度，渐次达到一个共产主义的社会”，而且破天荒提出了符合中国革命客观发展需要的、彻底反帝反封建的民主革命纲领：“消除内乱，打倒军阀，建设国内和平”；“推翻国际帝国主义的压迫，达到中华民族完全独立”③。这是创立初期的中国共产党，把马克思主义基本原理与中国革命实际相结合取得的最重大的政治成果之一。

正因为有了中共一大、二大确定的党的最高纲领和最低纲领，才使中国新民主主义革命有了波澜壮阔地展开的可能，从而有了在这一革

---

① 《建党以来重要文献选编》第1册，中央文献出版社2011年版，第1页。

② 胡锦涛：《在庆祝中国共产党成立90周年大会上的讲话》，2011年7月1日。

③ 《建党以来重要文献选编》第1册，第133页。

命基础上所逐步成就的后来的一切。

回顾近代以来中国人民所走过的路，回顾中国共产党成立90多年来，在世界风云变幻中，中国的不断发展和进步，我们更加坚信：在俄国十月革命和中国五四运动后，中国先进分子和中国人民逐步选择了马克思主义、选择了中国共产党，这是符合中国国情客观要求的正确选择，它反映了历史的必然。

从"实践哲学"的泛滥看马克思主义的指导意义①

张守民

南共联盟和南斯拉夫的"自治社会主义"不仅在历史舞台上,甚至在一般民众的记忆里都已经消失了。但是,南共联盟及其探索、建立的"自治社会主义"制度的失败、南斯拉夫的解体及其给原南斯拉夫各族人民造成的灾难,却是我们不能忘记的。曾在20世纪60年代初至70年代中期的南斯拉夫理论界居支配地位的南斯拉夫"实践派"的"实践哲学",以及这种"实践哲学"在南斯拉夫陷入社会危机、动荡以致最后解体过程中的作用,是我们不能不研究的,特别是虽然以铁托为首的南共联盟严厉批判了这一学派,但却未能从根本上遏制住这种"实践哲学"的泛滥。

一、南斯拉夫"实践派"及其同南共联盟的关系

南斯拉夫"实践派",是20世纪50年代南共联盟大规模批判"斯大林主义"的过程中形成的一个哲学学派,自20世纪60年代初至70年代中期曾在南斯拉夫理论界占据支配地位。其主要代表人物有:加·彼得罗维奇、米·马尔科维奇、斯·斯托扬诺维奇、卢·苏贝克、米·坎格尔加、普·弗拉尼茨基等。他们不仅出版自己的杂志,举办各种学术会议和学术活动,研究和宣传自己的思想理论观点,而且广泛邀请国际上持各种不同政治立场和哲学观点的哲学家参加他们组织的学

① 原文为《前南斯拉夫"实践派"的"实践哲学"及其泛滥的教训》,发表在《高校理论战线》2010年第1期,在此题目有变动。

术会议和学术活动，请他们做自己的杂志的编委。南斯拉夫“实践派”的重要人物，许多是南共联盟的老战士，有的在进大学学习之前“就已经在游击队里担任了一定职务”[①]。他们大多不仅是南共联盟领导的批判“斯大林主义”的急先锋，而且是最早为南共联盟探索“自治社会主义”道路提供理论支持的思想家。

历史已经证明，南共联盟在批判“斯大林主义”，批判党政不分、高度集中的政治、经济管理体制的过程中，把“非国家化、非集中化、非官僚化、权力分散化”作为治党治国的指导思想，严重脱离了南斯拉夫的具体国情，背离了马克思主义的基本原则。在这一思想指导下探索和建立起来的南斯拉夫“自治社会主义”制度，对于南共联盟和南斯拉夫的社会主义建设事业是致命的。南斯拉夫“实践派”的“实践哲学”，实际上是进一步扩大和发展了南共联盟关于建设社会主义的指导思想的错误，把南共联盟提出的“自治社会主义”理论彻底人本主义化、唯心主义化了。

不可否认，南斯拉夫“实践派”的思想家们在对社会主义实践的批判中提出了一些值得研究的问题，但他们的唯心主义世界观和实践观、脱离南斯拉夫实际的激进的社会政治观点，终于使他们同南共联盟分道扬镳。1968 年 6 月，先是在首都贝尔格莱德，随后在萨格勒布和萨拉热窝爆发了矛头指向南斯拉夫社会主义制度的学生运动。南斯拉夫“实践派”的思想家们不仅积极支持而且还有一些激进的学者直接参与了这些学生运动。正如这一学派的重要代表人物米·马尔科维奇所说，南斯拉夫“实践派”的哲学家们“实际上并不支持党并同党合作，以便立即建设一个新社会”。[②]

毫无疑问，把南共联盟及其探索、建立的“自治社会主义”失败的原因归之于南斯拉夫“实践派”的思想家和他们的哲学理论，是不正确的。但同样毫无疑问的是，南斯拉夫“实践派”的理论活动，特别是他

---

① 米·马尔科维奇：《导论——实践：南斯拉夫的批判社会理论》，载马尔科维奇、彼德洛维奇：《南斯拉夫“实践派”的历史和理论》（郑一明等译），重庆出版社 1994 年版，第 6—7 页。

② 同上书，第 17 页。

们高举“人本主义”旗帜,以“实践”、“自由”、“创造”为号召,对社会主义的“毫不留情的批判”,搞乱了人们的思想,动摇了人们的社会主义信念。在南斯拉夫自1968年激进的学生运动开始陷入“战后最严重的社会政治经济危机”,以及后来南斯拉夫走向混乱和国家解体的过程中,这一学派都起了恶劣的思想和舆论作用。这就是米·马尔科维奇在其和加·彼得罗维奇联袂主编的《南斯拉夫“实践派”的历史和理论》一书中不无自豪地说的,“1948年以后,南斯拉夫在民主化和反斯大林主义的理论形式与实践形式的进程中已经走得很远”,千百万人的精神面貌和生活方式发生了“不可逆转的变化”,造就了“新的、自由的、实干的一代”。[1]

二、南斯拉夫“实践派”的“实践哲学”的基本观点和精神实质

南斯拉夫“实践派”的全部思想理论可以概括为一句话“人在本质上是一种实践的存在”,其关键词是“自由”和“创造”,“自我决定”和“自我完成”。但南斯拉夫“实践派”所说的“实践”不是指“主体变革客体的任何活动”,而是指“一种人类特有的理想活动”[2],“一种理想的极限”,即“人自发地努力以求的一种生存的可能性”[3]。他们特别反对把“人”看作是“一种能制造工具的动物”[4],反对“把‘实践’同劳动和物质生产等同起来”,认为“后者属于必需的领域,是人类生存的必要条件,必然包括不同的作用、固定的操作、从属关系和等级制度”[5],

① 米·马尔科维奇:《导论——实践:南斯拉夫的批判社会理论》,载马尔科维奇、彼德洛维奇:《南斯拉夫“实践派”的历史和理论》(郑一明等译),重庆出版社1994年版,第18页。

② 同上书,第23页。

③ 米·马尔科维奇:《马克思的社会批判理论》,载中国社会科学院哲学研究所:《南斯拉夫哲学论文集》,生活·读书·新知三联书店1979年版,第269页。

④ 加·彼得罗维奇:《马克思思想中的人道主义与革命》,载中国社会科学院哲学研究所:《关于马克思主义人道主义问题的论争》,生活·读书·新知三联书店1981年版,第141—142页。

⑤ 米·马尔科维奇:《导论——实践:南斯拉夫的批判社会理论》,第23页。

甚至以鄙视的口气称这种“不得已而为之的、沉闷单调、毫无乐趣可言的工作”,“白白耗费掉了”人们最美好的时光和精力,“几乎没有提供任何使人满足之处,本身是无价值的,不过是一种使劳动力得以生存和传种接代的手段而已”。①

南斯拉夫“实践派”把“实践”与“物质”和物质运动的“客观规律”、自由与必然对立起来,把辩证唯物主义的“决定论”与人的“能动性”、“创造性”对立起来,否认人类的实践活动是客观的有规律的物质过程,否认人们在实践活动中必须按照客观规律办事。他们认为,“决定论”的观念是与“真正的马克思”所主张的“人在本质上是一种实践的存在”截然相反的东西,代表着马克思主义“正统”中一种令人窒息的和“官僚主义的”因素,因而必须抛弃。斯·斯托扬诺维奇说,马克思和恩格斯断言“物质生产总是决定着——即使只是在最终的情况下——人的所有其他活动和社会生活的各个方面”,是“站不住脚的”,“在理论上已经失败”。又说:“对任何以‘铁的必然性’作用于社会发展的‘自然规律’的信仰,都已被证明为一种幻想。”②

由此,南斯拉夫“实践派”断然否定马克思主义哲学是“辩证唯物主义和历史唯物主义”。他们认为,辩证唯物主义以思维和存在、主体和客体的二元对立为前提,强调世界的物质统一性,就是见物不见人。而“从实践的辩证法的观点看,讨论‘自在的’实在、‘自在的’真理或‘自在的’价值,并无意义”。“人的实践尚未进入的世界是盲目的、无意义的、无真理的、无价值的”③。“真正的”马克思主义哲学的出发点不是“物”,而是“人”,是“人的解放”④,换句话说,就是人的“实践”、“自由”、“创造”。由此,他们不仅认定,“实践”,即作为人的本质的“自由的创造性活动”、“人类特有的理想活动”,是马克思主义的“出发

① 米·马尔科维奇:《马克思的社会批判理论》,第269页。

② 斯·斯托扬诺维奇:《历史唯物主义中的一种张力》,载马尔科维奇、彼德洛维奇:《南斯拉夫“实践派”的历史和理论》,第87—88页。

③ 米·马尔科维奇:《导论——实践:南斯拉夫的社会批判理论》,第26—27页。

④ 加·彼得罗维奇:《同马克思主义相对立的斯大林主义》,载中国社会科学研究所:《南斯拉夫哲学论文集》,第242页。

点”、“核心范畴”,马克思主义哲学是“实践哲学”、“实践一元论”、“辩证的人道主义”、“本体论—人本主义”等等,而且认定,这种“自由的创造性活动”、“人类特有的理想活动”,“同时又是其他一切活动形式的批判标准”[①],甚至说,是马克思“进行社会批判的基本标准”[②]。在他们看来,凡是同“我”自身“分离的”、“对立的”、“凌驾”于“我”之上的,使“我”感受和体验到向“我”施加现实的力量,阻碍“我”进行“自由的历史创造”,阻碍“我”的“潜能”实现的东西,都是“我”的“异化”,因而都是必须“批判”、必须“废除”或“消灭”的。因此他们又把马克思主义哲学归结为一种“社会批判理论”。而他们南斯拉夫“实践派”就是要秉承这一宗旨,“面向我们今日世界亟需解决的哲学问题,致力于对现存的一切进行毫不留情的批判”[③]。

据此,南斯拉夫“实践派”的思想家们不仅对马克思主义进行了“人本主义”的改造,而且对20世纪的社会主义实践进行了全面批判。他们认为,“具体的批判不能仅限于对资本主义社会的批判,因为资本主义特有的许多异化形式在革命以后的社会中仍然存在”,如果仅仅限于对资本主义社会的批判,那么,这种批判就“只能是一种肤浅而偏执的批判”,“只能进一步阻碍革命活动”。正因为社会主义也“不可避免地会导致各种形式的经济异化和政治异化”,所以社会主义也不能不成为“彻底而全面的人类批判”的对象。[④] 他们还认为,“批判”不能仅仅停留在思想上、理论上,“批判如果只限于对当代世界的异化做一般的分析,那么这种批判便具有一种异化了的批判特征,因为它只能在思想中,而不能在现实中废除异化”。[⑤] 他们要在现实中用实际行动批判南斯拉夫的社会主义制度。米·马尔科维奇说,20世纪60年代初,“实践派”在南斯拉夫理论界取得胜利后,“人道主义者(指“实践派”

---

① 米·马尔科维奇:《导论——实践:南斯拉夫的社会批判理论》,第23页。

② 米·马尔科维奇:《马克思的社会批判理论》,第266页。

③ 《〈实践〉的宗旨何在?》,载中国社会科学研究所:《南斯拉夫哲学论文集》,第329页。

④ 米·马尔科维奇:《导论——实践:南斯拉夫的批判社会理论》,第14、28—29页。

⑤ 同上书,第14页。

的思想家——引者)感到,解决了根本的理论问题之后,迈向更具体的行动主义的步骤变得迫在眉睫了。一旦人们清楚地认识到,革命哲学的作用不在于对现存的现实(无论是社会主义的还是资本主义的)作理性的解释,哲学的根本任务在于发现现实世界的根本局限并进一步发现克服这些局限的历史可能性,那么,用具体的、在实践上具有一定倾向的社会批判超越原有的、抽象的批判理论也就成为必要的了"[①]。南斯拉夫"实践派"把对南斯拉夫社会主义制度的理论批判变成了现实的政治批判。他们中的一些代表人物不仅公开参与了旨在反对南斯拉夫社会主义制度的政治活动,而且宣称"对现存的政治权力毫不畏惧"[②]。

南斯拉夫"实践派"对社会主义"毫不留情地批判"的理论结果,就是普·弗兰尼茨基所说的,在社会主义条件下,"政府、阶级、政党、民族、管理、宗教、商品生产、市场"等"一群异化形式"仍然继续存在,因此,"异化问题"仍然是"社会主义的中心之点"。[③] 他们认为:共产党在社会主义国家的领导,是对权力的"垄断",是"一党专政"[④],是社会主义社会"所有异化的根子"[⑤];共产党领导的社会主义"国家"这种"官僚体制"以及"作为其直接拥护者和创造者的政治官僚",是"政治官僚和劳动群众"之间对抗性矛盾的根源,是阻碍"人自身尊严的解放和复归"的"最大危险",是"工人阶级唯一真正的敌人"[⑥];社会主义"国有制"是社会主义社会"经济异化"、"政治异化"的基础,是"官僚主义"、"极权主义"专制的基础,在"国有制"下,"尽管社会主义力量掌权,工人阶级实质上却处于雇佣关系中,处于经济上和政治上被剥夺

---

① 米·马尔科维奇:《导论——实践:南斯拉夫的批判社会理论》,第 14 页。

② 同上文,第 3 页。

③ 普·弗兰尼茨基:《社会主义和异化问题》,载沈恒炎、蒋宏远主编:《国外学者论人和人道主义》第三辑,社会科学文献出版社 1991 年版,第 97 页。

④ 米·马尔科维奇:《导论——实践:南斯拉夫的批判社会理论》,第 31 页。

⑤ 米·马尔科维奇:《工业文明社会彻底人道化的可能性》,载沈恒炎、蒋宏远主编:《国外学者论人和人道主义》,第 128 页。

⑥ 米·坎格尔加:《马克思哲学的意义》,载马尔科维奇、彼德洛维奇:《南斯拉夫"实践派"的历史和理论》,第 72 页。

的地位”①,只不过剥削、统治工人阶级的已经“不是单个的资本家,不是垄断的卡特尔或公司,而是国家机构”。总之,在他们看来,“20 世纪的任何一场社会主义革命都还没有完成;迄今在俄国、中国、古巴、南斯拉夫和其他国家发生的革命,无非是革命的第一步或流产了的尝试。生产方式的私有制并没有被真正的社会所有制所超越,而成为国家所有制或统治集团所有制;职业分工仍广泛存在,而且劳动还是和在资本主义社会一样,工时长、单调乏味,使人变得愚蠢或白白地浪费掉;市场不再是生产的唯一调节者,它已为国家计划所补充,但后一种方式仍远非是合理的和民主的,而且仍保留着很大的利润动机;资产阶级国家没有被各种自治组织所超越,而只是被改造成一种官僚体制的国家,这种国家只允许在社会组织的基层单位里有较大的民主权(在南斯拉夫),或较小的民主权(在苏联);党像典型的资产阶级类型的政治组织一样,将长期存在下去。就党的社会成分(一般党员和领导)而言,党的确转向了工人阶级,但党的组织甚至更为专权了,意识形态的灌输也更加严厉了”。② 这就是说,在南斯拉夫“实践派”的思想家们看来,当时的社会主义各国的革命都没有完成,都需要“继续革命”,“革”生产资料社会主义国家所有制的“命”,“革”社会主义国家的“命”,“革”共产党“一党专政”的“命”。这就是南斯拉夫“实践派”的思想家们运用其“实践哲学”考察现实的社会主义国家得出的结论。而这一结论的根据并不是南斯拉夫和其他社会主义各国的物质生活条件,而是他们提出的作为人的本质的“实践”、“自由”、“创造”。

由上述可见,南斯拉夫“实践派”强调的,作为“人的本质”的“实践”,实际上是马克思和恩格斯批判过的“想象的主体的想象活动”③;南斯拉夫“实践派”的“实践哲学”,实质上是一种唯心主义的抽象的“人”、抽象的“自由”学说,是一种唯心主义的“社会批判理论”。这种“实践哲学”的本质特点就在于,拒绝从人们的物质生活条件出发考察

① 普·弗兰尼茨基:《马克思主义和社会主义》,人民出版社 1982 年版,第 65—67 页。
② 米·马尔科维奇:《导论——实践:南斯拉夫的社会批判理论》,第 30—31 页。
③ 《马克思恩格斯选集》第 1 卷,人民出版社 1995 年版,第 73 页。

人和人的活动，把人的“实践”、“自由”、“创造”绝对化、抽象化，“吹嘘为各个人的绝对独立和自主”[①]，并以这种现实中根本不存在的抽象的“实践”、“自由”、“创造”作为“社会批判的基本标准”，衡量一切、批判一切。

三、南斯拉夫“实践派”考察“人”的方法

观点和方法是内在联系着的。南斯拉夫“实践派”的“实践哲学”是和他们用以考察“人”的方法内在联系着的。所以，研究南斯拉夫“实践派”的“实践哲学”，不能不研究他们考察“人”的方法。

南斯拉夫“实践派”考察“人”的方法首先是唯心主义的，主要表现在，他们拒绝从具体的物质生活条件出发考察“人”。根据唯物史观，考察“人”，首先就要考察“他们的活动和他们的物质生活条件，包括他们已有的和由他们自己的活动创造出来的物质生活条件”。[②] 这是马克思恩格斯在《德意志意识形态》中反复阐明的一个基本原则。斯大林在《论辩证唯物主义和历史唯物主义》中坚持并阐发了马克思主义的这一基本原则。斯大林说：“要在政治上不犯错误，要不陷入空想家的地位，无产阶级党在自己的活动中就不应当从抽象的‘人类理性原则’出发，而应当从具体的社会物质生活条件，即从社会发展的决定力量出发；不应当从‘伟大人物’的善良愿望出发，而应当从社会物质生活发展的现实需要出发。”又说：“马克思列宁主义的力量和生命力在于，它在自己的实际活动中正是以社会物质生活发展的需要为依据，任何时候也不脱离社会的现实生活。”[③]南斯拉夫“实践派”却把“从具体的社会物质生活条件，即从社会发展的决定力量出发”、“从社会物质生活发展的现实需要出发”、“任何时候也不脱离社会的现实生活”这

---

① 《马克思恩格斯全集》第 10 卷，人民出版社 1998 年版，第 351 页。
② 《马克思恩格斯选集》第 1 卷，人民出版社 1995 年版，第 67 页。
③ 《斯大林选集》下卷，人民出版社 1979 年版，第 437 页。

一马克思主义的基本原则作为“斯大林主义”的观点彻底抛弃了。加·彼得罗维奇说:“处于斯大林主义的辩证唯物主义概念的中心地位的,是‘物质’、‘自然’、‘精神’、‘意识’、‘普遍联系’、‘运动’等概念。在历史唯物主义中,每件事都涉及‘社会’、‘物质生活条件’和‘生产力’。按照斯大林主义者的想法,无论辩证唯物主义或历史唯物主义,都不包括关于‘人’的任何一个词句。”[①]米·马尔科维奇则更明确地说,他们“坚决反对任何正统观念”。[②] 这里的所谓“正统观念”就是指辩证唯物主义和历史唯物主义。这表明,南斯拉夫“实践派”在形成自己的观点时就背离了马克思主义的基本原则,错误地朝唯心主义方向迈出了第一步。正由于南斯拉夫“实践派”拒绝“从具体的社会物质生活条件出发”考察“人”,也就是把“具体的社会物质生活条件”排除在“人”的本质规定之外,那么,他们关于“人”和人的“实践”的本质规定,都不能不是“想象的主体”和“想象的主体的想象的活动”。

南斯拉夫“实践派”考察“人”的方法又是形而上学的:一是表现在,他们把人抽象为孤立的个体,进而把人的本质等同于“人的共同特性”[③]、“共同点”、“人性的常数”、“历史上人类行为的一些不变的特征”[④]。这正是过去费尔巴哈坚持的、早已为黑格尔批判过的抽象的形而上学的思维方式。费尔巴哈把人类“个体”看作绝对的,把人类看作“许多人合在一起”构成的总和,进而把人的本质看作是在思想中通过排除“‘我’与‘你’、男人与女人”的个性、特殊性,获得的全部人类个体所共有的“共同的东西”。黑格尔称这种思维方式为“抽象理智的”、“形而上学的”思维方式,称通过这种思维方式所把握到的事物的“共同的东西”为“抽象的普遍性”、“抽象的同一性”,称通过这种思维方式形成的概念(即以事物的“共同之点”为内容的概念)为关于事物的“抽

---

① 加·彼得罗维奇:《同马克思主义相对立的斯大林主义》,载中国社会科学院哲学研究所:《南斯拉夫哲学论文集》,第242页。

② 米·马尔科维奇:《导论——实践:南斯拉夫的批判社会理论》,第14页。

③ 《米·马尔科维奇谈当代马克思主义流派》,载中共中央马克思恩格斯列宁斯大林著作编译局:《马列主义研究资料》第二辑,人民出版社1989年版,第120页。

④ 米·马尔科维奇:《马克思主义人道主义和伦理学》,载沈恒炎、蒋宏远主编:《国外学者论人和人道主义》第三辑,社会科学文献出版社1991年版,第115—116页。

象的观念”,即“从概念中只采取普遍性一成分,而将特殊性、个体性丢掉”的“抽象的东西”①。南斯拉夫“实践派”宣称的“人在本质上是一种实践的存在”、“实践”是“自由的创造性活动”、“人类特有的理想活动”等等,就是这种“抽象的东西”。二是表现在,他们只承认“人创造环境”,否认“环境也创造人”,把“自由”和“必然性”、“限制”绝对对立起来,把一切同“我”自身“分离的”、“对立的”、“凌驾”于“我”之上的,“限制”、“阻碍”我的“潜能”实现的东西,都看作是“我”的“异化”,是必须“批判”、“废除”、“消灭”的,是绝对的“恶”。事实上,“人创造环境,同样,环境也创造人”,过去如此,现在如此,将来也如此。即使是在生产力高度发达、物质财富极大丰富的未来共产主义社会,人们改造世界、创造历史的实践活动也不能不在自己“直接碰到的、既定的、从过去继承下来的条件”下进行,不能不受这些条件的制约、限制,甚至强制。这些物质条件是“统治着人们”的“实际力量”,“不仅不以分散的个人而且也不以他们的总和为转移”。② 它们“预先”规定着人们的生活条件,规定着人们能够创造什么和怎样创造,规定着个人是什么样的。这是问题的一个方面。另一方面,这些物质条件同时又是人们从事自由的创造性活动的物质前提和基础,人们只有接受这些物质条件,依靠并掌握这些物质条件,才能开始自己改造世界、创造历史的实践活动。人们的“自由”、“创造”不在于摆脱这些物质条件的限制,而在于正确认识和充分利用这些物质条件,通过自己的实践活动创造出新的环境、新的物质生活条件。南斯拉夫“实践派”把“自由”和“必然性”、“限制”绝对对立起来,把“自由”看作是摆脱“必然性”,摆脱一切“限制”,即不包含任何内容规定的东西,是典型的形而上学的观点。这种“自由”,正是黑格尔早已批判过的、在现实中根本不存在、也不可能存在的“空虚的自由”、“抽象的自由”③。

---

① 黑格尔:《小逻辑》,商务印书馆 1980 年版,第 335 页。

② 《马克思恩格斯全集》第 3 卷,人民出版社 1960 年版,第 274 页。

③ 黑格尔:《法哲学原理》,商务印书馆 1961 年版,第 14—15 页。

四、南斯拉夫“实践派”的实用主义学风

最后，我们不能不谈谈南斯拉夫“实践派”的思想家们对待马克思主义的态度。南斯拉夫“实践派”的思想家们自诩为“真正的马克思主义者”、“创造性的马克思主义”，但翻翻他们的理论文章我们就会发现，在一些重大理论问题上，他们不仅不尊重马克思主义经典著作，甚至不顾事实信口捏造马克思、恩格斯、列宁的观点。

比如，在《德意志意识形态》和《资本论》等著作中，马克思和恩格斯无不强调人类改造世界的生产、实践活动是“现实”的“感性”的“物质活动”。然而，南斯拉夫“实践派”的重要代表人物加·彼得罗维奇却在他的文章中说，马克思的“实践概念”是“超越了物质和精神之间的差别”的概念，“马克思所理解的实践概念不是同精神活动相对立的物质活动，而是人的一切自由活动的结构”。[①] 为了否定辩证唯物主义的反映论，这位南斯拉夫“实践派”的代表人物断言：“青年”列宁（在《唯物主义和经验批判主义》中）主张“非辩证的反映论理论”，“按照这一理论，我们的意识只是外部世界的反映，而外部世界是独立于意识之外的”。“成熟”的列宁在其《哲学笔记》中则改正了“青年”列宁的这个过错。[②] 就是说，列宁在《哲学笔记》中放弃了反映论。

又比如，马克思主义的一个极其重要的原则就是“无产阶级专政”。在《共产党宣言》中，马克思和恩格斯说：“工人革命的第一步就是使无产阶级上升为统治阶级，争得民主。”[③]后来，马克思恩格斯总结工人运动的实践经验，给了“无产阶级的政治统治”一个明确的概念，即“无产阶级专政”。然而，普·弗兰尼茨基这位《马克思主义史》的作

① 加·彼得罗维奇：《历史唯物主义、实践哲学和革命思想》，载中共中央马克思恩格斯列宁斯大林著作编译局：《马列主义研究资料》第二辑，人民出版社 1989 年版，第 231—232 页。

② 加·彼得罗维奇：《同马克思主义相对立的斯大林主义》，第 249 页。

③ 《马克思恩格斯选集》第 1 卷，人民出版社 1995 年版，第 293 页。

者，在其所著的《马克思主义和社会主义》一书中却说，“马克思主义的一个重要要求和思想：社会主义不应被理解为政治领域的统治”。[①] 列宁在领导俄国十月革命和社会主义建设过程中丰富和发展了马克思恩格斯关于无产阶级专政和无产阶级政党的学说，无产阶级专政和无产阶级政党学说是列宁主义的重要内容。但普·弗兰尼茨基却一口咬定这是列宁的“不带根本性的东西，次要的、暂时的东西”[②]。恩格斯说“无政府主义的谬论从巴枯宁用现在的形式把它提出来的第一天起就遭到马克思的反对”[③]。普·弗兰尼茨基却说，马克思主义的重要思想“同其他一些社会主义思潮，尤其同无政府主义，在一定程度上相符合”[④]。

再比如，1988年，米·马尔科维奇在同我国中央编译局当代马克思主义研究所的研究人员座谈时说，“正统的马克思主义，即辩证唯物主义和历史唯物主义”的“主张中贯穿着简单的决定论，即事物的进程是被预先决定了的，每件事的发生都是必然的。他们认为，从资本主义社会向社会主义社会过渡是必然的；如果了解事物的发展规律，就可以精确地预测未来的发展。对此，人们不禁要问，果真如此，我们为什么还要去做工作？如果任何事情的发生都是必然的，从事革命活动还有什么作用？”[⑤]稍有辩证唯物主义常识的人都知道，辩证唯物主义既不认为世界上“每件事的发生都是必然的”，也不否认人的能动性、创造性。根据唯物史观，社会历史发展的客观规律就是存在于人的能动活动之中，并通过人的能动活动实现的；没有人的能动活动就没有社会历史发展规律，社会历史发展规律本身就是人的能动活动的规律。客观规律“以铁的必然性发生作用”[⑥]，不以任何人的意志为转移，但“认识”它们，“理解”它们的活动、方向和作用，“使它们越来越服从我们的

---

① 普·弗兰尼茨基：《马克思主义和社会主义》，人民出版社1982年版，第132页。
② 同上书，第45页。
③ 《马克思恩格斯选集》第4卷，人民出版社1995年版，第657页。
④ 普·弗兰尼茨基：《马克思主义和社会主义》，第22页。
⑤ 《米·马尔科维奇谈当代马克思主义流派》，第120页。
⑥ 《马克思恩格斯选集》第2卷，人民出版社1995年版，第100页。

意志并利用它们来达到我们的目的”，则“完全取决于我们”①。这才真正是辩证唯物主义和历史唯物主义在客观规律性、必然性和人的能动性、创造性问题上的基本观点。

如此等等。这就是以“真正的马克思主义者”自诩的南斯拉夫“实践派”的思想家们对待马克思主义的态度，就是他们的学风。这种态度，这种学风，即使在学术上也是不能允许的。然而就是这样一个学派，竟然在南斯拉夫不仅存在了许多年，而且还一度在南斯拉夫理论界取得支配地位。可见其影响之大、影响之深。

五、南斯拉夫“实践派”的“实践哲学”泛滥的教训

南斯拉夫“实践派”的“实践哲学”在南斯拉夫的泛滥，南共联盟及其探索、建立的“自治社会主义”制度的失败，给共产党人的教训是深刻的。

首先，执政党要十分清楚地认识到，哲学是有党性的。哲学不是远离现实的抽象理论，不是纯粹个人的世界观，哲学争论也不是远离现实的纯学术争论。如列宁所说，在阶级存在的时代，哲学上的党派斗争“归根到底表现着现代社会中敌对阶级的倾向和思想体系。最新的哲学像在2000年前一样，也是有党性的”②。南斯拉夫“实践派”的“实践哲学”的错误，不仅在于它是唯心主义的、形而上学的，更重要的是它所论证的具体政治内容，即曲解马克思主义、否认共产党的领导、否认社会主义国家、否认社会主义国有制的社会主义“全面异化论”。尽管南斯拉夫“实践派”思想家们讨论的是“异化、人性、实践、解放、自我实现、真正的人类共同体这些抽象的问题”，但正如米·马尔科维奇所说，“这种相对来说并无危险的抽象的人道主义一旦变得具体，人道主义便会引起极大的麻烦”，“哲学的批判理论在特定的条件下可能激起

---

① 《马克思恩格斯选集》第3卷，人民出版社1995年版，第630页。

② 《列宁选集》第2卷，人民出版社1995年版，第240页。

群众的实践运动”。[①] 事实是，南斯拉夫“实践派”的理论不仅“激起”了1968年南斯拉夫首都贝尔格莱德和萨格勒布、萨拉热窝等地爆发的矛头指向南斯拉夫现行制度的学生运动，而且他们当中一些激进的学者还直接参与了这些学生运动。

其次是，执政党要毫不动摇地坚持对意识形态的领导，巩固马克思主义在意识形态领域的指导地位。南斯拉夫“实践派”之所以能够在南斯拉夫存在和发展，并“统治了南斯拉夫理论界”，不能说不与南共联盟在“非国家化、非集中化、非官僚化、权力分散化”这种错误的治党治国的指导思想影响下，削弱以至放弃了对意识形态的领导有密切关系。1958年4月，南共联盟第七次代表大会通过的南共联盟纲领，虽然正确地强调了创造性地运用马克思主义和在实践基础上发展马克思主义的重要性，但同时也宣布“无论是整个南斯拉夫共产主义者联盟或是它的个别机构，都不认为自己是马克思列宁主义或其他某些社会科学方面的公断人”[②]。虽然不能说这一主张为各种非马克思主义、反马克思主义思想的泛滥开了绿灯，但它的确为理论界的一些学者公开宣传非马克思主义，甚至反马克思主义的思想观点、宣传与南共联盟对立的思想观点和政治主张，提供了某种程度的支持。正是在南共联盟第七次代表大会以后，南斯拉夫理论界陷入了混乱并分裂为尖锐对立的派别，南斯拉夫“实践派”就是在这一过程中产生并发展起来、以至于成为南斯拉夫理论界居于支配地位的力量的。而南共联盟的“上层”和“各共和国中央委员会”，对于各种报刊早就出现的“种种带有修正主义立场的、否定马克思主义、马克思学说的文章”，对于“形形色色的鬼知道是什么性质的讨论会”，却如铁托所说，“认识迟缓而不及时，没有马上作出反应”，“没有予以回击”，“没有采取任何措施”，因为他们认为，在“自治社会主义”条件下“可以这样干和这样说”。[③] 由此我们可以想见当时南斯拉夫意识形态

① 米·马尔科维奇：《导论——实践：南斯拉夫的批判社会理论》，第17—18页。
② 世界知识出版社编：《南斯拉夫资料续编》，世界知识出版社1958年版，第584页。
③ 《铁托选集(1961—1973)》，人民出版社1980年版，第289—290、293页。

领域的实际状况，也可以想见以"自治社会主义"为旗帜的南共联盟在意识形态领域马克思主义与非马克思主义、反马克思主义的斗争中不作为的实际状况。1968年事件之后，以铁托为首的南共联盟中央采取了一系列措施以纠正自己的错误，比如，采取行政措施，将"实践派"中积极参与反对南共联盟的思想体系和政策的一些人开除出南共联盟，革除该学派的米·马尔科维奇、斯·斯托扬诺维奇等八位教授在贝尔格莱德大学的教职，勒令《实践》杂志停刊，强调坚持马克思主义、加强马克思主义理论教育、加强南共联盟的作用、加强无产阶级专政和开展反对一切消极现象和阶级敌人的斗争的重要性等等。这些措施尽管在实践中取得了一定成效，稳定了南斯拉夫的局势，却没有也不可能从根本上解决问题。这从米·马尔科维奇的一段叙述可见一斑，他说："尽管1968年至1975年的整个时期内有着沉重的压力，但来自'实践派'的哲学家和社会学家们仍能继续执教，出版著述，组织会议，并统治了南斯拉夫理论界。"①

再次，执政党要结合本国的具体国情认真研究马克思主义基本理论，真正掌握马克思主义的精神实质，划清马克思主义同非马克思主义、反马克思主义的界限。实事求是地说，对社会主义建设时期意识形态领域必然存在复杂斗争，以铁托为首的南共联盟领导核心从一开始就有清醒的认识。早在1952年11月召开的南斯拉夫共产党第六次代表大会上，铁托就在报告中明确地告诫全党："在我国社会生活民主化的现阶段，对党来说，最危险的是各种异己的影响向人民，特别是向党渗透的企图。"因此，铁托强调："民主化越广泛，党员对这种现象的警惕性也必须越高，不管这种现象是在报刊或口头宣传中，还是在某种行动中出现。必须坚决地揭露这种现象，指出这种现象是企图破坏我们的思想一致和整个地削弱人民的团结。"②但为什么南共联盟在实践中没有从根本上遏制住"实践派"的"实践哲学"的泛滥，换句话说就是，"实践派"的"实践哲学"为什么不仅没有受到全党一致的抵制和批判，

① 米·马尔科维奇：《导论——实践：南斯拉夫的批判社会理论》，第18页。

② 《铁托选集(1952—1960)》，人民出版社1980年版，第36页。

反而“统治了”南斯拉夫理论界呢？当在20世纪70年代初，铁托多次提出对反社会主义分子的活动“采取行政措施”，强调“南共联盟中的民主集中制”，强调把南共联盟变成“一个团结的、强大的党”，一个“在思想、政治上、行动上和组织上发挥作用”的党时，为什么这些主张和措施不仅没有在南共联盟内部达成共识和统一的意志，反而被指责为是“改变南共联盟的政策”和“复旧”，是“重新使党国家化”，“回到中央集权主义和保守主义”①呢？从总结经验教训、以新的认识和措施纠正过去工作中的失误方面说，这些指责是毫无道理的；但从南共联盟的政治主张和指导思想方面说，这些指责也是有道理的。因为铁托和南共联盟中央提出和采取的这些主张和措施本身是同南共联盟的“非国家化、非集中化、非官僚化、权力分散化”的指导思想、“自治社会主义”的政治主张相矛盾的。铁托和南共联盟提出的“自治社会主义”道路本身，就是要求共产党“远离”国家政权，要求国家消亡“立即开始”，把“国家所有制”转变为“直接生产者管理下的社会所有制”的道路②。用南共联盟中央委员会主席团和南共联盟中央历史委员会倡导编写的《南斯拉夫共产主义者联盟历史》中的话说，“自治社会主义”就“是一条实现没有党的直接社会主义民主的道路，一条国家的某些职能消亡的道路，也是一条把国家的某些职能转变为社会自治职能的道路”。③南斯拉夫“实践派”的许多基本观点都是同南共联盟的“自治社会主义”理论和主张一致的，只不过更激进罢了。比如，南斯拉夫“实践派”把政党看作是人的“异化”形式，即限制人的自由和创造性的力量，这同样也是南共联盟的领导人和理论家爱·卡德尔的观点④。再比如，认定在社会主义国有制条件下，工人同劳动的关系仍然是雇佣关系，既是南斯拉夫“实践派”的观点，同时也是铁托和南共联盟的观点⑤。如

---

① 《铁托选集(1961—1973)》，人民出版社1980年版，第293、347—348页。

② 同上书，第151页。

③ 斯·斯托扬诺维奇主编：《南斯拉夫共产主义者联盟历史》，人民出版社1989年版，第568页。

④ 见《卡德尔论文选》，外语教学与研究出版社1986年版，第92—93页。

⑤ 见《铁托选集(1961—1973)》，人民出版社1980年版，第149页。

此等等。正是南共联盟的“非国家化、非集中化、非官僚化、权力分散化”的指导思想和“自治社会主义”的政治主张，在思想上和政治上搞乱了整个南共联盟，正因此在南共联盟内部不可能形成抵制和批判“实践派”的“实践哲学”及其社会主义“全面异化论”的共识和统一意志。

总之，南斯拉夫“实践派”的“实践哲学”在南斯拉夫的泛滥，南共联盟及其探索、建立的“自治社会主义”的失败，再一次告诉我们：“马克思主义一定要向前发展，要随着实践的发展而发展，不能停滞不前。停止了，老是那么一套，它就没有生命了。但是，马克思主义的基本原则又是不能违背的，违背了就要犯错误。”①。这是我们在建设中国特色社会主义的伟大进程中应当牢记在心的科学真理。

① 《毛泽东文集》第7卷，人民出版社1999年版，第281—282页。

(二) 为什么只有社会主义才能救中国,只有中国特色社会主义才能发展中国,而不能搞民主社会主义和资本主义

坚持社会主义方向不动摇①

——邓小平晚年对重大现实问题的关注

梁　柱

邓小平晚年，主要指1989年11月经中央同意他退休后的这段时间。退休之后，正如他自己所表示的，将继续忠于党和国家的事业。他在晚年仍然心系党和国家的前途，思考改革开放和现代化建设中出现的新情况和新问题。这不但系统地表现在1992年他视察南方时那个关系到全局性问题的重要讲话中，而且也表现在这前后他对许多重大现实问题的关注上。现仅就后者作一些探析。

一、要理直气壮地坚持四项基本原则

邓小平退休之后，极其重视对《邓小平文选》第三卷的审阅工作。他说："我的文选第三卷为什么要严肃地多找点人看看，就是因为其中讲到的事都是我们一直在做的事，不能动摇。就是要坚持，不能改变这条路线，特别是不能使之不知不觉地动摇，变为事实。"所以他说："这本书有针对性，教育人民，现在正用得着。不管对现在还是对未来，我讲的东西都不是从小角度讲的，而是从大局讲的。"②这是他对全党和全国人民的政治交代。这也充分表明，他在退休之后思考的中心问题，仍然是如何坚持党的基本路线不动摇，保证党和国家的事业沿着社会主义方向健康发展。他作为一个共产主义者，对我们对国家的未来走

---

① 此文是发表在《中华魂》2012年第1期上的《邓小平晚年对重大现实问题的关注》一文的节选。

② 《邓小平年谱(1975—1997)》下，中央文献出版社2004年版，第1362、1365页。

向是明确而坚定的，他说：“达到共产主义的目标，要经过社会主义阶段，而这个阶段是很长的。共产主义理想是伟大的，但要经过相当长的历史阶段才能达到。社会主义是可爱的。为社会主义奋斗是值得的。这同时也是为共产主义奋斗。”他强调在大方向上，必须分清姓“社”还是姓“资”，而且要通过实践来证明这一点。他特别提出：“到本世纪末，上海浦东到深圳要回答一个问题，姓‘社’不姓‘资’，两个地方都要做标兵。要回答改革开放有利于社会主义，不利于资本主义。这是个大原则。要用实践来回答。”“实践这个标准最硬，它不会做假。要用上百上千的事实来回答改革开放姓‘社’不姓‘资’，有利于社会主义，不利于资本主义”①。在大方向、大原则面前，邓小平总是旗帜鲜明，毫不含糊的。

在邓小平看来，要保证改革开放和现代化建设的正确方向，关键在于要始终坚持四项基本原则。在改革开放之初，社会上出现了一股否定马列主义、毛泽东思想，否定党的领导的资产阶级自由化思潮，邓小平在1979年3月党的理论工作务虚会上作了《坚持四项基本原则》的讲话，明确指出：“每个共产党员，更不必说每个党的思想理论工作者，决不允许在这个根本立场上有丝毫动摇。如果动摇了这四项基本原则中的任何一项，那就动摇了整个社会主义事业，整个现代化建设事业。”②他进一步指出：“我那个讲话没有什么输理的地方，没有什么见不得人的地方。”“这个问题可以敞开来说”。这就是说，现在更要亮明自己的旗帜，这是因为：“现在经济发展这么快，没有四个坚持，究竟会是个什么局面？”同时，“提出四个坚持，以后怎么做，还有文章，还有一大堆的事情，还有没有理清楚的东西”。这就是说，我们既要始终不渝地坚持四项基本原则，又要善于结合新的情况更好地坚持四项基本原则。所以，邓小平这时进一步提出“四个坚持是‘成套设备’”③的重要思想，也就是说，它是关系到我们国家的指导思想、领导力量、社会制度

---

① 《邓小平年谱（1975—1997）》下，中央文献出版社2004年版，第1348、1340页。

② 《邓小平文选》第2卷，人民出版社1994年版，第173页。

③ 《邓小平年谱（1975—1997）》下，第1363页。

和国体,是不可分割的、不可动摇的整体,是我们的立国之本。

以根本原则问题为指导,邓小平一如既往,密切关注和回答现实问题。这主要表现在以下两个方面:

一是指明社会主义市场经济的优越性“就在四个坚持”,为构建社会主义市场经济体制指明了正确方向。有的人要求在经济体制改革的目标中删去社会主义这个关键词,只提市场经济,把我国的市场经济同西方的经济市场经济完全等同起来。邓小平坚决拒绝了这种错误意见,把坚持四项基本原则作为社会主义市场经济的优越性提了出来,这就从根本上区分了两种不同性质的市场经济。我们并不否定作为市场经济是有共同点的,这主要是资源的配置都是通过市场实现的,但我们所要建立的市场经济是同社会主义基本制度相结合的,同资本主义市场经济有质的不同。具体地说,这种优越性应当表现在坚持公有制的主体地位和自觉地运用宏观调控与市场经济这两手,对国家经济生活进行必要的、恰当的调控。前者是社会主义的经济基础,既是国家顺利建设与发展、能够集中力量办大事并最终实现共同富裕的重要保证,也是使非公制经济健康发展的重要条件,从而保证市场经济的运行有利于社会主义,而不是有利于资本主义;而后者,即使是资本主义国家也学会了运用计划,作为社会主义国家更应自觉运用和处理好“看不见的手”和“看得见的手”的关系。这就是邓小平一直强调的计划和市场都是经济手段,都要加以运用,即使是在建立社会主义市场经济体制的情况下,也要自觉运用国家的宏观调控。近些年来,我国自然灾害频仍,如果没有国家宏观调控,要战胜这样的自然灾害是不可想象的。前些年南方一些省发生冰雪灾害,有一个市近一个月停电,一些商人借机哄抬物价,市场上一包方便面卖到100元,一根蜡烛卖到10元,如果国家不加以调控调拨,受苦受难的只能是老百姓。很显然,如果没有国家全力以赴地进行调控,就不可能战胜自然灾害,更不可能有汶川、玉树等地地震后迅速恢复的奇迹发生。所以,邓小平关于社会主义市场经济的优越性“就在四个坚持”的论断,对于我国经济体制的改革和运行具有方向性的重大现实意义。

二是进一步指明政治体制改革必须坚持社会主义的方向,决不能照搬西方的民主制度。随着经济体制改革的推进，政治体制改革也提上了日程。在新时期，邓小平一贯强调，我国的政治体制改革必须从中国的实际情况出发，既要坚持社会主义的原则，又要符合中国的具体国情。“不能搬用西方那一套所谓的民主，不能搬用他们的三权分立，不能搬用他们的资本主义制度，而要搞社会主义民主”。这样才能“保持自己的优势，避免资本主义社会的毛病和弊端”①。他在晚年又进一步重申了这个观点，他说：“在宣布进行政治体制改革时，我就说过，不赞成美国式的民主。我当面对布什以及其他美国人多次讲，我们不会学美国。我们不赞成西方民主，但是我们也确实要民主，要社会主义民主。”②这在当时和今天都有极强的现实针对性。改革开放以来，资产阶级自由化的思潮实质上就是要求中国“西化”，集中反对四项基本原则，力图把政治体制改革引导到照搬美国模式的邪路上去。近年来甚嚣尘上的所谓宪政民主的主张，其实际内容就是要求照搬西方的三权分立、议会民主制度，要求把我国宪法修改成为美国那样的宪法。这种用调节资产阶级内部权力滥用的“三权分立”原则，不但不能改变其民主资产阶级的性质，而且会造成国家权力的互相牵制和抵消。这正如邓小平所说：“我经常批评美国当权者，说他们实际上有三个政府。当然，美国资产阶级对外用这一手来对付其他国家，但对内自己也打架，造成了麻烦。”③这显然不适合中国的国情。不但民国初年搞的多党制、国会制成为一出历史闹剧，即使是后来国民政府搞的五权分立，也没能够阻止蒋介石的个人独裁。所以，在政治体制改革中，必须坚持民主集中制的政体原则，发展和完善社会主义民主。

二、指明我国农业的最终出路在集体化

我们党在完成生产资料私有制改造的历史任务中，坚持从中国的

① 《邓小平文选》第3卷，人民出版社1994年版，第241页。
② 《邓小平年谱(1975—1997)》下，第1332页。
③ 《邓小平文选》第3卷，第195页。

具体实际出发,创造性地开辟了一条适合中国特点的社会主义改造的道路,取得了具有深远意义的历史性胜利。但在社会主义改造中也存在一些缺点和偏差。其中除了过分强调建立单一的社会主义经济,对公有制占绝对优势下多种经济形式长期并存的必要性认识不足外,还片面追求"一大二公",在农业经营上片面强调集体出工、集体劳动,"大呼隆"的形式主义限制了农民的生产积极性,使农业劳动生产率低下。因而,新时期在农村推行联产承包责任制,改革农业体制上的弊端,是解放和发展生产力所要求的。

邓小平既充分肯定联产承包责任制这一农村工作的创造,指明它适合于我国农业在一个相当长时期的生产力发展水平,同时他又清醒地认识到,作为一家一户的经营方式最终会不适应农业现代化发展的要求。早在1980年他就指出:"我们总的方向是发展集体经济。""可以肯定,只要生产发展了,农村的社会分工和商品经济发展了,低水平的集体化就会发展到高水平的集体化,集体经济不巩固的也会巩固起来,关键是发展生产力,要在这方面为集体化的进一步发展创造条件"[①]。他具体提出要在提高机械化水平、提高管理水平、发展多种经营和增加集体收入在整个收入中的比重等方面,为将来的集体化创造条件。1984年他在谈到农村问题时,重申1980年的谈话精神,指出:"农村政策很见效,农村状况确实很好。我们要继续采取措施,使形势更好。在农村,我们终归还是要让农民搞集体经济。"[②]从这里可以看到,邓小平对农村工作和农业的发展问题,既坚持社会主义的发展方向,又着眼于生产力的发展水平,逐步引导我国农业走上社会主义现代化的道路。

邓小平晚年继续关注农村的发展问题。对于农村的改革,他在1990年3月同中央领导人的谈话中,提出了具有深远指导意义的"两个飞跃"的思想,他说:"中国社会主义农业的改革和发展,从长远的观点看,要有两个飞跃。第一个飞跃,是废除人民公社,实行家庭联产承

---

① 《邓小平年谱(1975—1997)》上,中央文献出版社2004年版,第641页。

② 同上书,第967页。

包为主的责任制。这是一个很大的前进，要长期坚持不变。第二个飞跃，是适应科学种田的生产社会化的需要，发展适度规模经营，发展集体经济。这是又一个很大的前进，当然这是很长的过程。”①到了 1992 年 7 月审阅十四大报告稿时，邓小平进一步阐发了这个思想，他说：“关于农业问题，现在还是实行家庭联产承包为主的责任制。我以前提出过，在一定的条件下，走集体化集约化的道路是必要的。但是不要勉强，不要一股风。如果农民现在还没有提出这个问题，就不要着急。条件成熟了，农民自愿，也不要去阻碍。北京郊区搞适度规模经营，就是集体化集约化。从长远的观点看，科学技术发展了，管理能力增强了，又会产生一个飞跃。我讲过，农业的改革和发展会有两个飞跃，第一个飞跃是废除人民公社，实行家庭联产承包为主的责任制，第二个飞跃就是发展集体经济。社会主义经济以公有制为主体，农业也一样，最终要以公有制为主体。公有制不仅国有企业那样的全民所有制，农村集体所有制也属于公有制范畴。现在公有制在农村第一产业方面也占优势，乡镇企业就是集体所有制。农村经济最终还是要实现集体化集约化。有的地区农民已经提出集约化问题了。这个问题这次不提也可以，还是巩固承包制，但是以后总会提出来的。现在土地是公有的。要提高机械化程度，利用科学技术发展成果，一家一户是做不到的。特别是高新科技成果的应用，有的要超过村的界线，甚至超过区的界线。仅靠双手劳动，仅是一家一户的耕作，不向集体化集约化经济发展，农业现代化的实现是不可能的。就是过一百年二百年，最终还是要走这条路。”②他特别指出，他最早提出两个飞跃思想的时候，李先念说这是一个大思想，表示完全赞成；但这个思想一直没有阐发。事隔两年多之后，邓小平不但坚持这个思想，而且作了进一步的阐发，这就更加清晰地规划了我国农业发展的前景和工作要求。

在这里，邓小平紧密地从我国农业的实际出发，既旗帜鲜明地拒绝那种必然导致两极分化的资本主义农业发展方向，又要求随着条件的

---

① 《邓小平年谱(1975—1997)》下，中央文献出版社 2004 年版，第 1310—1311 页。

② 同上书，第 1349—1350 页。

逐步成熟并根据农民的意愿逐步推进农业的集体化集约化,防止急躁冒进。事实上,邓小平指明的农业集体化集约化的道路,在现实中有像华西、刘庄、南街等的典型,他们积累了丰富的发展经济、共同富裕的经验,显示了我国农业发展的方向。中国农民一定会像当年创造联产承包责任制一样,在实现社会主义农业现代化中再创辉煌。

科学社会主义的实践和发展[①]

钟哲明

一、标志科学社会主义问世的《共产党宣言》绝未过时

▲(采访者简称▲,后同):钟教授,您好!有人认为,标志科学社会主义问世的《共产党宣言》是19世纪经济社会条件的产物,历史已经跨入21世纪,它已经过时,对当今世界的包括中国在内的社会主义革命、建设和发展已经没有太大指导意义。您是如何看待这种观点的?

●(被采访者简称●,后同):我们知道,马克思、恩格斯合写的《共产党宣言》是世界上第一个共产党纲领,是科学社会主义问世之作。其实,早在新中国成立后,就有人用"暴力主义"、"恐怖主义"和"不适合"中国国情等,反对科学社会主义在中国传播,或以"过时"论和反教条主义之名横加阻挠。东欧剧变前后,一些人矛头直指《共产党宣言》,说《宣言》从第一章第一句"至今一切社会的历史都是阶级斗争的历史",到最后一句"全世界无产者,联合起来"通篇都是"左"。断言"科学社会主义不科学,斯大林、毛泽东搞的是空想社会主义"。上述情况表明,这些人由于种种原因,对社会主义怎样从空想变成科学、科学社会主义同空想社会主义的根本区别是什么并不真正了解。

▲:请您谈谈,科学社会主义超越空想社会主义,成为科学的根本所在。

●:科学社会主义虽从空想社会主义汲取营养,但是科学社会主义

① 此文是作者接受《马克思主义研究》杂志记者访谈的内容,发表在该刊2010年第2期。

与空想社会主义围绕社会主义替代资本主义这个根本问题,从四个方面作了全然不同的回答。

一是替代的根据。空想社会主义者认为资本主义制度不合理,应该由“理性和永恒正义的王国”替代。而科学社会主义运用唯物史观和剩余价值理论,考察资本主义的基本矛盾引发经济危机和无产阶级反对资产阶级的斗争,资产阶级的灭亡和无产阶级的胜利是“同样不可避免的”。由于不从“应然”而从“实然”出发,立足资本主义现实并揭示它发展的必然,这就为替代提供了科学依据。

二是替代的力量。空想社会主义者同情受苦受难的无产阶级,但看不到这个阶级的伟大历史作用,只能寄希望于开明的达官贵人和认识了真理的天才人物。而科学社会主义论证现代无产阶级作为大工业的产物,是先进的革命的阶级,依靠这个阶级并团结广大人民,就能实现推翻资本主义、创建社会主义的伟大历史使命。

三是替代的道路。空想社会主义者认为“理性能用自己的力量征服世界”,主张用宣传和示范的办法,通过和平的改良建立“理性王国”。科学社会主义认为无产阶级要实现自己的历史使命,首先必须建立革命政党。无产阶级政党领导无产阶级革命,通过无产阶级专政进入无阶级社会,这是从资本主义过渡到共产主义的必由之路。科学社会主义源于实践,成于科学,经过“灌输”同工人运动结合后,产生共产党。这里要提一下我国20世纪80年代那场关于“灌输”问题的争论中,有人认为“灌输论”的首创者是考茨基;有人以“相信什么主义,是公民自己的权利”为由,反对灌输科学社会主义;有人把灌输论等同于注入式,贬损党的马克思主义思想教育。我经过考证后写了几篇文章,认为马克思、恩格斯首创“灌输论”,最先论证社会主义不是自发的工人运动的产物而是理论家的创造,必须向工人运动灌输社会主义理论,把两者结合起来;最先论证在两种世界观的斗争中灌输社会主义,从外灌输同启发自觉是辩证的统一等,我们必须理直气壮地坚持运用马克思主义灌输论。

四是替代后的社会制度。圣西门提出“实业制度”,傅立叶提出“和谐制度”,欧文提出“新和谐公社”。他们对未来社会有一些积极的主张,却不把它归结为消灭阶级对立,因此带有空想的性质。科学社会主义强调所有制问题是运动的基本问题,共产主义的特征是要废除资产阶级的所有制,共产主义革命要同传统的所有制和传统的观念实行最彻底的决裂。

将《共产党宣言》的发表作为科学社会主义问世的标志,是鉴于它为无产阶级提供了一个科学的世界观,正确地解答了空想社会主义者长期不能解决的四个方面的问题。自然,科学社会主义在《宣言》出版后仍需继续论证并丰富发展。但160多年的实践证明,《宣言》的一般原理是正确的,说它并未超越空想或业已“过时”,都是毫无根据的。

▲:您能具体说明一下《共产党宣言》所揭示的科学社会主义一般原理还没有过时吗?

●:例如,替代的必然问题。尽管资本主义出现了一些新现象,如股份制、福利社会、经济全球化等,但这些并没有改变生产社会化与私人所有制的基本矛盾,经济危机,甚至国际金融风暴如影随形。资本主义早晚要走向自己的反面,而绝不是什么“历史的终结”。

又如无产阶级的历史作用问题。尽管发达国家出现了所谓“中产阶级化”和“知识分子化”的现象,但按照《宣言》区分阶级的标准,即“资产阶级是指占有社会生产资料并使用雇佣劳动的现代资本家阶级。无产阶级是指没有自己的生产资料、因而不得不靠出卖劳动力来维持生活的现代雇佣工人阶级”,不难看出,上述现象并没有改变而是遮盖了西方阶级结构的本质。

大量事实表明,随着资本主义的发展,西方的无产者并没有减少,队伍反而扩大了。所谓无产阶级消失论,社会中产阶级化论,都是把无产者仅仅理解为传统产业工人,其他部门的都不算数;只看人们的生活和文化水平,不看对生产资料的关系,这都是不科学的。有剥削压迫,就有反抗斗争。西方此起彼伏的经济罢工、保护环境、反对战争、反全球化运动等,无不有无产者的参与。这些有力地驳斥了所谓“无产阶级已无革命性”论。《共产党宣言》论证的无产阶级的历史作用,在经济全球化使各种社会矛盾日趋激烈的历史进程中,必将进一步显示出来。

二、科学社会主义的一般原理和基本原则在实践中不断丰富和发展

▲:您刚才谈到《共产党宣言》所揭示的科学社会主义一般原理绝没有过时,那么科学社会主义有哪些一般原理和基本原则?

●:关于科学社会主义的一般原理和基本原则是什么,有哪些,人们看法不一,甚至一般原理与基本原则混用不分。实际上,马克思、恩格斯在《共产党宣言》1872 年德文版序言中谈到,不管最近 25 年来的情况发生了多大的变化,这个《宣言》中所阐述的一般原理整个说来还是完全正确的。同时我们需要注意的是,1877 年恩格斯在《卡尔·马克思》中说,《共产党宣言》把党的基本原则规定下来并公布于世。可见,宣言中的一般原理同基本原则是有区别的。1872 年恩格斯在《论住宅问题》中批判蒲鲁东把公平作为各社会中至高无上的基本原则。1880 年马克思说恩格斯的《政治经济学批判大纲》中已经表述了科学社会主义的某些一般原则。所以,不同主义不同社会中,有着全然不同的基本原则或一般原则。由此不难看出:马克思、恩格斯笔下的一般原理与基本原则既有联系,又有区别。前者为思想理论,后者是根据前者而制定的活动准则和行为规则,如民主集中制是党的基本原则等。

1979 年邓小平把坚持社会主义道路、坚持无产阶级专政、坚持党的领导、坚持马列主义毛泽东思想,概括为必须在思想政治上坚持的四项基本原则。说这四项基本原则并不是新的东西,是我们党长期以来所一贯坚持的。确实如此。1957 年,毛泽东根据我国宪法的原则,提出了辨别香花和毒草、判断政治生活中的言论和行动是非的六条政治标准。1936 年,斯大林宣布苏联新宪法的主要基础是社会主义的基本准则。由于仍然存在工人、农民两个阶级和劳动知识分子,又保留了工人阶级专政制度,保留了共产党的领导和相应的马列主义的指导。这些可以理解为社会主义国家必须坚持的若干基本原则的最初表述。我们党将它概括成四项基本原则并作为立国之本,这是对科学社会主义

的继承和发展。党的十七大报告指出，中国特色社会主义道路既坚持了科学社会主义的基本原则，又根据我国实际和时代特征赋予其鲜明的中国特色。对这里的基本原则如何解读？除了上述四项，还有哪些？理论工作者见仁见智，只能通过研究和讨论去解决了。

我们可以从恩格斯关于科学社会主义的论述中，把握科学社会主义的一般原理和基本原则。1885 年恩格斯在《关于共产主义者同盟的历史》中说，共产主义现在已经不再意味着凭空设想一种尽可能完善的社会理想，而是意味着深入理解无产阶级所进行的斗争的性质、条件以及由此产生的一般目的。我国理论界多数人以此为据，把科学社会主义表述为关于无产阶级所进行的斗争的性质、条件以及由此产生的一般目的的学说。

其一，无产阶级所进行的斗争的“性质”，主要指有关无产阶级解放运动和无产阶级政党的阶级性和党性的论述。科学社会主义是无产阶级为解放自己和全人类而进行斗争的学说，具有高度的革命性与科学性。无产阶级政党同其他政党采取共同行动，必须以党的无产阶级性质不致因此而发生改变为前提。马克思、恩格斯在 1879 年严肃地批判德国党内伯恩施坦等三个人，就是因为：他们宣称党不应当是片面的工人党，而应当是一切富有真正仁爱精神的人的全面的党；工人阶级应当服从有教养的和有财产的资产者的领导；党不应当把那些能吓跑资产者的长远目的放在主要地位；阶级斗争被他们当作一种令人不快的“粗野的”现象放到一边去。恩格斯反思自己早年写的《英国工人阶级状况》时认为，该书末尾强调的“共产主义不是一种单纯的工人阶级的党派性学说”，在抽象的意义上是正确的，然而在实践中大多数情况下不仅是无益的，甚至还要更坏。他批判有人“鼓吹一种凌驾于一切阶级对立和阶级斗争之上的社会主义，这些人如果不是还需要多多学习的新手，就是工人阶级的最凶恶的敌人，披着羊皮的豺狼”。联系苏联和东欧从鼓吹“全民党”、“人道的民主的社会主义”，到共产党向社会党转化、党亡国变的历史教训，我们更深切地体会到，坚持科学社会主义理论和运动以及共产党的阶级性和党性，具有多么重大的意义。

其二，无产阶级进行斗争的“条件”，主要指关于无产阶级在现代资本主义社会条件下如何进行革命斗争的论述。当时发达国家的社会矛盾和阶级斗争很尖锐,无产阶级被逼上梁山。马克思、恩格斯论证阶级斗争是历史的直接动力,暴力是每一个孕育着新社会的旧社会的助产婆,无产阶级不通过暴力革命就不可能夺取自己的政治统治,即通往新社会的唯一大门。暴力革命是针对资产阶级国家的反革命暴力统治,而不是对个人或无辜人群;是打碎反革命暴力机器,镇压剥削者的破坏,用无产阶级专政代替资产阶级专政,以解放和保护广大人民,建设美好的新社会。因而它同其他各种形式的暴力论、和平主义与恐怖主义是全然相反,根本对立的。承不承认无产阶级革命和无产阶级专政,是科学社会主义同各种机会主义的争论焦点,并一直延续至今。19世纪90年代,德国反社会党人非常法被废除后,恩格斯提出党正进入另一种斗争环境,需要另一种战略和策略。坚持革命道路,就必须把原则性与灵活性辩证统一起来,综合运用暴力的与和平的、不合法的与合法的、议会外的与议会内的各种斗争手段。他反对放弃革命权,批判合法主义、和平长入社会主义。

其三,无产阶级进行斗争的“一般目的”,主要指有关无产阶级运动的最近目的和最终目的。科学社会主义摒弃空想社会主义对未来理想社会的虚构和琐细描绘,以消灭私有制、生产资料全社会所有、进入无阶级、无国家的共产主义社会为最高理想和最终目的。为此,首先必须正确理解阶级解放和人类解放的关系:一曰无产阶级只有解放全人类才能最后解放自己,这是无产阶级解放的进程。因为它处在社会的最下层,如果不同时使整个社会永远摆脱剥削、压迫和阶级斗争,就不能使自己从剥削它的资产阶级下解放出来。二曰无产阶级的解放是无产阶级自己的事情,这是无产阶级解放的基点。因为其他阶级如农民、小资产阶级具有两重性,在一定条件下才要求解放。剥削阶级不仅无解放的要求,而且反对无产阶级的解放。所以工人不依赖有产阶级,独立自主地干革命。但这绝非单打独斗。相反,马克思、恩格斯强调要组成国际国内两条统一战线,无产阶级革命既是为绝大多数人谋利益的革命,又是有绝大多数人参加的革命。

实现一般目的,还要正确处理不断发展论和发展阶段论的关系。

马克思总结巴黎公社经验后，提出工人阶级要创造出比现代社会更高的形式，必须经过一系列将把环境和人都加以改造的历史过程，“使阶级斗争能够以最合理、最人道的方式经历它的几个不同阶段”。这一革新的事业“将不断地受到各种既得利益和阶级自私心理的抗拒，因而被延缓、被阻挠”。只有经过新条件下的漫长发展过程，才能进入“自由的、联合的劳动的社会”。在这里，马克思对无产阶级政权条件下阶级斗争的特殊性和阶段性，改造旧世界、建设新社会的艰巨性和长期性作了可贵的探索和论述。随后马克思在《哥达纲领批判》中阐述了过渡时期和共产主义社会的发展理论，不仅划分出了共产主义第一阶段（列宁称为社会主义），而且阐述了经过长期发展后进入“各尽所能，按需分配”的高级阶段的三个条件。这里的“各尽所能，按需分配”，并非单纯的分配原则或物质享受标准，而是阶级消灭和三大差别消失，生产力极大增长，集体财富的源泉充分涌流，社会成员的觉悟极大提高和才能全面发展，并能自由选择工作等综合条件的集中体现。时至今日，它仍是世界无产者和进步人士的崇高理想，鼓舞他们为之英勇奋斗。

▲：科学社会主义的一般原理和基本原则，是如何在社会主义的实践中坚持、丰富和发展的？

●：马克思晚年依然认为无产阶级斗争的性质、条件和目的，在资本主义生产占统治地位的一切国家里大致相同；但在肯定其普遍意义时，又说“不和这个或那个国家当前的直接的条件联系起来，那就不仅是无用的，而且是有害的”。他思考俄国可以“不通过资本主义制度的卡夫丁峡谷”，即可以“缩短”发展过程，但不能“跳过”发展阶段。恩格斯告诫主要由德国移民组成的美国社会主义工人党“必须完全脱下它的外国服装，必须成为彻底美国化的党”，同广大群众“融为一体”。列宁认为马克思提供的只是总的指导原理，它的应用在英国不同于法国，在法国不同于德国，在德国又不同于俄国；结合有不和谐的结合，也有和谐的结合。我们党坚持马克思主义一般原理同中国的条件和实践相结合，在此基础上，毛泽东首倡马克思主义中国化，邓小平提出走自己的道路，建设有中国特色的社会主义。列宁主义，毛泽东思想，邓小平理论、“三个代表”重要思想、科学发展观等中国特色社会主义理论体系，都是马克思主义同各类实践结合后的创新成果。科学社会主义正是这样在坚持中发展，在发展中坚持的。

▲：能否具体谈一谈科学社会主义原理、原则是如何坚持和发展的？

●：好的。例如，在党的问题上，坚持马克思、恩格斯讲的党具有无产阶级先锋队的先进性质和起着革命首脑和核心的领导作用，在各个国家建立独立的无产阶级政党。列宁在反对第二国际修正主义的斗争中，强调建立一个新型的无产阶级革命政党，并从帝国主义时代和俄国实际出发，提出党要成为国际革命无产阶级的先锋队，成为俄国民主革命的先锋队。我们党则提出，中国共产党是中国工人阶级的先锋队，同时是中国人民和中华民族的先锋队，坚持发挥党对阶级、人民、民族的凝聚、引导和领袖作用。在反右反“左”的两条战线斗争中发展和壮大党，增强党的团结和统一。鉴于苏联东欧的教训，尤其注重党的先进性建设和党的执政能力建设，不断加强和改善党的领导，提高拒腐防变和抵御风险的能力。

在斗争条件、革命道路问题上，坚持马克思、恩格斯的阶级斗争和社会革命论。比较落后国家先进行民主革命或民族民主革命，再转变为社会主义革命。俄国民主革命胜利后通过城市武装起义，建立起世界上第一个社会主义国家。中国则坚持农村包围城市，武装夺取政权，经过新民主主义进入社会主义。中俄国情不同，对待资产阶级的态度，革命的途径和方式自然各有特点。毛泽东认为，作为战略问题来说，从长远看，用和平手段能够消灭资产阶级政权是不可想象的。从策略上讲，首先可以说无产阶级愿意用和平手段取得政权，表明我们不是好战的。但是如果资产阶级使用暴力，无产阶级就被迫不得不使用暴力。他强调社会主义国家在阶级消灭之前，要正确处理阶级矛盾和阶级斗争，严格区分两类不同性质的矛盾，正确处理人民内部矛盾；阶级斗争扩大化和无矛盾冲突论都是错误的。在国际斗争中，1920 年共产国际和列宁将“全世界无产者联合起来”（1847 年）的口号扩展为“全世界无产者和被压迫民族联合起来”；1963 年我们党和毛泽东又提出“全世界无产者和被压迫民族、被压迫人民联合起来”，使国际统一战线不断发展壮大。

在国家问题上，坚持马克思、恩格斯的过渡时期无产阶级专政论，中国叫人民民主专政，实质上即无产阶级专政，这是国体，即国家的阶级实质。政体，即国家形式，苏联的苏维埃、中国的人民代表大会制度都按民主集中制组成，属于巴黎公社议(会)行(政)合一型政府。国家结构，苏联是联邦制，中国实行民族区域自治的单一制。政党制度，十月革命胜利初期，“左派”社会革命党人同布尔什维克达成协议，曾有几人参加政府。1922 年底后，苏联长期是“一个国家，一个政党”，实行党与非党联盟。中国实行共产党领导下的多党合作和政治协商制度，把一党执政与多党参政、表决民主与协商民主辩证统一起来，理直气壮地坚持无产阶级专政，坚持我国的根本政治制度和基本政治制度，绝不搞西方的两院制、三权鼎立、多党轮流执政那一套维护资产阶级专政的政治制度。

在社会主义改造、建设和改革问题上，坚持马克思、恩格斯的变私有制为公有制，变按资分配为按劳分配，变生产无政府状态为有计划发展，尽可能快地增加生产力的总量，以及社会主义社会是经常变化和改革的社会等论述。苏联的剥夺，中国的赎买，方式不同，其经济改造的大方向是正确的，建立的基本经济制度显示了科学社会主义的基本特征，绝不像有些人攻击的那样是什么暴力社会主义、封建社会主义和极权主义。但在资本主义包围和战争环境下形成了过于单一、集中的体制和机制，它们在发挥积极的历史作用后，其弊端也随着条件的变化日益凸显出来。这就要求在坚持基本制度的同时，对体制和机制进行改革，建立具有时代精神和本国特色的新体制和新机制。俄国从战时共产主义转变到新经济政策，可以说是最早的改革。1956 年 12 月，毛泽东提出中国也可以雇工，开私营工厂等，说“这叫新经济政策”。改革开放后，我国从计划经济体制转为社会主义市场经济体制，提出科学发展，和谐发展，和平发展，反对资产阶级自由化，防止和平演变、西化分化，这是国际共运中的新探索。以上这些都有运用市场机制、利用资本主义为建设社会主义服务的内涵。正确处理计划与市场、社会主义主体与资本主义成分的关系，是既坚持改革开放又坚持社会主义的关键所在。

在最终目的的问题上，坚持以马克思、恩格斯阐述的在全世界彻底消灭阶级、实现共产主义为最高理想和最终目的。苏联1936年宣布基本实现社会主义后不久，斯大林就提出向共产主义过渡。赫鲁晓夫1961年宣称“二十年基本上建成共产主义社会”。这种认为一国可以建成共产主义的观点是错误的。中国1958年也刮过“共产”风。正反方面的经验教训表明，比较落后国家开始革命比较容易，往往对社会主义改造和建设的艰巨性、长期性估计不足。过渡时期的终点何在？是消灭剥削的“小”过渡，是实现“无阶级”的“中”过渡，还是到达共产主义高级阶段的“大”过渡，各国看法不同，也缺乏经验。新社会怎样划分阶段？继马克思从共产主义社会分出第一阶段后，列宁提出共产主义有低级阶段、中级阶段和最高阶段。毛泽东认为社会主义“第一阶段是不发达的社会主义，第二阶段是比较发达的社会主义”。共产主义“可能要经过几万个阶段”。党和邓小平提出社会主义初级阶段论，社会主义本质论，强调社会和人的全面发展。现存的社会主义各国条件不同，应坚持社会主义本质的规定性与形式的多样性的统一，摒弃“单一模式”论和机械照搬的做法。最终实现共产主义是人类历史发展的必然，不能“一蹴而就”，也非“遥不可及”。在纠正急于过渡等“左”的错误，处于世界社会主义低潮，容易诱发信仰、信任、信心危机之际，更要加强共产主义的理想信念教育，坚持最高纲领与最低纲领的统一、国际主义与爱国主义的统一，把一切为了共产主义与一心建设中国特色社会主义有机结合起来。

三、划清科学社会主义同民主社会主义的界限

▲：最近，民主社会主义思潮泛起，您对此有何评论？

●：科学社会主义同民主社会主义原是“两股道上跑的车”。1956年赫鲁晓夫全盘否定斯大林后，照搬社会民主党理论，大搞全民党、全

民国家，本来清楚的界限又模糊了。20世纪80年代的“瑞典模式”热，戈尔巴乔夫的“人道的民主的社会主义”和“苏东”共产党的社会党化，使“民主社会主义的影响越来越超过科学社会主义”的鼓噪更有市场。我国相继出现马克思、恩格斯时期共产党与社会党“同源”论，科学社会主义与社会民主主义“同义”论。近年来又冒出民主社会主义是社会主义“正统”论，中国特色社会主义与民主社会主义“趋同”论。相对而言，后两论受到一定评析。前两论涉及历史与理论问题较多，尚未得到应有的澄清。

19世纪30—40年代的欧洲，存在民主主义、社会主义、共产主义三大政治思潮和流派。介乎民主主义与社会主义之间，有带点“社会”色彩的民主主义，叫社会民主主义；也有带点“民主”色彩的社会主义，叫民主社会主义。由于都想解决一些“政治问题”和“社会问题”，两者相似并相通。欧洲1848年革命前，《共产主义原理》和《共产党宣言》中就提到它们。当时，民主主义、社会主义意味着资产阶级的运动，共产主义则意味着工人的运动。马克思、恩格斯自称共产主义者，为共产主义者同盟写的纲领叫《共产党宣言》。欧洲革命发生后，马克思、恩格斯争取各类民主政党之间的团结和协调，以对付共同的敌人。但在德国革命期间从未自称“社会民主主义者”或“社会民主党人”。“社会民主党人”一词是法国人先用的。马克思揭露法国的民主社会主义者将资产阶级共和国看成千年王国，把议会斗争作为最高斗争形式，是“议会迷”；社会民主派要求民主是为了缓和、协调资本和雇佣劳动之间的对抗，社会民主主义的实质是社会改良主义。足见共产党同社会民主派属于不同阶级的不同政派，“同源”从何谈起？1864年德国拉萨尔派出版《社会民主党人报》，恩格斯说：“这是多么糟糕的名字啊！”1871年后，马克思、恩格斯为了团结更多的人，暂时容忍了“社会民主”这个用语。但认为“共产主义”一词“更确切”，并坚持在正式场合使用它。恩格斯给德国社会民主工党的机关报写稿时，“处处不把自己称作社会民主主义者，而称作共产主义者”。1887年他说“‘共产党人’，——这是我们当时采用的、而且在现在也决不想放弃的名称”。1894年他说“那种根本不把全部生产资料转归社会所有的口号写在自己旗帜上的人自称是社会民主主义者”，而“对于经济纲领不单纯是一般社会主义的而直接是共产主义的党来说，对于政治上的最终目的是消除整个国家因而也消除民主的党来说，这个词还是不确切的”。如此等等，能说第一国际到第二国际时期的“社会民主主义”，是科学社会主义的同义语吗?

德国社会民主党的领导人威廉·李卜克内西抽象地谈民主，1869年以“民主”、“社会”为党名，党纲更未摆脱庸俗民主主义。1875年《哥达纲领》草案中，又出现“自由国家”等错误提法。直到晚年，他仍认为社会民主党的目的“不是获得无产阶级专政，而是消灭资产阶级专政”。这般固执，能把他的“社会民主主义”等同于科学社会主义吗?马克思、恩格斯反对资产阶级改良主义，坚持科学的民主观和社会主义观，帮助德国社会民主党人走科学社会主义道路，对《哥达纲领》和《爱尔福特纲领》不提无产阶级革命和无产阶级专政并有一些机会主义观点的错误，旗帜鲜明地作了批判。说马克思、恩格斯晚年也成了民主社会主义者，更是无稽之谈。1895年恩格斯去世后不久，伯恩施坦以“创新”、“发展”和反教条主义之名，公开、全面地修正即背叛科学社会主义，要求社会民主党成为“民主的社会主义的改良政党”，最后导致第二国际破产。这个案是翻不了的。

历史走着“之”字形路。科学社会主义从来是在战斗中发展，在曲折中前进。民主社会主义“风光”一时后，如今又回归社会民主主义，脱下“社会主义”外衣，甘当“资本主义病床边的医生”。60年前新中国成立后，两极体制一度“东风压倒西风”。30年前社会主义国家相继改革，“苏东”变“改革”为“改制”，垮起来在一夜之间。中国坚定不移地走自己的路，屹立于世界民族之林，并日益强大，全球瞩目。进入新世纪后，一超独霸难以为继，世界多极化不可逆转，国际共运重心东移的历史趋势显露。中国特色社会主义的伟大旗帜，正在指引中华民族实现全面复兴;科学社会主义在中国的伟大胜利，必将鼓舞世界社会主义走向新的辉煌!

准确把握和科学对待马克思和恩格斯的社会主义思想[①]

闫志民

马克思、恩格斯是科学社会主义的创始人，他们的学说创立一百多年来，在世界上产生了广泛而深刻的影响，研究他们学说的著作也浩如烟海，形成了各种不同的甚至完全对立的思想观点或流派，于是如何准确把握和科学对待马克思和恩格斯的社会主义思想，对于编写马克思主义研究和建设工程的重点基础理论教材《科学社会主义概论》就变得十分重要。新出版的《科学社会主义概论》（以下简称《科社概论》）由于充分认识和正确处理了这个重大而又困难的问题，在社会主义从空想发展为科学、对未来社会的科学构想、社会主义必然代替资本主义以及资本主义向社会主义过渡的条件和途径等方面，全面准确地阐述了马克思和恩格斯的思想，从而大大提升了这本教材的科学价值和学术含量，产生了许多值得重视的理论亮点。

一、进一步深化对社会主义从空想到科学的认识

《科社概论》把科学社会主义的产生与人类追求理想社会联系起来，指出人类自从进入阶级社会以来，面对剥削压迫制度所产生的各种罪恶、苦难和仇恨，不断有思想家发出抗议和批判的声音，提出过多种关于理想社会的构想。这些构想反映了人类对美好社会的向往和追求，它的内容归结起来主要有两个方面：一个是要求生产发达、生活富裕，一个是社会和谐、公平正义。科学社会主义对未来社会的构想是在

---

① 此文发表在《社会科学》2011 年第 1 期。

吸收、借鉴这些优秀思想成果,尤其是空想社会主义的思想成果的基础上发展起来的。然而历史上的这些思想家提出的关于未来理想社会的构想,其历史的和阶级的局限性是十分明显的,即使是作为早期无产者思想反映的空想社会主义也不可避免。所以马克思恩格斯创立科学社会主义又必须具备特定的社会历史条件,必须有马克思和恩格斯所做的创造性的理论研究工作。

《科社概论》首先从社会化生产的形成、资本主义生产方式的确立、无产阶级的发展壮大、资本主义社会基本矛盾的爆发四个方面系统地阐述了科学社会主义产生的社会历史条件,突破了仅仅从无产阶级的成熟程度和无产阶级反对资产阶级斗争发展水平这个视角来论述科学社会主义产生的社会历史条件的局限,其中较有新意的是:第一,把社会化生产的形成作为论述科学社会主义产生的逻辑起点,这就突出了生产力对社会发展的最终决定作用,强调了社会主义必然代替资本主义,归根结底是由于它符合社会化生产发展的要求。当社会化生产已经形成,并成为普遍的和占统治地位的生产力的时候,必然要求突破资本主义私有制的束缚和限制,而且社会化生产的发展也势必造就代表其发展要求的社会力量——现代无产阶级。这就为科学社会主义的产生提供了必要的物质基础和阶级基础。第二,突出了资本主义社会基本矛盾的形成和剧烈爆发。科学社会主义为什么会在 19 世纪 40 年代产生,从社会历史条件来看,根本的原因就在于,这时英国已经完成了产业革命,法、德、美等国的产业革命也正在进行,社会化生产和生产资料资本主义占有这个资本主义社会基本矛盾不但已经形成,而且从开始剧烈地爆发出来,出现了大致每十年就发生一次的周期性的经济危机。在经济危机中资本主义生产方式的内在矛盾充分地暴露出来,资本主义私有制对生产力的束缚和破坏作用、给广大群众带来的苦难尖锐地显现出来,正是在这样的背景下,马克思和恩格斯才有可能突破空想社会主义的历史局限,把社会主义从空想发展为科学。当然《科社概论》对无产阶级的发展壮大尤其是它在 19 世纪中叶开始登上政治舞台这个重要的社会历史条件也十分重视,并没有因为强调社会化生产和资本主义社会基本矛盾而忽视这方面的社会历史条件。

马克思通过两大发现,即发现唯物史观和剩余价值学说,怎样使社会主义从空想发展为科学是研究科学社会主义产生问题的最重要的理论课题。《科社概论》科学论证了马克思如何发现了唯物史观,揭示了人类社会发展的客观规律,在人类历史上第一次把对历史发展的解释建立在唯物主义的基础上,接着又论证了马克思如何运用唯物史观研究资本主义社会,揭示了生产关系要适应生产力的规律必然导致社会主义代替资本主义,从而把社会主义代替资本主义建立在历史发展的必然性的基础上,从而科学地回答了社会主义为什么必然代替资本主义的问题,奠定了科学社会主义的第一块基石。《科社概论》进一步论证了马克思通过对劳动力在市场上的交换价值与劳动力在使用过程中创造的价值的区分,揭露了资本家剥削工人的秘密,创立了剩余价值学说。马克思通过剩余价值学说的发现,揭示了资本主义社会中资产阶级与无产阶级利益的根本对立指出无产阶级要获得解放,必须消灭生产资料的资本主义占有制以及建立在这个基础上的资本主义生产关系,推翻维护这种生产关系的资产阶级国家机器,这就找到了实现社会主义代替资本主义的现实的社会力量和变革道路,从而解决了如何才能实现社会主义代替资本主义的问题,奠定了科学社会主义的另一块基石。

《科社概论》把 1848 年《共产党宣言》的发表作为科学社会主义诞生的标志,原因就在于,它作为世界上第一个共产党的纲领,科学地论证了社会主义代替资本主义的历史必然性,系统地阐述了科学社会主义的一般原理,明确地划清了科学社会主义与其他社会主义流派的界限,奠定了无产阶级政党学说的基础。这一切都表明,社会主义已经完成了从空想到科学的转变,并开始与登上政治舞台的工人运动相结合,成为指导工人阶级实现伟大历史使命的理论武器。《科社概论》还充分阐述了科学社会主义诞生的伟大意义,指出它是社会主义思想史上最伟大的理论成就,是无产阶级和人民群众争取解放的强大思想武器为人类社会的未来指明了发展的方向和道路。

二、科学地对待经典作家关于未来社会的理论

马克思和恩格斯在批判旧世界的基础上对未来社会进行了科学构想，指明了人类的未来社会是共产主义社会，并进一步揭示了共产主义社会的一般特征和发展阶段。今天我们建设中国特色社会主义，既要以马克思主义经典作家关于未来社会的理论为指导，又必须一切从中国实际出发，不能简单照抄照搬。这就必须准确把握经典作家未来社会思想的精神实质，科学地对待他们关于未来社会的论述。

关于什么是共产主义社会，人们有各种各样的理解和描述，这些理解和描述有些是符合马克思、恩格斯原意的，有的则是后人的发展或附加。《科社概论》严格按照马克思主义创始人的原意和他们关于不凭空设想未来的原则，把未来社会的一般特征概括为：共产主义是"以生产力的巨大增长和高度发展为前提"[①]的社会；是将"最终废除私有制"[②]的社会；是按照整个社会的要求自觉地组织生产的社会；是消灭了剥削、真正实现社会平等的社会；是人的精神境界极大提高的社会是消灭了阶级与国家自行消亡的社会；是每个人自由而全面发展的社会；是人与自然和谐相处的社会。总之，共产主义是人类从必然王国到自由王国的飞跃，它彻底实现了人类的自由和解放。

马克思和恩格斯认为，共产主义社会不是一种静止的终极的状态，而是一个不断发展的过程。在《哥达纲领批判》这部著作中，马克思第一次把共产主义社会划分为第一阶段和高级阶段。《科社概论》根据马克思的思想论述了这两个阶段的联系与区别，并强调指出，马克思关于共产主义两个阶段划分的理论具有重大的理论和实践意义：从理论上看，这一划分为我们科学把握共产主义社会提供了重要的方法论指导，并为我们进一步深化对社会主义和共产主义发展阶段的认识开辟

---

① 《马克思恩格斯文集》第1卷，人民出版社2009年版，第538页。

② 同上书，第687页。

了道路。从实践上看，它对我们正确把握前进的方向具有重大指导意义，一方面，要看到社会主义和共产主义的本质联系，在社会主义建设中始终不忘共产主义远大目标，另一方面，也要看到这两个阶段的重大区别，不要把它们混同起来，以防止犯超越历史阶段的错误。

《科社概论》着重研究了马克思和恩格斯设想未来社会的科学态度和方法，强调指出：在展望未来社会的问题上，是否坚持科学的世界观和方法论，是能否正确预见未来的基本前提，也是马克思主义与空想社会主义的根本区别。书中把马克思和恩格斯科学预见未来社会的态度和方法归结为三条：第一，依据历史规律预见社会发展的未来。他们认为，社会发展也像自然界的发展一样，具有自己的客观规律，揭示这些规律就能为我们理解过去、把握现在和展望未来提供指导。第二，在批判资本主义旧世界中阐发未来新世界的一般特征。一方面，他们通过考察资本主义社会的弊端，从反面揭示未来新社会与资本主义社会根本不同的特征；另一方面，他们通过考察资本主义发展中孕育着的新社会因素，从正面对未来新社会的特征作出预见。他们在预测未来时，把社会发展的基本趋向与社会生活的具体形式区分开来，把未来社会的基本特征与具体细节区别开来，只限于对未来社会发展方向和基本原则作出预见，而把未来社会的具体形式和应采取的具体措施留给后人的实践去回答。第三，反对把关于未来社会的预见当作一成不变的教条。恩格斯说：“我们对未来非资本主义社会区别于现代社会的特征的看法是从历史事实和发展过程中得出的确切结论；不结合这些事实和过程去加以阐明，就没有任何理论价值和实际价值。”①我们必须以历史的辩证的观点来展望未来社会，不应把一些具体提法当成现成的答案，甚至作为剪裁当今实践的标准。

① 《马克思恩格斯文集》第10卷，人民出版社2009年版，第548页。

三、辩证地认识社会主义代替资本主义的必然性

社会主义必然代替资本主义是科学社会主义的核心内容。《科社概论》以辩证的思维论证和阐述了马克思和恩格斯的观点，指出社会主义取代资本主义是社会化生产与资本主义占有之间的矛盾，以及由此形成的无产阶级反对资产阶级的斗争发展的必然结果。其中最为重要的有三方面的内容：

第一，辩证地论证了社会主义代替资本主义的历史必然性与实现过程的长期性和曲折性的关系，指出社会主义代替资本主义是历史发展的必然趋势，但这个趋势的最终实现和完成又是一个长期而曲折的过程。只看到发展的必然性而忽视长期性和曲折性，容易犯急于求成和超越阶段的错误，只看到发展过程的长期性和曲折性而看不到历史的必然性，就会对社会主义前途失去信心。

《科社概论》在对这个问题的阐述中，着重回答了理论上的一个重大难点问题，这就是马克思所讲的"两个必然"与"两个决不会"的关系。书中指出，"两个必然"阐述了资本主义灭亡和社会主义胜利的客观必然性，"两个决不会阐述了这种必然性内在包含的主客观条件"。两个必然告诉我们，社会主义代替资本主义是必然的；"两个决不会"告诫我们，"两个必然"的实现需要相应的条件，而在主客观条件基本具备之前决不会成为现实。所以"两个决不会"不是对"两个必然"的否定，而是对"两个必然"的确认、补充和完善。它表明马克思所说的社会发展的必然性不是抽象的，而是具体的历史的；它表明社会主义取代资本主义的必然性的实现是需要有历史条件的。

第二，辩证地论证了社会主义代替资本主义的一般性和特殊性的关系，指出社会主义是世界历史进程与民族道路的有机统一。社会主义的兴起是世界性的现象，社会主义代替资本主义是世界性的历史进程，应当用世界历史的眼光站在人类历史发展的高度，来认识和把握社会主义产生和发展的规律，把握社会主义代替资本主义的历史趋势。

而社会主义的世界进程是通过各民族人民的奋斗来实现的，由于各国社会历史条件的不同，社会主义兴起的过程和社会主义代替资本主义的过程，在不同的国家和民族中必然会有不同的实现形式，只能走具有自己特色的道路。

《科社概论》在对这个问题的阐述中，突出了东方落后国家与西方先进国家的不同，专门介绍和研究了马克思和恩格斯的东方社会理论。强调指出，马克思和恩格斯的东方社会理论的价值，一方面是为了解决社会发展过程中的一般规律与特殊规律的关系，从中得出的一条重要结论，是东方国家在一定条件下有可能跨越资本主义“卡夫丁峡谷”；另一方面也是为了解决世界无产阶级革命的战略策略问题，探求西方无产阶级革命和东方人民革命之间的相互影响和相互作用。

第三，辩证地论证了社会主义代替资本主义的历史趋势与历史主体的能动性的关系。指出社会规律与自然规律、社会发展的必然性与自然界运动的必然性，虽然就其客观性来说是共同的，但在表现形式和实现方式上有着明显的不同。自然界的运动是自发的，它不借助于人的参与而自发完成。而社会规律是通过人的活动而形成并表现出来的。社会规律得以发挥作用，社会发展必然性得以实现，离不开人和人的活动。正因为如此社会主义代替资本主义的历史必然性，共产主义理想的最终实现，离不开无产阶级和广大人民群众的积极追求，离不开无产阶级政党的正确领导。

四、全面理解资本主义向社会主义过渡的条件和途径

马克思和恩格斯在论证社会主义代替资本主义的历史必然性的同时，对社会主义如何代替资本主义问题，即向社会主义过渡的条件和途径问题进行了研究，创立了无产阶级革命和无产阶级专政理论。

《科社概论》把马克思和恩格斯关于由社会主义向资本主义转变的理论分为三个方面：第一，无产阶级和无产阶级政党的理论。无产阶级是社会主义代替资本主义历史使命的承担者，这个伟大的历史使命

包括三个互相联系的方面：一是推翻资产阶级的统治，变革资本主义生产方式；二是创建社会主义新社会，推动经济社会和精神文化巨大发展；三是消灭阶级差别和由这些差别所产生的社会关系及思想观念，最终实现全人类的彻底解放。无产阶级要担当起这样的历史使命，必须组织起自己的革命政党。这个政党是由无产阶级优秀分子所组成的，是用科学理论武装起来的，是有统一的纲领和严格的组织纪律的。无产阶级政党的正确领导是无产阶级革命斗争取得胜利的根本保证。

第二，阶级斗争和无产阶级革命理论。阶级斗争是阶级对立、社会发展的直接动力，而无产阶级反对资产阶级的斗争是推动资本主义社会进步和发展的直接动力。无产阶级反对资产阶级的斗争有经济斗争、政治斗争和思想（理论）斗争三种主要形式。无产阶级革命是无产阶级斗争发展的结果，无产阶级反对资产阶级的斗争能否转变为无产阶级革命需要具备许多主客观条件，这种转变在一些国家里将是一个漫长和复杂的过程，需要无产阶级及其政党长期不懈的努力。革命的根本问题是国家政权问题，无产阶级通过革命斗争从资产阶级手中夺取国家政权，使自己组织成为统治阶级，这是无产阶级革命取得胜利的根本前提和首要标志。无产阶级革命的目的是夺取政权，但革命的形式并不是单一的。马克思和恩格斯认为，无产阶级夺取政权，打碎资产阶级国家机器，根据一般规律，需要通过暴力革命，但他们并没有因此把暴力革命绝对化。他们强调，无产阶级不应当排除在一定条件下采用和平方式夺取政权的可能性。马克思和恩格斯关于无产阶级在一定条件下可以用和平方式取得政权的思想表明，无产阶级革命的形式不存在固定的模式。资本主义转变为社会主义，既可以通过暴力的方式，也不排除一些资本主义国家有可能通过渐进的和平方式转变为社会主义。无产阶级的革命斗争还必须有正确的战略策略，它的正确与否直接关系到社会主义运动的兴衰成败。正确的战略策略，可以加速社会主义运动的发展和胜利；错误的战略和策略，则会导致社会主义运动的挫折甚至失败。《科社概论》明确地把马克思和恩格斯关于无产阶级革命斗争的战略和策略主要归结为三条：一是当前斗争与长远目标相结合；二是团结一切可以团结的力量；三是坚持原则的坚定性和策略的灵活性。

第三,过渡时期和无产阶级专政理论。马克思认为,无产阶级在取得革命胜利后,不可能立即进入作为共产主义第一阶段的社会主义社会。在资本主义社会和社会主义社会之间有一个从前者变为后者的革命转变时期。这主要是因为:社会主义制度的建立需要以改造私有制为前提,而且还需要"经过一系列将把环境和人都加以改造的历史过程"。也就是说,社会主义制度的建立,不仅要改造私有制以及由此产生的一切经济关系而且要改造一切社会关系;不仅要改造一切社会关系,而且要改造文化,改造人本身,改造人的思想观念。由此决定了从资本主义社会转变为社会主义社会,需要有一个过渡时期。

马克思进一步指出,"同这个时期相适应的也有一个政治上的过渡时期","这个时期的国家只能是无产阶级的革命专政"[①]。这就是说,无产阶级专政是由资本主义过渡到社会主义的根本政治保证,如果没有无产阶级专政,从资本主义过渡到社会主义是不可能的。也正是从这个意义上马克思说"这个专政不过是达到消灭一切阶级和进入无阶级社会的过渡"[②]。但是无论过去和现在,对于什么是无产阶级专政,存在着各种误读和曲解,其中最为流行的是把无产阶级专政说成是只要专政不要民主。针对这种误读和曲解,《科社概论》指出,无产阶级专政是一个国家概念,是无产阶级建立的国家政权。它是无产阶级争得的民主,是对广大人民群众的民主与对极少数人的专政的结合,其实质是无产阶级的民主政治制度。广大人民群众对极少数人的专政是建立在无产阶级和人民群众当家作主的基础之上,建立在广大人民群众的支持和拥护的基础之上,其目的是保卫人民取得的民主权利和革命成果。《科社概论》重申,提出无产阶级专政思想是马克思的重大理论贡献。

① 《马克思恩格斯文集》第3卷,人民出版社2009年版,第445页。
② 《马克思恩格斯文集》第10卷,第106页。

马克思的社会主义、现实社会主义、中国特色社会主义关系之探讨

李淑珍

现实社会主义是指在经济文化发展落后的国家建立起来的社会主义或者说是实践中的社会主义。现实社会主义与马克思的社会主义的关系是,二者具有明显的区别,但又有着内在的联系。在现实社会主义的建设中,先后形成了苏联社会主义模式和中国特色社会主义道路。苏联社会主义建设之所以遭受挫折以至发生“苏东剧变”,一个重要原因,就是没有搞清楚二者的关系;中国特色的社会主义道路既坚持改革开放的路线,发展经济,学习利用资本主义,又不迷失前进的方向,坚持现实社会主义国家的社会主义性质和共产主义的理想信念,建立在全面正确地认识现实社会主义与马克思的社会主义关系的基础上。

一、马克思对社会主义的论述

在马克思那里,社会主义与共产主义两个概念的使用并没有严格的区分,它们都是指代替了资本主义的未来社会。1875 年马克思在《哥达纲领批判》中分析了未来社会的基本特征,并依据成熟程度,将其分为“共产主义社会的第一阶段”和“共产主义社会的一个较高阶段”。列宁进一步明确了第一阶段是社会主义。他在《国家与革命》中指出:“通常叫作社会主义,而马克思称之为共产主义的第一阶段。”①依据列宁的说法,长期以来人们都把社会主义社会看作是共产主义的

---

① 《列宁选集》第 3 卷,人民出版社 1995 年版,第 194 页。

第一阶段,把共产主义的较高阶段称为共产主义社会。本文采用的也是这种通常的说法。

马克思的社会主义,主要包括两个方面:

(一)马克思预测的社会主义社会

马克思阐述的共产主义的两个阶段有着共同特点:建立在生产资料的社会所有基础之上,没有私有制、没有商品生产、没有阶级和国家;代替了资本主义私有制的是生产资料的社会所有,代替了商品市场经济的是产品计划经济,代替了阶级和国家的是无阶级社会。两个阶段成熟程度的不同决定了分配方式的不同。社会主义社会是从资本主义社会脱胎而来,“因此它在各方面,在经济、道德和精神方面都还带着它脱胎出来的那个旧社会的痕迹”[①]。在社会主义社会中,受生产力发展水平的限制,只能实行消费品的按劳分配。当达到了生产力的高度发展和人的全面自由发展之后,社会才能实行“各尽所能、按需分配”,这时就进入了共产主义社会。这就是说,马克思预测的社会主义社会的基本特征是:生产资料的社会所有、产品计划经济、无阶级社会、按劳分配。

(二)马克思的过渡时期理论

马克思过渡时期的含义,是指从资本主义发达国家向他预测的社会主义社会过渡的时期。他认为,社会主义革命只有在主要资本主义国家同时爆发才有可能成功;但是社会主义革命的成功并不等于就进入了社会主义社会(共产主义第一阶段),而是在资本主义和社会主义之间有一个过渡时期。马克思在《哥达纲领批判》中指出:“在资本主义社会和共产主义社会之间,有一个从前者变为后者的革命转变时期,同这个时期相适应的也有一个政治上的过渡时期,这个时期的国家只能是无产阶级的革命专政。”[②]这里,虽然在字面上是向共产主义过渡,但由于马克思在这部著作中已经区别了共产主义的“第一阶段”和“高级阶段”,因而“过渡”指的是从资本主义向社会主义社会(共产主义第

---

① 《马克思恩格斯选集》第3卷,人民出版社1995年版,第304页。

② 同上书,第314页。

一阶段)即马克思预测的社会主义社会过渡。[①]

关于过渡时期的内容,马克思则认为,一是无产阶级专政;一是消灭阶级。马克思在致约·魏德迈的信中指出:“无产阶级专政……不过是达到消灭一切阶级和进入无阶级社会的过渡。”[②]

二、现实社会主义与马克思的社会主义的区别

现实社会主义与马克思的社会主义的两个方面都有区别。首先需要明确的是,现实社会主义远远不具备马克思预测的社会主义社会的基本特征,或者说还没有建成社会主义社会(共产主义第一阶段),而是正处于向其迈进的过程之中,是正在建设中的社会主义。这样的社会主义正如邓小平所说,是“不够格”[③]的社会主义。其次,现实社会主义向马克思预测的社会主义社会迈进的过程,也与马克思的过渡时期不尽相同。这主要表现在以下几个方面:

(一)二者的基础不同,这是它们之间最大的不同

马克思的过渡时期建立在资本主义生产力充分发展的基础之上。由于现实社会主义革命发生在半殖民地半封建国家或不成熟的资本主义国家,例如,中国的社会主义革命发生在半殖民地半封建的国家,俄国社会主义革命则发生在落后的资本主义国家,其革命成功之后开始的向马克思预测的社会主义社会迈进的过程,建立在经济文化发展落后的基础上。正是这一不同决定了其他方面的不同。

(二)目前现实社会主义面临的主要任务与马克思的过渡时期面临的历史任务不同

马克思的过渡时期要完成的历史任务是消灭阶级。由于现实社会

① 此处有关过渡时期含义的观点,参见智效和:《辨正马克思的社会主义观》,《经济科学》2002年第4期。

② 《马克思恩格斯选集》第4卷,第547页。

③ 《邓小平文选》第3卷,人民出版社1993年版,第225页。

主义革命发生在经济文化发展落后的国家，因此，其社会主义革命成功之后首先面临的主要任务是发展经济，实现工业化、现代化，为迈入马克思预测的社会主义社会创造物质基础。在西方，这一任务在历史上，是由资产阶级完成的。马克思指出资产阶级担负了为未来社会创造物质基础的历史使命。他和恩格斯在1848年发表的《共产党宣言》中，在谈到资产阶级创造的巨大生产力时，曾说过这样一段话："资产阶级在它的不到一百年的阶级统治中所创造的生产力，比过去一切世代所创造的全部生产力还要多，还要大。"现实社会主义在完成为未来社会创造物质基础的主要任务之后，才能转向完成消灭阶级的历史任务。

（三）现实社会主义的经济特征与马克思的过渡时期的经济特征不同

在马克思那里，由过渡时期消灭阶级的历史任务所决定，过渡时期的主要经济特征是消灭资本主义私有制和商品生产，逐步实现社会所有。现实社会主义国家由在经济文化发展落后基础上发展经济的主要任务所决定，在消灭资本主义私有制和商品生产之前，还必须允许资本主义在现实社会主义国家中有一定的发展，实行的是以公有制为主体的多种所有制经济的共同发展；需要大力发展商品生产和市场经济；实行包括按劳分配在内的多种分配形式。

（四）二者与资本主义的关系不同

为完成消灭阶级的历史任务，马克思的过渡时期与资本主义是取代和消灭资本主义的关系。现实社会主义国家要在经济文化发展落后的基础上完成发展经济的主要任务中，必须学习、利用资本主义。邓小平就明确地指出，要大胆地吸收和引进资本主义的一切文明成果，他说："社会主义要赢得与资本主义相比较的优势，就必须大胆吸收和借鉴人类社会创造的一切文明成果，吸收和借鉴当今世界各国包括发达资本主义国家的一切反映现代化生产规律的先进经营方式，管理经验。"①现实社会主义学习、利用资本主义，是为了消灭资本主义，因此，

---

① 《邓小平文选》第3卷，人民出版社1993年版，第373页。

现实社会主义与资本主义是学习、利用资本主义,最终消灭资本主义的关系。

总之,现实社会主义不仅还远未建成马克思预测的社会主义社会,而且向其迈进的过程又与马克思的过渡时期不同。这一不同可以称之为“直接过渡”和“迂回过渡”的不同。所谓直接过渡并不是讲很快地过渡,而是讲,一进入过渡时期就面临着消灭资本主义私有制、消灭阶级的历史任务,尽管直接过渡也是一个较长的历史过程;迂回过渡是讲,在提出消灭资本主义私有制、消灭阶级的历史任务之前,还有一个学习利用资本主义,完成历史上由资产阶级完成的为未来社会创造物质基础的这样一个主要任务的历史时期。迂回过渡与直接过渡相比,它面临的任务更加复杂,过渡时期更长。

列宁领导和建立了世界上第一个现实社会主义国家。对于现实社会主义国家与马克思的社会主义的区别,列宁有着深刻的认识,并发展了马克思过渡时期的理论。

第一,列宁坚持了马克思预测的社会主义社会的基本特征。

列宁指出:在共产主义社会第一阶段,“阶级已经没有了”①,作为阶级统治工具的国家也就不存在了。同时他还指出,由于共产主义社会第一阶段实行按劳分配,按劳分配的平等还带有资产阶级权利的特点,因而还需要一个“能够强制人们遵守权利规则的机构”②。但是,这个机构已经不是严格意义上作为阶级统治工具的国家了,“而只是同国家相类似的某些社会职能的保留”③。从这里可以看出,列宁认为共产主义第一阶段的基本特征是无阶级、无国家和按劳分配,这同马克思的预测是一致的。

第二,列宁及时调整了战时共产主义政策,认识到它并不适合现实社会主义的建设。

十月革命胜利后,面对资本主义国家的联合进攻,在列宁领导下的

---

① 《列宁选集》第3卷,人民出版社1995年版,第196页。

② 同上书,第200页。

③ 智效和:《辨正马克思的社会主义观》,《经济科学》2002年第4期。

俄国进入了战时共产主义政策时期。这一政策在国家建设中的失败，促使列宁对现实社会主义与马克思的社会主义的区别进行了反思，从而很快地调整了战时共产主义政策。

第三，列宁发展了马克思的过渡时期理论。

在肯定马克思预测的社会主义社会基本特征的基础上，列宁指出了现实社会主义与马克思的过渡时期二者迈向马克思预测的社会主义社会的基础不同，并把现实社会主义向马克思预测的社会主义社会的迈进过程也称为过渡时期。列宁多次强调，在俄国这样的小农为主的国家，不能直接过渡到社会主义，需要先实行国家资本主义，然后再由国家资本主义过渡到社会主义社会(共产主义社会第一阶段)。列宁的这个思想，可以看作是向马克思预测的社会主义社会的“迂回过渡”，是对马克思“直接过渡”理论的重大发展。正是由于看到了二者基础的不同，列宁才在放弃了战时共产主义政策之后，随之实行了允许资本主义适度发展的“新经济政策”。新经济政策承认商品和货币关系，是现实社会主义国家向马克思预测的社会主义社会过渡中的政策，列宁说：“粮食税就是从战时共产主义到正常的社会主义产品交换的过渡。”[①]新经济政策的正确性，在实践中得到了证实，推动了当时俄国社会经济的发展。

三、现实社会主义与马克思的社会主义的内在联系

(一) 二者具有共同的目标

在马克思的社会主义所包含的两个方面中，实现马克思预测的社会主义社会是目标，为实现这一目标所经历的过渡时期是途径。按照列宁对马克思过渡时期理论的发展，过渡时期不仅包括马克思设想的从资本主义发达国家向其预测的社会主义社会过渡，还包括了从经济文化发展落后的国家向马克思预测的社会主义社会过渡，或者说，既包

① 《列宁选集》第4卷，人民出版社1995年版，第524页。

括了“直接过渡”，又包括了“迂回过渡”。它们反映的是经济文化发展水平不同的国家迈入社会主义社会（共产主义第一阶段）的两种途径。途经尽管不同，但所要达到的目标是共同的。

从途径与目标的角度来看，现实社会主义与马克思的社会主义二者目标上的相同是本质上的相同。至于二者在实现目标的途径上的不同则是非本质的。所以这样说，是由于途径与目标的不同地位决定的。

一是途径与目标相比，途经以实现目标为目的。马克思预测的社会主义社会的实现是要达到的目标，它在马克思主义学说中占有重要地位，是马克思主义学说的核心和马克思、恩格斯在长达半个世纪的革命实践和科学研究中得出的最基本的结论。马克思提出的过渡时期和现实社会主义的过渡时期都是达到目标的途径，虽然途径不同，但它们都以达到目标为目的。马克思的过渡时期的历史任务是消灭资本主义，消灭阶级，为最终实现目标做准备。虽然现实社会主义在过渡时期还允许资本主义在一定范围内存在，但这样做仍然是为了要实现马克思预测的社会主义社会，是通过学习、利用资本主义来完成发展经济的主要任务和消灭资本主义，消灭阶级的历史任务，这样做同样是为最终实现目标做准备。列宁就把在俄国实行新经济政策看作是向马克思预测的社会主义社会过渡中的暂时的退却，暂时的退却即“迂回过渡”，就是为了最终实现马克思预测的社会主义社会这一目标。

二是目标是唯一的，达到目标的途径则是多样的。这里所要达到的目标即马克思预测的社会主义社会的实现，是马克思主义所揭示的人类社会发展的客观规律，具有历史必然性。马克思、恩格斯运用辩证唯物主义和历史唯物主义的方法研究人类社会的发展，揭示了社会基本矛盾的运动是社会发展的基本动力，剖析了资本主义社会化大生产和生产资料私人占有制的矛盾以及资本主义生产方式所具有的资本剥削雇佣劳动的对抗性和历史局限性，从而阐明了资本主义灭亡和社会主义胜利的历史必然性。至于达到目标的途径则是不同的，现实社会主义的途径就与马克思的途径不同。其实马克思本人也不否认达到目标的途径的多样性，他晚年就探讨过在俄国农村公社的土地公共所有制基础上，跨越资本主义的“卡夫丁峡谷”而直接进入社会主义社会的途径。

（二）现实社会主义在向马克思预测的社会主义社会过渡中，建立起了无产阶级专政的国家政权，这与马克思提出的过渡时期是无产阶级专政的时期是相同的

无产阶级专政的建立，为完成过渡时期消灭资本主义，消灭阶级的历史任务提供了政治保证。马克思说：“这种专政是达到消灭一切阶级差别，达到消灭这些差别所由产生的一切生产关系，达到消灭和这些生产关系相适应的一切社会关系，达到改变由这些社会关系产生出来的一切观念的必然的过渡时期。”①

（三）现实社会主义第一次将马克思创立的科学社会主义由理论变为现实

尽管现实社会主义与马克思的社会主义有着明显的不同，但它毕竟是在马克思、恩格斯创立的科学社会主义理论的指导下发生的，它把马克思、恩格斯创立的科学社会主义由理想变成了现实，并从一国发展到多国，极大地改变了世界和历史，确立了“一个地球，两种制度”的历史格局。第二次世界大战后，现实社会主义国家横跨欧、亚、拉美三洲，占世界领土1/4、人口1/3；发展至20世纪80年代，其工业产量已占世界的2/5，国民收入占世界的1/3。社会主义的发展壮大，对20世纪以来的人类进步与发展做出了重要贡献。正如有学者指出的：“人们可以谈论现实的社会主义与马克思当年的社会主义构想有多少不同，但必须承认一个基本事实，那就是现实社会主义制度的缔造者们是在马克思的社会主义基本理论的指导下，在坚持与发展马克思主义的过程中，进行社会主义革命和建设事业的。在马克思主义与工人运动相结合的过程中，丰富了马克思主义的思想宝库。”②

---

① 《马克思恩格斯选集》第3卷，人民出版社1995年版，第462页。

② 王传利：《论现实社会主义的历史定位——现实社会主义理论与实践问题论析之一》，《当代世界与社会主义》2004年第3期。

（四）现实社会主义与马克思预测的社会主义社会都是资本主义社会基本矛盾运动的结果，是资本主义社会各种矛盾激化的产物

马克思不仅揭示了社会基本矛盾的运动是社会发展的基本动力，还具体分析了资本主义社会的基本矛盾即生产的社会化和资本主义私人占有制的矛盾，认为社会主义制度代替资本主义制度就是资本主义社会基本矛盾运动的结果，是社会化大生产的客观要求。

资本主义发展到19世纪末20世纪初，进入垄断资本主义即帝国主义阶段，帝国主义的矛盾激化，它不仅表现为帝国主义国家内部矛盾的激化，还表现在世界范围内矛盾的激化：资本对劳动的剥削引发了资本主义国家内部无产阶级与资产阶级的矛盾和斗争；资本帝国对殖民地的掠夺和剥削，导致帝国主义与殖民地半殖民地国家矛盾的激化；帝国主义在世界范围内对殖民地的争夺使帝国主义国家之间的矛盾激化。帝国主义各种矛盾的激化催生了两次世界大战，加上1929—1932年的资本主义历史上最深重的经济危机，造就了社会主义革命的形势。经济文化发展落后的国家就是在帝国主义统治的薄弱环节上，抓住革命的形势，取得了社会主义革命的成功。

综上所述，尽管现实社会主义与马克思的社会主义有着明显的不同，但它仍然与马克思的社会主义有着内在的、本质的联系，二者同属于共产主义体系。

四、苏联社会主义模式及其改革

苏联作为第一个现实社会主义国家，在社会主义实践中形成了高度集中的、对其他现实社会主义国家有着广泛影响的苏联社会主义模式。它的产生，究其原因，从理论上说，是同不能正确地认识现实社会主义与马克思的社会主义的区别，因而直接导致过高地估计了现实社会主义的发展阶段，犯了“左倾”教条主义错误，有着重要的关系。这一模式随着社会主义建设的深入发展，逐渐暴露出其弊端，阻碍了苏联

社会经济的发展。

如前面已经指出的，列宁正是因为看到了现实社会主义的过渡时期与马克思的过渡时期的基础不同，才制定出了符合现实社会主义过渡时期需要的“新经济政策”。但是，列宁之后，斯大林逐渐抛弃了列宁的新经济政策，这实际上是否认了现实社会主义的过渡时期与马克思的过渡时期的区别，从而也否定了现实社会主义的过渡时期是一个更长的历史发展阶段。不仅如此，斯大林还过早地宣布了过渡时期的完成，1936 年 11 月，他在《关于苏联宪法草案》的报告中宣称：“我们苏联社会已经做到基本上实现了社会主义，建立了社会主义制度，即实现了马克思主义者又称为共产主义第一阶段或低级阶段的制度。”[①]在宣布过渡时期完成之后，现实社会主义就成了马克思预测的社会主义社会的对应物了，这是在否认了现实社会主义的过渡时期与马克思的过渡时期的区别后，又否认了现实社会主义与马克思预测的社会主义社会的不同。

在斯大林思想下，苏联过高地估计了自己的发展阶段，开始按照马克思预测的社会主义社会的基本特征来规划和指导现实社会主义的建设，主要表现在：急于变革生产关系，实行了全民所有制和集体所有制，计划经济占了绝对统治地位，把商品生产限制在极小的范围内，否定市场经济和价值规律的作用，建成了高度集中的苏联社会主义模式。从中我们可以清楚地看到，它与马克思预测的社会主义社会的基本特征——生产资料的社会所有和无阶级社会——还是有着相当的距离，尽管如此，它仍然是急于向后者过渡的产物。由于苏联没有正确地认识到现实社会主义与马克思的社会主义的区别，也就没有能够找到一条在经济文化发展落后基础上进行社会主义建设的正确道路。

尽管苏联社会主义模式存在着理论上的失误，但它却坚持了共产党的领导、无产阶级专政和社会主义的目标。第二次世界大战后，苏联之所以在世界上享有较高的声誉，对第三世界国家具有很强的吸引力，除了它对世界反法西斯战争做出的重要贡献外，它所坚持的社会主义

① 《斯大林文选》上，人民出版社 1962 年版，第 90 页。

制度,也是一个重要原因。东欧剧变、苏联解体后,社会主义运动处于低潮,但是,只要世界上存在着资本主义的剥削和压迫,社会主义制度就仍然具有吸引力。

20世纪80年代中期,戈尔巴乔夫开始对苏联社会主义模式进行全面改革。1887年他提出"新思维"作为改革的理论基础。新思维宣扬社会主义异化论,认为苏联社会主义制度是"被扭曲变形"的社会制度,要"根本改革""整个社会大厦"。从中我们可以看到,戈尔巴乔夫的新思维走向了另一极端,在革除苏联社会主义模式弊端的同时,完全割裂了苏联社会主义模式与马克思预测的社会主义社会的内在联系,使苏联的改革逐渐背离了社会主义的方向,终导致了苏联的"易帜"和解体。

五、中国特色的社会主义

斯大林的思想和苏联社会主义模式对我国有着深刻的影响:在社会主义革命成功之后,我国也过早地宣布了过渡时期的完成,追求单纯的公有制;搞计划经济,反对市场经济,把计划经济等同于社会主义,把市场经济看做是资本主义的专利;排斥商品生产和价值规律。学习苏联社会主义模式,同样阻碍了我国社会经济的发展。我国在改革开放中提出了建设有中国特色的社会主义的发展道路,这吸取了苏联社会主义模式及其改革失败的经验教训,建立在全面正确地认识现实社会主义与马克思的社会主义关系的基础上。

(一)中国特色的社会主义是正确认识现实社会主义与马克思的社会主义区别的结果,吸取了苏联社会主义模式的教训,是与苏联模式不同的另一种现实社会主义发展道路

首先,中国特色的社会主义,正确地定位了中国所处的社会发展阶段,提出了"社会主义初级阶段"的理论。我国学术界对社会主义初级阶段、过渡时期的概念有着不同的理解。这里排开不同的理解、争论不谈,就将目标定在马克思预测的社会主义社会即生产资料社会占有和

无阶级社会特征的实现来讲,就中国社会主义初级阶段允许非公有制经济发展和剥削在一定范围内存在来讲,社会主义初级阶段无疑处于过渡时期。这一过渡时期就是列宁指出的在经济文化发展落后基础上的向马克思预测的社会主义社会的过渡。在允许非公有制经济发展和剥削在一定范围内存在的意义上,社会主义初级阶段可以说是列宁新经济政策的"回归"。正如邓小平指出的:"社会主义究竟是个什么样子,苏联搞了很多年,也并没有完全搞清楚。可能列宁的思路比较好,搞了个新经济政策,但是后来苏联的模式僵化了。"①

其次,中国特色的社会主义是改革开放的社会主义。正如有学者指出的,中国搞改革开放的一个重要精神实质,就是要充分利用资本主义来发展社会主义。邓小平的大胆利用资本主义发展社会主义的思想,就是在认真地分析了苏联过早地抛弃了列宁的新经济政策,并宣布过渡时期结束的教训之后提出的。

再次,中国特色的社会主义是学习利用资本主义、消灭资本主义的社会主义。中国作为现实社会主义国家,必须首先通过学习利用资本主义,完成发展经济的主要任务,才能够进一步完成马克思提出的过渡阶段消灭资本主义、消灭阶级的历史任务,从而为迈入马克思预测的社会主义社会做准备。中国通过学习利用资本主义获得了经济上的快速增长,中国2010年第二季度GDP超过日本,成为世界第二经济大国。尽管同时中国人均GDP很低,仅排在世界第105位,但这仍然是具有里程碑意义的大事。这是自近代工业革命以来,第一次有原是殖民地半殖民地的发展中国家跃升为世界第二大经济体,加入到大国的兴衰博弈中。这是走中国特色社会主义道路所取得的巨大成就,也是在为实现马克思预测的社会主义社会奠定物质基础上所取得的伟大胜利。

(二)中国特色的社会主义同时也是正确认识现实社会主义与马克思的社会主义内在联系的产物,它与戈尔巴乔夫的改革不同,在改革开放中始终坚持社会主义不动摇

中国在革除苏联社会主义模式弊端对中国影响的同时,坚持了其

① 《邓小平文选》第3卷,人民出版社1993年版,第139页。

正确的方面即共产党的领导、无产阶级专政的国家政权,始终以实现马克思预测的社会主义社会为最高目标,并为之努力奋斗。这与戈尔巴乔夫在对苏联社会主义模式的改革中主动放弃社会主义制度形成了鲜明的对比。胡锦涛在党的十七大报告中,在指出中国特色社会主义道路立足基本国情,以经济建设为中心,坚持改革开放,解放和发展社会生产力的同时,强调了中国特色社会主义的社会主义性质,这就是在中国共产党领导下,坚持四项基本原则,巩固和完善社会主义制度,建设社会主义市场经济、社会主义民主政治、社会主义先进文化、社会主义和谐社会,建设富强民主文明和谐的社会主义现代化国家。又认为,中国特色社会主义道路之所以完全正确、之所以能够引领中国发展进步,关键在于我们既坚持了科学社会主义的基本原则,又根据我国实际和时代特征赋予其鲜明的中国特色。胡锦涛的这一讲话,建立在全面正确地认识现实社会主义与马克思的社会主义关系的基础之上,既强调了马克思、恩格斯创立的科学社会主义的基本原则——主要是指马克思预测的社会主义社会的实现具有历史必然性,又强调了我国实际,主要是指我国是在经济文化发展落后的基础上进行社会主义建设的,不同于马克思提出的在资本主义生产力充分发展基础上向其预测的社会主义社会的过渡。

(三)进一步推动中国特色社会主义的发展,仍然需要坚持正确地认识现实社会主义与马克思的社会主义的关系

当前中国特色的社会主义既取得了巨大的政绩,又面临着严峻的挑战:对权力的制约与监督、产业结构的调整和经济的可持续发展、缩小社会分配不公和建立社会保障体制、加强法制建设、弘扬中华文化的美德和提高公民的素质,等等。面对挑战,决不能走苏联社会主义模式的回头路,必须通过深化改革开放,通过学习、继承包括资本主义在内的人类所创造的一切文明成果,逐步去解决。同时,在改革开放和学习利用资本主义中,我们一定要坚持社会主义,以马克思对社会主义的论述作指导,加强当前的社会主义建设。只有这样,在深化改革和学习利用资本主义中,才能避免重蹈戈尔巴乔夫改革的覆辙,不迷失前进的方向。

坚持中国特色社会主义，推进马克思主义中国化的当代进程

刘志光

为什么要坚持中国特色社会主义？中央有关部门提出："中国特色社会主义，不是走封闭僵化老路或改旗易帜邪路的社会主义，而是锐意改革、着力发展、坚持开放、以人为本、促进和谐的社会主义，是顺应时代潮流、走在时代前列的客观要求，这是其时代特色。30年来，正是中国特色社会主义，使中华民族走向现代化、走向世界、走向未来，成功实现了从高度集中的计划经济体制到充满活力的社会主义市场经济体制、从封闭半封闭到全方位开放的伟大历史转折，中华大地焕然一新；正是中国特色社会主义，使13亿中国人民大踏步赶上时代潮流，稳定地走上了富裕安康的广阔道路，确保了人民安居乐业、社会安定有序、国家长治久安。"

本文拟从三个方面进行探索。首先，要把握好中国特色社会主义旗帜、道路与理论体系之间的整体关系，不可分割；其次，中国特色社会主义与中国共产党执政能力的建设是联系在一起的；再次，坚持和平发展，推进中国特色社会主义和谐文化建设。

一、"三位一体"：把握中国特色社会主义的整体性

（一）道路、旗帜与理论体系的关系

中共十七大报告进一步深化了中国共产党对马克思主义中国化理论与实践关系的认识。中国特色社会主义理论体系是中国共产党人在改革开放的伟大事业中不懈探索的理论与实践的结晶；中国特色社会主义理论体系科学地阐释了改革开放与中国社会主义探索历程之间的

关系,也明晰了马列主义毛泽东思想与中国特色社会主义道路之间的关系。

胡锦涛同志在十七大报告中首次全面系统地阐释了中国特色社会主义理论体系:“就是包括邓小平理论、‘三个代表’重要思想以及科学发展观等重大战略思想在内的科学理论体系。这个理论体系,坚持和发展了马克思列宁主义、毛泽东思想,凝结了几代中国共产党人带领人民不懈探索实践的智慧和心血,是马克思主义中国化最新成果,是党最可宝贵的政治和精神财富,是全国各族人民团结奋斗的共同思想基础。中国特色社会主义理论体系是不断发展的开放的理论体系。在当代中国,坚持中国特色社会主义理论体系,就是真正坚持马克思主义。”

胡锦涛强调指出:“改革开放以来我们取得一切成绩和进步的根本原因,归结起来就是:开辟了中国特色社会主义道路,形成了中国特色社会主义理论体系。高举中国特色社会主义伟大旗帜,最根本的就是要坚持这条道路和这个理论体系。”

2008 年是中国改革开放 30 周年,这时明确提出和严格界定中国特色社会主义理论体系,显得尤为重要。胡锦涛同志在十七大报告中深情地回顾了中国改革开放的历程,并且提出了“三个铭记”,梳理了中国社会主义理论与实践的关系:

“我们要永远铭记,改革开放伟大事业,是在以毛泽东同志为核心的党的第一代中央领导集体创立毛泽东思想,带领全党全国各族人民建立新中国、取得社会主义革命和建设伟大成就以及艰辛探索社会主义建设规律取得宝贵经验的基础上进行的。新民主主义革命的胜利,社会主义基本制度的建立,为当代中国一切发展进步奠定了根本政治前提和制度基础。”

“我们要永远铭记,改革开放伟大事业,是以邓小平同志为核心的党的第二代中央领导集体带领全党全国各族人民开创的。面对十年‘文化大革命’造成的危难局面,党的第二代中央领导集体坚持解放思想、实事求是,以巨大的政治勇气和理论勇气,科学评价毛泽东同志和毛泽东思想,彻底否定‘以阶级斗争为纲’的错误理论和实践,作出把党和国家工作重心转移到经济建设上来、实行改革开放的历史性决策,确立社会主义初级阶段基本路线，吹响走自己的路、建设中国特色社会主义的时代号角，创立邓小平理论，指引全党全国各族人民在改革开放的伟大征程上阔步前进。”

“我们要永远铭记，改革开放伟大事业，是以江泽民同志为核心的党的第三代中央领导集体带领全党全国各族人民继承、发展并成功推向21世纪的。从十三届四中全会到十六大，受命于重大历史关头的党的第三代中央领导集体，高举邓小平理论伟大旗帜，坚持改革开放、与时俱进，在国内外政治风波、经济风险等严峻考验面前，依靠党和人民，捍卫中国特色社会主义，创建社会主义市场经济新体制，开创全面开放新局面，推进党的建设新的伟大工程，创立‘三个代表’重要思想，继续引领改革开放的航船沿着正确方向破浪前进。”

依据胡锦涛同志对中国特色社会主义理论体系的阐释，可以作出如下分析：

首先，中国特色社会主义理论体系是在毛泽东等中国共产党人的艰辛基础上进行的新的实践。但是中国特色社会主义的实践与传统的社会主义有着内在的联系，也有很多新的特质。十七大报告在阐述中国特色社会主义理论体系的时候，突出了这一理论体系在历史和逻辑起点上的特殊本质。这一点体现在报告中对《关于建国以来党的若干历史问题的决议》的尊重，并且重申了其中的重要原则。

基于此，在中国特色社会主义理论的指导下，十七大报告高调宣示改革开放的方向不能动摇，提出“停顿和倒退没有出路”。“新时期最显著的成就是快速发展。我们党实施现代化建设“三步走”战略，带领人民艰苦奋斗，推动我国以世界上少有的速度持续快速发展起来。我国经济从一度濒于崩溃的边缘发展到总量跃至世界第四、进出口总额位居世界第三，人民生活从温饱不足发展到总体小康，农村贫困人口从两亿五千多万减少到两千多万，政治建设、文化建设、社会建设取得举世瞩目的成就。中国的发展，不仅使中国人民稳定地走上富裕安康的广阔道路，而且为世界经济发展和人类文明进步做出了重大贡献”。

其次，十七大报告体现了战略是决策的基准的原则。中国共产党的十一届三中全会实现了党的工作重心的转移，确立了“一个中心，两个基本点”的基本路线,实际上确立了一个稳固的战略结构,其中小康社会突显出战略决策基准的意义。在这个战略与体制的架构中,小康社会在经济、政治、文化、社会和道德的改革中获得了发展的空间,同时,战略决定体制,决策依据基准,中国改革开放取得了巨大的成就。20 多年的持续发展,表明了这一结构是稳固和有效的。十七大报告反复重申坚持党的基本路线不动摇,其意义也这里。

从邓小平提出小康社会模式,到十六大、十七大所强调的“全面建设小康社会”目标,实际上体现了中国特色社会主义在最低纲领和最高纲领之间保持的必要张力。在总结中国社会主义的经验和教训的基础上,邓小平强调要反对两种干扰:“要防止和反对来自两个方面的阻力,一是‘左’的,一是右的。作为领导思想,重点是防止、纠正、反对‘左’的阻力和影响。”小康社会首要目标在于防“左”。邓小平指出:“中国历史上有‘小康之家’的说法。小康社会就是还不富裕,但日子好过。就我们来说,目标定得低一点有好处。目标定低一点是为了防止产生急躁情绪,避免又回到‘左’的错误上去。”十七大所说“停顿和倒退没有出路”、党章中依然坚持重点防“左”的思想,就包含着这样的战略预想。

最后,中国特色社会主义理论体系包含着中国文化的深厚底蕴。

中国改革开放的成就构成了建设和谐社会的有利基础。如果说前期小康社会在经济和战略层面保持了经济建设的持续和稳步发展,和谐社会理论的提出则进一步深化了小康社会建设的内容。从中国改革开放的逻辑和历史的统一性来看,小康社会是在战略上否定了“以阶级斗争为纲”的错误理论,因此必须保持以经济建设为中心的大战略不动摇;和谐社会理论则在哲学与伦理层面进一步拓展了小康社会战略,以和谐取代斗争、对立等范畴。可以说,小康社会与和谐社会是相互促进、相互转化和相互联系的。

改革开放以来,在马克思主义中国化的进程和中国社会主义现代化建设的成就中无疑有中国的国情基础和文化的推动力量。中国特色社会主义发展与小康文化、和谐文化的结合,意味着我们的社会发展与文化素养真正具有了建设性,这也是中华民族复兴的真正基础。

十七大报告所表达的理念和信心，正是既基于对马克思主义中国化进程的理解和把握，也充满了对中华文明复兴的深切期待。

（二）坚持中国特色社会主义道路，推进小康社会进程

在中国特色社会主义理论与实践的进程中，小康社会无疑是一个重要范畴，也是社会主义在中国的必经阶段。联系毛泽东思想与邓小平理论之间的继承与发展的关系，联系中国的历史文化脉络，联系社会主义在中国传播和实践的过程，小康社会理论不仅是马克思主义中国化的重要成就，而且具有了“范式转变”意义。中国小康社会的理论与实践进程涉及经济、政治、文化和社会发展的许多领域，需要深入开掘和研究。

1. 小康社会构成了中国特色社会主义理论的重要支点

改革开放之初，邓小平在面对中国社会发展的历史经验和现实起点时，从发展生产力的角度，首先将“主义与问题”的层层包裹去除，直指问题的核心，使我们回归到理论与生存的“原初状态”，由此，他提出了“什么是社会主义？”和“如何建设社会主义？”的基本问题。小康社会就是建立在这样的理论基点之上。

战略家与政治家的责任，首先是要发现问题的要害和真实性。邓小平以提问的方式得出结论：小康水平的现代化是“四个现代化的最低目标”。社会主义要消灭贫穷，发展生产力。他认为，我们过去对社会主义认识有误解，认为越穷越是社会主义。其实，社会主义应该在发展生产力方面优于资本主义。“我们建国以后有所发展，但失误比较多，一直到七十年代末，人均国民生产总值才二百五十美元，在全世界次序恐怕是一百位以下。这个状况不改变，人民是不高兴的”①。邓小平认为：什么叫社会主义，什么叫马克思主义？我们过去对这个问题的认识不是完全清醒的。所以社会主义阶段的最根本任务就是发展生产力，社会主义的优越性归根到底要体现在它的生产力比资本主义发展得更快一些、更高一些，并且在发展生产力的基础上不断改善人民的物

① 中共中央文献研究室编：《邓小平年谱（1975—1997）》下，中央文献出版社 2004 年版，第 1111 页。

质文化生活。如果说中华人民共和国成立以后有缺点,那就是因为对发展生产力有某种忽略。社会主义要消灭贫穷。贫穷不是社会主义,更不是共产主义。我们的政治路线,是把四个现代化建设作为重点,坚持发展生产力,始终扭住这个环节不放松,除非打起世界战争。即使打世界战争,打完了还搞建设。“我们提出的四个现代化的最低目标,是到本世纪末达到小康水平”,“不坚持社会主义,中国的小康社会形成不了”[①]。

邓小平在1979年11月6日接见日本首相大平正芳时,第一次提出中国式的现代化是小康、小康水平。1981年9月4日,他第一次用了小康社会范畴。小康社会实际上意味着中国领导人要修正过去对于现代化过程和目标的误解。

按照马克思主义的解释,社会是以共同的物质生产活动为基础而相互联系的人们的总体,“是人们交互作用的产物”[②]。构成社会的主要条件是物质资料的生产,并在此基础上形成了生产力和生产关系的相互作用,产生了经济基础和上层建筑的矛盾运动。

小康社会是在中国社会主义的社会形态之下、与社会主义的初级阶段相一致而提出的特定范畴,其意义在于它首先突出了中国社会主义发展的现实生产力状况,确立了中国现代化发展战略的基点和基础,并且保证这一战略实施的持续性、稳定性和长期性,避免急躁冒进。

邓小平在总结历史经验时有过深刻反思:“一九四九年,中国人确实站起来了。但从一九四九年建国到现在三十八年,这中间我们又确实有不少失误。我们建设社会主义的方向是完全正确的,但什么叫社会主义,怎样建设社会主义,还在摸索之中。社会主义的第一个任务是要发展社会生产力。一九四九年取得了全国政权后,解放了生产力,但如何发展生产力,这件事做得不好。主要是太急,政策偏‘左’,结果不但生产力没有顺利发展,反而受到了阻碍。几十年‘左’的思想纠正过来不容易,我们主要是反‘左’,‘左’已经形成了一种习惯势力。”“我

① 《邓小平文选》第3卷,人民出版社1993年版,第63—64页。
② 《马克思恩格斯选集》第4卷,人民出版社1972年版,第320页。

们既有“左”的干扰，也有右的干扰，但最大的危险还是‘左’”①。

毛泽东和周恩来原来提的是四个现代化，粉碎“四人帮”之后，百废待兴，在这个时候，四个现代化能否实现呢？邓小平集中思考这一问题。小康社会等于把这个步子往下降了，就是回归到我们现实的生产力状况、社会实际状况。

邓小平在会见英国前首相、工党领袖詹姆斯·卡拉汉时指出：“我们是讲实际、从实际出发的。我们头脑里开始想的同我们在摸索中遇到的实际情况有差距，比如，我们的雄心壮志是实现四个现代化，而且要在本世纪末实现，经过摸索，肯定了一点，我们的四个现代化，不同于包括你们英国在内的发达国家的现代化，中国人口太多，要达到你们那样的现代化，人均年收入五千至七千美元，不现实。所以，我们提出的现代化是中国式的现代化。日本大平首相同我谈话时，我说中国平均每人年收入达到一千美元，变成‘小康之家’，这就是我们的目标。在二十年内大体上要增加三倍，这不容易。”②

2. 小康社会范畴的提出意味着社会主义在中国从理想走向现实

和对外开放的大政方针相一致，小康社会理论构成了中国社会经济发展的新动力。与计划经济所追求的自上而下的强制性和单一导向不同，小康社会的理论和实践在于打开了中国自下而上改革的重要路径。

小康社会作为中国特色社会主义的起点还由于它与和平和发展的时代主题相联系。邓小平指出：“我们总的看法，战争的危险始终存在。毛主席在世时和整个七十年代、八十年代的头一二年，我们强调战争的危险，现在有了些变化。这个变化是什么呢？就是我们现在感觉和平的力量发展壮大，不仅是第三世界，而且东欧、西欧都反对战争。”③强调在和平中发展构成了中国特色社会主义理论的时代特征。

---

① 中共中央文献研究室编：《邓小平年谱（1975—1997）》下，中央文献出版社 2004 年版，第 1184 页。

② 中共中央文献研究室编：《邓小平年谱（1975—1997）》上，中央文献出版社 2004 年版，第 631—632 页。

③ 中共中央文献研究室编：《邓小平年谱（1975—1997）》下，第 1019—1020 页。

小康社会在本质上就是一个和平与发展的社会。在20世纪70年代,西方的罗马俱乐部曾提出“增长的极限”理论,认为发展是有极限的,人类总有一天会面对资源枯竭、环境破坏的情况。因此小康社会意味着我们的发展过程是一个有序的、有节制的、有限目标的发展过程。和平与发展的问题与小康社会是直接联系在一起的。邓小平提出和平与发展是时代主题,意味着我们以经济建设为中心的根本路线不能改变。中国和平崛起的意义也在这里。

3. 小康社会作为社会主义发展的阶段性目标,拒绝和抵制空想论

小康社会理论首先是反对在中国社会主义发展中的空想论,特别要反对“‘左’的习惯势力”。

改革开放之初,邓小平明确提出了什么是社会主义,如何建设社会主义的问题。在这一点上,空想论对我们的影响很大。20世纪是社会主义试验和实践的一个世纪。但是20世纪也说明,社会主义如果不能适应市场经济,社会主义也没有前途。当然,苏联、东欧共产党和中国共产党面临着完全不同的问题。

在总结中国社会主义的经验和教训的基础上,邓小平强调要反对两种干扰:“要防止和反对来自两个方面的阻力,一是‘左’的,一是右的。作为领导思想,重点是防止、纠正、反对‘左’的阻力和影响。”[①]小康社会首要战略目标在于防“左”。邓小平指出:“中国历史上有‘小康之家’的说法。小康社会就是还不富裕,但日子好过。就我们来说,目标定得低一点有好处。目标定低一点是为了防止产生急躁情绪,避免又回到‘左’的错误上去。”[②]

小康社会理论嵌入在社会主义意识形态与大同乌托邦之间,化解了来自两者的紧张关系;在国家与个人之间缓解了国家的控制和压力,释放了个人的力量;在公私之间开辟了生长的空间。20世纪表明,社会主义在中国如果不经历一个生产力发展和充分发展的阶段,即初级

① 中共中央文献研究室编:《邓小平年谱(1975—1997)》下,中央文献出版社2004年版,第726页。

② 同上书,第1243页。

阶段,或者叫做小康社会,我们的社会主义会很难实现。

4. 人民公社模式和小康社会模式

在社会主义发展的历程上,中国经历了社会模式的转变,即从人民公社模式到小康社会模式的转变。小康社会的边界可能更宽泛一些,人民公社的政权性更强一些。所以从两种模式的转变上,小康社会使最低纲领和最高纲领之间保持了一定的张力。这必然带来发展战略的重大调整。邓小平指出:"过去我们的计划中积累率太高,有百分之三十几,带来了不平衡、不协调,住宅、城市建设、教育等方面的投资少了。所谓骨头和肉的关系,骨头欠肉的账太多。所以,我们下决心把基本建设规模缩减,把积累率降到百分之二十五,这个现在还办不到,需要几年的时间。用降低积累率的办法来搞计划中缺门的东西,科学教育、住宅、人民生活方面的事情,就可以多花一点钱。"①

因此,与人民公社不同,小康社会战略以解决民生为起点,实际上构成了中国社会主义改革开放的基本路向,即自下而上的原则和历程;在战略上,奠定了合理、现实的起点和实践的空间,走出了"计划"的框框,为"增量改革"提供了制度保障。

5. 小康社会是中国社会主义市场经济的起点

邓小平南巡讲话之后,我们开始接受社会主义市场经济的范畴。但实际上在中国是首先有了市场经济,然后再把它引入到我们的纲领中去。而中国市场经济的社会因子就是小康、小康社会。1992 年 2 月 12 日,邓小平赞成使用"社会主义市场经济体制"这个提法。他说:"实际上我们是在这样做,深圳就是社会主义市场经济。不搞市场经济,没有竞争,没有比较,连科学技术都发展不起来。产品总是落后,也影响到消费,影响到对外贸易和出口。"②

在整个 20 世纪,特别是第二次世界大战以后,资本主义也在适应市场经济本身,也在利用市场经济的力量和规律。而曾经强大的社会主义苏联没有主动去适应市场经济,最后苏联共产党作为执政党的地

---

① 中共中央文献研究室编:《邓小平年谱(1975—1997)》上,第 679 页。

② 同上书,第 1347—1348 页。

位已经不复存在了。小康社会作为大战略,作为一种社会形态的成长,在社会发展层面,并不排斥自发性与自发秩序对社会的助推作用、在一些发展领域采取自下而上的路向。

改革开放的进程表明,乡镇企业、民营经济的起点都是从追求小康开始,人们创业的起点无非是首先考虑解决自己的生活状况,要建立自己心目中的小康生活。从这种追求个人的生活开始,我们有了民营经济、个体经济,有了乡镇企业。因为有了乡镇企业,有了民营经济,中国的市场经济才真正有了活力和基础。

小康社会与市场经济的关系,还在于中国经济和社会发展的不均衡特征。因此,有了经济特区和高新技术开发试验区的实践,即“区域的崛起”。在小康社会的基础上,我们有了对知识经济、高新技术和创新的把握。

6. 小康社会的发展道路,就是富民强国之路

邓小平认为,不能有穷的社会主义,穷不能体现社会主义的优越性,搞社会主义就是要使国家和人民一步一步富起来。“国家发展了,我当一个富裕国家的公民就行了。十二亿人口怎样实现富裕,富裕起来以后财富怎样分配,这都是大问题”①。邓小平反复强调,贫穷不是社会主义,中国要走富民强国之路。小康社会理论包含着对社会主义财富观的确认,有了起自民生的动力源,开启了个人追求财富的闸门。

人类在生存困境中必然带来道德困境,而道德困境中面对的是经济困境,这里涉及如何创造财富和分享财富的问题。江泽民同志在“七一”讲话中指出,是否占有财富,占有财富的多少不能作为判断一个人进步与否的标志,这个论断的针对性非常强。庄子有过一个比喻:困在涸泉里的鱼儿能够“相濡以沫”,但“无若相忘于江湖”,不如大家有更充分的条件,更广阔的空间发展自己,有更广阔的领域去充实自己。大家在拥有财富的基础上更充分地发展自己,充分展示自己。改革开放以后我们提出了富民政策,而富民政策前提是要消灭贫穷,走富民强国之路,这是小康社会的基本精神。

---

① 中共中央文献研究室编:《邓小平年谱(1975—1997)》下,第1364页。

同时,小康社会理论的重要基础在于财富的积累、保护和创造。

全面建设小康社会,要进一步鼓励创新和创业,这是一个时期内带动就业和经济增长的主要措施。创业是现代经济发展的主要动力,是社会经济发展中效益最高、最具创新动力、最活跃的经济活动,是实现就业增长的主要措施,是财富与权利重新分配最重要的手段。

7. 邓小平理论的小康社会既是中国历史文化的范畴,同时也是以世界现代化进程为标准的范畴

小康社会的文化底蕴在于它搭起了传统与现代之间沟通的桥梁。

从“大同”走向“小康”,毛泽东和邓小平的理想社会模式中都有中国文化传统的深刻印迹;中国文化传统中“大同”与“小康”的疏离关系,是中国文化持久的理性主义的重要根源,也是当代中国小康社会发展的重要思想文化基础。

在改革开放之前,我们强调四个现代化的时候,很难接受其他国家的标准,不太可能接受用美元来衡量中国人民的生活水平。邓小平在改革开放初期提出小康社会的时候,意味着中国现代化有了新的概念和新的标准,它是一个国际标准和经济标准,把中国的现代化放到国际范围内来考察。有学者指出:对于中国20世纪末发展的目标,最重要的不是按人均多少美元这样一个数字,而是表现为这个数字所反映的产业结构、消费结构和采取什么方式、依照什么指导思想来取得这些数字。这就涉及我们需要中国居民接受一种怎样的生活方式,接受一种怎样的价值观等问题。

1992年2月,邓小平在谈话时指出:“到本世纪末,上海浦东和深圳要回答一个问题,姓‘社’不姓‘资’,两个地方都要做标兵。要回答改革开放有利于社会主义,不利于资本主义。这是个大原则。要用实践来回答。农村改革是一大创举。家庭联产承包责任制的问题是用实践来回答的,城市改革的问题也要用实践来回答。实践这个标准最硬,它不会做假。要用上百上千的事实来回答改革开放姓‘社’不姓‘资’,有利于社会主义,不利于资本主义。”①

① 中共中央文献研究室编:《邓小平年谱(1975—1997)》下,第1340页。

二、中国特色社会主义与中国共产党的执政能力的建设

如果联系中国改革开放的历史，我们可以比较清楚地看到中国特色社会主义理论与中国社会转型之间的对应关系，也体现了中国共产党的执政能力。

（一）历史方位的抉择：从封闭转到开放

在中国共产党的历史中，对于社会转变（转型）的认识和把握是从新民主主义到社会主义过渡的理论和实践中开始的。这反映了中国共产党对发展阶段认识的特征。1950 年 4 月，周恩来曾经指出："实现社会主义是要有一定条件的。今天条件不成熟，就要急于转变到社会主义，这说明一些同志对新民主主义缺乏切实的认识，不相信按照《共同纲领》不折不扣地做下去，社会主义的条件就会逐步具备和成熟。口头上天天喊社会主义并不能实现社会主义。"①

1951 年 5 月 13 日，刘少奇在全国政协召开的民主人士学习座谈会上作关于学习马克思主义、改造世界观的讲话中指出："中国实行社会主义至少需要十年二十年以后，中国的民族资产阶级在现阶段，是有它的进步作用和革命作用的。如果目前即采取社会主义的步骤，对人民是无益的。伤害私人工业生产的积极性，无疑地是破坏着目前的社会生产力的发展的。这是'左'的错误。那么今天资本家对工人有没有剥削呢？自然有。但这种剥削有其进步的作用。可不可以和平转入社会主义？可以。"②

邓小平指出："我们是社会主义国家，社会主义应该是生产力发展比较快的制度。建国后，如果说我们有错误，最大的一条就是不重视发展生产，所以我们国家落后了。我们国家在国际上虽有地位，但经济还不发达，这同十亿人口的国家不相称，也同我们在国际上应该承担的责

① 《建国以来重要文献选编》第 1 册，第 178—183 页。

② 《刘少奇年谱（1898—1969）》下，中央文献出版社 1996 年版，第 279 页。

任不相称。”①“从一九五七年下半年开始，我们就犯了‘左’的错误。总的来说，就是对外封闭，对内以阶级斗争为纲，忽视发展生产力，制定的政策超越了社会主义的初级阶段。一九七八年我们党的十一届三中全会对过去作了系统的总结，提出了一系列新的方针政策。中心点是从以阶级斗争为纲转到以发展生产力为中心，从封闭转到开放，从固守成规转到各方面的改革”②。

十六大报告对中国共产党所经历的三次重大的历史转变进行了简约的概述，即从革命、建设到改革。这三次转变使中国共产党必须实现自身的重大转型，即实现从革命党到执政党的转变。十六大报告提出：中国共产党经历了夺取全国政权到在全国执政的转变，第二个转变是从受外部封锁实行计划经济到实行对外开放和社会主义市场经济的条件下执政的党，这意味着区分了中国社会主义发展的不同阶段和不同的社会经济基础：过去是受外部封锁、实行计划经济，改革开放以来实行对外开放和社会主义市场经济。

改革开放之初，这种转变是从小康社会范畴的确立开始的，使中国社会主义的实践在意识形态层面出现了从传统的模式与结构解脱的迹象；“小康”、“小康生活”、“小康水平”等概念的提出，昭示了对中国特色社会主义探索的新起点和新走向，因此，邓小平称之为“新的概念”。

从20世纪80年代开始实施的小康社会战略使中国社会主义完成了从温饱到小康的历史性迈进；中共十六大提出“全面建设小康社会”的历史任务，重点在于它保持了改革开放以来历史、理论和战略的连续性，并且以这种连续性为基础，把中国特色社会主义的理论和实践提高到了一个新阶段。“全面建设小康社会”的历史任务，也是中国共产党在新世纪的施政纲领和施政目标。

在市场经济条件下，中国共产党如何实现领导权？在民主革命时期有所谓“天然领导权”的观点，但实际上领导权必须靠争取来获得。

---

① 中共中央文献研究室编：《邓小平年谱（1975—1997）》下，中央文献出版社2004年版，第981页。

② 《邓小平文选》第3卷，人民出版社1993年版，第269页。

同样,作为执政党,中国共产党执政的合法性来自哪里?思考现代政党的运作方式、规律,这就提出了中国共产党执政的合法性问题。按照政治学的原理,执政合法性的来源就是公意、民意。“代表最广大人民的利益”正是“三个代表”重要思想的主要内容之一。

中共十六大报告提出“全面建设小康社会”的历史任务,为中国老百姓提出了一个以人为本、和谐发展的未来目标。把人的生活放在第一位,建设小康社会的目标性越来越强。

(二)中国特色社会主义的小康社会与中国共产党的执政能力

中华人民共和国成立后,中共对其执政能力的把握有经验也有教训。党的转型背后是从革命党到执政党的意识的转化。从1978年改革开放起,党作为执政党的执政意识逐渐觉醒,到20世纪90年代开始致力于研究各国历史上执政党的发展规律。中国共产党必须依世界政党发展的一般规律来考虑自己的未来。中共十六大报告从执政党的角度提出了执政的目标、任务和战略。“全面建设小康社会”的奋斗目标与我们党的未来直接相关。

从历史的角度理解全面建设小康社会的目标,可以把“小康社会”与“人民公社”作比较。“人民公社”体现了一种在执政问题上的革命能力和政治能力,而“小康社会”的提出是基于对中国国情深刻认识的一种执政能力的体现。全面建设小康社会目标的提出及其实现过程体现了中国共产党执政能力中的新因素。从战略角度分析,“一个中心,两个基本点”是一个正确的战略决策,小康社会构成了这一战略决策的基准。改革多年以来,中共对这一战略过程的正确把握体现了中共的执政能力。对外部影响的应对能力和对战略的控制能力也是中共执政能力的重要组成部分。

二十多年的小康社会建设实践表明,执政能力的提升关键在于健全制度,而不在于大搞政治运动。要保持战略的稳定性,才能使中国特色社会主义建设更好地进行。

(三)全面建设小康社会:中国共产党在新世纪的新课题

邓小平理论强调发展是硬道理,十六大强调发展是第一要务。十六大报告在全面建设小康社会这个目标之下制定的科学发展观，突出了统筹兼顾社会与经济发展，建设社会主义政治文明、精神文明和可持续发展问题。十六大在理论、战略和实践上保持了与邓小平小康社会思想的连续性，并且有了进一步的深化。

1．以发展是第一要务来确立社会主义的战略与体制关系，战略决定体制

全面建设小康社会，必须为发展这个目标服务，把政治、经济、文化和环境的建设放在这一目标底下来考虑，所有一切束缚发展的观念、体制和做法都要冲破。不适应的体制要往发展这个目标方面进行调整，而不是目标本身要适应于那些既有体制。在战略和体制的关系中，战略控制和战略实施过程中最重要的是过程与目标之间的匹配，万一目标发生改变，原先设定的路线方针政策本身的有效性也就大打折扣。邓小平提出党的基本路线一百年不动摇的根本意图就是为了保证发展这一目标不偏离。

2．全面建设小康社会必须正确解决发展速度与规模的问题

随着全球经济的不断发展，国际竞争在所难免。一个执政党必须正确把握国家社会经济的发展速度。改革开放以后我们是在一个速度比较适当的条件下发展过来的。速度问题是跟战略相联系的，能不能保持适当的速度，就意味着能不能把握历史机遇期或战略机遇期。以经济建设为中心，把握适当的发展速度，经过 20 世纪后 20 年和 21 世纪前 20 年，我们会建立一个全面发展的小康社会。

规模是指公有制的规模。我们曾经陷入了一种公有制崇拜，实践证明“一大二公”的规模不符合中国社会生产力发展的实际。改革开放以后强调建立公有制经济为主体，多种所有制经济共同发展的基本经济制度。我们在所有制问题上应该走出原来那种误区，不能片面强调公有制经济的数量和比例，而要依照社会经济发展的客观需要调整好公有制和其他所有制经济之间的关系。

3．在全面建设小康社会中要鼓励创业和创新

现代的发展中国家不可能把西方工业化的过程完全走一遍，中国必须在未来走一条跨越式发展的道路，可以按照马克思所讲的跨越

“卡夫丁峡谷”，即不经受苦难而享受资本主义的成果。既然是跨越式发展道路，知识经济的到来为我们提供了重要条件。北京中关村地区的崛起为我们展示了一个美好的未来。著名管理学家德鲁克曾经说过，20 世纪 70 年代以后美国的经济可以叫做“创业经济”。所谓“创业经济”是与创业活动联系在一起的，虽然失业率高，但是创业活动频繁发生的时候就抵消了失业率，这是知识经济时代创业的一个特征。

与创业相联系的就是创新，在未来 20 年的跨越式发展中，中国只能够走创新之路。中国在经济全球化的过程中已经与世界连在一起了。当然也应该看到，在创新问题上我们也面临很多挑战，这要求我们结合现有的各种社会资源和条件使创新能持续不断、有效地进行。

4. 全面建设小康社会要集中全力解决制度创新和农民问题

改革开放 30 多年，我们的成功是民间既有的创新和生产能力的释放。比如说家庭联产承包责任制，在家庭经营的方式下，农村既有的能力释放出来了。20 世纪 90 年代中期以后，农民收入增长缓慢。著名经济学家诺斯认为制度的创新是西方科技进步的一个很重要的原因。未来 20 年如果不通过制度创新，包括政治体制改革，没有制度创新，很难实现社会经济的跨越式发展。

与制度创新相联系的就是社会结构的变化。全面建设小康社会，必须有一个合理的社会结构。中等收入者的队伍扩大是全面建设小康社会成败的关键。我们现在的社会结构是“洋葱头形”，这是不利于社会稳定和持续发展的。以后能不能形成合理的社会结构是一个很大的挑战。城镇化是解决农民人口多这一问题的有效途径。把农民从土地上吸纳到小城镇中来，然后让他们在城市安居，等于是把农业人口降低。世界各国现代化的普遍经验就是减少农业人口，把农业人口吸纳到城市中来。而我们相反，通过户籍制度把农民固定在农村。同时，消灭贫穷，彻底解决贫困人口问题是很严峻的。当然贫困问题不仅仅是有没有饭碗的问题，还有文化的问题。

（四）小康社会与中华民族的复兴

1. 小康社会是社会主义在中国的民族形式

毛泽东在 1938 年阐述了马克思主义中国化时，强调了民族形式的问题。中国文化的自主性较强,因此,接纳西方文化的时候,必然要经过一个民族化的过程。亚洲四小龙的崛起离不开儒家文化的作用。小康社会理论具有深刻的中国文化底蕴,这使之在多种现代化理论中突显了中国和中华民族的特点,也促使人们更加深入思考当代中国社会发展与中国历史文化传统之间的关系。

2. 传统的小康理想与大同乌托邦

小康与大同乌托邦思想联结在一起,在中国社会发展中留下了深刻印迹。小康与大同的疏离关系,构成了中国历代志士仁人持久的理性主义和现实主义的根源,也是当代中国小康社会发展的重要历史文化基础。

在中国传统的小康理想中,包含着“藏富于民”的政策。孟子时代曾经有过一个标准,即“五亩之宅,树墙下以桑”,养蚕,养 5 只母鸡,两只母猪,老者有肉吃,有丝织的衣服穿,这就是几千年来的小康“愿景”。中国老百姓世世代代就是追求一个有限的生活目标。邓小平认为,如果我们在社会主义条件下还不能够让老百姓过上好日子,我们的社会主义实际上不够格。邓小平在 20 世纪 80 年代初期非常坚决地反复强调,贫穷不是社会主义,社会主义要消灭贫穷,其中的历史与文化意义也是深远的。

从文化的角度来说,大同总是与小康相联系,在中国的文献资料中,这方面的论述特别丰富。追根溯源,大同代表的是农民理想。大同和小康显然具有对应的性质,也体现了理想与现实之间的冲突,但是又保持着历史、道德、文化和逻辑上的关联。大同与小康的区别,使中国的乌托邦理想表现出“向后看”的历史特征。

小康既是社会文化和历史观,也是治国方略和社会理想。儒家大多立意于大同,行事在小康,即最高纲领为志,最低纲领为事。因此,儒家的“仁政”理想和“经世”精神不太可能鼓动起大规模的乌托邦实践,其现实目标在于小康。后世儒家认为从小康到大同是一个存在许多环节的历史递进过程,不能一蹴而就。

小康理想是理性和现实的社会理想,与中国历代的治国方略、传统士大夫的精神和民众的生活理想息息相通。当代中国的小康社会与传统的小康理想既有历史文化的联系,又有本质的不同。

3. 小康理想与小康社会

传统的小康理想和当代的小康社会是两个不同的历史范畴。首先,小康理想在历史和文化传统中,大多属于价值性的描述;小康社会则不仅含有价值理想,而且具有科学体系和目标,属于中国现代化理论的重要范畴。其次,传统的小康盛世代表了中国农业社会和自然经济的理想;而小康社会则反映了在工业化时代中国社会主义发展的现实选择。在中国当代社会中,每个人都有自己的“小康图景”。小康社会的现代化模式比单纯的工业化诉求更能攫住每一个人的心灵,甚至影响他们的思想和行为。应该说,中国改革开放以来的成就是中国人民广泛参与的结果,反映了中国人民走向工业化的路径选择,也在另一个层面上体现了中国文化传统的深刻影响。如果说“四个现代化”体现了工业化时代国家的意志和追求,那么小康社会则不仅体现了全社会的目标,并且内化为每一个人的生存动机和目的。再次,如果同样以关注“民生”为出发点,传统的小康理想属于贤人政治和圣王之道,即属于民本主义的思想体系;而小康社会则是中国特色社会主义理论的重要范畴,涵盖于社会主义的目的和目标的之中。最后,小康理想是在相对封闭的封建王朝统治下产生的理想的社会图景,而小康社会则是在激烈的国际竞争、频繁的世界贸易和经济全球化的背景下的产物。传统的小康理想并不含有不同社会制度、不同文化和不同经济发展水平的国家之间交往的因素,而当前正在建设的小康社会则是吸取了各国发展的历史经验,参照现代化的世界标准,充分国际化的同时又突出了中国特色、具有民族形式的现代社会形态。

4. 社会和谐:小康文化的精髓

历史经验表明,传统与现代是现代化过程中生生不断的联系体,而背弃了传统的现代化是殖民地或者半殖民地化背向现代化的传统则是自取灭亡。我们究竟应该在现代和传统之间做一个怎样的选择?显然,像“文化大革命”那样把文化之命都割掉是没有未来的。成功的现代化运动,不但要善于克服传统因素对革命的阻力,而尤其要善于利用传统因素为革新助力。中国社会主义小康社会的文化归结到一句话,即“和而不同,同则不继”。一个生命体必须保持差异、对立和矛盾于一体,“水至清则无鱼”。归结起来,保持一个“和而不同”状态,这是小康社会文化的最重要的基础。

不仅小康社会现代化模式的确立意味着社会主义在中国从理想主义、浪漫主义走向了现实主义、理性主义,而且这种发展与中国社会的现实条件和历史文化融合起来,因而具有深厚的传统文化与社会现实基础。中国社会主义发展与小康文化的结合,意味着我们可以超越五四以来的文化主义的论争,使我们的社会发展与文化素养真正具有建设性,这也是中华民族复兴的真正基础。

“全面建设小康社会”表征了当代中国的发展是改革开放历史的延续,因此,需要探讨“小康社会”的历史文化内涵,揭示出历史与现实、理论与实践的内在关联性。

由于“全面建设小康社会”的历史前提是中国较低的生产力水平,在这历史阶段上的基本精神和原则应该是“和而不同”。在经济体制上调整和完善所有制结构,要坚持公有制为主体、多种所有制经济共同发展的基本经济制度。在社会建设上小康社会是追求和谐的社会,因此小康社会的伦理和文化应该是有限目标和有节制,保持现实与理想之间的必要张力、现实与传统文化的良性衔接。如果说古人提出小康之家的模式已经考虑到资源的有限性的话,那么,可持续发展也构成了小康社会的基本价值取向。

改革开放以来,中国实现了“三步走”战略的前两步。在实现中华民族伟大复兴的历史进程中,“全面建设小康社会”是中国共产党提出的重要战略任务。因此,小康社会是一个关系到我国改革开放和社会主义建设以及党在社会主义初级阶段纲领的重要概念,是中国特色社会主义发展的现实要求,也是科学社会主义理论与实践所面临的全新课题。

三、坚持和平发展，推进中国特色社会主义和谐文化建设

中国共产党强调其与中国传统文化的继承和发展关系。中华文化的基本特征是强调天、地、人之间的和谐与统一关系，追求在“调和”的机制中保持天、地、人三者的和谐性与秩序性，即整体结构的动态的“均衡”。作为中国历史与文化的内在本质，中华文化的核心范畴是“和”，即和谐。另外，中国特色社会主义的确立和发展，与中国共产党对和平发展时代主题的把握密切相关，其中既有对中华传统文化的认知，也有对现实世界的应对，对人类和平的期待。在未来的发展中对此要有清醒的认识。

（一）“和”理念的意蕴

“和”的基本含义是和顺、和谐、调和、温和。在中国古代文化中，“和”理念的意蕴是非常丰富和具有层次性的，它既是中国古代人的宇宙观，万物生长的法则和根据，也是重要的社会政治和伦理原则，《周礼·地官·大司徒》中，“和”被列为人与物的“六德”之一。在中国古代农耕文化的长久积淀中，人类社会的生存无疑与自然环境的变化有着直接的关系。因此，天与人的和谐具有绝对重要的地位。同样，在适应自然、抗击灾害的过程中，人与人的配合、和谐也具有决定性的意义。所以，天和与人和的原则背后，有着中国远古文化的历史因素和人文地理因素。

“和”所追求的完善之境，不仅在于天人合一，天人合德，而且还在于人的内心世界的和谐与宁静。《易传》中有“大和”之说，《中庸》中则阐释了“中和”的原则，认为如果一个人的喜怒哀乐之情感发时都能恰到好处，自然可以与他人和善相处了；如果人人都能如此，自然可以建成安和乐利的和平社会了。如果能做到这一点，就会“致中和，天地位焉，万物育焉”①。所以从人内心的和谐到社会的和谐的贯通，可以

① 《礼记·中庸》。

构成一个和谐的世界。

在中国古代文化中，“和”与“平”很少连用，它们之间可以互训。“平”的含义为公平、平等、平易、平衡，它同样反映了“和”的基本精神。我认为，和谐与均衡的要求，恰恰构成了小康文化的基本精神。

探寻中国文化的智慧之源，我们不能不看到“和”的法则与精神所发挥的重要作用。从一个更广阔的角度上来看，“和”的理念中不仅包含了中国哲学的底蕴，同时也为中国古代的政治学和伦理学的生产与发展奠定了基础。从“和”的观念的确立，到“天人合一”思想与政治图式的演进，中国文化的基本精神保持了对和谐与秩序的内在要求，而且这种要求既包含着规约社会，也包含着体察自然。与亚里士多德不同，和谐是宇宙与社会的法则，因此，“和”构成宇宙与社会统一的哲学基础。

“和”的理念中包含着事物内部对立面之间的矛盾运动，即强调事物的生机存在于事物自身不停息的动态平衡过程中，只有在这样的均衡状态下，才能构成真正意义的和谐。这样的观念构成了中国人早期宇宙观的基点。在这样的宇宙观支配下，中国人认为宇宙的和谐与社会的和谐具有同样的意义，甚至个人心灵状态的和谐也与前两者相关联。中国文化中的有机整体化的宇宙—社会观，在某种程度上与亚里士多德的整体主义的哲学观有相似之处，然而其义却大不相同。亚里士多德提出了“部分与整体”的关系问题，力图解释城邦共同体中社会的构成与城邦“本性”的一致性，他的结论是：“全体必然先于部分。”①在“和”的法则中，强调的是天、地、人的统一性，它不去区分“整体”与“部分”之间的分合关系，因此，感性世界与理性世界具有相对性。自从柏拉图开始提出感性世界与理性世界相区别以来，这样的思维原则对西方哲学的发展具有重大意义。与西方强调“分”的传统相异，“和”的理念中并不把主体与客体截然分开，因此两者并不对立，相反，它们是互相规定和互相贯通的。在中国哲学中，人的主体地位并不像西方哲学所表现的那样追求外在的超越性。

---

① 亚里士多德：《政治学》，商务印书馆1965年版，第8页。

从有机整体化的宇宙—社会观出发，中国人把“和”理解为万物生长的基础，是世界起源的根据。西周末年的政治家史伯特别注意区别了“和”与“同”这两个范畴的意义。他指出“和实生物，同则不继”[1]。因此“和”才是万物生存的法则，而没有对立面存在的简单的“同”则不可能产生任何新事物。他继续论述道：因为有了“和”才有事物的发展与壮大，相反，如果总是同一种事物的简单相加，那么到了顶点就会破败。因此，维持事物内部的矛盾性与秩序性才能保持或达到事物发展的最佳状态，也就是要维持事物的动态“均衡”，才是“和”的法则的基本精神。依据这样的原则，史伯断言了周幽王必定要失败的命运，他的理由就在于周幽王专门喜欢“同”，却抛弃了“和”。史伯的思想对后来中国思想的发展具有很大的影响。

“和”的法则要求宇宙与社会保持自我调节的机能，即所谓“阴阳相接，乃能成和”[2]。这样才能促进事物生长发展。很显然，在中国文化中，追求宇宙与社会的和谐，并不在于将人类与自然界分割开来，而是要在天、人之间保持调和秩序。

马克斯·韦伯认为中国文化（核心是儒家文化）是一种秩序的理性主义。儒家的理性本质上具有和平主义的性质，历史上，这一特性一直受到强调。“儒家的伦理仍是和平主义的、入世的”。韦伯把“士”的官僚化和儒学圣典化的发展趋势与帝国的和平化统一起来。对照西方的历史，他说，在古代西方，战争到处是年轻人的事，“60 回桥”这个句子（Sexagenarios de ponte，原指古罗马的人民大会不将年满 60 岁的人包括进来，而将他们推回桥的那一边去）就是战士用来抵制“元老”（Senat）的口号。然而，中国的士人即为“老人”，或者说他们代表了“老者”。韦伯认为士人阶层的的官僚化反映了战士阶层的式微，“事实上，这是转向和平主义继而转向传统主义的关键点。传统取代了神性”。马克斯·韦伯发现，《诗经》里的英雄诗歌如同希腊和印度的史诗一般，吟咏着进行车战的君主。但是，这些英雄诗歌，就其总的性质

---

① 《国语·郑语》。

② 《准南子·氾论训》。

而言,已不再像荷马或日尔曼的诗史那样,赞颂个人的英雄行动或纯粹是歌颂人类的英雄精神。当《诗经》最后编纂时,君主的军队已丝毫没有从征武士的浪漫气息,或者如荷马史诗式的冒险的浪漫精神。那时的军队已具备纪律的官僚化军队的性质。在《诗经》里,君主之所以在战争中取胜,并非由于他们自己是个较伟大的英雄,而是因为在天神的面前,他们具有道德上的正义,并且也因为他们具有较高超的神性的美德,这是决定军队士气的关键所在。与其说胜利激起英雄式的喜悦,不如说它引发道德上的思索。因此,马克斯·韦伯断言,"中国的伦理著作不同于几乎所有世界其他神圣的伦理经典,其显著的特点是,其中没有任何'有伤风化的'言论,也没有丝毫可以察觉到的'不合礼仪的'痕迹。显然,中国的伦理著作经过了一种非常有系统的净化工作,而这很可能就是孔子的特殊贡献所在"①。

和谐要求秩序,这一点使中国文化在政治伦理思想上表现出调和主义的倾向。在调和主义的政治框架中,中国文化具有以等级秩序为基础的社会特征。

春秋末期的齐国政治家晏婴,对"和"的法则的理解与史伯是一致的,但他进一步提出了"相济"的理论,表现了政治调和主义的理论特征。② 晏婴把"和"视为一政治伦理的基本原则,并以此来规定君臣之间的关系以及作为实现政治公平的标准。孔儒充分肯定并发展了"和"的原则,他们提出了"中庸"的范畴,并把它标榜为理想社会的最高伦理准则。孔儒认为:"喜怒哀乐之未发,谓之中,发而中节,谓之和。中也者,天下之大本也;和也者,天下之达道也。致中和,天地位焉,万物育焉。"③所以,"中和"的原则构成了中国文化的最高精神境界。

和平发展的传统渊源是中国的和平的文化。"和"的理念所蕴含的社会政治与伦理原则,调和与秩序的特征并不与中国文化的和平价

---

① 马克斯·韦伯:《儒教与道教》,江苏人民出版社 1995 年版,第 134—135 页。

② 《左传·昭公二十年》

③ 《礼记·中庸》。

值和理想相冲突。在古代文化中,和平社会的维护无疑与社会的等级、伦理秩序的稳固相关,它也是合理的,符合“正义”的。在这一点上,东西方之间并无根本的差异。亚里士多德相信,奴隶制的存在并不违背人性,而只与人的能力和社会分工有关。[①] 然而,中国文化对秩序与和平的相关性的认识,并不限于这一点。在中国文化看来,“和”的法则不仅要求社会自身的和谐以及人与自然的和谐,同时还要保持国际和平,即要做到“协和万邦”[②]。另外,中国文化还把保持社会和谐与秩序的基础放在更深刻的层次上,即放在人类道德和个人心灵境界上。

以人类道德和个人心灵境界为基础,如何能达到消弭战争、避免社会暴力的目的呢?实际上是在“和”的法则引导下走上了一条寻求“内在超越”的路径。也就是说,从天、地、人的关系中所领悟到的哲学启示,最终把和谐与秩序的求得归结为人的一种心灵状态或境界的修养程度,因为人类的道德修养和心灵至境在于体认和复归于天地之“德”。如前所述,“和”是天、地、人共有的“六德”之一,“德莫大于和”[③],后来的思想家把这一精神推于至极,“德”的范畴在周代以后的政治与文化的形成、发展过程中有相当重要的作用。“和”与“德”相联系,无疑推动了中国文化的历史演进过程。

和谐的精神要求在人类社会的大系统中必须考虑到人类与自然条件以及与人类自身的协调与均衡,即要达“天时、地利、人和”相一致的原则。在这三项条件的最佳配合中,表现出人类社会的最佳状态。因为人类生存的自然条件并不外在于人类社会自身,所以,人类要顺应自然如气候、地形水利(“天时”、“地利”)等条件,即要保持人与自然的和谐,同时,人类社会内部也必须体现出人与人的和谐,即维持“人和”的社会原则(也就是原始的人道、民主关系)。李泽厚先生认为,“天时”、“地利”与“人和”相协调,是产生“天人合一”(人与自然、个体与群体的顺从、适应的有机关系)观念的现实历史基础。也就是说,原始

① 亚里士多德:《政治学》,商务印书馆 1965 年版,第 13 页。

② 《尚书·尧颂》。

③ 《春秋繁露·循天之道》。

氏族体制下的经济政治结构与血亲宗法制度是产生“人和”原则的基础,也是由“人和”向“天人合一”过渡的重要历史因素①。

在天、地、人的关系中,“人和”只是其中的一项因素,它的实现固然要发挥人的作用,然而最高的目的并不能停留在“人和”的状态上,而必须向“天人合一”过渡。在古代社会,“天”作为自然界的指称和作为具有主宰、命定之义的超自然力量,与“人”的界限并不分明,但是,在“天”与“人”的关系中所具有的某种不确定的模糊性质,却并未赋予“天”以人格神的绝对主宰地位,同时也没有形成对自然界进行彻底征服与改造的冲动。因此,“天人合一”既包含着人对自然规律的能动适应、遵循,也意味着对主宰、命定的被动服从和崇拜,这样的观念在先秦时代的思想家们的大量著述中开始体现出来,孔、墨、老等学派都阐释了这方面的思想。它们都强调“人”必须与“天”相认同,达到一致、和睦、协调。②

在天、地、人的关系中,和谐与秩序是共存的,然而其生命力来自于“调和”的机能。从“和”到“人和”,再到“天人合一”,中国文化表现出了中国农业文明的历史特征,然而其中并不乏与人类的现代和平主义的有相通之处。在对历史的审视中,我们既要把握住中国文化的基本精神,同时又要注意其中的某些消极与保守倾向的负面作用与影响,这样才能使我们在中国文化的历史发展进程的考察中保持科学的理性态度。

(二)中国特色社会主义与和平发展的时代主题

中国特色社会主义与和平发展的时代主题是一致的。1982 年 8 月 21 日,邓小平指出:“有人说中国好战,其实中国最希望和平。中国希望至少二十年不打仗。我们面临发展和摆脱落后的任务。我们摆在第一位的任务是在本世纪末实现现代化的一个初步目标,这就是达到小康的水平。如果能实现这个目标,我们的情况就比较好了。更重要的是我们取得了一个新起点,再花三十年到五十年时间,接近发达国家

---

① 李泽厚:《中国古代思想史论》,人民出版社 1985 年版,第 318 页。

② 同上书,第 319 页。

的水平。所以我们希望有一个和平的国际环境。我们希望至少有五十年到七十年的和平时间。我们提出维护世界和平不是在讲空话，是基于我们自己的需要。”“闭关自守解决不了我们的贫穷和落后。我们制定一个战略目标，是在本世纪末成为小康社会，人均八百美元。在那个基础上，再搞三十至五十年可以接近西方的水平。这就是我们的雄心壮志”[①]。显然，在邓小平看来，中国的小康社会建设需要一个更长的和平时期，中国维护世界和平的真正力量就在于中国的和平崛起。

全面建设小康社会为中国的和平崛起奠定了社会与文化的基础。同时，世界瞩目的伊拉克战争和中东地区复杂的局面，使人们开始更多地沉思战争与和平、种族与宗教以及大国与小国的关系等。

中国人的文化观念中强调“和而不同”，在21世纪，保持这样的精神不仅有利于人类文化的发展，也有利于人类在世界体制中和谐相处。如果说中国文化具有主导作用，“和而不同”的原则可以称为东方和平主义，这也是中国文化对21世纪的真正贡献。在和谐之中保持多样性，但并不要求以一种文化去统治另一种文化，像基督教文化那样。在一个开放的时代、开放的世界里，“和而不同”反映了中国文化的社会理想原则，这与莫里斯的“开放社会”理想有相通之处。莫里斯主张：“开放自我的开放社会会承认并尊重多样性。它会抛弃一切把它的成员灌进一个共同模子里的企图。”[②]在研究人类统一问题和人类和平问题时，这个原则具有很大的启发意义。依靠“独裁”手段达到的世界统一会因为独裁权力的丧失而使世界重归于分裂，只能说这是人类固有本性的恶性循环。在文化上同样也不可能是一种文化成为具有统治地位的文化，用中国古人圣训来说，就要做到“己所不欲，勿施于人”。

郑必坚先生提出，围绕和平崛起，要大胆借鉴吸收人类文明成果而又坚持弘扬中华文明，以形成实现和平崛起的精神支柱。[③] 中国文化强调了和谐与秩序的决定作用。从“和”的法则来看，它首先把人类和

---

① 中共中央文献研究室编：《邓小平年谱（1975—1997）》下，中央文献出版社2004年版，第977页。

② C. W. 莫里斯：《开放的自我》，上海人民出版社1965年版，第129页。

③ 郑必坚：《中国和平崛起新道路和亚洲的未来》，在2003年博鳌亚洲论坛的讲演。

平的理想与价值作了非常系统的、富有层次的规定，即和平不仅仅和人与人的无肉体冲突出状态相关，还与人和自然以及人的内心和谐的境界相关。天、地、人是一个有机统一的整体，它们之间处于一个既相互过渡，又相互渗透和相互制约的机制中。因此，人类和平的意义不仅在于人类自身消弭战争和暴力，重要的一点还在于保持人类与其生存环境之间的和平。这一点在现代和平运动和和平研究中日益被重视，使人类看到其自身的生存发展必须保持与自然环境的协调一致，即“最好的战略首先必须是争取与自然的和平”①。

应该说，虽然“和”的农耕文化积淀的基本精神，与西方近代以来的工业文明所追求的征服、斗争精神有本质区别，但是在解决人类的全球性问题上，东方和平主义可以为人类提供一个新的价值标准。

中国文化强调的社会的和谐与均衡，是把它视为人的问题加以阐扬的，即关注从人类的道德本性和人的心灵境界中激发人类的和平理想、和平愿望，把人类道德本性与心灵境界同宇宙秩序相观照，从而确立人类和平的价值基础。当然，这里也暗含了泛道主义与唯心论的倾向，使人类对外在因素有所忽视，如在体制上、法律上以及经济建设中，常常为道德主义所制约，满足于静观平宁的超越。东方和平主义的基本精神中，也的确有与现代和平主义理论相通之处，如它们都看到了和平的实现并不仅仅依赖于国际关系的良性运转和对军备体制的严格限制，更为重要的因素还在于人类的理性的发展和道德的觉醒。

不可否认，“和”的理念和法则中积淀着中国远古时代的农业社会的经济和政治特征。同样，东方和平主义所追求的“人和”与“天人合一”的理想也限制了中国人的和平理想和社会发展的实际进程。如果只满足宁静的直观和内心体验，而缺乏科学技术的实验经验和科学理性的洗礼，人类对宇宙与社会本质的认识是非常有限的，中国几千年历史发展的过程已经证明了这一点。另外，由于强调“和”的精神，使中国文化在哲学与科学的发展中对“分”的作用和意义重视不够，同时由于过分追求“内在超越”的途径，过发夸大人类道德本性和心灵境界的

① C. W. 莫里斯：《开放的自我》，第129页。

能动作用,实际上这在一定程度上使人丧失了对自然与社会的主动与积极的把握能力。从积极的方面来理解,“和”的法则在政治上应包含有全方位、多层次发展的要求,否则一个系统或机体就会因失去生面而灭亡,这一点是“和”理念所具有的最可贵的朴素的辩证精神,在这种精神支配下,和谐与秩序应始终保持动态的均衡,它不是极权与专制政体的内在本性。然而在中国后来的历史发展中,“和”的法则却被“同”所取代。在封建君主专制政治统治中,和谐与秩序的意义和作用有了很大变化。

“和”的意蕴中包含了中国文化对人类和平的基本思考。和谐、调和的原则不仅指人类社会自身和平共处的状态,同时也包含宇宙,是一个有机的统一体。在这个问题上东西方文化的差异十分突出地表现出来。在考虑人类和平的基础问题时,东西方有着不同的哲学基础和思维原则。在天、地、人的关系中,和谐与秩序是共存的,然而其生命力来自于“调和”的机能。从“和”到“人和”,再到“天人合一”,东方和平主义表现出了中国农业文明的历史特征,然而其中并不乏与现代和平主义的相通之处。

社会文化发展与人类命运息息相关。在新世纪中发展必然要求是全面的、和谐的,是自然与社会、不同文化之间的和谐发展。展望21世纪的文化发展趋势,许多人对东方文化,特别是对中国文化的未来发展充满了期待。

汤因比由于目睹了“西方的没落”,坚信人类终将走到一起去,并且他在20世纪70年代初预言人类的和平统一,“一定是以地理和文化主轴为中心,不断结晶扩大起来”,这种主轴不在美国、欧洲和苏联,而是在东亚。① 在他看来,“由中国、日本、朝鲜、越南组成的东亚,拥有众多的人口。这些民族的活力、勤奋、勇气、聪明,比世界上任何民族都毫无逊色。无论从地理上看,从具有中国文化和佛教这一共同遗产来看,或者从对外来近代西欧文明不得不妥协这一共同课题来看,他们都是

---

① 《展望21世纪——汤因比与池田大作对话录》(荀春生、朱继征、陈国梁译),国际文化出版社1985年版,第294页。

联结在一条纽带上的。并且就中国来说,几千年来,比世界任何国家都成功地把亿万民众,从政治文化上团结起来。他们显示出这种政治、文化上统一的本领,具有无与伦比的成功经验。这样的统一正是今天世界的绝对要求”。“西方对政治上的影响是使世界分裂。西方对自己以外地区推行的政治体制是地方民族主权国家体制”①。因此,西方的根深蒂固的民族主义政治传统不可能完成现代世界的政治统一大业,这只能由有“世界主义”传统的中华民族来实现了。汤因比坦率地承认,他的历史理论是建立在希腊文明模式的基础上的,这一点对他来说具有很大的限制。他对“欧洲中心论”的猛烈批判曾经使他“名满天下”②。

汤因比同样认为在世界政治发展中,国家主义已经变得越来越带有狭隘性,而人类却向更小的单位分化,所以他认为:“在家庭关系中强调义务的儒家主张,今天再合适不过了。同时,把普遍的爱作为义务的墨子学说,对现代世界来说,更是恰当的主张,因为现代世界在技术上已经统一,但在感情方面还没有统一起来。”③池田大作则认为,墨子的学说,即“兼爱”、“非攻”理论更具有近代意义,他把墨子视为反侵略战争的理论先导。“就是说,正如谴责侵害他人牟取私利的强盗行为一样,也应该谴责大国侵害小国、大量屠杀以及破坏经济的行为”。墨子的理论应作为世界性的理论去理解。④

在西方人看来,中国社会几千年来维系的政治统一中所具有的历史经验和文化,应该是人类未来发展的基本模式和典范。基辛格曾经指出,中国在三千年的历史中一直保持了独立。期间,有时掌握了亚洲的主导权,有时在外国的压力下挣扎。但是,中国从没有放弃自己的主体性。从这一点上来说,也从没有放弃自己的独立。⑤ 他也预言,21 世

① 《展望 21 世纪——汤因比与池田大作对话录》(荀春生、朱继征、陈国梁译),国际文化出版社 1985 年版,第 288 页。

② 参见杰弗里·巴勒克拉夫:《当代史学主要趋势》,上海译文出版社 1987 年版。

③ 《展望 21 世纪——汤因比与池田大作对话录》,第 428 页。

④ 同上书,第 428 页。

⑤ 《和平、人生与哲学——池田大作与基辛格对谈集》(卞立强译),中国国际广播出版社 1988 年版,第 9 页。

纪的中国将比现在更要增强其重要性。[①] 尼克松认为中国“在21世纪必将成为世界上的一个头等大国”。尽管中国经历了磨难,“这个巨人现在苏醒了。他的时候到了,他准备震动世界”[②]。

在未来学家的笔下,中国在“快节奏的环太平洋带”上处于非常有利的地位。“不管存在着什么问题——事实上很多——中国经济上升的速度都是惊人的,这点已经得到广泛的承认”[③]。据美国政府1988年的报告预测,中国的经济可以在20年里发展到仅次于美国。1980年中国经济大约只有日本经济规模的一半,约是苏联规模的三分之一。“综合长期战略委员会”预测,到2010年中国可能超过日本和苏联。而“研究与发展委员会”测算的数据是保守的——年增长率低于5%——事实上近几年中国经济年增长率约为10%。中国的既定目标是到2050年达到“中等发达国家”水平,人均收入为4000美元。“长期的目标已定了,中国不可能倒退,也不可能在原地长时间地停顿,巨人已经挣脱了锁链”[④]。

从上述引证中我们可以感受到,在思想家、政治家、经济学家和未来学家们的心里,中国有着巨大的潜力和能量,特别是在实现人类统一和人类永久和平等重大问题上,更加强了他们对东方文化,特别是中国文化未来发展的乐观的估计和想象。中国的历史文化虽然也认为人类有“走下坡路”的倾向,如道家的“为学日益,为道日损”,但基本上是一种乐观与入世的理论;虽然有人类的“异化”存在,但“天行健,君子以自强不息”的精神构成了主流。

考察历史,我们可以发现,在中国历史文化中既不存在期待超越的“救主”的宗教心理,也不存在对人类“末日”的恐惧。一个新的世纪,对于中国人来说,也许是一个新的起点,一个新的机会。这样的历史意

① 《和平、人生与哲学——池田大作与基辛格对谈集》(卞立强译),中国国际广播出版社1988年版,第60页。

② 尼克松:《1999年:不战而胜》,世界知识出版社1989年版,第252—253页。

③ 约·奈斯比特、帕·阿博顿妮:《2000年大趋势——九十年代的十个新趋向》,东方出版社1990年版,第208页。

④ 同上。

识，可以使中国在跨入21世纪的时候保持理性的态度和主动的创造精神。

以西历"纪元"（Christian Era）来看待中国两千多年的统一历史，我们可以看到和感受到些什么呢？在公元元年（耶稣基督的诞生年），正是中国汉朝人的"大同"梦想马上要破灭的年代，即西汉平帝元始元年，大汉帝国已进入衰微之时，中原王朝维系了200年的和平马上就要结束了。但这在中国历史上不过是一个王朝更迭的过程，历史和文化的延续却并未中断。到了公元1000年，是整个中国封建社会的没落阶段中的北宋王朝宋真宗赵恒咸平三年。中国文化在北宋中叶产生了一个新的飞跃，即"理学"学派，对中国文化发展产生了巨大影响。从汉至宋的一千年里，中国社会与文化维系在一个统一的序列之中，并且构成了人类世界的"文化均势"中的重要一极。一直到1500年，中国文化仍保持着自身发展的进程。

谈到中国在21世纪的作用，我们必须明确人类历史上"文化均势"的意义。实际上，这种"均势"被打破是西方近500年扩张造成的，正如汤因比所言，以基督教为基本精神而统一世界的企图，造成了世界的分裂局面。就中国文化而言，近100年来构成了它的"炼狱"。民族主义、文化主义的反应强烈地激荡着中国文化的抗争与再生愿望。中国开始了新的进化过程，接受了"西学"、"西技"，但在文化本性上依然与西方强烈地冲突。从中国文化的本性来看，中国对21世纪的要求和所能发挥的影响作用，除了在经济、政治上，主要的还是在文化上。中国文化要求21世纪形成一个新的"文化均势"状态，也就是说，21世纪的世界秩序在本质上应该以"文化均势"为基础。

在现代世界发展中，"我们仅仅现在才开始认识到文化主义的深刻性，但这并非完全是发展中国家才面临的挑战"①。奈斯比特认为，人类面对日益增长的同一性，大家都在竭力维护我们的个性，包括宗教、文化、国家、语言和种族的个性。世界生活方式趋势与维护文化特

① 约·奈斯比特、帕·阿博顿妮：《2000年大趋势——九十年代的十个新趋向》，东方出版社1990年版，第157页。

性的逆趋势构成了矛盾,因此一个奇怪的悖论是,我们变得越相似,我们就越是要强调我们的独特性。“威尔士人、法裔加拿大人和加泰隆人并非反常,他们只是走在人们的前列。这些国家的文化完整性所受到的威胁远比我其余国家要长久得多。当我们加入世界生活方式的时候,我们也会像他们那样开始坚持我们的文化民族主义”①。所以,“和而不同”应该是保持人类同一与个性相协调的基本原则。人类需要有更从容的机会来相互理解、相互学习。中国文化具有“尚文”的传统,这也是东方和平主义的理性基础。以“文”抑“武”可视为21世纪的基本思想。

20世纪热战与冷战的交替叩击着人们的心灵:人类究竟应该如何面对21世纪?悲观主义者认为人类命运不会有太大的改变,因为过去的岁月证明了这一点。在20世纪里,我们经历了太多的战争、冲突和恐惧。不仅如此,这也与人们对历史的误解和教育的偏向有关。如果认真回顾一下我们的历史和文化,认真倾听大师、智者的呼唤和自己心灵的声音,人类就应该有道德和行动的勇气,在战争与和平、生存与毁灭的时刻作出理性的判断,在人类思想和行为上作出根本的调整。

作为地球上的智慧种群,人类的历史是充满探求精神与聪明才智的历史。爱因斯坦说:“我从未断言,人类已无可救药。改善世界的根本不在于科学知识,而在于人类的传统和理想。因此,我认为,在发展合乎道德的生活方面,像孔子、佛陀、耶稣和甘地这样的人对人类作出的巨大贡献是科学无法做到的。你也许明明知道抽烟于你的健康有害,但却仍是一个瘾君子。这同样适用于一切毒害着生活的邪恶冲动。我无需强调我对任何追求真理和知识的努力都抱着敬意和赞赏之情,但我并不认为,道德和审美价值的缺乏可以用纯智力的努力加以补偿。”在这里,爱因斯坦所强调的恰恰是我们所需要加强的东西:“传统和理想”、“道德和审美价值”,这就是新世纪人才所应具有的基本的人文素养。

---

① 约·奈斯比特、帕·阿博顿妮:《2000年大趋势——九十年代的十个新趋向》,东方出版社1990年版,第165页。

20世纪以来的科学与社会发展说明，人类精神愈是向前进化，就愈可以肯定地说，通向真正宗教感情的道路，不是对生和死的恐惧，也不是盲目信仰，而是对理性知识的追求。的确，人的动物本能要比理性或人所获得的信念更有力，但是，人类历史也表明人类正在向着和平的理想目标前进。

在文化本性上，中国人所形成的和平理想具有根深蒂固的制约作用，虽然它对西方的好战态度作出了强烈的反应，但并不意味着中国文化已经彻底失迷本性、产生了与西方一样的好战态度。西方人所能教导中国人的，并非道德和有关政府的伦理准则，而只是科学与技术，更准确地说，只有科学方法，反过来说，西方人倒应该向中国人学习“生活目标的正确观念”。然而罗素也注意到，因为受西方与日本侵略的威逼，中国只好放弃传统的儒家道家被动的农业与家族式的伦理，以求发展公益精神，或发展爱国主义或西方的民族主义。后来罗素回忆他的中国之行说：“我爱中国人，但是显而易见，为了抵抗凶恶的军国主义，中国文明将大部分被摧毁，他们似乎没有别的路可走，不是被征服，就是采用他们敌人的各种罪恶行径。”[①]罗素当时的主张与中国知识分子的立场和心境并不协调，他关于既保存中国人被动、好和平的天性和农业社会发展的伦理观念，又提倡发展工业化的看法，与中国19世纪末士大夫提倡的“中体西用”说有相似之处，这很难被中国激进的知识分子所认同，而且他的演说还成为中国当时保守派和传统主义者的重要论据。[②] 这大大降低了罗素对“中国问题”看法的意义。

从20世纪70年代初汤因比的预言，到80年代以来的东亚社会的经济奇迹，似乎向人们揭示了21世纪中“太平洋时代”前景。在为这个时代奠基的过程中，中国在经济与政治上的独立性与自主性具有重要意义。无论从历史还是从现实上看，中国都愿为保持和平与发展的大趋势做出努力。随着世界政治局势的变化，中国在现在和将来的国

① 刘桂生、张步洲编：《台湾及海外五四研究论著撷要》，教育出版社1989年版，第23页。

② 同上书，第24页。

际关系格局中作为一个真正独立角色的重要性有所变化。特别是随着世界由两极向多极的过渡,中国在东亚的地位和作用将变得越来越稳固。中国经济和政治发展的前景必须依靠人们对中国文化越来越客观和深入地认识这一前提。经过一些曲折之后,中国正在认真地反省其固有文化的巨大潜力,并把它引导到社会发展的动力上来。

在全面建设小康社会的新时期,要开发中国文化的和平智慧资源。在21世纪人类一体化的进程中,文化上的实力和竞争将逐渐占主导地位,在解决人类问题和全球性问题上,不仅需要各民族合作,而且也需要开发各民族的智慧。就中国文化而言,它正处在一个伟大的文化的、社会的、政治的和人格的“文艺复兴”的历程中,正像它在长期发展的历史上已多次经验过的一样。中国文化的复兴首先在于它对和平价值的充分肯定,也可以说,从世界和平的意义上来理解,中国文化的复兴与人类走出战争藩篱的过程是同步的。

立足于中国的实际,以世界现代化潮流为基准,着眼于科学技术和教育,推动了中国改革开放的历史进程。世界视野构成小康社会的基点,和平与发展成为小康战略的外部依据。邓小平指出:“为什么我们制定了对外开放政策,就是为了赢得朋友,加速我们的发展。我们不仅从中国自身利益的角度考虑问题,也从国际战略和维护世界和平的角度考虑问题。一九七八年底我们的三中全会制定的目标就是从全球战略来考虑的。”小康社会战略中也包含了对中国未来发展机遇和过程的期待。“十一届三中全会以来,我们确定了一心一意搞四化建设的方针,确定了到本世纪末达到小康社会的战略目标。政治生活安定团结,经济方面稳步发展。看来这个势头可以保持下去,我们的目标可以实现。以本世纪末为起点,我们再好好干三十至五十年,中国就可以接近发达国家的水平”①。中国和平崛起的世界意义也在于此。

和而不同,和平发展,包含了中国特色社会主义理论与实践发展的要求,也构成了中国小康社会建设的未来目标和使命。

---

① 中共中央文献研究室编:《邓小平年谱(1975—1997)》下,中央文献出版社2004年版,第980页。

从资产阶级共和国试验的失败看资本主义在中国走不通

史春风

1912年1月1日，在辛亥革命的高潮中，具有资产阶级性质的中华民国南京临时政府成立。这是近代中国人民反帝反封建斗争历史上一个重要的里程碑。辛亥革命推翻了清王朝的统治，宣告了在中国绵延两千多年的封建帝制的结束。民主思想和共和国观念，从此日益成为“一国之趋势，万众之心理”，为此后中国革命的发展开辟了道路。正如孙中山指出，中华民国的成立，是“我国有史以来所未有之变局，吾民破天荒之创举也”[①]。然而，软弱的中国资产阶级没有触动近代中国半殖民地半封建社会的经济基础，未能完成反帝反封建的历史使命，“中华民国”只是一个空招牌，而且由一个专制统治变成了多个专制统治。“风云变幻感沧桑，拒虎谁知又进狼。无量金钱无量血，可怜购得假共和”[②]。

辛亥革命失败的根本原因在于中外反动势力的联合力量大于革命力量，在半殖民地半封建社会的中国，还不具备建立资本主义制度的历史条件和阶级基础，资本主义建国方案是行不通的。主观原因则是在半殖民地半封建的经济条件下，脆弱的民族资本主义只能在帝国主义和封建主义的夹缝中生长，使得中国的民族资本主义先天不足，在此基础上产生的民族资产阶级带有与生俱来的软弱性和妥协性，其本身存在着许多弱点，领导这场革命的资产阶级革命派无论在革命理论还是革命组织、革命武装，包括群众基础和经济基础各方面都缺乏充分的准备，这些都是导致这场资产阶级共和国试验失败的重要原因。

---

① 孙中山：《建国方略》，载《孙中山全集》第6卷，中华书局1985年版，第211页。

② 蔡济民：《书愤六律》，《中华民国公报》1912年7月18日。

第一,思想指导理论上的错误。资产阶级缺乏彻底的反帝反封建的勇气,因而也就提不出彻底的反帝反封建的革命纲领。

理论是行动的指南。辛亥革命前夕,资产阶级革命派为宣传革命也进行了一定的理论宣传准备。同盟会以《民报》等刊物为阵地,宣传孙中山的三民主义思想,传播革命理论。20世纪初,章炳麟的《驳康有为论革命书》,邹容的《革命军》,陈天华的《警世钟》、《猛回头》等小册子相继出版,成为革命派重要的宣传品。有人记载:"《警世钟》、《猛回头》等,输入湖南湖北之各学堂各军营中……革命之思潮,几不可遏止矣。"①《新民丛报》哀叹:"数年以来,革命论盛行于中国,今则得法理论、政治论以为之羽翼,其旗帜益鲜明,其壁垒益森严,其势力益磅礴而郁积,下至贩夫走卒,莫不口谈革命而身行破坏。"②

但是,由于近代中国资产阶级本身与生俱来的软弱性,即使是看起来轰轰烈烈的革命宣传也难以掩盖其自身的怯懦和理论不足。近代中国,反帝反封建是革命的首要任务。在1894年成立的第一个资产阶级革命团体兴中会宣言中,孙中山就指出:"方今强邻环列,虎视鹰瞵,久垂涎我中华五金之富,物产之饶。蚕食鲸吞,已效尤于接踵;瓜分豆剖,实堪虑于目前。"③在入会的秘密誓词中,提出了"驱除鞑虏,恢复中华,创立合众政府"的革命目标。1905年的同盟会更通过了"驱除鞑虏,恢复中华,创立民国,平均地权"的十六字纲领。孙中山也明确提出:"中国以千年专制之毒而不解,异族残之,外邦逼之,民族主义、民权主义不可以须臾缓",并号召以民生主义预防平民革命,"举政治革命、社会革命毕其功于一役"④。但是,其时一般党人对这一理论的认识却存在分歧。大部分人对于"排满光复"并无异议,但对于民权、民生主义则或直接反对,或模棱两可。光复会的徐锡麟就公开说:"我们的宗旨与孙

① 曹亚伯:《武昌革命真史——台港及海外中文报刊资料专辑》(特辑),书目文献出版社1998年版,自序第2页。

② 与之:《论中国现在之党派及将来之政党》,《新民丛报》1907年第92期。

③ 《香港兴中会章程》,载中国社科院近代史所等:《孙中山全集》第1卷,中华书局1981年版,第21页。

④ 《民报》发刊词,《民报》第1号。

文不同，他是民族民权民生并重，我们只做民族上的事业，不必与他联合。"[①]而且，资产阶级革命派尽管提出了"三民主义"的理论纲领，但是，包括孙中山在内，他们在政治上、理论认识上又是非常浅薄，非常软弱的。

近代中国列强侵略的事实使以孙中山为首的资产阶级革命党人深切感到"外邦逼之"的严重性，但他们都接受了当时流行的社会达尔文主义观点来看待世界形势，认为生存竞争，弱肉强食，是人类社会发展的普遍规律，因而对帝国主义的侵略本质缺乏认识。即使是当时反侵略思想最为激烈的陈天华也认为"今日的世界，什么世界？是弱肉强食的世界"[②]。在他们看来，是清政府的腐败无能，导致帝国主义各国倚强凌弱，只要推翻清政府，使中国振作起来，列国自然就会与中国平等相待。孙中山就认为："西人知我不能利用此土地也，乃始狡焉思逞。中国见情事日迫，不胜危惧。然苟我发奋自雄，西人将见好于我不暇，遑敢图我。"[③]"若人心日醒，发奋为雄，大举革命，一起而倒此残腐将死之满清政府，则列强方欲敬我之不暇，尚何有窥伺瓜分之事哉？"[④]因此，革命派对列强抱着天真的幻想，在进行民族革命之际，更特别强调"文明排外"、"秩序的革命"。他们认为："在国际公法，凡人民起而反对政府，党势既盛，不扰外人，即有独立战斗团体之资格，各国无干涉之例。吾党举事，只为人民之自由幸福起见，举动文明，军律严整，欧美各国，谁肯冒犯不韪，而肆行干涉者乎？"[⑤]

由于对帝国主义的本质认识不清，资产阶级革命派凡涉及反帝问题时，往往采取回避态度。武昌起义后，孙中山奔波各国，表示清政府

---

① 杨受群：《神州光复志演义》，载董文成、李勤学主编：《中国近代珍稀本小说（下）》，春风文艺出版社 1997 年版，第 414 页。

② 陈天华：《猛回头》，载石峻主编：《中国近代思想史参考资料简编》，生活·读书·新知三联书店 1957 年版，第 717 页。

③ 孙中山：《在东京中国留学生欢迎大会的演说》，载《孙中山全集》第 1 卷，第 283 页。

④ 孙中山：《驳保皇报书》，载《孙中山全集》第 1 卷，第 234 页。

⑤ 卢信：《革命真理——敬告中国人》，载《辛亥革命史资料新编》1，湖北人民出版社 2006 年版，第 18 页。

和列强所订不平等条约，“新政府仍然承认”，希冀获得外国承认和借款[①]。1912年1月1日，孙中山在就任临时大总统时发表宣言指出：“临时政府成立以后，当尽文明国应尽之义务，以期享文明国应享之权利。满清时代辱国之举措与排外之心理，务一洗而去之”；持和平主义，“与我友邦益增睦谊”[②]。

“辛亥革命一开始，就宣言承认列强在中国的一切不平等条约，如此，虽然清朝推倒了，但是仍旧接受了帝国主义剥削的权力，这样错误的对外政策，使革命丧失了真正的意义，使人民对革命的目的不能认清。”从这个意义上来讲，“当辛亥革命的政府宣言承认各国条约时，辛亥革命就宣告破产了”[③]。

除了缺乏彻底的反帝纲领之外，革命派对内也不敢触及长期统治中国的汉族封建地主阶级的利益。同盟会的《招降满洲将士布告》中就完全赦免了汉族官僚军阀的罪恶，主张对其一概“推诚相与，视为一体”[④]。武昌起义前后，黄兴等人在新政府面临着巨大的政治、经济、军事、财政等方面的压力时更是对袁世凯寄予厚望。1911年9月，黄兴督师武昌期间，一方面与北洋军队血战，同时又致信袁世凯，对袁发出呼吁：“明公之才能，高出兴等万万。以拿破仑、华盛顿之事功，直捣黄龙，灭此虏而朝食，非但湘鄂人民戴明公为拿破仑、华盛顿，即南北各省当亦无不拱手听命者。”[⑤]另一位革命党人胡石庵在获悉袁世凯接任湖广总督之际，亦认为“袁果亲来，吾军万非其敌”，“乃代全鄂人民作书一通致袁世凯”，信中一再呼吁：“阁下非汉人乎？”“阁下纵一身甘为满奴，阁下之所部皆汉人，能保其皆甘为满奴乎？”[⑥]资产阶级革命派的软

---

① 孙中山：《与巴黎〈政治星期报〉记者的谈话》，载《孙中山全集》第1卷，第561页。

② 孙中山：《临时大总统宣言书》，载《孙中山全集》第2卷，中华书局1982年版，第2页。

③ 张太雷：《今年纪念双十节的意义》，载《张太雷文集》，人民出版社1981年版，第281页。

④ 《招降满洲将士布告》，载中国国民党中央委员会党史委员会编：《革命文献》第65辑，《中国同盟会革命史料》(一)，中央文物供应社1974年版，第57页。

⑤ 黄兴：《致袁世凯书》，载《黄兴集》，中华书局1981年版，第82页。

⑥ 胡石庵：《湖北革命实见记》，载《辛亥革命史资料新编》1，第211—212页。

弱性使他们在中外反动势力的反扑之下毫无反击之力，于是寄希望于“汉族兄弟”的“同心协力”。在黄兴等人看来，“袁世凯是一个奸黠狡诈，敢作敢为的人，如能满足其欲望，他对清室是无所顾惜的；否则，他也可以像曾国藩替清廷出力把太平天国搞垮一样来搞垮革命。只要他肯推翻清室，把尚未光复的半壁河山奉还汉族，我们给他一个民选的总统，任期不过数年，可以使战争早停，人民早过太平日子，岂不甚好。如果不然，他会是我们的敌人，如不能战胜他，我们不仅得不到整个中国，连现在光复的土地还会失去也未可知”①。因此，他们竭力说服孙中山让位于袁世凯。据孙中山后来回忆，当时他所“信赖的一些朋友们”，“他们以袁世凯得外国列强信任、能统一中国和确保民国的巩固来说服我。”②

正因如此，看起来热闹非凡的革命宣传也就基本上仅仅陷于“反满”的呼号。胡汉民后来曾总结：“同盟会未尝深植其基础于民众，民众所接受者，仅三民主义中之狭义的民族主义耳。正惟‘排满’二字之口号，极简明切要，易于普遍全国，而弱点亦在于此。”③吴玉章也认为，反满“这种宣传起了很大的作用，革命的风暴主要是这样鼓动起来的。但是这种宣传有很大的弱点”，放过了“真正的民族敌人”——外国侵略者以及支持清朝统治的汉族封建势力。“没有强有力的思想革命作先导，是辛亥革命的一个重大缺陷”④。

身处半殖民地半封建社会的近代中国，帝国主义和封建主义是中国革命的两大敌人。革命党人提出了“三民主义”的革命理论，但在实际行动中，则仅仅以排满为宗旨，与帝国主义公开挑战为他们所恐惧，汉族封建军阀、官僚亦是其争取对象，这是由中国资产阶级固有的软弱性所决定的，他们缺乏单独挑起推翻封建政权重担的力量与气魄；当革

① 李书城：《辛亥前后黄克强先生的革命活动》，载《回忆辛亥革命》，文史资料出版社1981年版，第156页。

② 孙中山：《致俄罗斯苏维埃社会主义共和国外交部信》，载《孙中山选集》上，人民出版社1956年版，第435页。

③ 《胡汉民自传》，载《革命文献》第3辑，中央文物供应社1984年影印再版，第61页。

④ 吴玉章：《论辛亥革命》，载汪朝光主编：《中国近代史卷》，兰州大学出版社2000年版，第275—276页。

命与反革命之间的斗争处于艰苦的相持阶段之际,他们便把希望寄托于汉族官僚实力派。没有提出彻底的反帝反封建纲领,对帝国主义和汉族官僚地主怀抱幻想,这是革命最终归于失败的重要原因之一。

第二,资产阶级革命派始终未能形成一个强有力的政党,革命组织基本处于涣散和分裂的状态。

1894 年开始,资产阶级革命团体次第成立。其中重要的有兴中会、光复会、华兴会、科学补习所等。1905 年 8 月 20 日,这些组织共同组成孙中山中国同盟会,这是中国第一个领导资产阶级革命的政党,可以说基本实现了当时各派反满力量的联合。但是,同盟会会员由于来自不同的社会阶层,对革命的认识存在明显的不同,虽在"反满"问题上基本达成一致,但在政治上却存在严重分歧。而同盟会又以民主自由相标榜,没有严格的组织纪律。"同盟会为尔时中国唯一之革命政党,而其组织实非完善,党于党员,不能收以身使臂之效,即亦不能深入群众而领导之。党员之贤者,笃于所信,其牺牲献身之精神,足令闻者兴起,而不可磨灭;然亦往往出于自动,而非党的行动。知识阶级以自由平等为一般伦理的要求,惟同盟会之疏阔简易,能与适合,然犹不免于'机械'之疑,'专制'之谤,则近人所谓'铁的纪律',更难言之"①。"盖当时党之精神重在感情,不重在纪律。秘密时代,纪律之执行亦甚难,且恐生反动者也。故当时章程(——指同盟会章程)中,除'有渝此盟,任众处罚'外,只有赏功之条,而无罚罪之条"②。片面追求民主自由,反对专制的结果,导致同盟会内思想分歧、宗派主义、分裂倾向严重。而同盟会的领导人又没有能采取正确的思想武器来制止和纠正革命党内的分裂和离心,导致同盟会根本没能成为一个"有组织、有纪律,能了解本身之职任与目的之政党"③。当革命需要一个坚强有力的组织之际,同盟会内部争斗、分崩离析,这使得这场革命的最终失败成为必然。

---

① 《胡汉民自传》,载《革命文献》第 3 辑,第 64 页。

② 《中国同盟会的组织纪律与财政》,载《革命文献》第 65 辑,第 21 页。

③ 孙中山:《中国国民党第一次代表大会宣言》,载《孙中山选集》下,人民出版社 1956 年版,第 521 页。

1907年初,同盟会集会研究革命方略,并讨论日后所用中华民国国旗。黄兴与孙中山因国旗样式问题发生争执,黄兴当时发誓要退出同盟会。最终黄兴从大局着想,接受了孙中山的方案,但宋教仁当时对此颇为不满,第二天即辞去同盟会执行部庶务干事之职,此后一度加入了倒孙的行列。同年,章太炎又因办报经费问题与孙中山发生争执,并提议罢免孙的总理职务,由黄兴接任,张继、谭人凤等均表示同意。章太炎将挂在民报社的孙中山照片撕下,批上"卖民报之孙文应即撤去"等字,他以为孙在香港,便把照片和批语寄去,以羞辱孙中山。[①] 刘师培亦认为"盖孙文本不学之徒,贪淫性成,不知道德为何物",同声附和。[②]

1909年10月,同盟会内部矛盾再起。陶成章上书同盟会总部,要求罢免孙中山的总理职务,为黄兴拒绝,便刊发名为《孙文罪状》的小册子,指责孙中山借革命发横财。章太炎则因孙中山派汪精卫到东京续办停刊多时的《民报》,自己被撇到一边,便以"原《民报》社长章炳麟的名义"散发题为《伪<民报>检举状》的传单,说孙中山贪污巨款,卖国卖友。在南洋的革命党人调查了孙中山的经济情况,发现孙在九龙的家,除几间旧屋外一无所有,原为资本家的孙眉竟是自己修了草房子在种地,最终真相大白,风潮平息[③],但已经造成了同盟会无法弥合的裂痕。

1908年,以陶成章等为首的原光复会,在南洋重新恢复光复会组织,公开与同盟会分裂;同年,以焦达峰为首的一批原华兴会会员,又另组"共进会",并将同盟会十六字纲领中的"平均地权"改为"平均人权";1911年7月间,长期对孙中山不满的宋教仁等人又在上海打出了"同盟会中部总会"的招牌,与同盟会两相对峙。

正如有研究者曾指出的:"同盟会的分裂渊源于思想分歧,但是,在其发展过程中,思想分歧逐渐被掩盖起来,个人主义、宗派主义、分散

---

① 参见胡汉民述:《南洋与中国革命》,载张永福编:《南洋与创立民国》,第139页。

② 万仕国编著:《刘师培年谱》卷2,广陵书社2003年版,第140页。

③ 参见胡汉民述:《南洋与中国革命》,载张永福编:《南洋与创立民国》,第151页。

主义、行会主义和山头主义逐渐上升，旧的感情上的裂痕和新的摩擦、猜忌、怨憎结合在一起，引发出新的攻击，终于愈演愈烈，一发而不可收拾……克服个人主义、宗派主义等倾向需要以大局为重的广阔胸襟、高度的组织观念，而这，对于资产阶级、小资产阶级来说，都是难以做到的。”①

组织的分裂和涣散也使得革命党人对革命的步骤缺乏周详计划，更缺乏将革命进行到底的决心和勇气。1911 年 4 月的黄花岗起义失败后，许多优秀干部的牺牲使革命力量大为削弱，更重要的是，同盟会失去了主宰。武昌起义是驻扎在武昌的新军在没有领导的情形下发动的武装起义，孙中山在黄埔军校开学典礼的训词中，曾讲过：“当时在武昌、汉口的革命党，总共还不足三百人，……所有的枪，都没有子弹，临时到处搜索，只得了两盘子弹，一共不过五十粒。革命党人分到了五十粒子弹，便在城内的工程营中发难。”②“事变之初，起义士兵们郑重其事般拈在手中的炸弹，多是由一块白布包着的一个个牛奶罐式样的东西”，这种“百分之九十九是伪装的炸弹”，“只是一个香烟（牛奶）罐子藏些沙泥而已”，可以略显一些威力的伪装炸弹，也只是白布包起来的大型灯泡，虽然“抛在地上，砰然一声，震动人们的耳膜”，有模拟的炸弹音响效果，但毕竟没有真正炸弹的杀伤力。③

尽管参加武昌首义的士兵有 4000 人左右，但与清王朝的全国 25 万新军相比，根本就不成对手。迅速崩溃的大清江山结局，甚至是革命党人自己也不曾想到的。由于对形势的发展估计不足，同盟会没有能够及时组成一个统一的领导核心去领导全国革命运动。起义发生时，孙中山正在美国从事宣传和募捐活动，他是从报纸上获悉武昌为革命军占领的消息的。黄兴当时在香港，谭人凤、居正在上海。当革命者根

---

① 杨天石、王学庄：《同盟会的分裂与光复会的重建》，《近代史研究》1979 年第 1 期，第 213—214 页。

② 孙中山：《在黄埔军校开学典礼上的致辞》，载武文华主编：《著名思想家隽永语丝》，中国时代经济出版社 2002 年版，第 143 页。

③ 转引自王先明：《清王朝的崩溃：公元 1911 年中国实录》，天津人民出版社 2002 年版，第 218 页。

本没有意识到自己打下的江山应该由自己来掌握的时候，他们用枪拉来的汤化龙、黎元洪等人逐渐掌握了政权，而随着这些人的势力越来越大，那些真正建立中华民国的元勋们的声音也就越来越小。

“辛亥武昌起义以及各地响应起义所用的共同口号，只是‘排满革命’。在南北议和时，南方提出的条件，只是要清帝退位，以为清帝退位即算是革命成功了。以后选举袁世凯为大总统，也以为只要袁世凯宣誓赞成共和，就算是开始‘建立民国’了，当时许多革命党人都抱着这种看法”①。当革命党人自认为这种“反满”革命已经取得了“成功”以后，他们失去了进一步斗争的目标，并开始醉心于享受“革命成功”的乐趣。孙中山后来总结道：同盟会会员“鼓吹革命，全凭着一腔热血，未曾计划革命成功以后怎样地继续进行，怎样地完全达到我们的目的和主义。所以武昌起义成功以后，同盟会的同志就不能再往前做去，以致失败。武昌革命成功的快，原来也是出人意外的，一般同志都匆卒跑到政界去了，所以这革命的进行就半途而废”②。“维时官僚之势力渐张，而党人之朝气渐馁；只图保守既得之地位，而骤减冒险之精神；又多喜官僚之逢迎将顺，而渐被同化矣！以是对于开国之进行，多附官僚之主张，而不顾入党之信誓”③。

南京临时政府成立后，面对中外反动势力的一致反击，脆弱的革命党此刻却在组织上和思想上进一步分化瓦解。在这种情况下，袁世凯代替孙中山，北京临时政府代替南京临时政府，旧势力代替在革命中兴起的新势力，就成为毫不奇怪的事情了。

1912 年，同盟会在南京召开改组会议，决议由秘密转为公开，会议根据宋教仁扩大招纳会员的建议，拉黎元洪入党并为协理，随之大批官僚政客混入革命党内，而原有同盟会会员也出现了居功自傲、招摇纳贿等情况，革命党的色彩更加暗淡，这引起社会不满。一直对孙中山心怀

---

① 李书城：《辛亥前后黄克强先生的革命活动》，载《辛亥革命回忆录》，文史资料出版社 1981 年版，第 182—183 页。

② 孙中山：《在上海中国国民党本部会议的演说》，载《孙中山全集》第 5 卷，中华书局 1985 年版，第 390—391 页。

③ 孙中山：《八年今日》，同上书，第 131 页。

芥蒂的章太炎认为“革命军起，革命党消，天下为公，乃克有济……以革命党召集革命党人，是欲以一党组织政府”，“若守此见，人心解体矣”，主张解散同盟会[①]，张謇亦同声附和。他致信黄兴说：“总之军事非亟统一不可。而统一最要之前提，则章太炎所主张销去党名为第一。”[②]上海革命党人刘揆一，也主张“今日宜将从前党会名目”包括同盟会、宪政公会，辛亥俱乐部等“一律取消”，“另组共和政党”，借以“划除畛域，共建新猷”[③]。同盟会中部总会的核心人物宋教仁，也乘机准备“选择同盟会中稳健分子，集为政党，变名更署，与同盟会分离”[④]。虽然孙中山在回国之后，立即召开临时会议，改订同盟会章程，申明“吾党之责任不卒之于民族主义，而卒之于民权、民生主义。”[⑤]但却难有实效。

1912年1月30日，章太炎与旧官僚程德全等组成对“同盟会满带嫉视色彩”的“中华民国联合会”，与同盟会分离，宋教仁也参与了策划。不久，这个组织同立宪派张謇、汤寿潜等联合成立了“统一党”，这个党“以反对中国同盟会为职志，故于袁氏所为，皆极力赞助，满口讴歌，盖同盟会为政敌，而袁氏之党之中坚也。”[⑥]同月，湖北的一些同盟会员孙武、张振武等人拥戴黎元洪，与黎的亲信张伯烈、孙发绪等联合成立“民社”，借以巩固武昌起义中诸人在新政权中的地位。湖北辛亥老人回忆说，“民社”就是“袁世凯在湖北的代言人”[⑦]。随后，浙江方面的同盟会员，以同盟会中部总会的陈其美、王宠惠、马君武等为核心，联络张謇等立宪党人，又组成“共和统一会”，谋求江浙集团领导南京政府。而此后宋教仁主持的由同盟会改组的国民党则鱼龙混杂，“青

① 章太炎：《与黎元洪》，载马勇编：《章太炎书信集》，河北人民出版社2003年版，第383页。

② 《张謇复黄兴函》，载中国国民党中央委员会党史委员会编：《黄克强先生全集》，中央文物供应社1974年增订版，第193页。

③ 《民立报》1911年12月12日。

④ 章太炎：《与张继》，载《章太炎书信集》，第461页。

⑤ 孙中山：《中国同盟会意见书》，载《孙中山全集》第1卷，第578—579页。

⑥ 谢彬：《民国政党史·统一党》，中华书局2007年版，第41页。

⑦ 万鸿喈：《民社成立与黎袁勾结》，载戴逸主编：《中国近代史通鉴·辛亥革命》，红旗出版社1991年版，第1249页。

年之士子,跛扈之武人,市侩之商贩,皆搀杂于其中,对于大官阔佬,则不问其是否同情,预写文凭,强之加入”[①]。很多人加入国民党是为了政治投机,借国民党之名实现其升官发财的“远大理想”。正如孙中山所慨叹的:“现在国民党人,多已丧失革命锐气,一味只知富贵荣华,今后恐难有大作为。”[②]

“同盟会自广州起义失败以后,即已趋于涣散,而至武昌起义以后,几乎陷于瓦解状态。章太炎说‘革命军起,革命党消’,这两句话虽是极端错误的,但用来形容当时的情况倒很合乎事实”[③]。武昌起义之后,革命党在组织上趋于分崩瓦解,而作为革命党的最高领袖,孙中山、黄兴等人不但难以遏止这种现象,反而在思想上逐渐与一般革命党人趋同,这场革命的失败也就难以避免。

作为伟大的革命先行者,孙中山在民国成立后一度希望北伐,最终取得革命胜利,但是,在面对党内“理想太高”、“贪恋权位”的指责,面对临时政府面临的一系列困境时,孙中山在矛盾中屈服了。在南京宣布解除临时大总统职务时,他宣称:“今日满清退位,中华民国成立,民族、民权两主义俱达到,唯有民生主义尚未着手,今后吾人所当致力的即在此事。”[④]最终让位之后,孙中山则在各种场合反复强调民族、民权的革命目的已经达到,今后唯关注于民生问题的解决。为了实现其在10年内修筑20万里铁路的宏伟计划,为了振兴中国实业,孙中山几乎走遍了大半个中国。所到之处,除了调查访问外,就是宣传他的现代化构想。在政治方面,孙中山不仅明确表示“十年内不问政治”,而且多次公开强调了对袁世凯及其政府的“深信不疑”,他还要求革命党人此后“当以全力赞助政府及袁总统。袁总统既赞成吾党党纲及主义,则吾党愈当出全力赞助之也,建设前途,于此望之矣”[⑤]。黄兴在遣散军

---

① 谭人凤:《石叟牌词叙录》,《近代史资料》1956年第3辑,第67页。

② 转引自何香凝:《我的回忆》,载《回忆辛亥革命》,文史资料出版社1981年版,第22页。

③ 吴玉章:《辛亥革命前后的回忆》,载党德信主编:《辛亥革命亲历记》,文史资料出版社2001年版,第79页。

④ 孙中山:《在南京同盟会员饯别会的演说》,载《孙中山全集》第2卷,第319页。

⑤ 孙中山:《在上海国民党欢迎会的演说》,同上书,第485页。

队、辞去留守一职后,也对外宣布将“避政界而趋实业界”,并告诫同志“吾党从前纯带一种破坏性质,以后当纯带一种建设性质”[①]。1912年,他在39岁生日时写下这样的诗句:“三九年知四十非,大风歌罢不如归,惊人事业随流水,爱我园林想落晖。”[②]黄兴开始醉心于投资实业,先后筹设国民银行,创办铁路杂志,投资中华汽船公司、湖南五金矿业股份公司、富国矿业股份公司,袁世凯也先后任全国矿业督办、粤汉铁路督办等职务,他的兴趣已经更多转移到利用既得社会地位从事私人的实业活动。

推翻满清王朝,标志着在中国延续两千余年的封建专制制度的结束,但对于建立民国而言,这仅仅是开始,而且是更为艰难的开始。就政权建设而言,要有正确的理论也要有切实的行动;要革故,同时更要鼎新;要致力于对传统政治结构的颠覆性改组,更要逐步培植与旧势力相抗衡的新型政治力量,要致力于旧文化、旧思想的彻底性涤荡和扫除,更要致力于对政治文化、政治经济基础的完全更新。而所有这些,都需要一个强有力的政党、强有力的组织、信念坚定的革命党领导人,当领导这一革命的组织已经如此毫无战斗力、毫无斗志,而革命党的领导人也几乎完全丧失了革命性之时,就已经决定了这次革命必然流产。

第三,缺乏脚踏实地的努力,仅仅依靠军事投机,忽视革命武装的建立。

军队是国家政权的主要成分。谁想夺取国家政权,并想保持它,谁就应有强大的军队。虽然以孙中山为首的资产阶级革命派也主张利用武装斗争的手段,来实现其资产阶级共和国的方案,如在辛亥革命以前连续发动多次武装起义,在军队中也重视争取士兵和下级军官的工作,并收到了一定成效。毛泽东就这样讲过:“从孙中山组织革命的小团体起,他就进行了几次反清的武装起义。到了同盟会时期,更充满了武装起义的事迹,只至辛亥革命,武装推翻了清朝。”[③]但是,资产阶级革

---

① 毛注青:《黄兴年谱》,湖南人民出版社1980年版,第196、204页。

② 《黄克强先生全集》,经销处中央文物供应社1973年版,第626页。

③ 毛泽东:《战争与战略问题》,载《毛泽东选集》第2卷,人民出版社1991年版,第545页。

命派对于武装斗争在中国革命中的地位，对于建立军队的重要意义，仍旧缺乏深刻的认识。

同盟会初期的武装起义带有简单速成的色彩。起义的主要方式是依靠联络会党。会党是作为清朝专制压迫的对立物而产生的，他们啸聚山林，对抗官府，是社会下层群众的民间秘密组织。当年孙中山初倡革命，“内地之人，其闻革命排满之言而不以为怪者，只有会党中人”①。因此，资产阶级革命党人自然把具有一定的反清意识，同时也有一定武装力量的会党作为革命的同盟。但是，会党成员成分复杂，组织松散，江湖义气、帝王思想、山头主义盛行，很多“都是些亡命之徒，只有‘义气’二字，可与之生，可与之死。他们欢喜赌博，敢于劫掠”②。要使他们能够成为革命的力量，必须经过耐心艰苦细致的工作。但是，资产阶级革命派并没有能真正解决如何与会党合作，如何组织和领导会党的问题。

应该说，资产阶级革命派也曾试图进行改造会党的努力。例如由革命派领导人参加会党、对会党进行革命宣传等等。华兴会就专设军事编制组织“同仇会”专门吸收会党。华兴会主要领导者黄兴自任大将兼同仇会长，刘揆一任中将，掌陆军事务，而会党首领马福益则任少将，掌管会党事务。光复会联系会党的工作更为深入。徐锡麟、陶成章等在绍兴开办大通学校，招收会党头目入校练习兵操，规定毕业后受学校办事人（即光复会）节制，入校学生即为光复会会友，作为光复会联系会党的中心。对于散处各地的会党分子，则“先是调查，……其次则党会之联合也，又其次则开导党员也”。“开导”的办法就是“多运革命书籍。传布内地”。他们联合会党的工作的确使得浙东、西会党联成一气，而其“开导党员”的工作，也使得“浙东之革命书籍，遂以遍地，而革命之思想，亦遂普及于中下二社会矣”③。

但是，总体而言，革命派对于与会党的联合，在认识上大致处于

① 孙中山：《建国方略》，载《孙中山全集》第6卷，第233页。

② 陈浴新：《湖南会党与辛亥革命》，载《文史资料选辑》第34辑，文史资料出版社1963年版，第118页。

③ 陶成章：《浙案记略》，载《陶成章集》下，中华书局1986年版，第340—341页。

"利用"的层面。革命派只是为了发动反清武装起义而利用会党这一现成的力量,所谓联络会党,更多的只是"联络一部分会党的少数领袖,或在联合组织中挂几个首领的空名"①。金钱招募是革命派利用会党的重要手段。1895 年兴中会策划广州起义,《南番两县告示》说:"现有党匪,名曰孙文;结有匪党,曰杨衢云;起义谋判,扰乱省城。分遣党羽,到处诱人;借名招勇,煽惑愚民;每人每月,十块洋钱;乡愚贪利,应募纷纷。"②当时,为准备起义从香港招募来的会党分子,虽"全数加入兴中会",但"实系为招募而来,并不知别事"。起义流产时,孙中山让人"把领来的钱,发给绿林中人,叫他们回去再听命令"③。其他各次起义,也多有利用金钱招募的记载,这是一种纯粹的"利用"。即便是联合会党工作较为扎实的光复会,也在对浙东会党的争取中,为了打消会党顾虑,也主张会党成员加入光复会以后,"所有会党口号,暗号,各家各教一切仍其旧"④。早年陈天华就以为对会党"可以偏用,而不可视为本营"⑤,革命派并没有把会党组织改造为真正革命团体的明确认识和系统完整的方案,其基本态度是利用而非改造,他们始终未能深入会党进行扎实的资产阶级民主革命宣传教育。因此,虽然在某种程度上会党接受了革命派的部分政治主张,并积极参与了革命派领导的武装起义,但他们又始终固守着自己的特点,革命派始终无法将会党纳入资产阶级民主革命的轨道。因此,双方的联系总是貌合神离。

1906 年萍浏醴起义,就一方面出现了会党首领龚春台以"中华国民军南军革命先锋队都督"的名义发布的主张"驱除鞑虏,收回主权","破除数千年之专制政体","必建立共和民国,与四万万同胞享平等之利益,获自由之幸福","使地权与民平均,不致富者愈富,成不平等社会"这样明显脱胎于革命派的纲领;同时又出现了另一名会党首领姜

---

① 中国会党史研究会编:《会党史研究》,学林出版社 1987 年版,第 233 页。

② 陈少白:《兴中会革命史要》,载中国近代史资料丛刊《辛亥革命》1,上海人民出版社 2000 年版,第 31 页。

③ 邹鲁:《乙未广州起义》,同上书,第 232 页。

④ 沈瓞民:《记光复会二三事》,载中国人民政治协商会议全国文史资料研究委员会编:《辛亥革命回忆录》第 4 辑,文史资料出版社 1963 年版,第 135 页。

⑤ 曹亚伯:《武昌革命真史——台港及海外中文报刊资料专辑》(特辑),第 11 页。

守旦以“新中华大帝国南部起义恢复军”的名义发布的布告，主张“勿狃于立宪、专制、共和之成说，但得我汉族为天子，即稍形专制亦为我家中祖父”[①]。两套文告并见，说明了会党在革命目标上与资产阶级革命派的不一致。此后，同盟会于 1907 年 5 月至 1908 年 4 月连续策动了 6 次武装起义，也只是通过金钱、军火联络会党头目，参加者多者不过数百人，少者乃至几十人，基本上“都是以一支敢死队去突袭一个战略据点，企图侥幸成功的方式进行的”[②]。后来同盟会中部总会的宣言，就切实指出了革命党人的这一弱点：“惟挟金钱主义，临时招募乌合之众，……企侥幸以成事。”[③]这种起义的发动带有很大的即兴色彩，所以旋起旋灭，既无全盘规划，也毫无步骤与序列可言。而革命党人在历次组织会党起义失败后，看不到蕴藏在他们中的革命力量，反而更进一步认为会党“皆知识薄弱、团体散漫，凭借全无，只能望之响应，不能为原动力”[④]。但是，他们只是知难而退，消极地把工作重心转向新军，一旦清王朝被推翻，革命派对会党兴趣日减，而并未受到深入革命思想陶冶的会党中人，则在革命成功后，“一时得意疯狂，为所欲为”[⑤]，这样的革命必然会失败。

后期革命党人侧重在新军中策反，部分地区党人更亲自加入军队进行宣传，并且增强了某些组织因素。如 1904 年刘静庵等在武昌建立科学补习所，他们认为“革命非运动军队不可，运动军队非亲身加入行伍不可”[⑥]。张难先、刘静庵等先后投军，他们“在营运动，大有进步，《猛回头》、《警示钟》诸书大受兵士欢迎，输散入营，殆过三万份，兵士中间，有能背诵者”[⑦]。科学补习所被破坏之后，日知会成立，仍以发动

① 冯自由：《革命逸史》第 6 集，中华书局 1981 年版，第 91、94 页。

② 章开沅、林增平主编：《辛亥革命史》中册，人民出版社 1980 年版，第 308 页。

③ 《中国同盟会中部总会宣言》，《革命文献》第 65 辑，第 75 页。

④ 孙中山：《革命原起》，载《孙中山选集》，人民出版社 1956 年版，第 197 页。

⑤ 中国人民政治协商会议全国文史资料研究委员会编：《辛亥革命回忆录》3，文史资料出版社 1981 年版，第 137 页。

⑥ 《辛亥革命首义回忆录》第 2 辑，湖北人民出版社 1957 年版，第 49 页。

⑦ 朱和中：《革命思想在湖北的传播与党人的活动》，载武汉大学历史系中国近代史教研室编：《辛亥革命在湖北史料选辑》，湖北人民出版社 1981 年版，第 534 页。

新军为主要工作,士兵听了他们声泪俱下的演讲,读了他们的书,“没有不参加革命的”[①]。在福建,在陕西,在江苏,在东北,革命党人在新军中都产生着积极的影响。而武昌起义的成功,与新军积极参加反清革命有着密切的联系,有研究者指出:“大批新军部队事实上已经断然背弃了清皇朝……只有到了这个时候,清王朝的覆灭才不可避免。”[②]然而,革命党人在总体上对于新军仍然缺乏统一有效的指挥和领导,在革命党人自身革命思想、革命目标都并不非常明确的情况下,革命党人对于军队,也就仅仅是“能破坏之于敌人之手,而不能运用于本党主义之下”[③]。“一旦清皇朝覆灭,新军就成了麻烦的根源。新军在内战时期大大扩充,以致对尚未充分建立起来的新秩序构成严重的威胁。这个国家的许多地区,尤其在南方,军队变成良莠不齐的大杂烩”[④]。

南京临时政府成立后,独立各省军令不统一,革命党人无法根本无法实现对军队的全面控制。在陕西,哥老会的多数人认为革命胜利“全系哥老会的功劳”,于是“哥老会各首脑积极扩充势力,除在编组军队中召集自己的哥弟成立队伍而外,还在省城和各县‘遍设’码头”,“队伍多不服从调遣,更不愿受同盟会指挥;而同盟会方面,当时又没有自己组成的完整部队”[⑤]。在南京,“南京军队隶编于陆军部者,号称十七师,然惟粤、浙两军有战斗力”。而粤军不满万人,正全力与张勋军队对抗,“浙军将领则素反对克强,不受命令,陆军部不能加以制裁。其他各部,乃俱不啻乌合”,在此情形下,黄兴亦一心要求南北和议,“和议若不成,自度不能下动员令,惟有割腹以谢天下”[⑥]。

“辛亥革命时的军队,完全乌合之众,都是些随声附和的土匪及旧

---

① 殷子衡:《狱中记》,载《辛亥革命回忆录》第1辑,湖北人民出版社1952年版,第7页。

② 冯兆基:《军事近代化与中国革命》(郭太风译),上海人民出版社1994年版,第252—253页。

③ 《胡汉民自传》,载《革命文献》第3辑,第61页。

④ 冯兆基:《军事近代化与中国革命》(郭太风译),第315页。

⑤ 朱叙五、党自新:《陕西辛亥革命回忆》,载《陕西辛亥革命回忆录》,陕西人民出版社1982年版,第48页。

⑥ 《胡汉民自传》,载《革命文献》第3辑,第61页。

式军队。这样军队，非特不能以之完成革命，就是与袁世凯的军队相抵敌亦还差很远。党在那时没有中心的革命军对外可以抵御敌军，对内可以强制执行党的命令，革命一'成功'，各革命军的领袖于是各据一方，各顾各的利益，哪里还有党在！党没有可靠的军队，亦是辛亥革命失败的原因"①。张太雷的这段话实实在在是一针见血。

第四，资产阶级革命党人在农民问题上无所作为，使革命失去了最广大的同盟军和最有力的依靠，使得革命遭到失败。

"一切革命同志须知：国民革命需要一个大的农村变动。辛亥革命没有这个变动，所以失败了"②。辛亥革命是在中国资本主义有了初步发展，中国资产阶级已经走上政治舞台的情况下，由民族资产阶级领导的民主主义革命。列宁指出：在资产阶级领导的民主革命中，"农民是资产阶级（即民主派资产阶级）的最天然的同盟者"③。农民问题是中国资产阶级民主革命的根本问题，但是，中国的民族资产阶级虽然也曾注意到农民问题，但受阶级秉性所限，在农民问题上难有突破。

20 世纪初年，以孙中山为代表的资产阶级革命派，一度对农民的苦难寄予同情，邹容说："今试游于穷乡原野之间，则见夫黧其面目，泥其手足，荷锄陇畔、终日劳劳而无时或息者，是非我同胞之为农者乎？若辈受田主土豪之虐待不足，而满洲人派设官吏，多方以刻之。以某官括某地之皮，以某官吸某民之血，若昭信票，若摊赔款，其犹著者也。"④黄侃则哀叹："民生之穷，未有甚于中国之今日也。""搢绅之流，坐朝堂以为食人之政；郡邑守令，鞭笞敲扑以朘民膏血"。面对"终岁勤动"、"汗披体、泥涂足"，而收获时"主田者坐而视仓箱之盈"，"攻木者无椽，工缝纫者衣裳不足以去寒"的贫民，他高声呐喊："富人夺之，而我乃贫。非平之道，盍请命于天？""复我仇雠，复平等之真，宁以求平等而

---

① 《今年纪念双十节的意义》，载《张太雷文集》，第 284 页。

② 毛泽东：《湖南农民运动考察报告》，载《毛泽东选集》第 1 卷，人民出版社 1991 年版，第 16 页。

③ 列宁：《社会民主党在民主革命中的两种策略》，载《列宁选集》第 1 卷，第 623 页。

④ 邹容：《革命军》，石峻主编：《中国近代思想史参考资料简编》，第 636 页。

死,毋汶汶以生也”[1]。在看到农民深受之灾难与疾苦的同时,他们也热切歌颂农民的反抗斗争,提出以农民为主体的“下等社会”是“革命事业的中坚”,必以其“为根据地”[2]。认为农民“最有革命资格,其余的都够不上”[3]。孙中山还满怀信心地指出,“中国现今正处在一次伟大的民族运动的前夕”,广大群众同各种反清力量的联合,必将引导中国革命走向胜利,“满清政府的垮台只是一个时间问题而已”[4]。因此,革命派也力图将农民吸引到资产阶级革命的旗帜之下,进行反帝反封建的斗争。

但是,革命派虽然也主张用革命的办法去解决农民的灾难和痛苦,却没有明确提出解决土地问题的办法。孙中山的“平均地权”主张,触及了中国革命的一个十分重要的问题——土地问题,在一定程度上反映了农民的土地要求,但是这个纲领不赞成农民通过暴力革命的手段“杀万万人之半,夺富人之田为己有”,而是希望农民按照资产阶级革命派划定的轨道,通过“定地价的法子”实行“文明”革命,有秩序地进行活动,通过自上而下地解决土地问题,接受他们“私人永远不用纳税”等“恩赐”[5]。在孙中山提出“平均地权”之后,刘师培、章太炎等人也提出了解决土地问题的办法,但是,除了上述极少数人外,对于农民,资产阶级革命派更多的还是轻视甚至蔑视。有党人认为“民族思想”,当“灌输于中等以上”,至于“行商坐贾、老圃佣工、贱夫走卒之属,农氓、役隶之流”,“及于役戎幕,浮浪江湖,山泽联群,乡曲结社,市肆贾勇”这些人,是没有革命资格的,虽“衍白话之书,持动情之辩,其开导之益浅鲜,则无如洒血弹烟,殷声天地,而使四万万众恍然惊觉,其犹流

---

① 黄侃:《哀贫民》,载中国人民政治协商会议蕲春文史资料委员会编:《蕲春文史资料》1991 年第 4 辑,第 131、136 页。

② 《民族主义之教育》,载《辛亥革命前十年间时论选集》第 1 卷上册,生活 · 读书 · 新知三联书店 1960 年版,第 408—409 页。

③ 《论穷的好处》,载《辛亥革命前十年间时论选集》第 1 卷下册,第 921 页。

④ 孙中山:《中国问题的真解决》,载《孙中山选集》上册,人民出版社 1956 年版,第 66、68 页。

⑤ 孙中山:《三民主义与中国前途》,同上书,第 78—79 页。

水之就下也”①。其轻蔑之情溢于言表。综观整个辛亥革命的全部历史进程，资产阶级革命党人在会党和新军中进行了革命宣传和发动，并且使之成为多次武装起义的主要力量，但是，他们没有看到更不会相信蕴藏在会党和新军背后广大农民中的巨大革命力量。

革命之初，资产阶级革命党人对于乡村中的士绅可以说鄙视异常，汪精卫在《论革命之趋势》一文中就说：“例如士绅者，既无官守，分亦平民，然其威福与官吏无殊，而鱼肉平民或有甚于官吏，一旦立宪，则由干预地方讼事之劣绅，进而为地方自治之议员矣。”“立宪之动机，非发于国民，而发于在朝之民贼与在野之民蠹，岂惟与平民痛痒不相关，直利害相反也”②，1908年的《河南》杂志更直呼绅士为平民之公敌。但是，真正光复之后，这些革命党人不仅未能同绅士划清界限，反而与这些人同流合污。随着革命运动走向高涨，他们害怕农民运动威胁到自己所获得的廉价“胜利”，更害怕农民运动威胁到自身利益。在四川保路运动中，立宪派发布《保路同志会公启》，要求群众“勿在街头群聚”、“勿暴动”、“不得侮辱官府”、“能守秩序便是公民，无理暴动便是野蛮”③。而在武昌起义后两天，资产阶级革命派就发布《军政府告巡警文》，说“本军政府担光复之重任”，“指日即率师大举”，而“深恐饥寒无告之民，乘机窃发，施其抢劫之手段。而本军政府军事旁午之际，势难谋兼并顾。所有保护人民之生命财产，维持地方之安宁秩序，皆惟我同胞巡警是赖”④。

毛泽东曾指出，民族资产阶级是带有两重性的阶级：“一方面，民族资产阶级受帝国主义的压迫，又受封建主义的束缚，所以，他们同帝国主义和封建主义有矛盾”，从这方面来说，他们是革命的力量之一。但另一方面，“由于他们在经济上和政治上的软弱性，由于他们同帝国主义和封建主义并未完全断绝经济上的联系，所以，他们又没有彻底的

① 汤增璧：《崇侠论》，载张枬、王忍之编：《辛亥革命前十年间时论选集》第3卷，生活·读书·新知三联书店1977年版，第87页。

② 精卫：《论革命之趋势》，同上书，第524页。

③ 戴执礼编：《四川保路运动史料》，科学出版社1958年版，第273页。

④ 中科院近代史史料编译组编：《辛亥革命史料》，中华书局1961年版，第450页。

反帝反封建的勇气。这种情形，特别是在民众革命力量强大起来的时候，表现得最为明显”①。武昌起义后，资产阶级对起义可能导致的大规模农民运动更颇为恐惧，唯恐不能控制农民的革命斗争，因此对农民的抗租运动、夺田运动以及对地主阶级所采取的暴力行动惊惧异常。这一切，都使资产阶级革命派失去了革命最可以依靠的力量。

“‘这给谁治病的呀？’老栓也似乎听得有人问他，但他并不答应；他的精神，现在只在一个包上，仿佛抱着一个十世单传的婴儿，别的事情，都已置之度外了。他现在要将这包里的新的生命，移植到他家里，收获许多幸福。太阳也出来了；在他面前，显出一条大道，直到他家中，后面也照见丁字街头破匾上“古□亭口”这四个黯淡的金字”②。当革命者的鲜血成了普通民众治病的灵丹妙药之时，这场革命必然失败。

第五，缺乏强有力的经济基础，也是辛亥革命失败的重要原因。

1911 年 10 月的武昌起义是一次突然而至的胜利。几十天内，革命党人迅速占有南方半壁江山。但是，这突然到来的胜利，也突然带来巨大的财政需求。南京临时政府没有可靠的收入来源，支出却十分巨大。它除了每年要偿还各国的欠款约 8920 万元外③，军费开支更是浩繁。武昌起义后，各地军队人数大增，仅南京“各志士组织敢死义勇进行诸队，将士不下 30 万众”④。先后表示归顺革命政府的各地军队，也不断向政府催要军饷。除此之外，起义后各地建立起很多独立政府，如江苏省有 4 个都督府，安徽省内有 16 个军政府，他们各据一方，互不统属，对于他们，无论是采取合并还是撤销或其他被认可的方案，都需要一笔巨大的财政支出。革命党要建立全国性政权，要兴师北伐，要进行政权建设，凡此种种，都需要经费，其总数当在亿元计。不幸的是，当时国穷民困，各地库存空虚，列强又迅速控制了海关，这就使得原先本无财源的革命党，碰到了一个十分难解决的问题。回国以后，面临巨大的财政需求，孙中山在 1912 年会见日本森恪等人时坦言经费紧张，财政

① 毛泽东：《中国革命和中国共产党》，载《毛泽东选集》第 2 卷，第 640 页。
② 鲁迅：《药》，《新青年》1919 年第 6 卷第 5 号。
③ 费正清：《剑桥中华民国史》，上海人民出版社 1991 年版，第 115 页。
④ 《中华民国史档案资料》第 2 辑，江苏人民出版社 1983 年版，第 293 页。

困窘的状况:“万一此数日间无足够资金,以救燃眉之急,许多军队要离散,革命政府将遭到瓦解的命运。”①

武昌起义前,革命党人的活动经费来源有二:一为募捐,发行债券;二为向资本主义国家的政府或私人借贷。武昌起义后,基本上仍然是这两条路。当时商民也曾踊跃输捐,广东有报纸记录商民捐输筹饷的热烈场面:“初九晚,清平十约各值理,集合于公所,拟将约内铺户,捐租助饷,是晚有岭难学堂学生协助军政府筹饷队四人,到场演说,慷慨激昂。众鼓掌,决议再行磋商,即将款项交出去。又长寿里各铺户,亦议捐租两月。”②1912 年 1 月 8 日,由参议院议决,由临时大总统批准发行中华民国八厘公债 1 亿元,但是公债尽管利息较高,但所收有限,对于庞大的财政支出而言,依然是杯水车薪。革命党人就将希望主要寄托于第二条路上。

临时政府成立后,旧的苛捐杂税被废除,新的财税制度还未能建立起来,唯一可以依靠的财源是海关税收,但是,中国的海关税收,自第二次鸦片战争之后就被以英为首的帝国主义把持。武昌起义刚刚胜利,汉口的江汉关税务司苏古敦便致函新任总税务司英国人安格联:“我预料革命军政府要我移交海关……我已经将现存余款转入上海税务司的账内,防备革命党来。”安格联指令苏古敦:“应当将税款设法付入汇丰银行我的账内,等候事态发展,让税款跑到革命党的库里去是不行的!”同时安格联又向全国各海关发出了内容一致的指令,同时,他还向清政府方面提出:“采取某种方针,确保关税不致为革命党用作军费,并留供偿还外债,现在已经是时候了。”经过安格联、英国驻华公使朱尔典同各国公使的策划,决定了中国海关关税的全部款项由外国人控制,由上海各外国银行成立一个委员会接受关税税款。1911 年 11 月,上海外国银行总董开会决议,由上海的汇丰、德华、道胜三家银行,

---

① 陈锡祺:《孙中山年谱长编》,中华书局 2003 年版,第 647 页。

② 邱捷:《广东军政府初期的财政状况》,载中国人民政治协商会议广东省广州市委员会文史资料研究委员会编:《纪念辛亥革命七十周年史料专辑》上,广东人民出版社 1981 年版,第 199 页。

保存海关税收①。海关税收,是当时中国财政收入的重要来源,帝国主义控制了中国海关,也就扼住了临时政府的咽喉。

而资产阶级革命派并未能认清帝国主义的面目。孙中山在得到武昌起义的消息后,不是马上回国,而是奔走美、英、法各国,希图得到他们的借款。他想到 1911 年 4 月清政府与英、法、美、德四国银行团的 1000 万英镑借款,如果能够争取到这笔资金将对起义有重要作用。1911 年 11 月 11 日,孙中山抵伦敦,就借款事与四国银行团交涉,目的是制止四国银行团给清政府交付借款,同时争取四国银行团借款给革命政府。四国银行团停止付款给清政府,但也不同意借款给革命政府。他的交涉一无所获。回国以后,当黄兴等人问到借款情况时,孙中山还说:"外国人曾向我讲过,只要中国革命党取得政权,组织了政府,他们就可同中国革命党的政府商谈借款。我就职以后,曾向他们要求借款,并已电催过几次……后天可能有复电来。"可是,"一直到总统府取消时,外国借款还是杳无回音"②。

此后,临时政府又以铁路、矿山作抵押,举借外币,实际上便是出卖铁路、矿山利权。1912 年初,孙中山企图以全国赋税为担保,向华俄道胜银行借款 150 万英镑,消息一出,全国大哗。期间,又有中日合办汉冶萍公司,借款 500 万日元之议,又有以轮船招商局为抵押,借款 1010 万日元,1000 万日元租让满洲等等,为此,孙中山遭到不少的责难和非议。临时政府实业总长张謇指责孙中山"因区区数百万之借款,贻他日无穷之累,为万国所喧笑"③。当即以辞去实业总长相抗议。章太炎等致信孙中山:"今以私卖国产,自点令名,十年之功悉为灰土,何其昧于取舍如是哉!"④湖北省参议员全体辞职;参议院严词质问孙中山。

① 帝国主义与中国海关资料丛编:《中国海关与辛亥革命》,中华书局 1964 年版,第 172、330、344 页。

② 李书城:《辛亥前后黄克强先生的革命活动》,载《辛亥革命回忆录》第 1 集,文史资料出版社 1961 年版,第 198 页。

③ 《为汉冶萍借款事致孙总统、黄部长函》,载《张謇全集》第 1 集,东苏古籍出版社 1994 年版,第 238 页。

④ 《章太炎致孙中山函》,载中国社科院近代史研究所近代史资料编辑室编:《近代史资料》总 57 号,中国社会科学出版社 1985 年版,第 90 页。

孙中山为此答辩称:"此事弟非不知权利外溢,其不敢爱惜声名,冒不韪而为之者,犹如寒天解衣付质,疗饥为急。"在面临着巨大的财政压力之时,在"年内无巨宗之收入",就将"立踣"的无奈状况下[①],南京临时政府在孙中山辞职前还是以铁路、厂矿作抵,借贷1000多万元外债,占这一时期政府总收入的一半以上。

近代中国,在帝国主义和封建主义夹缝中生存的中国民族资产阶级本身资本实力非常弱小,即便如此,领导革命的资产阶级革命派始终也未能站在自力更生的基础上,多方开拓经济基础,而是把希望不切实际地寄托于劝捐、举借外债等方面,同时软弱的民族资产阶级也没有有效的措施来控制关税、夺取银行、接管官办大企业以充实国库,更未能没收贵族豪绅土地以巩固基础,致使南京临时政府始终被困于严重的财政危机之中。财政的困难加剧了政治危机,革命派内部更加离心离德。孙中山刚回到上海时,面对报馆有人问是否携带巨款回国之说,孙答曰:"予不名一钱也,所带回者,革命之精神。"[②]然而,革命之精神固然重要,但是,对于维持一个政府的运作而言,没有钱却是万万不能的。最终在内外交困的压力中,当孙中山的政令出不了南京城,甚至出不了总统府的情况下,孙中山只得宣布退位,临时政府仅仅存在了昙花一现的91天。

历史雄辩地证明:第一,中国的资产阶级没有能力完成历史赋予它的反帝反封建、结束半殖民地半封建的任务。

1954年8月,经毛泽东审阅修改,刘少奇所作《关于中华人民共和国宪法草案的报告》中指出,辛亥革命"没有一个彻底的反对帝国主义和封建主义的纲领,没有彻底地发动和组织可以依靠的人民大众的力量,因此他们不能取得对于帝国主义和封建主义的彻底胜利"[③]。在半殖民地半封建社会的中国,辛亥革命要打倒的敌人一个是帝国主义,一

---

① 《复章太炎函》,载《孙中山全集》第2卷,中华书局1982年版,第85页。

② 《孙中山全集》第6卷,中华书局1986年版,第246页。

③ 刘少奇:《关于中华人民共和国宪法草案的报告》,载《刘少奇选集》下卷,人民出版社1985年版,第135—136页。

个是封建主义。所谓帝国主义不是指某一个帝国主义国家，在半殖民地半封建的中国，几乎所有帝国主义国家都站在革命的对立面，仇视革命。所谓封建主义是指以清政府为代表的封建地主阶级以及依附于这个阶级的一切统治机构中的军阀、官僚、封建士绅、买办等反动势力。既然中国是一个半殖民地半封建社会，它的革命任务比西方资产阶级要艰巨得多。但是，在帝国主义和封建主义夹缝中成长起来的中国资产阶级，比西方资产阶级革命时的资产阶级更不成熟。政治上，中国资产阶级提不出坚决反帝反封建的革命纲领，不仅不敢彻底地反对帝国主义，甚至幻想以妥协退让来换取帝国主义对革命的承认和支持，同时他们也对汉族封建官僚心存幻想，只是强调要反满建立共和政体，并没有认识到革命必须反对整个封建统治阶级，甚至由于妥协思想的支配，在革命后处于困境中的革命党人拱手把政权让给袁世凯；在组织上，同盟会内部组织松懈，派系纷杂，在整个领导革命的过程中，革命党人始终未能形成一个强有力的政党、强有力的组织，甚至也没有一个理想信念绝对坚定的革命党领导集体；军事上，资产阶级同样抱有“投机”心理，没有想也没有能够建立起一支有思想有奋斗目标忠于自己的军队，没有能够始终坚持武装斗争的道路；经济上，资本主义不发达，定鼎南京后的革命政府困窘异常，四处借贷，却处处碰壁，革命缺乏强大的经济作基础、作支撑。

农民问题是中国资产阶级民主革命的根本问题。毛泽东曾总结道：“一切革命同志须知：国民革命需要一个大的农村变动。辛亥革命没有这个变动，所以失败了。”[①]辛亥革命在农村，并没有发生真正的革命。除了地方政权形式上的变换，如鲁迅所言：“内骨子是依旧的。因为还是几个旧乡绅所组织的军政府，什么铁路股东是行政司长，钱店掌柜是军械司长。”昨天的旧衙门换个招牌就成了新政府。[②] 农村的社会经济结构、社会秩序原封未动。革命后的阿 Q 还是以前的阿 Q，革命后

---

① 毛泽东：《湖南农民运动考察报告》，载《毛泽东选集》第 1 卷，人民出版社 1991 年版，第 16 页。

② 参见鲁迅：《朝花夕拾 · 范爱农》，江苏文艺出版社 2006 年版。

的未庄还是以前的未庄，只是"将鞭子盘在顶上的逐渐增加起来"[①]。由于中国民主革命的主力军农民没有被广泛动员起来，革命党人在农民问题上无所作为，结果革命失去了最广大的同盟军和最有力的依靠。

从辛亥革命运动的进程来看，斗争是异常复杂和曲折的。革命的胜利和失败都来得很迅速。中国资产阶级由于其与生俱来的软弱性，并没有发展成熟到足以驾驭这场革命、驾驭整个革命局势的程度，革命便很快失败了。

第二，西方能够实行的资本主义制度在中国走不通。

20世纪初年，资本主义制度是一个符合世界历史潮流的先进制度。孙中山等人所领导的辛亥革命，是在20世纪初年，中国民族资本主义有了一定程度发展的基础上，第一次有理论、有纲领、有政党领导的资产阶级民主革命，其使命就是在中国建立资本主义制度，发展资本主义。而且在革命后建立了中国历史上第一个资本主义民主共和国，并制定和颁布了《临时约法》，这是中国历史上第一部具有资产阶级共和国宪法性质的法典，是一部带有"革命性、民主性"[②]的法典，其中包括了一系列废除封建制度、发展资本主义民主的条款。然而，这个临时政府尚未能够真正实行多少反对封建主义、发展资本主义的举措，帝国主义和中国封建势力就相互勾结，通过政治扼杀、经济封锁、军事威胁诸多手段迫使革命党妥协，最终将革命果实拱手交给了袁世凯。事实证明，从康有为到孙中山，他们为之奋斗的资本主义制度在中国行不通。因为在夹缝中成长起来的软弱的中国民族资产阶级根本无力战胜帝国主义和中国封建势力的反抗，同时时代和历史条件也不允许中国走资本主义道路。中国封建社会长达两千余年，在此期间，形成了世界上最完备最烂熟的封建主义生产关系。为了巩固其封建统治地位，维护其政治、经济利益，它不希望在中国发展资本主义。而西方殖民主义势力来到中国，也并不是为了使中国成为独立发展的资本主义社会，而

---

① 鲁迅：《呐喊·阿Q正传》，人民文学出版社1979年版。

② 毛泽东：《关于中华人民共和国草案》，载《毛泽东文集》第6卷，人民出版社1999年版，第325—326页。

是为了将其纳入资本主义世界体系,成为自己在经济上、政治上的附庸。因此,从来到中国之时,它就与中国封建势力相勾结,压迫中国民族资本主义的发展。在此种情形下出现的中国资本主义生产力,从诞生的第一天起就走上畸形的发展道路。由于中国资产阶级同帝国主义和封建势力并未能断绝经济上的联系,因此,他们没有彻底的反帝反封建的勇气,更没有推翻封建统治,推翻帝国主义,争取民族独立的力量,直至辛亥革命时,中国近代资本主义经济的基础都尚未奠定。所以,中国民族资产阶级虽然做了极大的努力夺取了政权,取得了他们所能取得的最大的成就,但它的力量却不能强大到与帝国主义、封建主义相匹敌的地步。要想在没有坚实地基的土地上建立资本主义殿堂当然是不会成功的。

第三,资产阶级共和国的方案不能够救中国,先进的中国人需要进行新的探索,为中国谋求新的出路。资产阶级及其政党领导的、以建立新民主主义的国家和新民主主义的社会(其前途是社会主义)为目的的新民主主义,这是历史发展的必然趋势。

正如毛泽东所说:"帝国主义的侵略打破了中国人学西方的迷梦。很奇怪,为什么先生老是侵略学生呢?中国人向西方学得很不少,但是行不通,理想总是不能实现。多次奋斗,包括辛亥革命那样全国规模的运动,都失败了。国家的情况一天一天坏,环境迫使人们活不下去。怀疑产生了,增长了,发展了。第一次世界大战震动了全世界。俄国人举行了十月革命,创立了世界上第一个社会主义国家。……也只有在这时,中国人从思想到生活,才出现了一个崭新的时期。中国人找到了马克思列宁主义这个放之四海而皆准的普遍真理,中国的面目就起了变化了。"①

从 1840 年鸦片战争之后,一代一代的中国人为寻求救国救民的真理前仆后继。然而,从康有为到孙中山,中国人一次次倾心向西方学习的结果却是一次次惨痛的失败。"从前的一套革命老办法非改变不

① 毛泽东:《论人民民主专政》,载《毛泽东选集》第 4 卷,人民出版社 1991 年版,第 1470 页。

可,我们要从头做起。但是我们应该依靠什么力量呢?怎样才能挽救国家的危亡呢?这是藏在我们心中的迫切问题”[①]。就在无数因报国无门、救国无路陷于茫然的有志之士烦恼和苦闷之际,十月革命和五四运动爆发了。“通过十月革命和五四运动的教育,必须依靠下层人民,必须走俄国人的道路,这种思想在我的头脑中日益强烈、日益明确了”[②]。“从我少年时代听到甲午战争失败后,就为国家的忧患而痛苦、而焦虑、而奔走;我们在豺狼遍地的荒野中想寻找一条出路。许多我所敬仰的、熟悉的同志为此而献出了生命,但是直到‘五四’运动以前,还是没有找到一条光明出路。感谢十月革命,它的万丈光芒照亮了殖民地人民的前途,我们找到了‘放之四海而皆准’的马克思列宁主义理论,这个理论一经与中国工人运动结合,立刻发挥出无坚不摧的伟大力量。在这个新的历史条件下,我才能够通过自己的具体历程完成个人思想上的革命转变,参加了共产党,从一个民主革命者变成了一个共产主义者”[③]。吴玉章的这段回忆实际反映了当时无数革命者共同的心路历程。

1921 年,中国共产党诞生了,中国革命的面貌从此为之一新。作为中国无产阶级的先锋队,只有中国共产党才能够提出正确的纲领,团结一切进步力量,从根本上解决中国反帝反封建的问题,解决中国实现国家统一和人民民主的问题。无产阶级及其政党——中国共产党领导的,以建立新民主主义的国家和新民主主义的社会(其前途是社会主义)为目的的新民主主义革命,成为历史发展的必然趋势。

---

① 吴玉章:《回忆“五四”前后我的思想转变》,载《吴玉章回忆录》,中国青年出版社 1978 年版,第 109—110 页。

② 同上书,第 112 页。

③ 同上书,第 121 页。

中国为何走上社会主义道路

冯雅新

中国走上社会主义道路是一个客观事实。但我们仍然不时会听到这样一些议论:中国为什么要走社会主义道路、不能走资本主义道路?为什么说中国走社会主义道路是历史的选择、人民的选择?①对于这样的问题,我们需要回过头去审视历史,从历史的进程中寻找答案。

一、近代以来早期寻找中国出路的探索和尝试均告失败

中国是一个文明古国,鸦片战争前,经济和文化发展在人类文明发展史上曾长期居于世界前列。从东汉时期的170年到清朝中期的1820年,中国的生产力总量在世界经济量中一直占四分之一到三分之一,中国的科学技术在世界上领先长达14个世纪以上。西欧各国在逐步建立资本主义制度后,开始处心积虑地向中国扩张。1840年以前的40年,西方列强从中国掠去26000多万两白银的财富,相当于清政府8年的财政收入的总和。

鸦片战争后,英国、法国、沙俄、美国、西班牙、葡萄牙、日本等资本—帝国主义国家通过军事侵略、经济掠夺、政治控制和文化渗透等方式侵略中国,使中国从一个独立的主权国家演变为一个任人宰割的半独立即半殖民地国家;从一个生产总量趋前的国家变成为生产停滞、极为贫穷落后的国家;从一个只受封建主义一重压迫剥削的国家变为帝国主义、封建主义和官僚资本主义"三座大山"压迫剥削、社会混乱、灾难频仍、人民处于极端水深火热中的国家。

---

① 《六个"为什么"——对几个重大问题的回答》,学习出版社2009年版,第25页。

1820 年至 1949 年，中国的经济几乎完全处于停滞的状态，其中约三分之二的时间不但没有任何增长，反而是下降的。据统计，1820 年中国的国内生产总值（以国际元计算）为 228600 百万国际元，1870 年为 189740 百万国际元，1913 年为 241344 百万国际元，1949 年（1950）为 239903 百万国际元。这就是说，1870 年的国内生产总值比 50 年前的 1820 年下降了 17%；93 年后的 1913 年的国内生产值仅比 1820 年增长了 5.5%。在这 109 年中，1820—1870 年的 50 年中，国内生产总值平均每年下降 0.37%，1913 年至 1949 年的 36 年中，国内生产总值平均每年下降 0.02%。[①]只有 1870 至 1913 年是增长的，但平均每年只增长 0.56%，实际上是处于停滞状态。人均国内生产总值下降得更快，从 1820 年的 600 国际元，下降到 1870 年的 530 国际元、1913 年的 552 国际元、1949 年的 439 国际元，1949 年的人均国内生产总值比 1820 年下降了 27%。

1949 年的国民收入中，农业占 68.4%，工业占 12.6%，商业占 15.4%，交通运输业占 3.3%，建筑业占 0.3%。在全部劳动者中，工业职工仅占 2%。这表明，在帝国主义刚刚侵入时，中国是一个封建主义统治下的农业国家，100 年以后到 1948 年，仍然是一个落后的农业国家，只是由封建主义统治加上了帝国主义和官僚资本主义的统治。[②]

一个国家的经济总量决定一个国家的经济政治实力。由于生产下降，技术进步停滞，中国在世界上的地位日益下降。中国经济总量在世界总产值中的比重，1820 年为 32.9%，1870 年下降为 17.2%，1913 年再降为 4.5%。反之，美国在世界总产值中所占比重，由 1820 年的 1.8% 上升为 1913 年的 19.1%、1949 年的 27.3%；西欧各国这 3 年则相应地上升为 23.6%、33.5% 和 26.3%。1820 年时，美国的国内生产总值只有中国的 5.4%，西欧各国总计只有中国的 71.6%。而 1870 年后，美国已达中国的一半（51.8%），西欧是中国的 178.5%；1913 年，美国是中国的 214.3%，西欧是中国的 348%；1949 年，美国是中国的 5

① 安格斯·麦迪森：《世界经济千年史》，北京大学出版社 2003 年版，第 259—261 页。

② 宗寒：《是什么改变了中国》，红旗出版社 2009 年版，第 20 页。

倍,西欧是中国的4.8倍。[①]

伴随着“三座大山”压迫的不断加重,中国人民不断地起来反抗。从农民阶级的三元里人民抗英斗争、太平天国农民战争、义和团运动,到资产阶级维新派的戊戌维新运动、资产阶级革命派的辛亥革命,以至于包括地主阶级的洋务运动,几乎当时中国社会所有的阶级和阶层都进行过不同程度、不同领域的不屈不挠的反抗和斗争,寻找中国未来的出路。然而,早期寻找中国出路的探索和尝试无一例外地都失败了。这些探索和尝试的失败,客观上毫无疑问是由于中外反对势力的联合镇压和铰杀。资本—帝国主义到中国来,不是为了把中国变成一个强大的资本主义国家,而是要把中国变成其原料供应地、廉价劳动力提供地和商品倾销市场。封建主义是落后生产力的代表,封建统治者害怕社会的变动和进步,害怕人民群众的觉醒和反抗,更害怕资本主义因素的生长和发展。官僚资本主义本身就获利于资本—帝国主义侵入中国前后,是资本—帝国主义在中国民间最早的代理人,具有典型的买办性;官僚资本家的前身多为封建没落地主,与封建主义有着千丝万缕的联系,具有明显的封建性;随着其自身力量的壮大,及抗战胜利前后与国家政权的结合,形成了国家垄断资本主义,具有突出的垄断性。这“三座大山”对于任何妨碍其自我目标实现、冲撞其利益的言行举动,都会一律进行毫无保留的反对,不遗余力地镇压。主观上,农民阶级、地主阶级洋务派、资产阶级改良派和资产阶级革命派都有着自身难以克服的局限性。他们没有科学的理论做指导,因而提不出彻底的反帝反封建的纲领,认不清打击对象的真正面目,搞不好政权建设,又有着脱离广大群众的严重不足,更无力处理探索过程中的许多现实问题,因而难以避免地都失败了。但探索中国出路的进程并未因此停歇,直至工人阶级登上历史舞台的五四运动,开启了中国历史的新时代。

在这可谓一拨连着一拨,一伙接着一伙的探索群体中,一批具有初步共产主义思想的先进知识分子、中国共产党早期领导人逐步认识到近代以来中国的两大历史任务:争取民族独立和人民解放,即解放生产

① 宗寒:《是什么改变了中国》,红旗出版社2009年版,第21页。

力、改变生产关系;争取国家繁荣富强和人民共同富裕,即发展生产力、实现现代化。为实现这两大历史任务而奋斗,成为中国近现代历史的主题和主线。中国共产党逐步成长为独树一帜的力量。

二、中国共产党建国思想的演变

中国共产党是在反抗帝国主义及其代理人北洋军阀的统治过程中应运而生的,是在中国工人阶级力量不断发展壮大的基础上创立的,也是在马克思主义传入中国后正式建立的。它的成立使中国革命从此有了科学的指导思想——马克思列宁主义,有了坚强的领导核心,有了广泛的群众基础,也开始了中国革命与世界革命的联系与合作。对于中国革命的一些基本问题,即谁领导、谁参加、革命对象、革命道路、革命前途等,中国共产党从未停止过理论思考,并在实际斗争中逐步找到了答案,形成了自成体系的新民主主义理论。

(一)新民主主义理论的初步提出

中国共产党成立时,明确了自己作为无产阶级政党的性质,因而确立了党的奋斗目标是“推翻资本家阶级的政权”、“承认无产阶级专政,直到阶级斗争结束,即直到消灭社会的阶级区分”①,实际上确立了为实现共产主义而奋斗的远大目标。

中共二大提出了党的最高纲领和最低纲领,主张无产阶级“有加入民主革命运动之必要”,一方面联合、援助民主派,另一方面则“集合在无产阶级的政党——共产党的旗帜下,独立做自己阶级的运动”②,以求“建立一个真正民主共和国”③。这里需要说明的是,按照二大宣言和当时党的主要领导人陈独秀的解释,这一共和国应该是资产阶级

① 《中国共产党第一个纲领》,载《中共中央文件选集》第1册,中共中央党校出版社1989年版,第1页。

② 《关于“民主的联合战线”的议决案》,同上书,第65页。

③ 《中国共产党第二次全国大会宣言》,同上书,第111页。

掌握政权的国家。当这样的国家建立后,无产阶级再立即开展反对资产阶级的斗争,以争取无产阶级专政国家的建立。

此后,中国共产党为争取参加民主革命做出努力,与国民党建立了国共合作的统一战线,投身到国民革命的洪流中。

1925 年 1 月中共四大召开时,中国共产党提出了民族革命胜利后“是否必须经过资产阶级民主制度,必得无产阶级在民族革命中自己阶级的革命准备至何种程度及那时的社会的客观条件定之”[①]的论断。之后,瞿秋白、毛泽东、陈独秀等人分别提出了抛弃旧有民主革命模式、意义相近的政权主张,即主张建立平民合作的新型民主政权。其中陈独秀的主张尤具代表性,他认为,“国民革命成功后之建设时期,也必然是革命的民主的民众的政权,而不是无产阶级专政,并且还不是工农政府;在那时革命的民主的民众政权之下,中国的资本主义当然要发展起来,也只有到那时,真正中国的资本主义才能够自由发展。我们不是乌托邦的社会主义者,决不幻想不经过资本主义,而可以由半封建的社会一跳便到社会主义的社会。不过那时的中国资本主义,已经过国民革命的洗礼,已经是民族的民主的资本主义,他的发展影响到全民族的经济生活”[②]。这里虽然没有确立这个政权是工人阶级领导的、以工农联盟为基础的思想,但至少有三点是值得充分肯定的:第一,明确提出未来政权是革命的民主的民众的政权,不是无产阶级专政;第二,明确提出未来政权建立后,进入一个“建设时期”,在此时期必须经过资本主义的充分发展;第三,明确提出不经过资本主义的一定发展,是不能进到社会主义去的。1927 年春,在党内展开革命的非资本主义前途问题讨论的基础上,陈独秀进一步阐述了如下思想:“国民革命成功后,中国的经济制度,自然是家庭的手工业与农业、小生产制、私人资本主义的大生产制、国家资本主义等四种并行。我们所谓采用何种经济制度,并不是说只采用那一种而禁绝其余一切,乃是说采用某一种为全社

① 《对于民族革命运动之议决案》,载《中共中央文件选集》第 1 册,中共中央党校出版社 1989 年版,第 337 页。

② 陈独秀:《我们现在为什么争斗?》,载任建树主编:《陈独秀著作选编》第 4 卷,上海人民出版社 2009 年版,第 123 页。

会中主要的生产制度。我们以为中国国民革命成功后的经济建设,在主观上在客观上,都不必采用私人资本主义为全社会主要的生产制度,而可以采用国家资本主义以过渡到非资本主义的国家工业,即是行向社会主义的社会。”①显然,这里肯定了中国革命的非资本主义前途,这成为当时中国共产党人普遍的认识。这在相当程度上表明了资本主义扩张的世界进程在中国的中断,同时初步提出了多种经济成分并存、采用国家资本主义形式过渡到社会主义的基本思想,为以后中国共产党新民主主义理论形成,尤其是新民主主义社会理论的形成奠定了基础。

土地革命时期,由于国共合作的统一战线破裂,中国共产党在各地建立工农民主政权的基础上,建立了中华苏维埃共和国,这是建立新民主主义革命政权的初步尝试。

随着革命力量不断壮大和日本侵华形势的日益严峻,从 1935 年瓦窑堡会议确立抗日民族统一战线的政策策略开始,中国共产党进入了一个新的建国思想的发展阶段,并最终形成了新民主主义理论。

(二) 新民主主义理论的形成和发展

为了争取更多的力量加入到抗击日本侵略者的行列中,中国共产党经历了把“工农共和国”改变为“人民共和国”再改变为“民主共和国”的过程。

1937 年 5 月中共全国代表会议上,毛泽东对“民主共和国”的主张作出解释说:我们过去主张工农民主共和国,今天放弃了,“过去的提出和今天的放弃,都是正确的”。“新的民主共和国”“包括无产阶级、农民、城市小资产阶级、资产阶级及一切国内同意民族和民主革命的分子,它是这些阶级的民族和民主革命的联盟”。“按照社会经济条件,它虽仍是资产阶级民主主义性质的国家,但是按照具体的政治条件,它应该是一个工农小资产阶级和资产阶级联盟的国家,而不同于一般的资产阶级共和国。因此,它的前途虽仍然有走资本主义方向的可能,但是同时又有转变到社会主义方向的可能,中国无产阶级政党应该力争

① 陈独秀:《答沈滨祈、朱近赤(国民革命之归趋)》,载任建树主编:《陈独秀著作选编》第 4 卷,上海人民出版社 2009 年版,第 269 页。

这后一个前途"①。

毛泽东在1939年12月的《中国革命和中国共产党》中第一次使用"新民主主义革命"的概念,1940年1月在《新民主主义论》中开始使用"新民主主义共和国"、"新民主主义社会"的概念,并指明了新民主主义的政治、经济和文化纲领。毛泽东认为:中国"革命的第一步、第一阶段,决不是也不能建立中国资产阶级专政的资本主义的社会,而是要建立中国无产阶级为首领的中国各个革命阶级联合专政的新民主主义的社会,以完结其第一阶段。然后,再使之发展到第二阶段,以建立中国社会主义的社会"②。这标志着新民主主义理论的正式形成,其基本内容包括新民主主义革命理论和新民主主义社会理论两个部分,因此,这也是新民主主义社会构想的正式提出。

新民主主义社会,即中国共产党领导完成民主革命任务后进入的社会形态,它既不是资本主义的,也不是社会主义的,而是从新民主主义向社会主义转变的过渡阶段。新民主主义社会的基本性质,是由这个阶段的社会经济结构、社会主要矛盾和社会阶级关系等诸方面因素决定的,即是由这个阶段的社会基本特征决定的。

新民主主义社会的经济结构是国营经济、合作社经济、个体经济、私人资本主义经济和国家资本主义经济五种经济成分并存。"国营经济是社会主义性质的,合作社经济是半社会主义性质的,加上私人资本主义,加上个体经济,加上国家和私人合作的国家资本主义经济,这些就是人民共和国的几种主要的经济成分,这些就构成新民主主义的经济形态"③。国家对各种经济成分的政策是使它们"在国营经济领导之下,分工合作,各得其所,以促进整个社会经济的发展"。刘少奇曾设想"五种经济都会有发展,也要使它们都有发展,它们的基本关系不会有大的变化",但情况不一。因"国家要集中资金及人力、物力来发展

① 《中国共产党在抗日时期的任务》,载《毛泽东选集》第1卷,人民出版社1991年版,第260、263—264页。

② 《新民主主义论》,载《毛泽东选集》第2卷,人民出版社1991年版,第672页。

③ 《在中国共产党七届中央委员会第二次全体会议上的报告》,载《毛泽东选集》第4卷,人民出版社1991年版,第1433页。

国家企业，因此，它会发展得很快，在社会经济中的比重也会越来越大，它的领导作用与控制作用也会越来越大”。合作社经济因受到国家的扶持，“也会迅速地发展，它的比重和作用也会逐步增大”。“私人资本主义也会要发展，自然发展，不可避免，因此，资产阶级也会要加强一些。但它的发展速度要慢些，比重和作用反而会减少。这种情形，可能使一部分资本家不满意，甚至起来反抗，特别是暗中逃避与破坏国家的监督和计划，但另一部分资本家将更加与国家合作，更多地变成国家资本主义”。“国家资本主义的成分会要增加”。“个体经济也会发展，并更多地组织起来。在农村中用互助组和供销合作社组织起来，在手工业中用工业合作社逐步组织起来。手工业数量很大，可用合作社、联营公司组织起来”①。国家“经济建设的根本方针，是以公私兼顾、劳资两利、城乡互助、内外交流的政策，达到发展生产、繁荣经济之目的”②。这样的经济构成和经济政策，有利于发挥各种经济成分的优势，使中国社会经济得到快速发展。

新民主主义社会的政治是实行工人阶级领导的，以工农联盟为基础的，各革命阶级联合专政的人民民主专政，是统一战线性质的。《中国人民政治协商会议共同纲领》规定：“中国人民民主专政是中国工人阶级、农民阶级、小资产阶级、民族资产阶级及其他爱国民主分子的人民民主统一战线的政权，而以工农联盟为基础，以工人阶级为领导。”③它不同于无产阶级专政，更根本区别于资产阶级专政。由中国共产党领导，多党合作，四个阶级并存，共同建设国家，这也就是新民主主义社会的主要的政治特色。

新民主主义是社会主义的必要准备，社会主义是新民主主义的必然前途，新民主主义必然要过渡到社会主义去。这是中国共产党新民主主义理论形成后中国共产党的党内共识。但对于多长时间过渡、以

① 《中国共产党今后的历史任务》，载《建国以来刘少奇文稿》第3册，中央文献出版社2005年版，第539—540页。

② 《中国人民政治协商会议共同纲领》，载《建国以来重要文献选编》第1册，中央文献出版社1992年版，第7页。

③ 同上书，第1页。

怎样的方式过渡,中国共产党的认识也是有变化的。

大体上从 1940 年毛泽东发表《新民主主义论》算起,以毛泽东为代表的中国共产党人关于中国从新民主主义过渡到社会主义的时限估计,大致可以划分为五个阶段。

第一阶段,从 1940 年《新民主主义论》发表到 1948 年 9 月中共中央政治局会议召开前,明确了中国革命胜利后必须经过一个新民主主义的过渡阶段,才能进入社会主义,但时限估计并不具体。

第二阶段,从 1948 年 9 月中共中央政治局会议至新中国成立前夕,时限估计设想得比较长。毛泽东在九月会议上指出:"关于完成新民主主义到社会主义的过渡的准备,苏联是会帮助我们的,首先帮助我们发展经济。在经济上完成民族独立,还要一二十年时间。我们要努力发展经济,由发展新民主主义经济过渡到社会主义。这些观点是可以宣传的。"①

第三阶段,从新中国成立到 1952 年 9 月提出新的过渡设想前,认为要经过 3 年恢复、10 年建设,即 10—15 年,后再根据实际情况决定是否开始采取社会主义步骤。

第四阶段,从 1952 年 9 月至 1955 年 11 月,确认过渡时期从 1953 年算起为 15 年再加上头 3 年的国民经济恢复阶段,是 18 年。

第五阶段,1955 年末到 1956 年初,把原来设想的 15 年缩短为五六年,不算中华人民共和国成立以后国民经济恢复的头 3 年,最后只用了 4 年时间,宣布中国确立社会主义制度。

对于如何实现从新民主主义向社会主义的转变,毛泽东前后有两种不同的考虑。1952 年 9 月以前,毛泽东认为先要经过一个比较长时间的新民主主义建设阶段,这个阶段也许十几年,也许二十几年甚至三十年。刘少奇说"过渡所需要的时间,将比东欧、中欧各人民民主国家长得多"②,以至于在《中国人民政治协商会议共同纲领》讨论过程中,

---

① 《在中共中央政治局会议上的报告和结论》,载《毛泽东文集》第 5 卷,人民出版社 1996 年版,第 146 页。

② 《关于新中国的经济建设方针》,载《刘少奇选集》上卷,人民出版社 1981 年版,第 427 页。

有不少代表建议把社会主义目标写入纲领,但中共中央认为,这样做是“不妥当的。因为要在中国采取相当严重的社会主义的步骤,还是相当长久的将来的事情,如在共同纲领上写上这一目标,很容易混淆我们在今天所要采取的实际步骤”①。毛泽东把这个阶段叫做“铲地基”;经过比较长阶段的新民主主义建设,在“很远的将来”再进入一个新的阶段,即“起房子”,搞社会主义。这种设想,有人称之为“将来突变论”。

1952 年 9 月以后,毛泽东的想法发生了明显的变化,认为不是 10 年或 20 年以后再转变、再过渡,而是从现在开始就要用 10 年到 15 年的时间基本上完成到社会主义的过渡。这是一个重大的战略部署改变。毛泽东把向社会主义的过渡,比作“过桥”,走一步算是过渡一年,两步两年,三步三年,10 年到 15 年走完。这种变化了的想法,有人称之为“现在渐变论”。

这样,由“将来突变论”到“现在渐变论”,毛泽东思考的战略思路发生了根本的变化,原先考虑的是长期搞新民主主义建设、实现工业化、发展生产力的问题,而后思考更多的是如何实现社会主义、完成社会主义改造、转变生产关系的问题。由此看出,1952 年 9 月是战略思路调整的开始。为什么从 1952 年 9 月毛泽东和其他中国共产党人开始战略思想的重大调整呢?这是因为 1952 年 9 月,国内、国际具备了实现从新民主主义向社会主义转变的若干条件。

三、从新民主主义向社会主义转变的条件

从新民主主义转变到社会主义需要怎样的条件呢?在十月革命胜利之初,列宁曾非常形象地指出,历史演变得如此奇特:“到 1918 年竟产生出分成了两半的社会主义,两者紧挨着,正如在国际帝国主义一个蛋壳中两只未来的鸡雏。德国和俄国在 1918 年最明显地分别体现了

① 《加强全国人民的革命大团结》,载《刘少奇选集》上卷,人民出版社 1981 年版,第 435 页。

具体实现社会主义的两方面的条件:一方面是经济、生产、社会经济条件,另一方面是政治条件。”[①]这是列宁认为的实现社会主义需要的两方面条件,即经济、生产和社会经济条件与政治条件,或至少二者必需其一。1922年,列宁又总结了建设社会主义所必需的条件。按照列宁的思想,建设社会主义所必需的一切应包括:国家支配着一切大的生产资料,无产阶级掌握着国家政权,无产阶级与小农和极小农结成联盟,无产阶级实现对农民的领导,走做买卖的合作社的道路,等等。在1952年9月毛泽东第一次提出从此开始向社会主义过渡时,中国所具备的条件要远超出列宁的基本分析。

(一)全国大陆的解放和统一,镇压反革命运动的进行,使各级人民政权得以建立和巩固,这是实现从新民主主义向社会主义转变的政治保障

中华人民共和国成立后,中国共产党和中央人民政府首先进行战略追击,通过华南、西南、中南三个战场的作战,基本上肃清了国民党军队在大陆的残余部分。1951年5月23日,中央人民政府与西藏地方政府在北京签订《关于和平解放西藏办法的协议》(简称《十七条协议》),标志着西藏和平解放。自此除台湾地区等岛屿外,实现了全国范围的国家统一,根本改变了旧中国四分五裂的局面。

1949年4月,解放军突破长江天险解放南京后,国民党当局就在其成都陆军军官学校和贵阳市创办“游击干部研究班”,专门培训土匪、特务武装的领导骨干,共达4700余人。到1950年初,全国仍有武装土匪100万人以上。其中华东5.9万多人、中南28.8万多人、西南65.5万多人、西北4.2万多人、华北2万多人,并且数量在短期内不断增加。他们从事组建各种反动组织和武装、组织暴乱、袭击暗杀革命干部和群众、破坏交通、造谣惑众以及制造事故、破坏生产等多种与新生的人民政权为敌的活动。为此,中共中央和中央军委对剿匪的基本方针作了多次指示,规定:军事打击、政治争取、发动群众三者必须紧密结合。

---

① 《论“左派”幼稚性和小资产阶级性》,载《列宁选集》第3卷,人民出版社1995年版,第526页。

对匪特实行的政策是:镇压与宽大相结合,即首恶必办,胁从不问,立功受奖。以此达到争取多数、打击少数、利用矛盾、各个击破,彻底消灭的目的。从1950年6月到1953年底,彻底肃清了武装匪特261.59万人。

毫无疑问,通过继续完成民主革命的遗留任务,中国共产党实现了无产阶级掌握着国家政权,而早在民主革命的长时期内中国共产党就已经实现了无产阶级与小农和极小农结成联盟,无产阶级实现对农民的领导等。

(二)通过没收官僚资本,建立了社会主义性质的国营经济,对于帝国主义和其他资本主义国家在华企业,分别采取管制、征用、代管、转让等形式收归新中国所有,这是实现从新民主主义向社会主义转变的经济基础

官僚资本,垄断了全国的经济命脉。官僚垄断资本掌握了全国工业的三分之二、工业、交通运输业固定资产的80%,垄断了全国钢产量的90%,煤产量的33%,发电量的67%,石油和有色金属的100%,水泥产量的45%,织布机的60%,糖的90%;控制了全国银行资本的59%,全国3489家银行,官僚资本控制了2448家;控制了铁路、公路的100%,轮船吨位的45%。1840年到1936年,外国资本控制了中国产业资本的57.7%(东北占84.6%),生铁产量的96.8%,煤的65.7%,棉布的64%,卷烟的58%,铁路里程的90.7%。①

没收官僚资本,使之转化为社会主义国营经济,从而使政府迅速地掌握了国家的经济命脉。毛泽东曾经指出:“反对官僚资本主义的斗争,包含着两重性:一方面,反官僚资本就是反买办资本,是民主革命的性质;另一方面,反官僚资本就是反对大资产阶级,又带有社会主义革命的性质。”②由于没收官僚资本而确立的国营经济的领导地位,显然使新生的国家政权支配着一切大的生产资料,这无疑为确立社会主义

① 严中平:《中国近代经济史统计资料选编》,科学出版社1958年版,第124、128、131、140页。

② 《读苏联〈政治经济学教科书〉的谈话(节选)》,载《毛泽东文集》第8卷,人民出版社1999年版,第113页。

制度奠定了坚实的经济基础。

与此同时,1952 年春夏之交,在中国社会经济的现实生活中,发生的三个超出原来预料的变化,也为从新民主主义向社会主义过渡提供了现实可能性。

第一个变化是,在以巨大财力支持抗美援朝战争的情况下,1951 年军费开支占全年财政开支的 50% 以上,恢复国民经济的任务奇迹般地提前完成。在建国刚刚三周年之际,传来了工农业主要产品的产量超过建国前最高水平的喜讯,工农业总产值比建国前最高水平的 1936 年增长 20%。而原先的估计,是用三年到五年的时间恢复国民经济。

第二个变化是,经过三年经济恢复时期,国营工商业和私营工商业的产值比例发生了根本性的变化。1949 年中国工业生产总值的公私比例是,国营占 43.8%,私营占 56.2%。到 1952 年 9 月,国营上升到 67.3%,私营下降到 32.7%,国营经济已经超过私营经济。经历"五反"运动后,私营工商业开始纳入接受国营经济领导的轨道,出现了加工订货、经销供销、统购包销、公私合营等一系列从低级到高级的国家资本主义形式。

第三个变化是,从 1950 年到 1952 年底进行了彻底的土地改革,发展了农业生产,调动了广大农民的积极性。在土地改革以后,农村中的互助合作事业普遍地发展起来,主要是互助组,也有一些以土地入股为主要特点的农业生产合作社,还有很少数集体农庄。1952 年,全国共有互助组 830 万个,占总农户的 39%;农业生产合作社 3600 个,入社农户占全国总户数的 0.05%。广大农民生产积极性空前高涨,农业生产迅速发展,农村呈现少有的兴旺景象,到处兴修水利,改良土地,打井修渠,增产增收。主要农产品产量大幅度增加。1952 年与 1949 年相比,粮食总产量增长 46.1%,棉花增长 193.6%,农业总产值增长 32.6%,单产面积平均增产 20% 左右。农民生活得到明显改善,农民收入 1952 年比 1949 年平均增长 30%,人均消费水平增长 20%。[①]

---

① 柳随年、吴群敢主编:《中国社会主义经济简史(1949—1983)》,黑龙江人民出版社 1985 年版,第 77 页。

以上三个变化已从事实上告诉中国共产党领导人，在城市，在工业和商业流通领域中，一场深刻的社会变革实际上已经开始。在农村，继土地改革之后的一场更加深刻的农村生产关系和生产力的变革也在悄然发生。

（三）建国前后，通过与投机资本的较量、调整工商业和“五反”运动，积累了对民族资本主义利用、限制的经验，为实现从新民主主义向社会主义转变提供了实践经验和社会基础

1949 年 6 月到年底中国共产党与投机资本进行了两次大的较量，即著名的“银元之战”和“米棉之战”，并取得全胜。1950 年下半年工商业调整采取了如下措施：加工订货、发放贷款、收购成品、调整产销关系与税收、调整经营范围和价格政策。

1950 年 12 月党和政府颁布了《私营企业暂行条例》。根据当时的情况，这个条例贯彻了鼓励私人资本投资的精神，规定了私营企业盈余分配的办法，同时也规定了私营企业必须接受国营经济的领导，服从国家的生产计划，遵守政府的一切劳动法令和接受政府的限制。经过调整，实现了财经统一和物价稳定，这是我国经济开始从衰落走向繁荣的一个重要转折点，是整个国民经济，包括当时占相当大比重的资本主义经济，健康地恢复和发展的前提条件。

1952 年 1 月 26 日中共中央发出《关于在城市中限期展开大规模的坚决彻底的“五反”斗争的指示》指出，在全国一切城市中，要依靠工人阶级，团结守法的资产阶级及其他市民，向着违法的资产阶级开展一个大规模的坚决彻底的反行贿、反偷税漏税、反盗骗国家财产、反偷工减料和反盗窃国家经济情报的斗争，以配合“三反”运动。2 月，全国各大城市开始了“五反”运动，并很快形成高潮。

“五反”运动以后，资产阶级分子重犯五毒行为的情况，已不同程度地减少和减轻；私营企业中的劳资关系，一般地亦有所改善；工人的监督已经在许多企业中建立起来；大多数城市中的许多工商业者经常进行政治学习，因而对于社会发展的规律，国内外时事和人民政府的政策法令，提高了认识。在这里，更值得我们重视的是，工商界中已经出现了一批爱国的进步分子，他们不但自己愿意接受社会主义改造，而且

能够推动其他工商业者接受改造。在协助政府推动工商界接受社会主义改造的过程中,他们形成一种核心力量。[①]

1953 年 10 月,火柴大王刘鸿生参加了中华全国工商业联合会第一届会员代表大会,并选为执行委员和常委。回到上海家中,他立即召开家庭会议,兴奋地说:"我深深体会到,私营企业不进行社会主义改造,会成为国家建设前进道路上的绊脚石。所以说,向国家资本主义的方向发展,进行社会主义改造,是完全必要的。正如毛主席同民主党派和工商界部分代表谈话中指出的:经过国家资本主义,完成对私营工商业的社会主义改造是较健全的方针和办法。""我们一定要更紧密地靠拢中国共产党,更坚定地走社会主义的道路。我已下定决心要我们所有企业争取第一批申请公私合营。我要以实际行动拥护共产党。我完全相信,走国家资本主义的道路,可以使企业发展得更快更好"[②]。刘鸿生的一番话代表了当时相当一部分工商业者的心境。

(四) 中华人民共和国成立前后,中国共产党确立的"一边倒"的政治战略和外交政策、抗美援朝战争的胜利,为新中国争取到有利的和平的国际环境,这是实现从新民主主义向社会主义转变的国际条件

1949 年 6 月,毛泽东发表《论人民民主专政》一文,提出了"一边倒"。"一边倒"需要从两个层面去解读,它首先是中国共产党的一个政治战略思想。在第二次世界大战后世界划分为社会主义和资本主义两大阵营的格局下,中国共产党毅然选择倒向社会主义阵营一边,它明示了中国共产党坚持走向社会主义、不走资本主义道路的导向和决心。其次,"一边倒"也是一个外交政策,为了实现"一边倒"的政治战略,在外交上实行"另起炉灶"和"打扫干净屋子再请客"的具体政策,彻底与旧中国决裂,在新的格局和框架下建立新的外交关系。这固然并不完全排除与西方资本主义国家建立外交关系,但前提是西方国家必须承

---

① 许涤新:《对资本主义工商业进行社会主义改造的新阶段》,新知识出版社 1956 年版,第 10 页。

② 何况:《火柴大王刘鸿生》,解放军出版社 1995 年版,第 302 页。

认中华人民共和国的合法地位，在平等互利、互相尊重主权的基础上。众所周知，解放战争的最后阶段，中国共产党也曾做出努力，试图与美国、英国等西方国家建立新型外交关系，但由于它们不放弃与社会主义的敌对态度和对国民党的继续支持而未能如愿。

社会主义苏联却在第一时间承认了新生的中华人民共和国，并很快与新中国订立了《中苏友好同盟互助条约》决定全面援助中国，包括帮助中国制订和实施国民经济发展的第一个五年计划 。1952 年 9 月 24 日，毛泽东召开中共中央书记处会议，正式听取周恩来关于五年计划同苏联方面商谈情况的汇报，并讨论“一五”计划的方针和任务。就是在这次会上，毛泽东提出：“十年到十五年基本上完成社会主义，不是十年以后才过渡到社会主义。二中全会提出限制和反限制，现在这个内容就更丰富了。工业，私营占 32.7%，国营占 67.3%，是三七开；商业零售是倒四六开。再发展五年比例会更小（资小我大），但绝对数字（指资）仍会有些发展，这还不是社会主义。五年以后如此，十年以后会怎么样，十五年以后会怎么样，要想一想。”当时出席这次会议的除毛泽东外，还有刘少奇、周恩来、彭真、陈云、彭德怀、邓小平、陈毅、薄一波、罗瑞卿、粟裕、安子文、杨尚昆、饶漱石、习仲勋、聂荣臻，共 16 人。对毛泽东上述论点，其他人均未提出异议。①

上述“这些条件之存在与发展，形成了一个‘大势所趋’”②，实现新民主主义向社会主义转变似乎已是水到渠成、顺理成章的事情了。当然，从毛泽东第一次提到至 1953 年 6 月正式提出过渡时期总路线，再到 1953 年 12 月公开宣传过渡时期总路线，中间有一年多的时间。其间，中央书记处经过了多次会议讨论。这充分说明中国共产党对此重大战略调整是慎重的、经过深入思考的。

---

① 《毛泽东传(1949—1976)》上，中央文献出版社 2003 年版，第 236 页。

② 许涤新：《对资本主义工商业进行社会主义改造的新阶段》，新知识出版社 1956 年版，第 11 页。

四、社会主义彻底改变了中国

1953年6月,过渡时期总路线正式提出:从中华人民共和国成立,到社会主义改造基本完成,这是一个过渡时期。党在过渡时期的总路线和总任务,是要在一个相当长的时期内,逐步实现国家的社会主义工业化,并逐步实现国家对农业、手工业和资本主义工商业的社会主义改造。1953年12月,过渡时期总路线的宣传提纲公布,全国各地的社会主义改造蓬勃地开展起来。

(一)有中国特点的社会主义改造道路

1981年6月,中共十一届六中全会通过的《关于建国以来党的若干历史问题的决议》指出:"在过渡时期中,我们党创造性地开辟了一条适合中国特点的社会主义改造的道路。对资本主义工商业,我们创造了委托加工、计划订货、统购包销、委托经销代销、公私合营、全行业公私合营等一系列从低级到高级的国家资本主义的过渡形式,最后实现了马克思和列宁曾经设想过的对资产阶级的和平赎买。对个体农业,我们遵循自愿互利、典型示范和国家帮助的原则,创造了从临时互助组和常年互助组,发展到半社会主义性质的初级农业生产合作社,再发展到社会主义性质的高级农业生产合作社的过渡形式。对于个体手工业的改造,也采取了类似的方法。在改造过程中,国家资本主义经济和合作经济表现了明显的优越性……在一个几亿人口的大国中比较顺利地实现了如此复杂、困难和深刻的社会变革,促进了农业和整个国民经济的发展,这的确是伟大的历史性胜利。"①

在对资本主义工商业改造过程中,中国共产党经验了一个空前的创造,那就是把对资本主义经济的改造和对资本家个人的改造结合起来,"对资产阶级分子'人'的改造必须已经达到成熟的地步,这是最后

① 《〈关于建国以来党的若干历史问题的决议〉注释本》,人民出版社1983年版,第17—18页。

向社会主义转变的条件是否成熟的重要标志。资产阶级分子‘人’的改造包括两个内容:对他们进行思想改造和培养他们具有自食其力的技能。两者是密切联系而不可分割的”①。

（二）社会主义推动了社会生产力的发展

“一五”计划从1953年开始,到1957年完成,贯穿从过渡时期总路线提出到社会主义改造基本完成的全过程。其执行情况,从一个方面反映了社会主义改造对于社会生产力的推动作用。1957年粮食总产量达到3901亿市斤,棉花总产量达到167万吨,分别比1952年增长19%和26%,创历史最高水平。1957年全国总产值达到1606亿元人民币,比1952年增长70.9%。除了绝对数量的增长,工农业产值在整个国民经济中的比重也发生了根本性的变化。1957年农业产值比重为33.4%,工业产值比重为43.8%。在中国近代经济史上,工业产值比重第一次超过农业产值比重。②

经过了社会主义改造,中国经济迅速发展。1957年,钢产量达到535万吨,比1952年增长了2.9倍;生铁达到594万吨,增长了2倍;原煤达到1.3亿吨,增长了96%;发电量达到193亿千瓦,增长了1.1倍。国有经济的生产总值以年平均15%以上的速度增长,劳动生产率空前提高。全民所有制工业单个劳动力产值1952年为4184元,1953年上升为4522元,1954年上升为5088元,,1955年上升为5592元,1956年再上升为6654元,也以年平均15%以上的速度增长。工业总产值由1952年的142亿元,上升为1957年的421亿元,1953—1957年每年平均增加产值60亿—70亿元。这样的增长速度和贡献,在中国近代发展史上是从未有过的。

从新民主主义向社会主义过渡时期,国家投资,集中全社会的力量,建设起了一批新的大型重点国有企业。当时苏联援建的156个项目有80%上马。此外又安排了694个工业项目,252个农田水利项目,220个运输邮电项目,156个文教卫生项目,118个城市公用项目,总投

① 汝仁编:《赎买政策的几个问题》,上海人民出版社1958年版,第13页。

② 李捷:《国史静思录》,中国社会科学出版社2009年版,第115—116页。

资531亿元。所有项目都关系国计民生和我国长远发展，极为重要。尤其是694个重点项目的建成和投产，奠定了我国现代工业基础，填补了我国工业的空白，增强了我国国有经济的实力和控制力，对于我国建设具有重大现实意义和长远历史意义。这些项目在建国后的60年中发挥了重大作用，至今仍是国民经济的重要企业和顶梁柱。

改革开放以后，中国取得了举世瞩目的伟大成就，世界银行专家组曾经评论说："中国只用了一代人的时间，取得了其他国家用了几个世纪才能取得的成就。这一成就是我们这个时代最令人注目的发展。"①

中华人民共和国成立60年来我国的发展变化是多方面、全方位、带有根本性的，表现在民族独立、国家富强、经济发展、文化繁荣、科技进步、人民生活水平和精神面貌提高以及社会全面发展等。我国经济总量在世界经济总量中所居位置，由建国初期的10位以后上升到1978年的第11位，2007年的第4位，2010年的第2位；外汇储备由1978年的第40位，上升到第1位；货物进出口总额由1978年的第29位，上升到第3位。我国包括钢铁、煤炭、电脑、电视机、手机、棉布等在内的200多种主要工业产品总产量，和包括谷物、肉类、籽棉、花生、水果在内的主要农产品总产量，已多年居世界首位。由于经济总量的增长和经济结构的改善，我国已由一个"一穷二白"、物资短缺、贫困落后、多数人不得温饱的国家，发展成为主要工农业品供求基本平衡，有所节余，人民生活水产明显提高，走向逐步实现全面小康的国家。②

从基本完成社会主义改造、确立社会主义制度的那个时候起，中国一直坚持走社会主义道路从未动摇过，这是建国60余年来能够取得所有成就的最根本原因。苏联和东欧各国发生剧变，恰恰是因为它们没有坚持正确的社会主义方向或者说放弃了走社会主义道路。

（三）如何看待社会主义改造中的"四过"问题

当然，社会主义改造和社会主义建设的过程并非一帆风顺。《关

---

① 世界银行：《世界经济发展指标》，转引自宗寒：《是什么改变了中国》，红旗出版社2009年版，前言第1页。

② 参见宗寒：《是什么改变了中国》，第29页。

于建国以来党的若干历史问题的决议》指出：在1955年夏季以后，农业合作化以及对手工业和个体工商业的改造要求过急，工作过粗，改变过快，形式也过于简单划一，以致在长期内遗留了一些问题。

的确，全国资本主义工业改造的形势之快，完全出乎人们预料。1956年1月1日，北京市私营工商业者率先提出全行业公私合营申请。北京市委改变了原先规定的对私营工商业先清产核资、安排生产、改组全业，再宣布公私合营的规划，而是采取了先承认公私合营，然后再做其他工作的办法，使北京市很快出现了全行业公私合营的高潮。至1月10日，私营工商业全部被批准为公私合营。1956年1月15日，北京市各界20万人在天安门广场举行庆祝北京市第一个实行工商业全行业公私合营联欢大会，向党中央报喜。北京市的全行业公私合营高潮迅速散及全国。1月底，全国累计有118个大中城市和193个县完成了对资本主义工商业的社会主义改造。至第一季度末，全国除西藏等少数民族地区外，基本上实现了全行业的公私合营。①原本设想用三个五年计划的时间基本完成社会主义改造，而实际只用了4年时间，农业合作化的高级社阶段，尤其是资本主义工商业改造的全行业公私合营阶段实际只用了不到1年时间。

我们并不讳言在社会主义改造过程中出现的“四过”问题，但这并不能抹杀在中国确立社会主义基本制度所带来的巨大社会进步。毛泽东后来谈到：“从世界的历史来看，资产阶级工业革命，不是在资产阶级建立自已的国家以前，而是在这以后；资本主义的生产关系的大发展，也不是在上层建筑革命以前，而是在这以后。都是先把上层建筑改变了，生产关系搞好了，上了轨道了，才为生产力的大发展开辟了道路，为物质基础的增强准备了条件。当然，生产关系的革命，是生产力的一定发展所引起的。但是，生产力的大发展，总是在生产关系改变以后。”②正如江泽民在纪念中国共产党成立80周年大会上所说：“我们

---

① 陈立英、陈雪洁：《社会主义改造与沈阳资本主义工业的历史变迁》，东北大学出版社2008年版，第185—186页。

② 《读苏联〈政治经济学教科书〉的谈话（节选）》，载《毛泽东文集》第8卷，人民出版社1999年版，第131—132页。

建立了社会主义制度，实现了中国历史上最广泛最深刻的社会变革。我们创造性地实现了由新民主主义到社会主义的转变，全面确立了社会主义基本制度，使占世界人口四分之一的东方大国进入社会主义社会。这是中国社会变革和历史进步的巨大飞跃，也极大地支持和推进了世界社会主义事业。”①

在庆祝中华人民共和国建国 60 周年大会上，胡锦涛总书记重申了新中国 60 年的发展进步充分证明，只有社会主义才能救中国的真理，并代表全国人民和中华民族宣告，我们将坚定不移坚持中国特色社会主义道路，全面贯彻执行党的基本理论、基本路线、基本纲领、基本经验，继续解放思想，坚持改革开放，推动科学发展，促进社会和谐，推进全面建设小康社会进程，不断开创中国特色社会主义事业新局面、谱写人民美好生活新篇章。

① 《在庆祝中国共产党成立八十周年大会上的讲话》，载《江泽民文选》第 3 卷，人民出版社 2006 年版，第 267 页。

为什么中国不能走资本主义道路

王在全

经过30多年的改革开放实践,中国社会发生了翻天覆地的变化。深入全面地总结改革开放的宝贵经验,归结到一点就是,中国走了一条适合自己特点和国情的社会主义道路,即中国特色社会主义道路,或者有人称之为“中国模式”。正是中国特色社会主义发展了中国,经济发展、社会政治稳定、人民安居乐业、综合国力不断提升,创造了中国发展的世界奇迹。因此,我们要坚持走中国特色的社会主义道路,绝不能搞所谓的“民主社会主义”和资本主义。

资本主义生产方式的形成有其历史必然性,资本主义制度的产生及其发展,极大地推动了人类社会生产力的发展,推动了世界经济的全球化和一体化,在促进人类社会从农耕文明向现代城市文明的转变中起到了重要的作用。但是正如马克思所说:“资本来到世间,从头到脚,每个毛孔都滴着血和肮脏的东西。”资本主义的生产方式是建立在剥夺、劫掠和血腥之上的,资本主义发展过程就是一个资本剥夺劳动获得剩余价值的剥削过程。中国绝不能再走这种剥削掠夺的老路,而是应该走科学发展、和谐发展以及和平发展的道路。

一、资本主义生产方式的建立是有“原罪”的

资本主义于14世纪末15世纪初在地中海沿岸的一些城市萌芽,其途径有两个:一是从小商品经济分化出来;二是从商人和高利贷者转化而成。最初的资本主义生产关系是在简单商品生产者分化的基础上产生的。由于商品生产者的主客观条件不同,因而生产同种商品耗费的劳动时间也不相同。在价值规律的作用下,必然会导致商品生产者

两极分化,从而使一部分富裕起来的生产者成为脱离劳动,专门使用雇工劳动的经营管理者,而另一部分生产者则因亏损破产而与其他帮工学徒一起沦为雇佣工人。手工作坊中的师徒关系逐渐转变为雇佣关系,成为资本主义生产关系的萌芽形式之一。商业资本不仅促进了自然经济的瓦解,加速了小生产者的分化,而且通过直接剥削和控制家庭手工业者,成为工业资产阶级形成的另一条重要途径。资本主义生产关系产生之后,其成长是一个缓慢的过程。"这种方法的蜗牛爬行的进度,无论如何也不能适应15世纪末各种大发现所造成的新的世界市场的贸易需要"[①]。而资本主义生产方式的确立,必须具备两个基本的经济条件:(1)必须拥有大量的有人身自由的但丧失了一切生产资料的劳动者,这些劳动者就是出卖劳动力的雇佣工人;(2)必须在少数人手中集中了大量的、为进行资本主义生产所必需的货币财富。单纯依靠小生产者的分化方法来形成这两个条件,必然是一个缓慢的过程,不能适应当时资本主义经济发展的需求。因而新兴的资产阶级和资产阶级化的封建贵族,使用暴力手段,加速了这两个条件的形成,从而加速了封建生产方式向资本主义生产方式的历史过渡。以暴力方式剥夺劳动者而实现的资本原始积累,为资本主义生产方式的确立提供了最初的和必要的前提。所谓的资本原始积累是在资本主义生产方式确立以前的历史阶段中,通过暴力使直接生产者与生产资料相分离,由此使货币财富迅速集中于少数人手中的历史过程。

对农业生产者即农民土地的剥夺,是原始积累的基础。在英国,这个过程进行得最彻底、最典型。15世纪末,英国的毛纺织业已成为当时发展最快的生产部门,产品拥有广阔的国内外市场。毛纺织业的发展迅速扩大了对羊毛的需求,羊毛的价格上涨,养羊业成了极为有利可图的生产部门。大地主和农场经营主除了把自己已有的耕地变成牧场外,还用暴力掠夺公有地和份地。他们拆毁和焚烧农舍和村庄,用栅栏和篱笆把大片土地圈起来变为牧场。这就是英国历史上最典型的"圈地运动"。与此同时,英国王朝又颁布种种血腥法律,用鞭打、烙印、监

---

① 《马克思恩格斯全集》第44卷,人民出版社2001年版,第860页。

禁、割耳朵，以至判处死刑等方法，禁止农民流浪，强迫他们成为雇佣劳动者，强制地使他们接受雇佣劳动制度。15 世纪末叶至 19 世纪中叶，西欧新兴资产阶级和新封贵族使用暴力剥夺农民土地进行原始积累。这种情况在德、法、荷、丹等国都曾出现过。托马斯·莫尔在《乌托邦》的书中写道：“绵羊本来是很驯服的，所欲无多，现在它们却变得很贪婪和凶狠，甚至要把人吃掉，它们要踏平我们的田野、住宅和城市。”

“人们在解释这种原始积累的起源的时候，就像在谈过去的奇闻逸事。在很久很久以前有两种人，一种是勤劳的，聪明的，而且首先是节俭的中坚人物，另一种是懒惰的，耗尽了自己的一切，甚至耗费过了头的无赖汉。……于是出现了这样的局面：第一种人积累财富，而第二种人最后除了自己的皮以外没有可出卖的东西。大多数人的贫穷和少数人的富有就是从这种原罪开始的；前者无论怎样劳动，除了自己本身以外仍然没有可出卖的东西，而后者虽然早就不再劳动，但他们的财富却不断增加。……大家知道，在真正的历史上，征服、奴役、劫掠、杀戮，总之，暴力起着巨大的作用。但是在温和的政治经济学中，从来就是田园诗占统治地位。……事实上，原始积累的方法决不是田园诗式的东西”①。

在原始积累过程中，新兴资产阶级和资产阶级化的封建贵族，还通过对殖民地人民和本国劳动人民的残酷掠夺积累起大量的货币财富，其主要手段有：推行殖民制度，贩卖黑奴，进行商业战争，发行国家公债，建立现代税收制度和保护关税制度等等。资产阶级用侵略、征服、残杀、掠夺和奴役，写下了资本主义发展史的第一页。

殖民掠夺是原始积累的另一要素。新兴资产阶级采用暴力手段，在海外劫掠殖民地，进行奴隶贸易、贩卖鸦片等，加速货币财富的积累。西欧的西、葡、荷、法、英等国的殖民者用最残忍的暴力掠夺亚洲、非洲、美洲的各族人民。从 16 世纪起的 350 年间，他们像捕捉野兽一样，从非洲西海岸猎夺黑人，用船运到美洲卖为奴隶。奴隶贩子们通常可以获得 100%，甚至 1000% 的厚利。欧洲的封建主和商人，在殖民地掠夺

---

① 参见《资本论》，人民出版社 1975 年版，第 24 章。

中、在奴隶贸易中掌握了大量的金钱,这些金钱"源源流入宗主国,转化为资本主义生产的资本。15 世纪葡萄牙人在非洲西海岸探险的时候,就开始在那儿捕获黑人卖作奴隶。16 世纪是葡萄牙人独霸非洲的时期,16 世纪初他们把黑人运往美洲。1513 年,西班牙国王正式颁发执照,允许商人把黑人奴隶运往美洲西属殖民地。从此奴隶贸易如春潮一般涌起。1563 年,英国奴隶贩子霍金斯从非洲运送 300 名奴隶到美洲,这是英国参与奴隶贸易的开始。17 世纪开始,英国与法国都成为贩卖奴隶的主要国家。按照学者们研究的结果,400 年间,从非洲运抵美洲的黑人不下 1500 万人。死于猎奴战争和贩运途中的黑人,约为此数的 5 倍。整个奴隶贸易使非洲丧失的 1 亿人口中,60% 是因运往美洲而损失和牺牲的,其余是运往其他地区而损失和牺牲的。奴隶贸易带来巨大的收入。英国 1785 年仅关税收入就达到 64 万英镑。西班牙征服者用最残酷的死刑和武力胁迫当地土著皈依基督教,并接受西班牙国王的统治,拒不服从者,立刻被屠杀。安的列斯岛原有 300 万印第安人,1514 年减至 14000 人,最后只剩下 200 人。英国议会甚至宣布:杀戮印第安人和剥头盖骨是"上帝和自然赋予的手段"。大量屠杀的结果是,在全世界人口暴增的时候,原本 3000 万的印第安人几乎被屠杀到了灭绝的边缘。

恩格斯说:"黄金是白人刚踏上一个新发现的海岸时所要的第一件东西。"据官方缩小了的数字,1521—1600 年,从美洲运到欧洲的白银有 1800 吨,黄金 200 吨。16 世纪 100 年中,欧洲的白银增加了 206%,黄金增加了 107%。在 300 多年时间里,西方殖民者仅从中南美洲抢走的黄金就达 250 万公斤,白银 1 亿公斤。

此外,新兴的资产阶级和新贵族还利用国家政权,通过发行公债、增加捐税和保护关税等制度,聚敛大量财富。总之,剥夺农民土地、殖民掠夺、商业战争、国债制度、现代课税制度和保护关税制度等都是原始积累的不同形式,都是用国家权力、用暴力来促进封建生产方式的瓦解和资本主义生产方式的产生。马克思说:"在原始积累的历史中,对正在形成的资本家阶级起过推动作用的一切变革,都是历史上划时代的事情。"

资本主义发展史表明，一部资本原始积累的历史，就是用剑与火剥夺小生产者的历史，就是一部掠夺殖民地、半殖民地人民的历史。正如马克思所说：“资本来到世间，从头到脚，每个毛孔都流着血和肮脏的东西。”因此，中国绝不能再走资本主义发展的老路、依靠暴力剥夺进行资本积累来发展自己。中国不能搞资本主义，我们不可能靠资本主义方式来发展。只有社会主义才能救中国！

二、资本主义经济制度的本质是一种资本雇佣劳动的剥削关系

资本主义是人类历史上最后一个人剥削人的社会形态，它是以资本主义生产资料私有制为基础，以资本剥削雇佣劳动为特征的社会经济制度。虽然资本主义制度的建立对生产力发展起着巨大的推动作用，它摧毁了封建旧体制，极大地解放了社会生产力，推动了世界经济的全球化，世界统一市场的形成，大大密切了世界各地的联系。推进了人类社会从农耕文明向城市文明的过渡，促进了近代城市的兴起。但是，资本主义制度毕竟是一种新兴的剥削制度，其存在虽然有其历史的必然性，但也有其历史的局限性，中国绝不能再走资本主义的老路。

资本主义是建立在商品经济充分发展的基础之上的。在资本主义社会，不仅一切劳动产品都成了商品，甚至劳动力本身也成了商品。当劳动力商品供过于求的时候，“工人阶级中就业部分的过度劳动，扩大了它的后备军队伍，而后者通过竞争加在就业工人身上的增大的压力，反过来迫使就业工人不得不从事过度劳动和听从资本家的摆布”①。

马克思关于资本主义经济关系的分析，是建立在资本主义生产资料所有制的基础上的。破产的商品生产者丧失了生产资料，除了一双手，别无所有，只能依靠出卖劳动力为生。生产资料都集中到了有钱人

---

① 《资本主义积累的一般规律》，载《马克思恩格斯全集》第23卷，人民出版社1972年版，第697—698页。

手里,有钱人成了生产资料所有者,成了资本家。马克思这样形容资本家与雇佣劳动者的关系:"原来的货币所有者成了资本家,昂首前行;劳动力所有者成了他的工人,尾随于后。一个笑容满面,雄心勃勃;一个战战兢兢,畏缩不前,像在市场上出卖了自己的皮一样,只有一个前途——让人家来鞣。"①资本家在商场购买了劳动力之后,进入了资本主义的生产过程,而这个资本主义的生产过程是一个劳动过程和价值增值过程的统一。劳动过程是制造使用价值的有目的的活动,是为了人类的需要而占有自然物,是人和自然之间的物质变换的一般条件,是人类生活的永恒的自然条件。因此,作为劳动过程,它不以人类生活的任何形式为转移,它是人类生活的一切社会形式所共有的。从劳动过程本身意义上来讲,资本主义的劳动过程是资本家消费劳动力的过程,这个过程有两个特点:一是工人在资本家的监督下劳动,他的劳动属于资本家;二是产品是资本家的所有物,而不是直接生产者工人的所有物。而在资本主义社会里资本家所关心的一是他要生产具有交换价值的使用价值,要生产用来出售的物品即商品;二是他要使生产出来的商品的价值,大于生产该商品所需要的各种商品的价值总和。资本家希望劳动力所提供的独特的服务,是这个商品独特的使用价值,即它是价值的唯一源泉,并且能够创造出比它自身价值更大的价值。因此,剩余价值不外是资本家把劳动时间延长到补偿劳动力加之以上的那部分劳动所创造的价值,即工人创造新价值和劳动力价值的超过额。

对资本主义生产过程的分析,揭示出资本主义剥削的本质。应当指出,剥削剩余劳动,并不是资本主义所特有的,而是一切剥削制度都共同具有的特点。但是只有在一定的历史条件下,劳动力成为商品,剥削剩余劳动才采取剩余价值形式。由此可见,资本是能够带来剩余价值的价值,是一个历史的范畴,它体现着资本家剥削雇佣工人的关系。正如马克思指出:"资本不是物,而是一种以物为媒介的人和人之间的

① 《资本论》第1卷,载《马克思恩格斯全集》第23卷,人民出版社1972年版,第200页。

社会关系。”①

资本家对剩余价值的追求和贪欲是无止境的。资本家为了追求更多的剩余价值,在资本主义生产的早期,主要是靠延长工作时间来进行的。正如马克思所说:“看来,靠超过法定时间的过度劳动获得额外利润,对许多工厂主来说是一个难于抗拒的巨大诱惑。他们指望不被发觉,而且心中盘算,即使被发觉了,拿出一笔小小的罚款和诉讼费,也仍然有利可图。”②资本的无限的恶狼般的贪求剩余劳动,这不仅突破了工作日的道德极限,而且突破了工作日的纯粹身体的极限。资本主义生产的实质就是剩余价值的生产,这种生产在早期不仅使人的劳动力由于被剥夺了道德上和身体上的正常发展和活动条件而处于萎缩状态,而且使劳动力本身未老先衰和死亡。

随着社会生产力水平的不断提高,工人阶级争取自己权利的斗争的不断深化,资本主义的剥削方式也在悄然发生变化。各个资本家在追求超额的剩余价值的过程中,不断提高和改进生产技术水平,这种提高生产技术的行为,在不同的资本家之间进行竞争的结果就是生产技术和劳动生产率普遍提高,结果是商品价值下降,商品价值的下降使再生产劳动力的生活资料价值下降,劳动力价值下降结果就是缩短了必要劳动时间,相应地延长了剩余劳动时间。这种变化尤其是第二次世界大战以来,现代科技革命引起的生产力迅速发展,使发达资本主义国家的生产物质条件发生了巨大变化。特别是在电子工业、计算机信息科学、生物技术、航空航天、新能源新材料等领域的最新发展,拓宽了人类的视野和活动范围,提升了人类认识自然和改造自然的能力。知识是第一生产力,科技就是力量,人类劳动生产率空前提高,这为资本主义生产更多的剩余价值奠定了基础,虽然工人的劳动时间没有更多的绝对的延长,甚至有很大的改善,但是,个人遭受到的剥削程度却在不断地提高,更多的财富更加集中在少数资本家手中。

资本家为了扩大对劳动的剥削,还有不断扩大生产规模。用来追

---

① 《马克思恩格斯全集》第23卷,人民出版社1972年版,第834页。

② 《资本论》第1卷,人民出版社1975年版,第271页。

加生产的资本不是别的，正是雇佣工人生产出的剩余价值，剩余价值不仅是作为剥削的结果，而现在又转化为剥削的前提。资本主义的基本经济规律就是剩余价值规律，为了榨取更多的剩余价值，一方面，资本家不断通过绝对剩余价值生产和相对剩余价值的生产加大对工人的剥削，另一方面，他通过剩余价值转化为资本即资本积累来扩大生产规模，剥削更多的工人来增加剩余价值。当然，弱肉强食的竞争态势，也逼迫资本家不得不进行资本积累，在竞争中站稳脚跟，以免被别人击败。马克思这样描绘："积累是对社会财富世界的征服，它在扩大被剥削的人身材料的数量的同时，也扩大了资本家直接和间接的统治。"① "虽然资本家的挥霍从来不像放荡的封建主的挥霍那样是直接了当的，相反地，在它的背后总是隐藏着最肮脏的贪欲和最小心的盘算；但是资本家的挥霍仍然和积累一同增加，一方面决不会妨害另一方。因此，在资本家个人的崇高的心胸中同时展开了积累欲和享受欲之间的浮士德式的冲突"②。

在资本积累的进程中，资本家为了获取超额的剩余价值和在竞争中取得有利的地位，总是力图改进技术，采用新的机器设备，提高生产的效率。但是这在客观上造成了一系列的后果，首先是购置新的先进的设备，提高了不变资本在整个资本中的比重，使得资本有机构成不断提高；其次，资本积累过程中的资本有机构成的不断提高，给工人阶级的命运产生严重的影响，造成相对人口过剩，使得大量的工人失业；最后，资本积累的一般规律的作用和后果，必然造成对立的两极：一极是资本家财富的积累，另一极是雇佣工人贫困的积累。马克思指出："社会的财富即执行职能的资本越大，它的增长的规模和能力越大，从而无产阶级的绝对数量和他们的劳动生产力越大，产业后备军也就越大。可供支配的劳动力同资本的膨胀力一样是由同一些原因发展起来的。因此，产业后备军的相对量和财富的力量一同增长。但是同现役劳动军相比，这种后备军越大，常备的过剩人口也就越多，他们的贫困同他

---

① 《资本论》第1卷，人民出版社1975年版，第650页。

② 同上书，第651页。

们所受的劳动折磨成反比。最后,工人阶级中贫苦阶层和产业后备军越大,官方认为需要救济的贫民也就越多。这就是资本主义积累的绝对的、一般的规律。"①

资本积累的过程同资本的原始积累一样,同样是剥夺他人劳动和财富的过程。它不仅剥削工人的剩余价值,还通过资本积聚和资本集中等手段剥夺中小资本,使得社会财富越来越集中到少数资本家手中,社会的基本矛盾日益尖锐。生产资料的集中和劳动的社会化,达到了同它们的资本主义外壳不能相容的地步,这样资本主义制度的丧钟就要响了,剥夺者终究要被剥夺,这就是资本主义积累的历史趋势。

因此,通过以上对资本主义经济制度本质的分析,资本主义依然是一种剥削制度,是建立在资本雇佣劳动基础之上的新的剥削体制。追求剩余价值是这个方式的基本规律,而正是由于对剩余价值无止境的追求,导致资本主义的必然趋势是被社会主义代替,资本主义必然走向灭亡。中国绝不能再走资本主义的道路,无产阶级也不能再次遭受资本的奴役和剥削,社会主义的康庄大道已经为无产阶级指明了方向。

三、资本主义发展的历史趋势是必然被社会主义所替代

(一)从自由竞争到垄断再到经济的全球化

资本主义的发展经历了两个阶段:自由竞争的资本主义和垄断的资本主义。19 世纪末 20 世纪初,垄断开始代替自由竞争并占据统治地位,垄断资本主义得以形成。垄断是指少数大资本为获取垄断高额利润而彼此达成协议联合起来,共同控制和瓜分社会生产与销售市场。第二次世界大战之前的垄断资本主义是以私人垄断资本主义为基础的。由于自由竞争引起生产和资本的集中,其发展到一定程度必然导致垄断,生产集中和资本集中是垄断形成的物质基础。第二次世界大战后,生产集中和垄断有了进一步的发展。垄断组织的规模迅速扩大,

① 《资本论》第 1 卷,人民出版社 1975 年版,第 707 页。

垄断程度有提高的趋势，垄断组织的经营向多样化和综合化方向发展，主要表现为私人垄断加速向国家垄断转变。垄断资本主义时期，自由竞争只占次要地位，占主要地位的是由垄断而产生的竞争，即“垄断竞争”。它包括：垄断组织内部的竞争，垄断组织之间的竞争，垄断组织与非垄断组织之间的竞争，这些竞争错综复杂地交织在一起。垄断利润的来源，归根到底是无产阶级和其他劳动人民所创造的剩余价值。垄断利润本质上仍然来源于剩余价值，意味着资产阶级对无产阶级剥削程度的加深。垄断是资本主义发展到一定历史阶段的产物。

国家垄断资本主义是指私人垄断资本与资产阶级国家政权相结合所形成的一种新的垄断资本主义形式。国家垄断资本主义的产生，是垄断资本主义生产关系在自身范围内的部分质变，标志着资本主义发展进入更新阶段。国家垄断资本主义形成和发展是资本主义基本矛盾尖锐化的结果。首先，随着科学技术的发展和生产社会化程度的提高，要求资本主义生产资料在更大的范围内被支配，客观上要求通过国家的力量来建设基础设施，为私人垄断资本提供服务，从而促进了国家垄断资本主义的产生。其次，经济波动和经济危机的深化，需要运用资本主义国家政权的力量来对付危机，消除危机带来的影响。最后，为了缓和社会矛盾，协调社会各阶级、各阶层之间的利益关系，要求资本主义国家介入国民收入的再分配领域，进行私人垄断资本主义所不可能承担的调节利益再分配的活动。国家垄断资本主义没有触及资本主义私有制，没有改变资本主义经济关系和阶级的根本性质，因而不可能从根本上消除资本主义基本矛盾，随着生产力的发展，又必然进一步加深资本主义基本矛盾。实践表明，国家干预经济还会带来一系列新的矛盾和问题，如财政赤字、通货膨胀、金融风险、国际经济中新的摩擦和斗争。所有这些都反映了国家垄断资本主义的历史局限性。

国家垄断资本主义是生产资料私有制在资本主义生产范围内自行扬弃的一种形式。国家垄断资本主义的历史作用在于：它既通过缓和资本主义基本矛盾而延缓革命的到来，又为社会主义准备着更充分的物质条件，使社会主义不可避免地要取代资本主义。

垄断资本不仅在一国范围内逐渐获得统治地位，还在世界范围内不断地扩展。垄断资本在国内建立了垄断统治之后，必然要把势力范围扩展到国外。其主要的经济动因是：第一，为"过剩"的资本寻找投资场所，以获取高额垄断利润；第二，通过资本输出将部分非要害的技术转移到国外，以取得在资本输入国的技术上的垄断优势，从而攫取高额垄断利润；第三，通过资本输出控制国外原料产地确保原产料和能源的可靠来源，并通过资本输出越过对方的贸易壁垒，在国外就地生产，就地销售，迅速进入并占领商品市场；第四，资本输出也是垄断资本主义国家在政治上控制资本输入国、争夺殖民霸权的重要手段；第五，现代交通运输和通讯技术的发展，为资本国输出创造了前所未有的便利条件，资本国际化的进程大大加快。国际垄断组织和国际垄断同盟以及国际协调机构进行的国际经济调节，从根本上说是为了维护资产阶级的利益、为其攫取高额垄断利润服务的。国际垄断组织和国际垄断同盟以及国际协调机构不仅维护了本国垄断资产阶级的利益，而且对资本主义世界的经济关系进行协调和调整，从而维护了整个资本主义制度和各国垄断资产阶级的共同利益。当代垄断资本主义国家更多地采用比较缓和和隐蔽的手法，打着所谓"援助"的旗号实现其对发展中国家的剥削、控制。但是，出于维护垄断资本既得利益和扩张势力范围的需要，垄断资本主义国家在对外关系中依然推行霸权主义和强权政治，维护国际政治经济旧秩序，不尊重他国主权和独立，甚至寻找各种借口对他国进行赤裸裸的军事侵略和武装占领，暴露出垄断资本主义的扩张主义本性。因此，尽管第二次世界大战后，垄断资本主义的基本经济特征在表现形式上发生了一些变化，但其基本内容及其实质并没有发生根本变化。

当代资本主义另一个重要的经济现象就是经济全球化。经济全球化是指在生产不断发展、科技加速进步、社会分工和国际分工不断深化、生产社会化和国际化程度不断提高的情况下，世界各国各地区的经济活动越来越超出一国或地区的范围而互相联系、互相依赖的一体化过程。经济全球化的主要表现形式包括：生产的全球化，国际水平分工的形成为生产的全球化奠定了基础；贸易的全球化；金融的全球化；企业经营的全球化，其重要标志是跨国公司逐步成为全球经济活动的载体,成为世界经济的主导力量;世界各国在经济体制的选择上趋同。当今世界经济全球化是由发达资本主义国家主导的,所以,发达资本主义国家是经济全球化的主要受益者。经济全球化对发展中国家也具有积极的影响,加速了其经济的发展和现代化进程,为广大发展中国家带来了加快经济发展的机遇。但经济全球化对发展中国家来说是一把“双刃剑”,在产生积极效应的同时,也会产生消极的后果。首先,是扩大发达国家和发展中国家之间的差距,发展中国家处于某种“受制于人”的不利地位。其次,是增加了风险和挑战。国家内部和国际社会会出现不同程度的治理危机,例如,2007 年底开始的席卷全球的金融危机,就是由美国次级贷引发的、自 1929 年经济大危机以来最为严重的、全球性的经济危机,它造成的损失是巨大的。事过三年以后的今天,很多国家仍然处在经济乏力的状态。再次,在经济增长中忽视社会进步,环境恶化与经济全球化有可能同时发生。气候变暖、重大自然灾害频繁爆发等都与人类不适当的生产和开采有关。最后,经济全球化使各国的产业结构调整变成一种全球行为,经济全球化所带来的消极后果,会制约甚至破坏全球生产力的发展,对全球经济持续健康稳定地发展带来严重的影响。正如恩格斯所说:“现代国家,不管它的形式如何,本质上都是资本主义的机器,资本家的国家,理想的总资本家。它越是把更多的生产力据为己有,就越是成为真正的总资本家,越是剥削更多的公民。工人仍然是雇佣劳动者,无产者。资本关系并没有被消灭,反而被推到了顶点。”①

因此,自由竞争的资本主义也好,垄断的资本主义也罢,甚至经济的全球化和经济体制上的趋同化现象,最终都没有从根本上改变资本雇佣劳动这一剥削的实质,资本主义的基本矛盾依然存在,其有时表现为更为惨烈的经济或者金融的危机,甚至还出现了当代资本主义国家的主权债务危机,或者演变为地区的冲突和恐怖事件,这些不稳定因素是资本主义矛盾全球化的新表现形式。

---

① 《马克思恩格斯选集》第 3 卷,人民出版社 1995 版,第 629 页。

（二）当代资本主义经济政治的新变化

当代资本主义主要是指第二次世界大战以来的国家垄断资本主义。当代资本主义呈现出新的政治经济特点，深入分析这些政治经济现象，揭示这些变化背后的实质，对于我们正确认识当代资本主义具有非常重要的意义。

1. 科学技术的迅猛发展，为生产力的发展开辟了新的空间

以西方发达国家为主要策源地的第三次科技革命，是人类认识世界、改造自然进程中的一次巨大的历史性飞跃。20 世纪初到五六十年代，核能、半导体、合成化学等技术接踵诞生并得到初步发展；80 年代后半期，微电子技术、信息技术、生物工程、宇航技术、新材料技术、计算机和网络技术迅速发展。所有这一切，仿佛巨大的羽翼，把人类从机器大生产时代提升到以信息技术为核心的自动化生产时代。

2. 产业结构的调整，带来就业结构的调整

由于科学技术的发展，西方发达国家的第一、第二产业大大下降，第三产业迅速上升，在国民经济中的比重目前已达到 2/3 左右。第三产业的领头雁是高科技产业，而雁头就是信息产业，它们分别约占国民生产总值的 1/3 和 1/6。与此相随，蓝领工人减少，白领工人增多；非知识型工人减少，从事信息处理的知识型工人增多。近年来，在美国数百万新的就业者中，知识型工人约占 90%。工人阶级科技文化水平的提高，直接推动了社会生产力的发展。这种调整最终表现为：一是资本家的地位和作用发生很大的变化，其主要作用表现为成为剩余索取权人、成为食利阶层；二是大企业普遍存在内部人控制问题，企业经理层成为实际控制者；三是知识型和服务型劳动者的数量不断增加，劳动方式发生了很大的变化，实现从传统劳动方式向现代劳动方式的转变。

3. 劳资关系和分配关系发生变化

在劳资关系上，西方发达国家在坚持不损害资产阶级根本利益的前提下，采取包括允许部分工人参加企业管理等多种形式，改善劳资关系，缓和阶级矛盾。比如，20 世纪 80 年代以来，欧盟各国就普遍实行企业共同决定制度，规定企业必须吸收一定比例的工人代表进入董事会参与决策，否则就是违法。在分配关系上，许多发达国家在坚持以剥削为特征的按资分配的前提下,对收入分配政策进行了某些调整,在一定程度上缓和了社会矛盾,例如终身雇佣制、员工持股计划、全面化的福利制度等等。目前,西方国家每年通过税收集中起来的国民收入占国内生产总值的1/3以上,其中欧盟国家已接近50%。在以国家财政形式集中起来的这一部分国民财富中,大约50%主要用于贫困救济、免费医疗、失业补贴、养老金发放等社会福利开支,使工人的生活得到较大改善。

4. 随着生产社会化程度的提高,企业组织形式发生变化

第二次世界大战后,银行信用体系膨胀,金融组织不再仅有商业银行,而且还有大量的保险公司、证券公司和其他金融机构;金融资本与工商资本进一步融合,形成更为庞大的金融资本,扩大和加深了金融资本的统治。股份公司进一步发展,吸收的社会资本更多,企业组织管理更加严密,垄断资本可以用更少的股份控制整个公司,进而垄断市场,榨取更多的利润。从事高新技术行业的新型公司异军突起。公司兼并之风此起彼伏,资本日益集中和垄断,跨部门跨行业的超级企业集团和巨型跨国公司大量涌现。从某个方面来看,企业组织形式的这些变化,增强了垄断资本抵御风险、增值自身的能力。当代资本主义在生产关系方面,也进行了一系列调整。在产权关系上,不少发达国家在坚持私有制不变的前提下,对财产所有形式进行了调整,出现了所谓资本社会化的趋势,主要表现在两方面:一是根据经济形势的需要,建立和发展一定比重的国有经济;二是企业股权的分散化。第二次世界大战后,社会个人买股票和企业法人之间互相购买股票的越来越多,出现了所谓股权分散化和资本社会化的趋向。

5. 国家从市场经济的"守夜人",转变为经济发展的干预者

国家或者利用各种财政和货币政策调节国民经济的运行,或者在资本主义制度允许的范围内实行一定的发展计划,直接投资某些产业特别是公共设施,交替实行国有和私有,以提高国民经济的总体效益,或者实施一定的税收政策和社会再分配政策,限制过高收入和过度垄断,建立社会福利和保障制度。所有这些自我调节、改良和改善,在一定程度上缓解了资本私人占有对生产力发展的制约。

6. 政治制度的变化

西方国家同样在坚持资产阶级根本统治不变的前提下，在国家政权结构、社会管理形式、法制建设等方面，做了一些调整。国家政权结构及其运行日益法制化，资产阶级国家通过宪法和法律，使国家权力的构成，权力结构中各权力主体的活动，官员的任免、提升、奖励和监督等，都纳入法制的轨道，国家管理经济和社会的职能也进一步加强。

以上这些变化首先说明，尽管当代资本主义社会固有的基本矛盾依然存在，依然面临着种种难以解决的问题，但客观地说，当代资本主义仍具有一定的发展能力和自我调节能力，这种能力在资本主义制度所能容纳的全部生产力发挥出来以前，是不会消失的；另一方面也说明，当代资本主义虽然发生了巨大的变化，但是资本主义制度的本质并没有改变，只要生产资料私有制和雇佣劳动还存在，只要生产剩余价值的规律还发生作用，资本主义生产关系的根本性质就不会改变，基于资本主义基本矛盾基础之上的经济危机和金融危机的痼疾就不可能克服。

（三）资本主义发展的历史趋势是必然被社会主义所替代

科学社会主义创始人马克思、恩格斯早在100多年前所写的《共产党宣言》中，就明确提出了一个重要论断：资本主义必然灭亡、共产主义必然胜利。他们所揭示的这一真理，主要不是出于对资本主义的痛恨和对社会主义的向往，而是基于对资本主义经济运动的科学分析。资本主义社会的基本矛盾是生产的社会化与生产资料资本主义私人占有之间的矛盾。资本主义生产力的特征是生产的社会化。社会化生产既然已经不具有个体的私人生产的性质，因而也就否定了私人占有生产资料和劳动产品的基础，生产的社会化要求改变以生产资料私有制为基础的资本主义生产关系。这是生产力决定生产关系、生产关系一定要适合生产力状况规律决定的，是不以人的意志为转移的。

随着资本主义生产社会化程度的不断提高，它同资本主义私人占有制的矛盾也日益尖锐起来，在这一矛盾基础上产生出来的各种社会矛盾也日益尖锐化。资本主义孕育着革命，这一革命就是按照生产关系一定要适合生产力状况的规律，社会主义生产资料公有制代替资本主义生产资料私有制，资本主义制度向更高级的社会形态——社会主义转化。这是资本主义基本矛盾发展的必然结果，而生产的社会化是决定这一转化的革命因素。这是因为，生产社会化的发展，使资本主义所有制关系的外壳逐步容纳不下去，于是生产力发展的锋芒就指向了资本主义制度，这个外壳就要被炸毁了。

资本积累是推动资本主义灭亡的物质条件。资本积累对资本主义来说具有双重后果：一方面，通过资本积累，资本的规模得以扩大，对于单个资本而言，可以提高竞争力，获取超额利润，所以，资本主义具有强烈的积累冲动；另一方面，资本积累客观上使生产集中和资本集中加快，推动了生产社会化，又为资本主义私有制的消亡奠定了物质基础。资本积累的加快进行实际上起着加快资本主义灭亡的作用。

国家垄断是标志资本主义灭亡的社会条件。国家垄断资本主义的出现意味着资本主义条件下生产、资本、管理的社会化达到最高水平，从而为全社会共同占有生产资料和共同组织社会化生产准备了充分的物质条件和经济条件。“国家垄断资本主义是社会主义的最充分的物质准备，是社会主义的前阶，是历史阶梯上的一级，在这一级和叫作社会主义的那一级之间，没有任何中间级”①。

工人阶级是资本主义灭亡的阶级条件。资本主义的发展，不仅生成了摧毁资本主义生产关系的物质技术力量——社会化大生产，而且随着资本主义的发展使工人阶级的队伍不断扩大，且其素质日益提高。随着生产社会化水平的不断提高和无产阶级队伍的不断壮大，无产阶级必将彻底推翻资本主义和资产阶级的统治。

在资本主义社会中，无产阶级处在社会的最底层，除了出卖自己的劳动力之外，一无所有，在经济上遭受残酷的剥削，在政治上深受压迫，没有自己的什么东西需要保护，它的阶级利益同资本主义发展的历史趋势——资本主义被社会主义所替代是一致的，它同其他劳动阶级相比最具有革命的彻底性和坚定性。无产阶级又是先进生产力的代表，它与大机器工业相联系，具有严格的组织性，纪律性和团结一致的精

---

① 《列宁选集》第3卷，人民出版社1995年版，第266页。

神。社会化大生产使无产阶级日益成为有机的整体。无产阶级同资本主义社会中的其他劳动阶级的根本利益是一致的，因此它能够把广大劳动群众团结起来，组成一支浩浩荡荡的革命大军，打碎资本主义旧世界，创造一个社会主义新世界。无产阶级的社会地位和阶级特点，决定了它的历史使命就是推翻资本主义、建设社会主义。无产阶级是资本主义的掘墓人，是实现由资本主义向社会主义过渡的社会力量。资本主义向社会主义过渡的必然性，是通过无产阶级的自觉行动实现的。

综上所述，资本主义向社会主义的转化，是资本主义社会生产力和生产关系矛盾运动的必然结果，是资本主义社会两大对抗阶级之间阶级斗争发展的必然结局。就全球社会来看，尽管近些年来资本主义所主导的全球化给各个国家包括发展中国家带来了发展的机遇，但它同时也带来很多问题，甚至是灾难性的。除了全球化的非规则进行所造成的全球经济危机，最主要的问题就是全球社会经济发展不公平问题。联合国开发计划署发表的《1999 年人类发展报告》已经指出，全世界人口的 1/5 生活在富国，占有全球 86% 的国内生产总值、82% 的出口市场份额、68% 的外国直接投资和 74% 的电话线路；1/5 的人口生活在最贫穷国家，在上述各项中只占 1%。上述两类人口的收入比差距由 1960 年的 30:1，扩大到 1997 年的 74:1。所以，报告以全球化为主题，呼吁重新制定全球化规则，逐步缩小世界上日益扩大的贫富差距。

发达资本主义国家之间的矛盾也在扩大。例如，美国在经济全球化进程中，利用自己的美元在国际金融领域所占据的主导地位，控制国际金融市场和投资流向，干预其他国家的经济发展，并从中受益，这引起其他发达国家的强烈不满。有的学者甚至提出要创造新的世界货币来制约美国的势力。又如美国在推行其经济全球化的同时，也推行着政治和文化的全球化。它不仅对落后国家进行文化侵略，也对加拿大、法国等国家进行文化渗透。1997 年就有资料显示，美国对加拿大的文化渗透相当严重，占领其电影市场的 95%、电视剧的 93%、英语节目的 75%、书刊市场的 80%。为此，加拿大有识之士忧心忡忡，呼吁采取保护本国文化的措施。法国的情况也很相似。所以，就连西方学者也认为，这种文化的“全球化”和“西方化”，实际上是“美国化”，对此提出强烈抗议。近年来,后殖民主义和新的民族主义的兴起也与此直接相关。

当今资本主义的发展还给人类造成了许多灾难。如生态环境问题,资本主义在工业化进程中曾经造成了大量的生态环境破坏,但当它们发展起来之后,却要遏制落后国家发展经济,把生态环境的恶化归罪于发展中国家,对发展中国家提出了种种不合理要求,把有害于环境的生产线甚至垃圾转嫁到这些国家。至于有些发达国家推行霸权主义和强权政治给全球社会所带来的灾难性后果,更是不言而喻。

总而言之,尽管当今资本主义有了一些新的发展变化,但是本质没变,资本主义必然被社会主义所替代的历史趋势没有变。

四、资本主义道路在中国行不通

资本主义制度虽然是一种剥削制度,但以资本主义制度取代封建制度毕竟是一种历史进步,而且西方一些国家实行资本主义制度后,确实走向了富强。而且,今天世界上一些发达的国家仍然是资本主义国家,而社会主义的阵营在不断缩小,社会主义国家也大都面临着自己发展的各种困境和迷惑。可是,为什么在近代中国历史条件下,资本主义道路在中国行不通?而中国经济社会发展到了今天,为什么仍然不能走资本主义道路呢?我们应当从历史和现实两个方面去分析。

首先从历史发展的角度去看,资本主义道路不适合近代的中国。原因有三:

一是中国社会历史上的经济政治状况不允许走资本主义道路。中国明朝中后期出现资本主义萌芽,但是发展缓慢。由于封建上层建筑的作用,中国古代实行重农抑商,闭关锁国,保护封建经济,封建社会中小农业和家庭手工业相结合的自然经济的性质,阻碍了社会分工,难以形成真正意义上的商品生产。资本主义在封建主义帝国主义官僚资本主义的三座大山压迫下无路可去。

中国的民族资本主义,从19世纪下半期萌芽,但由于帝国主义和封建主义的压迫,始终没有发展为独立的力量。相反,由于民族资产阶级在经济上不能完全断绝同帝国主义和封建主义的联系,在政治上没有彻底的反帝反封建的勇气和力量,他们所具有的软弱性、动摇性,决定了他们没有彻底推翻封建统治、推翻帝国主义、争取民族独立的能力。国民党取得政权后,依附于帝国主义、具有封建性的官僚资本和“四大家族”聚敛了大量财富,使中国人民依然生活在半殖民地半封建社会的黑暗沼泽之中。这样中国人民寻求民主自由、寻求民族解放的斗争,中国人民渴望繁荣富强、渴望生活幸福的希冀落在了中国共产党人的肩上。

二是20世纪的时代条件和国际环境决定了中国人民选择走社会主义道路。中国选择社会主义道路时,正处于无产阶级革命的时代。毛泽东同志指出:“帝国主义列强侵入中国的目的,决不是要把封建的中国变成资本主义的中国。”它们的目的,就是要占领中国的市场,掠夺中国的资源,使中国继续成为他们的殖民地半殖民地。第一次世界大战的爆发,20世纪30年代席卷全球的经济危机,引发了资本主义世界的经济、政治、信仰恐慌。为了摆脱危机,许多资本主义国家纷纷走向法西斯道路,不惜通过发动战争摆脱危机,使得资本主义的吸引力不断下降。当时社会主义国家苏联蒸蒸日上,经济建设取得辉煌成就。苏联为中国提供了一种崭新的制度选择。第二次世界大战和解放战争使得中国人民渴望自由富强的新生活,因此,走苏联的路,成为许多先进分子的共识。选择社会主义道路而不是资本主义道路成为人心所向、大势所趋。

三是中国革命的领导力量决定了中国必然走社会主义道路。从中国社会各个阶级、阶层的特性来看,农民阶级是民主革命的最大力量,但他们由于的经济和文化条件而带有分散性和某些落后性;民族资产阶级有发展资本主义经济的强烈愿望,但由于与帝国主义和封建主义千丝万缕的联系,他们没有彻底的反帝反封建的勇气和能力;工人阶级是中国最先进、最革命、最有组织性的阶级,是中国民主革命的天然领导阶级。因此,中国的民主革命只能是无产阶级领导的新民主主义革命。中国共产党作为领导者,在完成新民主主义革命后,必然要把这一革命引向社会主义方向。因此,中国没有走资本主义道路,而选择了社会主义道路,是中国人民包括工人、农民、民族资产阶级、小资产阶级和其他社会阶层人士共同的选择,是历史发展的一个必然结果。

中国经济社会发展到今天,是否可以走资本主义道路了呢?从中国的现实看,中国仍然不能走资本主义道路,这是当代中国现实的选择。有人认为中国没有经过资本主义的充分发展就进入了社会主义,应该补上资本主义这一课。中国现在不能走资本主义道路,主要原因是:

首先,中国不能走资本主义道路,这是我国的现实国情和发展目标决定的。中国的国情是国土广大、国情复杂、人口众多、经济和文化不发达,如果走资本主义道路,可能在某些局部地区或者少数人将更快地富起来,而大量的人仍然摆脱不了贫穷,必然导致严重的贫富分化,发生一系列社会矛盾和冲突,国家和社会将为此付出残酷的代价。中国社会主义的发展目标是实现共同富裕,这是社会主义的本质要求。只有走社会主义道路,才能使大多数人从根本上摆脱贫困、走向富裕,才能实现我们的目标。

其次,中国现在不能走资本主义道路,是中国社会主义建设的经验总结的结论。社会主义制度在中国取得了巨大的进步和成就,正是由于社会主义制度的确立,为国家的统一、民族的团结、经济的发展、文化的繁荣、民主的进步、社会的和谐,奠定了根本前提和制度基础。放弃或动摇社会主义制度,只会使国家和全国各族人民整体利益从根本上受到侵害。坚持社会主义方向,走中国特色社会主义道路,是中国共产党和中国人民在长期奋斗中得出的历史结论。因此,目前社会经济发展迅速稳定的大好局面下,人民生活水平日益得到提高和改善,我们无论是从中国的国情出发,还是从中国人民这来之不易的局面出发,中国必须走和谐、科学发展的道路,而不能再走可能将人民带入灾难的资本主义道路。

传承优秀传统文化，推动中国特色社会主义文化发展繁荣[①]

郭建宁

党的十七届六中全会对近年来我国文化发展的丰富实践和宝贵经验进行了全面深入的总结，提出了建设社会主义文化强国的宏伟目标和战略方针。《人民日报》11 月 4 日起，开设"学习《决定》精神 推进文化繁荣"专栏，陆续刊登专家学者对于《决定》中重要观点和精神的解读和研究，希望这些文章能够为大家学习《决定》精神提供参考，为社会主义文化大发展大繁荣起到助推之力。

党的十七届六中全会通过的《中共中央关于深化文化体制改革推动社会主义文化大发展大繁荣若干重大问题的决定》强调，中国共产党既是中华优秀传统文化的忠实传承者和弘扬者，又是中国先进文化的积极倡导者和发展者。这一重要论断充分体现了五千年优秀传统文化与当代中国社会主义先进文化的历史衔接、相互贯通和内在结合，从而使我们今天的文化建设既有深厚的历史文化底蕴，又充满时代气息，是文化传承和文化创新的高度统一。

一、文化传承创新是文化建设的基本内容，是文化发展繁荣的基本规律

中华民族具有悠久的历史和优良的传统。中华优秀传统文化对于凝聚和团结全国各族人民，起着重要的纽带和基础作用。其中诸如以

---

① 原文《传承优秀传统文化 发展中国先进文化》，发表在 2011 年 11 月 4 日的《人民日报》上。

人为本，讲究诚信，强调和谐，重视教育，倡导德治等等，在当今中国的改革开放和文化建设中，仍然是重要资源。传承中华优秀传统文化，培育和弘扬民族精神，对于增强民族自尊心、自信心、自豪感，使全国人民始终保持奋发有为、昂扬向上的精神状态，实现中华民族的伟大复兴，具有特别重要的意义。

先进文化是健康的科学的向上的，是代表未来发展方向、推动社会前进的文化，是人类文明进步的结晶，它影响人的精神和灵魂，渗透于社会生活各个方面。是否拥有先进文化，是否代表先进文化的前进方向，决定了一个政党、国家和民族的素质、能力和兴衰。社会主义现代化应该有繁荣的经济，也应该有繁荣的文化。中国先进文化，是凝聚和激励全国各族人民的重要力量。它源于中华民族五千年的文明史，又植根于中国特色社会主义的实践，具有鲜明的时代特征。

文化是一个民族的灵魂和血脉，是一个民族的集体记忆和精神家园，体现了民族的认同感、归属感，反映了民族的生命力、凝聚力。失去了民族文化传统，就如同浮萍，没有了根，就如同流浪者，失去了家园。文化认同与文化传承是民族赖以生存的基础和继续发展的前提，其重要性是不言而喻的。当然，人类已经进入了21世纪第二个十年，如何应对全球化的冲击，如何在激烈的文化竞争中生存与发展，核心是文化创新。创新是一个民族进步的灵魂，是一个国家兴旺发达的不竭动力，也是一种文化生生不息的源头活水。即使是优秀的文化传统，也要适应时代的需要，实现现代性的创造性转化，同时融入民主精神、科学精神、市场精神、法治精神、竞争精神、公平精神等新理念。只有永远保持创新精神，才能谱写新时代民族文化的新篇章，赋予其新的内涵与活力。

中国特色社会主义文化发展道路，就是社会主义先进文化与民族优秀传统文化相结合的发展道路，在这里，悠悠古韵与勃勃生机是有机结合的，文化传承与文化创新是内在统一的。传承是基础，创新是生命，两者不可偏废。对此，我们必须始终保持清醒的认识。

二、建设优秀传统文化传承体系，着力推进文化建设的现代化、生活化、社会化、教育化、网络化

传承与弘扬中华优秀传统文化，要有一套具体的做法和合适的路径。中华文化具有悠久的历史，但是五四以来在文化方面总的看是破的多，立的少，从近百年来的文化讨论来看，一些相同的主题几乎过几年就被重新提起，老是在批判传统——重建传统——再批判传统——再重建传统里兜圈子。结果是，在如何继承优秀传统文化方面，我们已经没有多少时间可以再犹豫彷徨了。要从娃娃抓起，从最基础的典籍着手，从最基本的文明礼仪和规范做起，在文化建设方面多做扎扎实实的工作：

现代化。这里的现代化主要指的是现代化的科技手段。中华民族五千年的文明积累了极为丰富的文化遗产，既有物质文化遗产，也有非物质文化遗产。要加强规划，加大投入，特别是运用现代科技手段，认真做好文化典籍整理工作，切实保护我们的文化瑰宝。

生活化。逐步使仁义礼智信、温良恭俭让、礼义廉耻成为日常生活规范。培育与人为善、乐于助人的道德情感，见利思义、顾全大局的行为准则，形成相互尊重、礼让宽容的人际关系，互谅互让、友好协商、人人为我、我为人人的社会风尚，创造关爱他人、团结互助、维护公平、伸张正义的社会氛围。

社会化。使中华文化走入社区和社会，改造和发展具有浓郁民族特色的民间风俗礼仪，开展丰富多样、健康有益的民间民俗文化活动，保持中华民族共有的精神记忆和文化传承。

教育化。使中华文化成为小学、中学的重要课程。要切实做好中小学生的传统文化教育，各学科课程都要结合学科特点融入中华优秀传统文化的内容，在全国中小学生中广泛开展典籍诵读活动。

网络化。要把中华文化的丰厚资源与现代数字、网络技术结合起来，使网络成为传播中华文化的重要载体。使更多的人了解传统文化，

喜爱传统文化，成为优秀传统文化的承载者和传播者。

传统文化是一个复杂的矛盾体，需要具体分析。要全面认识祖国传统文化，取其精华，去其糟粕，使之与当代社会相适应，与现代文明相协调，保持民族性，体现时代性。

三、在中国特色社会主义的伟大实践中进行文化创造，倡导和发展中国先进文化

中国特色社会主义的伟大实践是当代中国文化建设的基础。在中国特色社会主义的伟大实践中进行文化创造，必须坚持：

以科学发展为主题。必须抓住和利用我国发展的重要战略机遇期，在坚持以经济建设为中心的同时，自觉把文化繁荣发展作为坚持发展是硬道理、发展是党执政兴国的第一要务的重要内容，作为深入贯彻科学发展观的一个基本要求，进一步推动文化建设与经济建设、政治建设、社会建设协调发展。为继续解放思想、坚持改革开放、推动科学发展、促进社会和谐提供思想保证、精神动力、舆论支持和文化条件。

以建设社会主义核心价值体系为根本任务。社会主义核心价值体系是兴国之魂，是社会主义先进文化的精髓，决定着中国特色社会主义发展方向。必须把社会主义核心价值融入国民教育、精神文明建设和党的建设全过程，贯穿改革开放和社会主义现代化建设各领域，体现到精神文化产品创作生产传播各个方面。坚持用社会主义核心价值体系引领社会思潮，在全党全社会形成统一指导思想、共同理想信念、强大精神力量、基本道德规范。要坚持马克思主义指导地位，坚定中国特色社会主义共同理想，弘扬以爱国主义为核心的民族精神和以改革创新为核心的时代精神，树立和践行社会主义荣辱观。

以满足人民精神文化需求为出发点和落脚点。要维护人民群众的文化权益，满足人民群众多层次多方面的文化需求，让全体人民共享文化改革与发展成果。人民群众是文化发展的主体，也是文化消费的主体。文化的发展繁荣不仅体现在文化发展的良好环境和氛围，出人才

出精品，归根结底要体现在人民群众文化消费的数量增加，质量提升，内容充实，形式多样，人民群众呈现出良好的精神风貌和文化形象。

以改革创新为动力。要以更大力度推进文化改革发展，必须加快文化体制改革，加快构建公共文化服务体系，加快发展文化事业和文化产业。要推进文化观念创新，文化内容创新，文化业态创新，文化机制创新，不断激发人民群众的文化创造活力，推动社会主义文化大发展大繁荣。

文化自觉、文化自信与中国特色社会主义文化建设①

孙熙国

文化建设和发展需要文化自觉和文化自信。但是，自觉、自信的是什么样的文化？对中国古代优秀文化的自觉和自信无疑是文化自觉和自信的重要内容，但是，自觉和自信的对象首先应该是当代中国文化的自觉和自信。

一种文化只有真正强大起来了，才会有真正意义上的自觉和自信。如果一种文化不能强大起来，我们对这种文化最多能做到自觉，不可能做到自信。当我们的文化不能自强的时候，去谈自信就是盲目的自信。盲目的自信是可怕的自信。只有实现了文化自强后的自信和自觉才是真正意义上的自信和自觉。

我们的祖先曾经创造了光辉灿烂的文化，这些文化中的优秀传统和合理内容对于我们今天的文化发展和文化建设是十分宝贵的资源和财富。但是，在和其他世界文化强国相比较的时候，我们不能总是用“我祖上也曾阔过”来炫耀，不能总是依靠老祖宗来实现我们的文化自觉和自信。问题的关键在于，我们今天能拿出什么来？在今天谈文化建设和文化发展，我们必须面对和考虑的一个问题是：我们能够给世界贡献什么？要解决这一问题就需要我们建设和发展当代的文化。

文化具有时代性。任何文化总是和产生它的那个时代紧紧地联系在一起，离开了一定的时代，就不会有这个时代的文化。不同的时代有不同的任务和要求，不同时代的人为了完成自己时代的任务，回答自己时代的问题，因而便形成了自己时代的文化。在今天这样的时代，我们

---

① 原文《文化自觉、文化自信与文化发展》，发表在2011年11月23日的《中国教育报》上。

面临新的世情国情党情，面临推进建设中国特色社会主义的伟大实践和光荣使命，我们如何进行这一伟大实践，如何完成这一伟大使命，需要我们在理论上作出正确的回答。这种回答就构成了当代文化的重要内容。因此实现文化自觉、文化自信的关键就是努力建设和发展中国特色社会主义新文化，把我国建设成为真正意义上的文化强国。

但是，究竟如何建设、怎样创新和发展中国特色社会主义文化，如何实现文化强国的目标？学界并未形成统一的认识，甚至在一些最基本的问题上还存在着模糊的观点和看法。张岱年先生在20世纪80年代提出“综合创新”的文化发展观。学界大多承认综合创新是当代文化建设和发展的基本路径，但是在如何实现综合创新的问题上，大家又感到缺乏切实可行的具体操作手段。于是，方克立先生在2006年又提出“马魂、中体、西用”论，把张岱年先生“综合创新”论向前推进了一大步。但是，在如何认识时代实践，如何利用中西马三种不同文化资源建设和发展中国当代文化的问题上，还需要我们作进一步的思考。

我的基本看法是：当代的生活和实践是中国特色社会主义文化的真正源泉和发展动力。一切认识都来源于实践。时代的实践是任何思想文化的真正动力和源泉。中国特色社会主义文化是对我们正在进行着的中国特色社会主义实践的反映，我们必须立足时代的生活和实践，建设和发展中国特色社会主义文化。

马克思主义是中国特色社会主义文化的灵魂和核心。任何一种文化都不能缺失其灵魂。当代中国文化的灵魂就是马克思主义。在文化建设和发展问题上坚持马克思主义，就是坚持中国文化的发展要为人民群众服务。群众观点要解决的是我们的文化建设为了谁的问题，实践观点要解决的是我们文化建设如何发展、怎样发展的问题。

中国传统文化是中国特色社会主义文化的载体。今天我们要建设民族的科学的大众的社会主义文化，就是要充分运用中国传统文化的范畴和概念，用中国老百姓所喜闻乐见和广为熟知的民族语言，把反映当今时代的生活和实践的思想内容融入到这些概念和形式中。一句话，就是要用旧瓶来装新酒，用中国传统文化这一载体来承载中国特色社会主义实践的新内容。

西方文化是中国特色社会主义文化的质料。建设中国特色社会主义文化也需要吸收外国文化的有益成果。正如毛泽东同志所说:“中国应该大量吸收外国的进步文化,作为自己文化食粮的原料,……但是一切外国的东西,如同我们对于食物一样,必须经过自己的口腔咀嚼和胃肠运动,送进唾液胃液肠液,把它分解为精华和糟粕两部分,然后排泄其糟粕,吸收其精华,……决不能生吞活剥地毫无批判地吸收。”

因此,弘扬中华文化,建设中华文明共有精神家园,需要我们立足时代的生活和实践,从中国特色社会主义实践中开出当代中国文化发展之源,从马克思主义基本立场、观点和方法中确立当代中国文化发展之魂,从中国传统文化中寻找当代中国文化发展之体,从外来文化中吸纳中国文化发展之具。简言之,就是以时代实践为本,以马克思主义为魂,以中国传统文化为体,以外来文化为具。只有这样,才能真正实现马克思主义同中国文化、西方文化之间的对话和融通,才能真正实现当代中国文化的综合创新和繁荣发展,也才能真正实现中国文化的自觉、自信和自强。

（三） 为什么必须坚持人民代表大会制度，而不能搞“三权分立”

为什么必须坚持人民代表大会制度，而不能搞“三权分立”

——历史、逻辑、现实、发展

张会峰

2009年中央宣传部理论局组织编写了《六个“为什么”——对几个重大问题的回答》一书，对社会主义核心价值体系相关的六个重大问题进行了深入的分析和旗帜鲜明的回答。其中，“人民当家作主的根本保证——为什么必须坚持人民代表大会制度，而不能搞‘三权分立’”是关系到政权组织形式的重大问题。人民代表大会在它的形成和发展过程中，就曾经多次遇到要不要引进“三权分立”的问题，但都被一一否定了。毛泽东同志曾明确指出：“我们采用民主集中制，而不采用资产阶级议会制。议会制，袁世凯、曹锟都搞过，已臭了。在中国采取民主集中制是很合适的。我们提出开人民代表大会，……不必搞资产阶级的国会制和三权鼎力等。”①邓小平同志也有类似的观点，指出我们进行政治体制改革，“不能搬用西方那一套所谓的民主，不能搬用他们的三权鼎立”②。江泽民同志也指出：“我们有十二亿多人口，搞西方的那一套三权鼎立、多党竞选，肯定会天下大乱。”2006年7月，胡锦涛同志在全国统战工作会议上指出：“我们要借鉴人类政治文明的有益成果，但绝不照搬别国政治制度和政党制度的模式，绝不搞西方式的多党制和议会制。”那么，我们为什么必须坚持人民代表大会制度，而不能搞“三权分立”呢？历届领导人只给出了结论性的回答和提纲挈领的论证，要深入回答这个问题，尚需学者进一步的理论阐发。以

---

① 转引自薄一波：《若干重大决策与事件的回顾》，中共中央党校出版社1991年版，第19页。

② 《邓小平文选》第3卷，人民出版社1993年版，第241页。

往研究这个问题的文章林林总总,不在少数,但有许多论证往往流于有结论性、先验性的说理或简单化的优劣对比,不能达到以理服人的程度。《六个为什么》中以大量的事实材料,雄辩地论证了这一结论,进一步加深了人们对这一问题的认识。但由于篇幅所限,尚不足以让人们全面了解这两个制度的来龙去脉和取此舍彼的逻辑必然。本文将从历史、逻辑、现实、发展的四个视角对人民代表大会制度和三权分立进行全方位的考察与比较,从而为上述结论,寻找更多的理论支撑。

一、历史的视角:三权分立与人民代表大会制度的历史沿革

无论是肯定一个制度,还是否定一个制度,都必须先充分地了解这个制度。要深入了解一个制度,最基本的,就是从其源头出发,了解其发端的背景与沿革,这种研究不仅有助于了解一个制度的全貌,更重要的是有助于了解一个制度得以滥觞的第一推动力,从而为其存在的合理性找到支撑。

(一)三权分立:不得已而求其次

三权分立的理论雏形,可以追溯到古希腊哲学家亚里士多德的“政体三机能说”。亚里士多德以雅典奴隶主民主制为原型,提出一切政体都要有三个要素,作为构成的基础。“三者之一为有关城邦一般公务的议事机能部分;其二为行政机能部分……;其三为审判(司法)机能部分”①。“议事机能”拥有最高权力,对于战争与和平,制定法律,选任行政人员等有最终裁决权。“行政机能”是在各职权范围内,负责指挥和管理全体公民的各项具体行政事务。“审判机能”是专司各种诉讼案件。从表面上看,亚里士多德的“政体三机能说”与近代的立法、行政和司法三权的划分,有惊人的相似之处,因而许多支持三权分立的学者会搬出这个政治哲学的鼻祖来说明三权分立思想的源远流长及其真理性。我认为,据此说明三权分立思想的源远流长是可以肯定

① 亚里士多德:《政治学》,商务印书馆1981年版,第125页。

的，但据此说明其真理性却未必成立。我甚至进一步认为，与其将亚里士多德的理论作为支持三权分立的论据，还不如作为反对三权分立的论据更为有力，因为亚里士多德生活在奴隶制时代，他的“三机能说”是以奴隶制为原型而创建的，这一理论所维护的奴隶制统治，与近代“三权分立”所标榜的自由民主的政治理想恰恰是背道而驰的，换言之，如果将亚里士多德的理论作为三权分立思想的源头的话，那这个源头也是和私有制、等级制伴生的，退一步讲，即使不作这么绝对化的对应，那至少也可以说明，“三权分立”思想和制度，并不必然地伴生于自由民主制度，也不必然地成为自由民主的一个标签。“事实上，亚里士多德的政体三机能说的实质内容，与近现代的三权分立还存在很大的不同。因为在古希腊的特定历史条件下，根本不存在着立法、行政和司法权限的严格划分，尤其不存在正规的经常性的立法现实，所以说亚里士多德的政体三机能说，还称不上真正意义的分权论，只能算是一种分权思想的萌芽”①。

古希腊（以及古罗马）的分权思想萌芽并没有一直延续和光大，随着欧洲进入中世纪的黑暗统治时代，这种思想沉寂了千年之久。近代分权理论是资产阶级革命的产物。最早爆发的英国资产阶级革命，提出了历史上从未有过的新问题，即资产阶级和封建贵族怎样分享统治权的问题。面对着“光荣革命”之后，英国既保留了封建国王，又要实现资产阶级政治统治这样一种妥协的政治现实，当时的思想家、政治家洛克便完成了这一历史性的任务，首创了近代分权理论。他将国家权力分为立法权、执行权和对外权。“立法权是指享有权利来指导如何运用国家的力量以保障这个社会及其成员的权力”。“立法机关既不是经常有工作可做，就没有必要经常存在”。“但是，由于那些一时和在短期内制定的法律，具有经常持续的效力，并且需要经常加以执行和注意，因此需要有一个经常存在的权力，负责执行被制定和继续有效的法律；所以立法权和执行权往往是分立的”。“每个国家还有另一种权力，可以称之为自然的权力，因为它与加入社会以前人人基于自然所享

① 刘富起：《分权与制衡论评》，吉林大学出版社 1990 年版，第 4 页。

有的权力相当”。“这里(指上述自然的权力——笔者注)包括战争与和平、联合与联盟以及同国外的一切人士和社会一切事务的权力;如果愿意的话,可以称之为对外权”[①]。洛克的理论与其说是三权分立,不如说是两权分立,因为“正如我说的,每个社会的执行权和对外权本身确是有区别的,但是它们很难分开和同时由不同的人所掌握”[②]。后两者可统称为行政权,洛克所作的理论贡献实质上是将立法权从强大的行政权中分立出来,并赋予其与行政权相抗衡的地位。

洛克的分权论,实质是阶级分权。他企图通过分权,实现国家权力的转移,即把一部分权力从代表封建地主阶级的国王手里,转移到代表资产阶级利益的议会手中,使资产阶级同封建贵族分享不同的权力。“所以说洛克关于在君主立宪政体下实行分权的思想,在当时对于限制君权,反对专制主义是一种行之有效的办法。它适应资产阶级革命的需要,是新兴资产阶级从封建势力手中夺取政权的一个重要手段,具有历史的进步意义”[③]。但洛克的分权主张是在当时阶级力量对比情况下,既要争夺权力,又要避免激烈革命、彻底革命不得已而求其次的一种做法。当时的英国虽然资产阶级掌握了政权,然而封建势力仍然不小,结果形成了1688年的阶级妥协产物——君主立宪制度。洛克的分权思想就是这一革命产物的反映,分权是迫不得已,这才是洛克分权思想的第一原动力,至于分权而导致的其他附带的所谓利民后果,与其说是洛克的初衷,还不如说是洛克的追随者对它的粉饰。

近代完全意义上的三权分立学说,是由孟德斯鸠最终完成的。孟德斯鸠指出:“每个国家都有三种权力:立法权、适用万民法的执行权、适用公民法的执行权。依据第一种权力,君主或执政官制定临时或永久的法律、修改或废除已有的法律。依据第二种权力,他们媾和或宣战,派出或接受使节,维持治安,防止外敌入侵。依据第三种权力,他们惩治罪行,裁决私人争执。人民把第三种权力称作司法权,把第二种权

---

① 洛克:《政府论》下,商务印书馆1964年版,第91—92页。

② 同上书,第93页。

③ 刘富起:《分权与制衡论评》,第17页。

力则简单地称作国家的行政权。”[①]孟德斯鸠特别强调权力分立的重要性,他认为:“立法权和行政权如果集中在一个人或一个机构手中,自由便不复存在。因为人民担心君主或议会可能会制定一些暴虐的法律并暴虐地执行。司法权如果不与立法权和行政权分置,自由也就不复存在。司法权如果与立法权合并,公民的生命和自由就将由专断的权力处置,因为法官就是立法者。司法权如果与行政权合并,法官就将拥有压迫者的力量。如果由同一个人,或由权贵、贵族或平民组成的同一个机构行使这三权权力,即制定法律的权力、执行国家决议的权力以及裁决罪行或个人争端的权力,那就一切都完了。”[②]三权分立和权力制衡可以互为因果,孟德斯鸠指出:“自古以来的经验表明,所有拥有权力的人,都倾向于滥用权力,而且不用到极限决不罢休。”“为了防止滥用权力,必须通过事务的统筹协调,以权力制止权力”[③]。

孟德斯鸠的三权分立思想与洛克相比具有明显的进步性,首先他明确地强调了司法独立的重要性,使得三权分立思想名副其实。其次他明确得提出了制衡的原则,以防止权力滥用。最后,在主张分权的出发点上,洛克更多地着眼于如何进行阶级夺权或分享权力,而孟德斯鸠则更多着眼于如何确保人民的自由,解决主权与人权的矛盾问题。孟德斯鸠的三权分立与制衡思想,对于后世产生了深远影响,成为近现代西方国家构建民主法治社会的理论蓝本。“但是孟德斯鸠的三权分立学说,毕竟不是彻底革命的学说。他不是从正面去号召人们起来推翻封建专制制度,而是企图通过与封建贵族分权,调和敌对阶级利益,以求缓和阶级矛盾”[④]。有其阶级局限性和历史局限性,还是不得已而求其次的一种做法。但是当资产阶级取得彻底胜利后,为什么仍然会采用这样一种“不得已而求其次”的制度呢?这一方面是基于思想理论和政治实践“正宗嫡传”的考虑,因为正宗嫡传的延续,可以省略一些“正当性”与“合法性”的论证而被后人所认可。另一方面是因为三权

① 孟德斯鸠:《论法的精神》上卷,商务印书馆2010年版,第167页。

② 同上。

③ 同上书,第166页。

④ 刘富起:《分权与制衡论评》,第26页。

分立思想已经由原来的阶级分权演化为一种阶层分权,这是由资本主义私有制的经济基础所决定的,这一点将在下文三权分立的逻辑起点部分再展开论述。

(二)人民代表大会制度:更高类型的民主形式

马克思在深刻批判资产阶级政治制度,包括"三权分立"制度的本质和缺陷的同时,高度评价了巴黎公社的创举,肯定了它的经验。他指出:"公社是由巴黎各区普选选出的城市代表组成的。这些代表对选民负责,随时可以撤换。其中大多数自然都是工人,或者是公认的工人阶级的代表。公社不应当是议会式,而应当是同时监管行政和立法的机关"①,第一次明确提出了取消三权分立的旧的资产阶级国家机器,代之以行政与立法统一的人民代表机关的主张。列宁进一步阐明马克思的这一主张。他指出:"摆脱议会制的出路,当然不在于废除代议机构和选举制,而在于把代议机构由清谈馆变为'工作'机构","如果没有代议机构,那么我们就很难想象什么是民主,即使是无产阶级民主。"②可见,马克思、列宁并不否定代议制机构,问题是建立什么样的代议机构。恩格斯晚年在批判1891年德国社会民主党纲领草案时,也强调把"一切政治权力集中于人民代表议会机构之手的要求"写进纲领。③ 在领导俄国革命中,列宁一方面指出,如果人民代表机关没有充分的权力,那它就等于零。另一方面,他又发展了巴黎公社的政权组织形式,改变了代表机关直接行使行政权的做法,在苏维埃代表大会下组成人民委员会专门行使行政权,人民委员会由苏维埃代表大会任命和罢免,受它指导和监督。这样,就把建立任命代表机关和由它产生的行政管理机关相统一的政权组织形式,确定为无产阶级取得革命胜利后政权组织的基本形式。"这种新的制度同资产阶级国家'三权鼎立'的制度相比,是更高类型的民主制度"④。

---

① 《马克思恩格斯选集》第2卷,人民出版社1972年版,第438页。

② 《列宁选集》第3卷,人民出版社1972年版,第210—211页。

③ 《马克思恩格斯全集》第22卷,人民出版社1965年版,第274页。

④ 任严:《论我国人民代表大会制度的优越性——兼评"三权鼎立"制度》,载《论我国人民代表大会制度建设》,中国民主法制出版社1990年版,第240页。

在中国近代史上,对国体和政体的问题,曾经有过长期的争论和探索。不少先进的人物曾经向西方寻找真理,以求救治中国的良方妙药,但一个个地都失败了。康有为、梁启超力主实行君主立宪制,既不容于封建王朝中的顽固派,也不利于彻底解放人民。孙中山提出按照美国的三权分立模式建立资产阶级共和国(孙中山在三权之外还增加了考试、监察两权,即“五权分立”),但它只昙花一现就破灭了。中国究竟向何处去?这个问题的解决只能历史地落到中国共产党人身上。

中国共产党在领导新民主主义革命中,对建立什么性质和形式的政权,也进行了长期的探索。第二次国内革命战争时期,各革命根据地仿照苏联苏维埃的形式,建立了苏维埃代表大会或工农兵代表大会的组织形式。抗日战争时期,为了扩大抗日民族统一战线,各根据地建立了参议会形式的民主政权。第三次国内革命战争时期,各解放区建立了乡村农民代表大会、区人民代表大会和地方各界人民代表会议等形式的新民主主义政权。所有这些,都为革命胜利后建立什么样的政权组织形式,积累了丰富的经验。毛泽东在《新民主主义论》、《论联合政府》等一系列著作中明确提出,中国民主革命胜利后,可以实行人民代表大会制度,这为建国后采取什么样的国体和政体奠定了理论基础。随着新民主主义革命在全国范围内的节节胜利,人民代表大会制度便在各解放区建立、发展,并逐步扩大到全国范围。1954 年第一届全国人民代表大会第一次会议隆重举行,标志着我国人民代表大会制度的正式确立。1982 年宪法再一次肯定了建国以来一直实行的人民代表大会制度是我国的根本政治制度。“我们回顾这个过程是为了说明,任何一种政治制度都是历史的产物。我们之所以实行人民代表大会制度,而没有采取‘三权分立’的制度,这是历史的选择,是人民的意愿,不依任何个人的意志所转移”①。

---

① 任严:《论我国人民代表大会制度的优越性——兼评“三权鼎立”制度》,载《论我国人民代表大会制度建设》,中国民主法制出版社 1990 年版,第 237 页。

二、逻辑的视角：三权分立与人民代表大会制度的逻辑起点

每一种制度的存在，都有其逻辑起点，由这个逻辑起点出发，推导出该制度在该语境下存在的合理性。用马克思主义经典哲学去分析，那就是经济基础，决定上层建筑，社会存在决定社会意识。三权分立和人民代表大会制度作为一个国家最为重要的上层建筑，它的存在和差别，是由各自不同的经济基础所决定的，这是从根本上剖析这两种制度的逻辑起点。权力（利）即法律确认利益，资本主义生产资料的私有制决定了社会根本利益的多元化，三权分立无论是基于起初的阶级分权，还是基于之后的阶层分权，最终都是由私有制的多元利益所决定的。社会主义生产资料公有制决定了广大人民的根本利益是一致的，因而上升到权力层面，必然也是一元的、统一的国家权力，不存在分权的社会经济基础。

（一）三权分立制度的逻辑起点——私有制

三权分立思想从其奴隶制时代的萌芽，到近代资产阶级革命时期的诞生，一直延续到现代西方各国的政治实践，都是起源于私有制，并力图维护有产阶级的统治。

洛克的论述中，虽然也能发现与我国人民代表大会制度类似的原理，如他指出掌握国家最高权力的议会是由民选的，立法权是委托权力。“当人民发现立法行为与他们的委托相抵触时，人民仍然享有最高的权力来罢免或更换立法机关”[①]。“人人都应根据这一同意而受大多数人的约束”[②]。英国法学家戴雪也有类似的人民“政治主权”的观点。但我们却没有理由假定他们会赞成一种比较民主的选举制度。由于洛克并不是、也不可能是一个普选制的主张者，则这个所谓“大多数人”实际上就是当时资产阶级和新贵族以及一部分封建贵族——这些

---

① 洛克：《政府论》下，商务印书馆1964年版，第94页。

② 同上书，第59页。

人,毫无疑问的是当时英国社会的少数人而非“大多数人”。我国学者吴恩裕在评价洛克和戴雪的“政治主权”学说时指出:“由于资产阶级对选举的种种限制,由于他们用新闻、广播来控制和歪曲事实的真相,在20世纪的资本主义国家中,议员们固然不可能是人民的代表,舆论固然不可能是人民的公论,在17世纪末年的占英国人口大多数的英国劳动人民,也绝不可能在当时的议会中有代表,从而也就不能认为他们具有‘最高权力’。可见洛克这一说法同戴雪的说法一样,事实上是对于一个具有虚伪性的学说再加上一个欺骗性的补充。”①

美国被认为是贯彻三权分立最彻底最典型的国家。但无论三权分立也好,五权也好,哪一权也分不到无产阶级手里。相反,分权的目的之一正是为了加强和巩固资产阶级的统治地位,防止劳动人民取得一定的权力威胁他们的统治。三权分立实质上已由当初的资产阶级与封建阶级分权,演变为资产阶级内部的不同利益集团之间的分权,其深层根源还是私有制。美国宪法的起草人在如何抑制“由于选举而可能出现专制政治”的问题上,费了不少心血。该宪法起草人之一的麦迪逊曾经说过:在殖民地时代的美国人,只热心于摆脱专制君主的统治,而不曾考虑立法部门篡夺权力的危险。然而,立法部门的篡夺权力与行政部门一样,必然走向专制。关于这一点,英国议员、作家克罗斯曼认为,麦迪逊所担心的是:“我们要建立一个长期稳定的制度,必须注意到时间所带来的变化,由于人口的增加,贫困的劳动者的比例必然要增加,而且他们一定暗暗希望得到更为平等的财富分配。随着时光的流逝,他们的人数不久就会超过那些富裕者的人数,这样根据选举法的结果,权力就可能转移到贫困者手中。根据共和制的原理,应该如何防止这种危险呢? 应该如何防止这种由于利己思想产生的压迫少数富裕者的危险呢?”这就是麦迪逊担心的所在。于是,“他们制定了对人民来说刀插不入、水泼不进的错综复杂的制约与均衡的制度,代替了传统的

① 吴恩裕:《论洛克的政治思想》,载洛克:《政府论》下,商务印书馆1964年版,序言。

要求人民服从权力的做法”[1]。这些“独具匠心”的设计,使得三权分立制度是一个“看上去很美”的设计,而万变不离其宗,实质上它仍然是维护有产阶级统治的工具。列宁曾一针见血地指出:“凡是存在着土地和生产资料私有制、资本占统治地位的国家,不管怎样民主,都是资本主义国家、都是资本家用来控制工人阶级和贫苦农民的机器。至于普选权、立宪会议和议会,那不过是形式,不过是一种支票,丝毫也不能改变事情的实质。”[2]“19 世纪后半期的全部欧洲史和 20 世纪初期的全部俄国革命史,都很清楚地表明了,在‘民主’资本主义的自由下,经济上的差别并没有缩小,而是日益扩大,日益加深。议会制度并没有消除最民主的资产阶级共和国作为阶级压迫机关的本质,而是暴露了这种本质”[3]。资产阶级在取得彻底胜利后,却仍然沿袭在与封建阶级斗争妥协中形成的三权分立制度,其根源就在于,生产资料私有制的经济基础没有发生根本性的转变。

(二)人民代表大会制度的逻辑起点——公有制

无论是三权分立制度,还是人民代表大会制度,作为上层建筑的一部分,它们都是由各自的经济基础所决定的,在逻辑推理上,两者思路是一致的,所不同的是,作为逻辑推理的起点是不同的,三权分立制度的逻辑起点是生产资料私有制,而人民代表大会制度,从马克思主义的理论构想,到巴黎公社的探索,再到苏联和我国社会主义国家的实践,它的逻辑起点始终是生产资料的公有制。

生产资料所有制是一个社会经济制度的基础,是决定一个社会基本性质和发展方向的根本因素。马克思分析了资本主义经济危机产生的原因,提出要顺应社会化大生产的规律,克服资本主义经济危机的顽

---

① 克罗斯曼:《比较政治制度》,第 206—207 页。转引自任严:《论我国人民代表大会制度的优越性——兼评“三权鼎立”制度》,载《论我国人民代表大会制度建设》,中国民主法制出版社 1990 年版,第 238 页。

② 列宁:《论国家》(1919 年 7 月),载《列宁选集》第 4 卷,人民出版社 1972 年版,第 54 页。

③ 列宁:《马克思主义和修正主义》(1908 年 4 月),载《列宁选集》第 2 卷,人民出版社 1972 年版,第 6 页。

疾，就必须实行生产资料的公有制。这是对社会历史发展规律的科学揭示，公有制的建立，标志着人类社会文明进入了一个更高的阶段。我国社会主义的国体和政体都是建立在生产资料公有制基础之上的。我国宪法规定：“中华人民共和国的社会主义经济制度的基础是生产资料的社会主义公有制，即全民所有制和劳动群众集体所有制。社会主义公有制消灭人剥削人的制度，实行各尽所能、按劳分配的原则。”这就意味着人们对生产资料的平等占有，决定了人们在政治上是平等的，是社会的主人。尽管我国宪法还规定：“国家在社会主义初级阶段，坚持公有制为主体、多种所有制经济共同发展的基本经济制度，坚持按劳分配为主体、多种分配方式并存的分配制度。”但是，多种所有制共同发展并没有撼动公有制经济的主体地位，“国有经济，即社会主义全民所有制经济，是国民经济中的主导力量”，决定了我国的社会主义性质和发展方向。非公有制经济只是作为公有制经济的有益补充而存在的。公有制作为一个统一的整体，就决定了社会主义国家的根本利益是一致的，是一元的，是不可分的，从根本上讲，不存在多元利益，也不存在人民之外的利益主体。[①] 因而也就没有多元的权力，由此上升到国家权力层面，也只能是一元的，权力的主体也是一元的，那就是人民，人民又把这个权力统一授权给全国人民代表大会来行使。

在实践层面，有的学者会担心：“生产资料公制，既可以成为人民当家作主的经济基础，又可以成为少数人或个人以强力推行自认为正确而实际上违背人民利益和意志的政策、路线的物质基础，还可以成为一些单位或个人谋取私利的工具。一些社会主义国家的领导人曾经推行世界霸权主义、地区霸权主义的扩张政策，他们入侵别国领土、干涉他国内政等错误行径，都是以国家名义占有、支配的公有的生产资料为其强大物质支撑的；社会主义国家的一些国有企业和集体所有制企业为了追求自身的特殊利益，也会产生违法犯罪行为，而且随着市场经济

① 不能因为社会上有徇私舞弊的现象，就否认一元利益的事实，就如同不能因犯罪的存在，就否认刑法的正当性一样。恰恰相反，有刑法的参照，才能评价犯罪，有我们认可的制度内的一元利益，才有被我们批判和不予认可的制度外的多元私利。这是同样逻辑。

的发展有日益增加的趋势,它们谋求企业团体或个人私利而直接损害人民利益的行为,也正是借助于手中掌握的公有的生产资料。”[①]该学者所担心的问题是存在的,但问题的根源既不在于公有制,也不在于人民代表大会制度本身。解决问题的措施,也不是在经济层面进行私有化,承认多元利益,政治层面,引入三权分立,进行分权制衡。这种饮鸩止渴的做法,与“通过在法律上承认犯罪而消灭犯罪”在逻辑上是一致的。我们应该承认权力必须监督的观点和做法。但该学者列举的一系列问题,更多是因为对行政权缺乏监督导致的恶果。西方三权分立思想提出的初衷,重点也是为了限制行政权,但是那种平行的结构使得这种监督缺乏力度。因此该学者论述的“霸权主义”国家,在当前实行私有制和三权分立的国家更容易找到范例。我国人民代表大会制度直接将行政权置于其下,是对行政权更为直接和彻底的控制,即便如此,尚有监督力度不够的问题!我国当前的问题,不是人民代表大会的权力过强了,而是过弱了。在这种情况下,如果再引入三权分立机制,把行政权从人民代表大会统一把握的国家权力之下解放出来,无疑是火上浇油,雪上加霜。

三、现实的视角:三权分立与我国人民代表大会制度的区分及境遇

三权分立即掌管立法、行政、司法职能的三机关平行设立,独立行使职权。我国实行的是人民代表大会领导下的“一府两院”制度,全国人民代表大会行使立法权,国务院行使行政权,法院和检察院行使司法权,也存在立法、行政、司法三种职权的划分。那么我们的人民代表大会领导下的“一府两院”制度,与西方的三权分立,是否名称不同而实质相同或相近呢?答案是否定的。吴邦国曾指出:“人大和‘一府两院’的关系与西方国家国家机关间的关系有着本质区别。我们是由人

① 曹玉海:《国体、政体、政党与社会主义》,《理论学习》2000年第6期,第53页。

民代表大会统一行使国家权力，‘一府两院’由人大产生，对人大负责，受人大监督。各国家机关虽然分工不同、职责不同，但目标是完全一致的，都在中国共产党领导下，在各自职权范围内贯彻落实党的路线方针政策和宪法法律，为建设中国特色社会主义服务。这与西方国家议会、政府、法院‘三权鼎立’有着本质区别。”[①]要深入理解这种本质区别，并比较优劣，还必须深入理解这两种制度设计的核心问题和现实境遇。

（一）三权分立的制度设计和现实境遇

三权分立的学说由洛克到孟德斯鸠再到杰斐逊，三权分立的实践由英国、法国再到美国，其内涵与形式也几经变化。英国被称为议院内阁制分权模式，法国被称为混合型分权模式。而最能体现所谓的分权制衡思想的，是美国的总统制分权模式。下面我们就以美国为例，剖析三权分立的制度设计及其在现实发展中所遭遇的问题。

美国宪法规定，由参议院和众议院组成的国会拥有最高立法权、修改宪法权、对外宣战和监督财政权。两院议员全部由选举产生。总统无权解散议会，无权直接立法。总统既是国家的元首，又是政府的首脑和三军总司令，拥有国家全部行政权。总统只对选民和联邦宪法负责，不对国会负责，国会无权要求总统辞职。总统和国会是平等资格的机关，不受国会的监督。司法权属于最高法院及下级法院。最高法院除了掌握审理案件最终裁决权以外，还有解释宪法和法律权，以及“司法审查权”或叫“违宪审查权”。可以宣布法律因违宪而无效。

三机关在权力彼此独立的基础上还要体现制约。首先，行政权对立法权的制约。总统对国会通过的法案有批准权和否决权。国会通过的法案须经总统签署，总统如果认为该法律不合适，可以拒绝签署，将法案发还提案的议院并说明理由，被总统否决的法案，如果没有 2/3 以上的多数议员在国会重新通过，这个法案即被取消。此外还有一种“搁置否决权”，如果在法案通过之后 10 日之内议会闭幕，总统未签署而搁置起来，法案即作废。总统的否决权在事实上已成为总统直接控

---

① 吴邦国：《坚持中国特色社会主义政治发展道路努力把人大工作提高到一个新水平》，2008 年 3 月 19 日在十一届全国人大常委会第一次会议上的讲话。

制立法的有效手段。此外,总统还经常以“国情咨文”的形式对议会进行“劝告”,从而影响立法。其次,立法机关对行政机关的制约。总统任命的行政系统的官员、大使和最高法院法官,均须经过参议院同意,国会对总统任命的上述官员有权批准或驳回任命。另外,议会拥有对行政预算的议决权,并借此给予行政以极其重大的影响。更为直接的是,参议院有权对总统的违法行为进行弹劾。最后,司法与立法和行政之间的制约关系。最高法院可以运用宪法最终解释权这一特殊地位,来宣布总统法令和立法机关违宪。反之,法院的经费和法官的薪俸由议会来决定,法官的任命需经过议会同意,并服从议会的弹劾。总统通过对法官的提名和赦免犯罪,对法院起到一定影响作用。

无论是三权分立还是人民代表大会,“权力来自人民”都是其制度的合法性依据。只不过在人民代表大会制度下,“人民权力”作为唯一的权力源头,与唯一的权力机关是一一对应的,这样不仅保障了“人民权力”作为一种原始权力是存在的,而且保障了人民权力作为一种现实的权力也是存在的。三权分立则不同,且不论在私有制基础上“权力来自人民”的真实性,仅就形式而言,人民权力在同时平行的授予多个机关行使的时刻,就已经被“肢解”了,这在一定意义上也可以理解为原始权力在制度层面的消解。在美国,三机关,特别是立法和行政机关的权力均直接来自于选民的授权,不分伯仲。在现实层面,三机关的协调运转只是一种理想状态。但万一运行卡壳甚至“死机”呢?谁来按“重启键”激活呢?这种情况不仅在理论上是可能的,而且在现实中也是存在的。例如 1995 年,美国国会和总统克林顿因财政预算的意见分歧僵持不下,互不让步。国会执意不通过预算案而另提一个预算案,总统不妥协而宣布联邦政府关门。近 20 年来,由于国会与行政机关之间互相扯皮,美国政府曾 6 次面临关门的尴尬境地。[1] 要想彻底重启,只能还原到原始的“人民权力”,依赖每四年一次的大选进行“全民公决”,这实际意味着统一的国家权力,在制度层面、在常规层面已经消

---

① 中共中央宣传部理论局:《六个“为什么”——对几个重大问题的回答》,学习出版社 2009 年版,第 56—57 页。

解了。而在我国,人民代表大会作为唯一的权力机关,既可以最大可能地避免“死机”,也可以在必要的时候按键重启。这种优劣对比,体现了两种权力结构的本质区别。

三机关避免卡壳“死机”的糟糕局面实际上是发生在三权分立相对比较理想的情况下,即三权能够形成真正的制衡,尽管有时候是置于死地,两败俱伤。但现实中更多的情况是,三权并没有按照设计者的初衷,实现真正的分立与制衡。仍以美国为例,总统可以用诸如通过两院议长建议立法,利用总统咨文建议立法,通过同党议员提出议案等各种方法直接影响立法,这种影响常常是具有指导性和决定性作用的,因而总统事实上成为主要立法者,他处于立法机关之上。从相互制衡的情况看,国会对总统行使制衡的手段虽多,但效果甚微。其中最重要的制衡手段是弹劾权,此权运用时却困难重重。美国建国以来,被弹劾的总统只有一个,即 1868 年的约翰逊,结果是无罪。尼克松总统因辞职而终止弹劾。其他弹劾案共 13 件,判罪的只有 4 件。反之,总统对国会的制衡手段虽只有行使否决权这一种,但效果却很大。据统计,前总统卡特任职期间,行使过 31 次否决权,其中只有 2 次为国会所推翻;前总统里根在前五年半中行使 47 次否决权,被国会推翻的只有 5 次。上述事实表明,资本主义国家的“分权与制衡”原则同实际脱离已经到了何种程度。三权分立正在朝着“行政专横”的方向发展和回归。无怪乎连西方一些颇有名望的学者也对三权分立的现状甚为不满。不少人认为,三权分立实际上是不可能的,它仅仅是“纯理论的空想的游戏”,有的人甚至认为,三权分立是一个有害概念,应该取消。[①]

三权分立的防腐功能更不像理论想象的那么完美。与三权分立制度伴生的多党竞争本身就是一种巨大的内耗和公开的腐败。在西方,竞选国家公职官员费用呈几何级数上升,1860 年林肯竞选美国总统花费仅 10 万美元,这种花费到 1980 年达 10 亿美元,2008 年猛升到 24 亿美元。美国参议员的平均竞选费用目前也达 500 万美元以上,而国家

① 黄家驹、侯经体主编:《人民群众的护身法宝——坚持人民民主专政》,广东人民出版社 1990 年版,第 70—71 页。

给予政党及候选人的经费极其有限，可谓杯水车薪。这样，“化缘”、找赞助成为西方政党及其候选人参与选举的普遍途径，而捐助者也有诸多人需要求助政党及当权者之处，双方由此形成一种利益互换的默契。在美国，政党及候选人不仅获得法律允许的各种透明的“硬钱”捐助，而且更多地接受不受法律约束的“软钱”资助，捐助人变相地为候选人提供竞选所需的机票、食宿、演讲场所、电视广告播放权等便利，这种公开的腐败行为已是司空见惯。① 三权分立也没能阻止“私下腐败”。德国一位前政党领袖在下台后被曝接受千万马克的政党献金丑闻。日本政界自上世纪50年代起各种腐败丑闻不断，特别是90年代初的“东京佐川快件公司贿赂案”以及金丸信偷税漏税数亿日元重大案件，引发日政坛“政治地震”，导致自民党随后的分裂及选举失败，连续执政38年后首次痛失政权。英国近来也曝出的“金钱换爵位”和房地产商亚伯拉罕秘密捐款案。意大利90年代初揭露出的“米兰贿赂丑闻”涉及2000多名政要，导致天民党、社会党、共和党等传统政党的覆亡。中国台湾地区所谓的五权分立，仍然没有阻止陈水扁家族的弊案频发。由此可见，三权乃至五权分立，并非根治腐败的灵丹妙药。

（二）我国的人民代表大会制度及其优越性

我国宪法规定：“中华人民共和国的一切权力属于人民”，“人民行使国家权力的机关是全国人民代表大会和地方各级人民代表大会”，“全国人民代表大会和地方各级人民代表大会都由民主选举产生，对人民负责，受人民监督。国家行政机关、审判机关、检察机关都由人民代表大会产生，对它负责，受它监督”，“中华人民共和国全国人民代表大会是最高国家权力机关。它的常设机关是全国人民代表大会常务委员会。”

在我国虽然也存在立法、行政与司法的三权分工。但是在权力结构上，可以看出与西方三权分立的显著不同，即垂直结构与平行结构的不同。三权分立将国家权力一分为三，平行设立，而我国的国家权力机关（立法机关）与其他机关是垂直设立的。其实三权分立制度设立的

① 钟廉岩：《多党制不是解决腐败问题的灵丹妙药》，《光明日报》2009年5月14日。

初衷，也是为了限制过于庞大的行政权力，但是由于这种平行设计，消解了统一的国家权力，使得对于行政权的限制还不够彻底，这不但造成了三机关运转的不畅，而且最终也没有避免行政权不断庞大甚至独断的宿命。人民代表大会制度则不同，它作为最高国家权力机关，使得人民权力不但作为一种法源上的权力而存在，而且作为一种制度性的权力而存在，而且是唯一的存在。“国家行政机关、审判机关、检察机关都由人民代表大会产生，对它负责，受它监督”，它有权选举和罢免国家机关领导人。这种垂直结构，更为直接将行政权和司法权置于立法权之下，使得行政权和司法权作为一种派生的权力而不是一种平行的权力而存在，这样的制度设计，不但保证了权力运行机制的顺畅，还有效地防止了行政权的扩张。当然，现在对行政权的控制还没有到达完美的境界，这更需要进一步完善和加强人民代表大会制度的建设，而不是把行政权从立法权下面解放出来，重蹈三权分立的覆辙。

还有的人会担心，把人民代表大会作为最高国家权力机关，处于权力体系的顶端，缺乏来自其他机关的监督制约，会不会产生立法腐败？我们应该承认“不受监督的权力会产生腐败”这句话的合理性。但是，立法机关与行政机关具有不同的属性。“在我国，当人们提及腐败问题时，往往是指行政权力的腐败，而一般无人提及立法权的腐败”，“这一方面说明，我国的立法机关所制定的法律确实体现了广大人民的利益，人大并没有滥用其立法权来制定不符合人民利益的法律；另一方面说明，立法权不易被滥用，因为人大是一个集体机构，很难产生类似行政机构中那种‘一人说了算’的局面，而且立法者与具体公民之间不会产生直接的利益冲突，因为立法者不直接执法，而是由行政机关和司法机关等具体地实施法律”①。立法权运作的结果就是法律，而法律是昭示于天下的“透明产品”，阳光是最好的防腐剂，因此立法机关更容易“对人民负责，受人民监督”。

经过50多年来的实践与发展，人民代表大会制度已显示其出强大的生命力和巨大的优越性。胡锦涛指出，人民代表大会制度保障了人

---

① 王勇飞、刘金国主编：《反腐法治论》，高等教育出版社2003年版，第32页。

民当家作主。首先，人民通过普遍的民主选举，产生自己的代表，组成各级人民代表大会，各级人民代表大会都对人民负责、受人民监督，有力地保证了全国各族人民依法实行民主选举、民主决策、民主管理、民主监督，享有宪法和法律规定的广泛的民主、自由和权利。其次，人民代表大会制度动员了全体人民以国家主人翁的地位投身社会主义建设。人民代表大会制度广泛调动了人民群众建设社会主义的积极性、主动性、创造性，把全国各族人民的力量凝聚起来。再次，人民代表大会制度保证了国家机关协调高效运转。人民代表大会作为国家权力机关，统一行使国家权力，实行民主集中制，集体行使职权，集体决定问题；国家行政机关、审判机关、检察机关由人民代表大会产生、对它负责、受它监督，合理分工、协调一致地工作，保证了国家统一有效地组织各项事业。人民代表大会制度维护了国家统一和民族团结。在中央统一领导下，合理划分中央和地方的职权，充分发挥中央和地方的积极性；各少数民族聚居的地方实行区域自治，巩固和发展平等团结互助的社会主义民族关系，实现全国各族人民的大团结。50 多年来的历程充分证明，人民代表大会制度是符合中国国情、体现中国社会主义国家性质、能够保证中国人民当家作主的根本政治制度。①

四、发展的视角：我国人民代表大会制度的问题与完善

经过半个多世纪的发展，我国的人民代表大会制度已经显示出强大的生命力和巨大的优越性，我们必须坚持人民代表大会制度而不能搞三权分立。在肯定这一前提的基础上，我们也应该看到，任何一个制度都不是完美无瑕的，即使在制度的总体设计上没有问题，在制度的微观层面和实践过程中也会存在这样那样的问题，人民代表大会制度也不例外。我国的人民代表大会制度在其发展过程中，也存在一些亟待解决的问题，与我们社会主义民主政治建设的目标相比，尚有进一步完

① 胡锦涛：《人代会制度显示强大生命力和巨大优越性》，人民网 2004 年 9 月 15 日。

善的空间。

(一)我国人民代表大会制度存在的问题

在2009年出版的一本叫做《中国政治发展30年(1978—2008)》的著作中,学者从多视角、多层面,系统研究了我国人民代表大会制度最近30年来的发展,指出,我国人民代表大会制度在选举制度、人大代表的结构和能力、法定的权力和作用、议事规则和监督工作等方面存在不足。[①] 在我看来,最为宏观和直观的问题,应当集中在选举制度和监督工作这两个方面,前者决定了人大产生的真实性,后者决定了人大职权的真实性。人大代表的结构也是一个重要的问题,但可以归属于前一个方面的问题进行论述。

选举是人民代表大会产生的必由之路,选举制度的合理性、公正性是人民代表大会制度科学性、民主性的前提。我国当前的选举制度,主要存在以下几点不足。

第一,竞选机制的不足。我国人大代表的选举一般是在强调协商和酝酿基础之上进行的,有学者称之为“确认性选举”或“安排性选举”。如果选民对选举人的选择余地不大,他们的投票行为实际上是对必须当选人的候选人的一种确认,以使其获得合法性,选举往往变成只有举没有选,这样就不能充分的反映民意,体现民主决策。

第二,选举层级过多。我国只在县、乡两级人大直接选举产生人大代表。县级以上各级人民代表都是采用间接选举产生。县级人民代表大会选举产生省级人大代表,再由省级人民代表大会选举产生全国人大代表。这样,全国人民代表大会的人民代表要经过多级间接选举产生。选举的实践证明,现阶段群众对自己直接选出的代表的情况可能了解得都不够充分(与竞选机制不足相关),而对“代表的代表”了解得就更少。人民对代表的了解和利益的直接关联性随着间接选举层次的增多而减少,对其监督制约也就变得越困难,代表身上来自人民的压力也就越小,而民意的被“过滤”和“稀释”的程度却越大。[②]

---

① 参见俞可平主编:《中国政治发展30年(1978—2008)》,重庆出版社2009年版。

② 同上书,第35页。

第三,人大代表结构不合理。我国的人大代表在结构上概括起来呈现"三多三少"的现象:官多民少、男多女少、中共党员多非党员少。在第十届全国人民代表大会代表中,中共党员 2178 名,占代表总数的 72.99%。纯粹以党政部门领导干部为职业者有 1240 人,加上分散在军人、法律界、企业家等类代表中的领导工作者,官员(党政官员、法官、检察官、国有企业的厂长、事业单位的领导)代表的数量占全体 2984 名代表的半数以上。① 官员身份的代表过多会影响到人大的监督功能(下文详述)。而且官员身份的代表还可能会视自身仕途前程来确定选票的投向,这个方向,与其所代表的民意未必是一致的。

"一府两院"由作为权力机关的人大产生,向人大负责,受人大监督,这是我国政治制度同西方三权分立制度的区别所在。工作监督是人大的重要职责与权力。但是人大代表中"官多民少"的现状,使得原本的人民对官员的监督,变成官员对官员的监督,这显然有既是运动员又是裁判员的角色混淆之嫌,而且怎样避免官官相护的风险呢?这是一个问题。还有党与人大的关系没有协调好,也影响到人大监督工作的开展。有人认为,共产党是执政党,有了党的领导和监督,人大的监督不过是"走走形式"。一些地方人大在开展监督工作中畏难情绪较重,有的代表还存在"党委不点头,不能监督;政府不高兴,不敢监督;遇到疑难问题,不会监督"的现象。有的代表抱着做"老好人"的态度,怕认真监督搞僵了关系,怕得罪人。有的代表怕越权、怕麻烦,往往从支持配合方面考虑多,从认真履行监督职能方面考虑少。② 这些做法都严重背离了人民代表大会的使命和制度设计的初衷。

(二)我国人民代表大会制度的完善

发现问题不是为了解构一个制度,而是为了完善一个制度。人民代表大会制度就是在不断地直面问题,并解决问题的过程中发展和完善的。人民代表大会制度的完善涉及宏观与微观多个方面的问题。本文还是仅从最为宏观和直观的角度出发,认为应该重点在以下几个方

---

① 俞可平主编:《中国政治发展 30 年(1978—2008)》,重庆出版社 2009 年版,第 36 页。
② 汪中山:《论我国人民代表大会监督制度创新》,《中州学刊》2006 年第 2 期。

面有所突破。

首先要理顺党与人大的关系。十六大报告指出："发展社会主义民主政治，最根本的是要把坚持党的领导、人民当家作主和依法治国有机统一起来。"人民代表大会制度，是人民当家作主的最高实现形式。要实现这种有机统一，就必须先理顺党与人大的关系。我国宪法规定，全国人民代表大会是最高国家权力机关，全国人大及其常委会有权修改宪法和监督宪法的实施，有权制定基本法律和其他法律，有权决定国家重大事项，有权任免国家领导人，有权监督政府、法院、检察院的工作，以及其他重要职权。同时宪法也规定，中国共产党领导中国各族人民，坚持人民民主专政，不断完善社会主义各项制度，发展社会主义民主和法制。宪法和党章都规定了党必须在宪法和法律的范围内活动。要理顺党的领导与人大作为最高权力机关的关系，必须明确以下两点：第一，党的领导应该是政治领导、组织领导、思想领导，通过法定程序提出国家的重大方针、政策、路线的建议，党的主张必须经过法定程序才能成为国家的意志。第二，人大党组织只起监督保障作用，对一般人事任免不干涉，尊重宪法，尊重人大，尊重人大代表的选择，真正确保人大的最高国家权力机关的地位，并能够真正行使宪法和法律赋予的一切权力。

近几年来，我国多数省市出现了党委书记兼任人大常委会主任的现象。普遍性的看法认为，这是改革、完善党的执政方式的有益探索，党组织的主要负责人依法担任人大的主任，这样，党对人大的领导就主要不再是从人大的外部施加影响，而是通过党组织和党员在人大的内部发挥作用。但这样做也会引发一种担忧，即权力过分集中于党委，党委的权力又过分集中于书记，而党委书记又同时领导着行政权力（政府的行政首长一般任同级党委的副书记）。这种权力过分集中于个人的现象，既可能影响到民主机制的有效发挥，也有可能影响到人大对行政权监督的真实性。因此"实行这种模式确应从实际出发，不断总结经验，好的就坚持，不合适的就调整、完善，不急匆匆地搞'一刀切'"①。

① 俞可平主编：《中国政治发展30年（1978—2008）》，重庆出版社2009年版，第42页。

其次要完善选举制度，简化层次，强化竞争，优化结构。简化层次。直接选举的范围仅到县一级，是受到我国社会经济文化发展现状制约的结果。但简化选举层次，扩大直接选举的范围是我们的努力方向。正如邓小平同志所说，“像我们这样一个大国，人口这么多，地区之间也不平衡，还有这么多民族，高层搞直接选举现在条件还不成熟，首先是文化素质不行”，高层直接选举要有一个逐步的过渡，要一步一步来，“经过半个世纪以后，可以实行普选”①。强化竞争。对选民来说，选举就是择优。这就要求选民尽量全面而真实地了解候选人信息，对候选人进行全面的比较。要做到这一点，在选举中安排竞争机制是最有效的办法；反过来说，只有在选举过程中实行了候选人之间的良性竞争、候选人与选民之间的竞争互动机制，选民才有可能获得对候选人进行比较、择优的信息和条件，否则选民的选举行为就会带有盲目性。优化结构。作为人大代表，摆在第一位的就是代表性，不是先进性，更不是职位的高低。（尽管官员在理论上应该是代表民意的，但在选择代表的问题上，却不能将这个理论假设作为已知前提来使用，否则选举和监督都将失去意义）在分配代表比例、确定代表候选人时，要先考虑代表的构成是否真正是选民状况的缩影，是否真正能反映和表达各方面选民的意愿，从而实现人大代表的真实代表性。

最后要切实激活人大的监督职能。从我国宪法对人大职权的规定来看，人大并不是没有监督权，而是在有的时候没有行使好、没有落到实处。造成这种局面的原因除了前文所述的党政关系没有理顺，官员利益制约之外，主要还在于人大监督“有职权，无责任，有实体，无程序”。责任不明，使得人大监督动力不足，程序不清，使得人大监督有章难循。就像我国学者指出的，在实体的权利和职责问题上，我国宪法的有关规定未必有多少缺失，而对这些权利和职责的实现和保障来说，程序性要素的缺失则是问题的关键所在。② 应当建立人大监督责任制度，细化人大监督的程序规范。现实表明，没有相应的责任制，没有程

---

① 《邓小平文选》第 3 卷，人民出版社 1994 年版，第 220 页。

② 季卫东：《法治秩序的建构》，中国政法大学出版社 1999 年版，第 9 页。

序性的动力和压力机制,法律所授予人大的监督权就很难发挥实际效用。要改变人大监督不力的状况,就必须在宪法授权的范围内开发制度内的潜在资源,探索有利于监督权落实的新形式。①

五、结论

通过历史的考察,我们发现三权分立并非必然伴生于一个民主制度,更不是现代民主制度的标签,因为在古希腊的奴隶制社会就有三权分立思想的萌芽。近代的三权分立思想,则起源于一个妥协的制度和折中的思想,是资产阶级在革命不彻底的情况下,想通过分权来夺权,“不得已而求其次”的做法。人民代表大会制度,则顺应了社会发展的历史规律,更为彻底地贯彻了人民主权的宗旨,是更高类型的民主形式。从制度的深层逻辑进行考察,三权分立是由私有制的经济基础所决定的,私有制决定了多元利益,而多元利益上升到国家制度层面就是多元的权力结构。我国的人民代表大会制度,则是由公有制的经济基础所决定的,公有利益的一元性决定了人民利益的一致性和国家权力的唯一性。

在现实的制度设计上,三权分立体现了立法、行政与司法三机关的平行结构与相互制衡,这种复杂的结构一旦运行卡壳“死机”则很难有一个更高权威的机构进行重启激活。而且这种平行结构也使得立法权和司法权对于“具有天然膨胀属性”的行政权的制衡有限,以美国为典范的三权分立的国家,实质上都早已背离了三权分立设计的初衷,走向了行政权不断扩张的道路。西方国家频频爆出的腐败弊案,也证明三权分立的防腐功能远没有理论想象的那么完美。我国人民代表大会领导下的“一府两院”,尽管也存在立法、行政与司法三机关的分工,但立法与其他两机关的垂直关系决定了它与三权分立制度存在本质区别。这种垂直结构也决定了三机关更为顺畅的关系和立法机关对行政机关

① 俞可平主编:《中国政治发展30年(1978—2008)》,重庆出版社2009年版,第47页。

更为直接的制约。即便如此,实践中仍有行政权扩张导致腐败的现象,如果在这种情况再主张三权分立,将行政权从立法权下面独立出来,无疑是开错了方儿,抓错了药。50 多年来的发展历程充分证明,人民代表大会制度是符合中国国情、体现中国社会主义国家性质、能够保证中国人民当家作主的根本政治制度。

最后从发展的视角来看,尽管我国的人民代表大会制度已经显示出强大的生命力和巨大的优越性, 但也必须看到其发展过程中存在的问题。选举制度还存在竞争不足、层级过多、代表结构不合理等问题,人大监督工作还存在党政分工不明晰、权力落实不到位等现象。要完善我国的人民代表大会制度,就要理顺党和人大的关系,改善选举制度,健全人大监督责任制度和程序规范,还原人大作为最高国家权力机关的宪法地位与作用。

综上所述,我们必须坚持人民代表大会制度而不能搞三权分立,中国民主政治的建设和发展,不是用三权分立来代替人民代表大会制度,而是必须“坚持从中国的国情出发,紧密结合我国社会主义民主发展的实际,不断吸取借鉴人类政治文明有益成果,不断加强社会主义民主政治建设和人大工作制度建设,把人民代表大会制度坚持好,完善好”①。

---

① 中共中央宣传部理论局:《六个“为什么”——对几个重大问题的回答》,学习出版社 2009 年版,第 63 页。

（四） 为什么必须坚持中国共产党领导的多党合作和政治协商制度，而不能搞多党制

中国共产党：历史和人民的选择[①]

——纪念中国共产党成立90周年

沙健孙

近代以来，中国面临着争取民族独立、人民解放和实现国家的繁荣富强即现代化这样两项根本性的历史任务。只有能够把这两项历史任务自觉地担当起来并带领人民为此而进行胜利斗争的政治力量，才能成为中国人民的合格的领导者。

中国共产党是马克思主义的政党，中国工人阶级的先锋队，全中国各族人民的领导核心。党的这种领导地位不是自封的，而是在带领人民为祖国的独立和富强进行的长期斗争实践中逐步形成的，是中国人民经过反复检验、比较之后作出的历史性选择。

一

在半殖民地半封建的中国，中华民族受到外国资本—帝国主义的侵略、压迫和欺凌，中国人民过着极端贫困和不自由的生活。争取民族独立和人民解放，这是近代中国的首要任务。

为了寻找救国救民的真理，先进的中国人曾经努力向西方国家学习，希望通过走资本主义道路，使中国成为独立、富强的资本主义国家。但是，“资产阶级的共和国，外国有过的，中国不能有，因为中国是受帝国主义压迫的国家”。“多次奋斗，包括辛亥革命那样全国规模的运动，都失败了”。[②]

---

① 此文发表在《党史文汇》2011年第7期。

② 《毛泽东选集》，人民出版社1991年版，第1470—1471页。

1917年俄国十月社会主义革命以后,马克思主义传入中国。1921年,在中国工人运动与马克思主义相结合的基础上,产生了中国共产党。在这以后,由于有了科学社会主义的指引,中国的发展才改换了方向,中国人才在精神上由被动转为主动,中国革命的面目才焕然一新。

不过,这并不是说,中国共产党一经成立,它的领导地位就立即全面地确立起来了。从理论上说,"党是群众的领袖,群众的先锋队"。但"要使群众认定我们党、我们的同志是他们的领袖,并自愿地跟随我们去进行决死的斗争,就需要我们经过一个长期艰苦和正确地争取群众的工作过程"①。

中国共产党对于全国人民的政治领导,是由执行下列几个条件去实现的。第一,是根据历史发展行程提出基本的政治口号,和为了实现这种口号而提出关于每一发展阶段和每一重大事变中的动员口号。第二,是按照这种具体目标在全国行动起来时,无产阶级,特别是它的先锋队——共产党,应该提起自己的无限的积极性和忠诚,成为实现这些具体目标的模范。第三,在不失掉确定的政治目标的原则上,建立与同盟者的适当的关系,发展和巩固这个同盟。第四,共产党队伍的发展,思想的统一性,纪律的严格性。②

在一个相当长的时间里,中国面临着三种可供选择的建国方案。一种方案是主要由国民党统治集团代表的,他们主张实行大地主大资产阶级的专政,使中国继续走半殖民地半封建的道路;一种方案是由某些中间党派的领袖人物或中间人士代表的,他们仍然主张建立一个名副其实的资产阶级共和国,使中国走上独立发展资本主义的道路;一种方案是由共产党代表的,他们主张建立一个工人阶级领导的人民共和国,使中国走上社会主义道路。这三种方案摆在中国人民的面前,由他们在长时期的政治实践中去比较、检验,并作出选择。其结果是:第一种方案遭到了中国人民的坚决反对,它的代表者的统治也被推翻了;第二种方案不仅没有得到中国人民的赞同,就是原本持有这种主张的人,

① 参见《刘少奇选集》上卷,人民出版社1981年版,第59页。

② 《毛泽东选集》,人民出版社1991年版,第262页。

除极少数走向反动外，多数也在实际斗争中同共产党站在了一条战线之上，并且承认了共产党领导的正确；只有共产党的第三种方案，由于符合中国社会的实际需要和广大群众的根本利益，由于党在群众中进行了艰苦细致的工作，最终赢得全国人民包括民族资产阶级及其代表人物的真诚拥护。

中国共产党在1921年成立时，只有五十几名成员、几个小组。经过1924年至1927年的大革命、1927年至1937年的土地革命战争和1937年至1945年的全国抗日战争，党的队伍日渐壮大，人民群众逐步在党的周围团结起来、组织起来。到1945年抗战胜利时，中国共产党已经拥有一百几十万党员，党领导下的人民军队有120万人、民兵200万人，解放区的人口达到了1亿。全国解放战争时期，不仅工人、农民、城市小资产阶级在党的领导下广泛地团结起来，民族资产阶级及其知识分子也日益向党靠拢了。1949年1月22日，各民主党派领导人和著名的无党派民主人士55人联合发表题为《对时局的意见》的政治声明，明确表示“愿在中共领导之下”，为“中国人民民主革命之迅速成功，独立、自由、和平、幸福的新中国之早日实现”而贡献自己的力量。中国共产党成了无可争议的全国人民的领导核心，随着新中国的成立，它成了受到全国各族人民拥护和爱戴的、领导着伟大的中华人民共和国的执政党。

历史表明，中国共产党的领导地位和核心作用的确立，是历史的选择，人民的选择。1954年9月24日第一届全国人民代表大会通过的《中华人民共和国宪法》在序言部分指明：“我国人民在建立中华人民共和国的伟大斗争中已经结成以中国共产党为领导的各民族阶级、各民主党派、各人民团体的广泛的人民民主统一战线。”这个统一战线在今后“将继续发挥它的作用”。这样就把党的领导地位和核心作用在新中国的根本大法中肯定下来了。

二

中华人民共和国成立以后,随着争取民族独立和人民解放的斗争赢得决定性的胜利,进行现代化建设的任务也就突出地提上了全国人民的工作日程。

进行经济建设,首先是要把中国从一个落后的农业国变为一个先进的工业国,实现国家的工业化。但是,怎样才能发展经济,实现国家的工业化呢?从世界历史上看,主要有两条道路:一条是资本主义工业化的道路,这是欧洲许多国家、美国和日本走过的,而且走通了;一条是社会主义工业化的道路,这是苏联走过的,而且也走通了。十月革命前,俄国是欧洲的一个比较落后的国家,由于实现了社会主义的工业化,苏联成了欧洲的第一强国、世界上最强大的两个国家之一。这就是说,为了农业、工业、国防和科学技术的现代化,实现中国的繁荣富强,应当走什么路,仍然存在着资本主义和社会主义两种选择。

早在上个世纪50年代初期,毛泽东就明确指出:“资本主义道路也可增产,但时间要长,而且是痛苦的道路。”[①]这条道路,中国走不得。由于中国的资本主义经济极其弱小,不能构成一个独立、完整的工业体系和国民经济体系,独立以后的中国如果走资本主义道路,它就仍然不能摆脱对外国垄断资本的依赖,难以取得真正意义上的经济独立,就难免成为外国垄断资本的加工厂和廉价原料、廉价劳动力的供应地,就像战后亚洲、非洲、拉丁美洲的许多国家和地区那样。由于经济上依赖外国,在政治上就挺不起腰杆,连已经争得的政治独立也可能丧失。搞来搞去,中国就会又搞成资本主义大国的附庸了。而且,如果走资本主义道路,中国社会将发生严重的两极分化,这不仅意味着工人阶级将继续长期遭受剥削和压迫,而且意味着广大农民将要失去他们在土地改革中得到的胜利果实,大量手工业者也将走向破产。这是解放了的中国

① 《毛泽东文集》第6卷,人民出版社1996年版,第299页。

人民所不能同意的。如果发生这种情况，社会就会不稳定，建设事业就不可能顺利进行；而且，贫富的过分悬殊，将导致社会的有效需求即有购买力的需求相对不足，从而严重地制约直至阻碍社会生产力的持续发展。

正因为在中华人民共和国成立以后，资本主义道路仍然走不得，所以，中国要走向繁荣富强，要实现农业、工业、国防和科学技术的现代化，就必须坚定不移地走社会主义道路。只有走这条道路，才能做到全国一盘棋，集中力量办大事，更快地发展生产力；才能逐步实现共同富裕，调动广大人民群众投身于建设事业的积极性、主动性，并且普遍地提高全国人民的购买力，保证有充足的内需，为经济的持续发展创造良好的市场条件；才能保持社会政治局面的稳定，保证经济文化等各项建设事业的顺利发展。

建国后最初七年，是基本完成社会主义改造的时期。中国经济在20 世纪 50 年代的最重要事件就是选择了社会主义。对于中国这样一个经济文化落后的国家来说，通过社会主义道路实现工业化、现代化，这是最好的选择，因而也是唯一正确的选择。

谁能领导中国人民建设社会主义呢？只有中国工人阶级的政党中国共产党。农民和城市小资产阶级虽然可以在工人阶级的领导下走社会主义道路，但他们的自发倾向是趋向于资本主义的；中国的民族资产阶级虽然有接受社会主义改造的可能性，但他在主观上是具有发展资本主义的强烈愿望的。这些阶级，都不可能成为社会主义事业的领导者。没有共产党的领导，中国是决然搞不了社会主义的。

正因为如此，不仅在革命时期，而且在建设时期，中国共产党的领导地位都是不可动摇的。毛泽东明确指出："中国共产党是全中国人民的领导核心，没有这样一个核心，社会主义事业就不能胜利。"[①]邓小平多次强调："中国由共产党领导，中国的社会主义现代化建设事业由共产党领导，这个原则是不能动摇的；动摇了中国就要倒退到分裂和混

---

① 《毛泽东文集》第 7 卷，人民出版社 1996 年版，第 303 页。

乱，就不可能实现现代化。”[①]这是中国人民在实践中确认的一个真理。

诚然，社会主义不是僵化的、凝固不变的事物。在社会主义基本制度刚刚建立不久，毛泽东就指出：“社会主义生产关系已经建立起来，它是和生产力的发展相适应的；但是，它又还很不完善，这些不完善的方面和生产力的发展又是相矛盾的。”人民民主专政的国家制度和法律，以马克思列宁主义为指导的社会主义意识形态，这些上层建筑，“是和社会主义的经济基础即社会主义的生产关系相适应的；但是，资产阶级意识形态的存在，国家机构中某些官僚主义作风的存在，国家制度中某些环节上的缺陷的存在，又是和社会主义的经济基础相矛盾的”。我们今后必须按照具体的情况，继续解决上述的各种矛盾。他说：社会主义社会的矛盾同旧社会的矛盾是根本不相同的，“它不是对抗性的矛盾，它可以经过社会主义制度本身，不断地得到解决”。[②] 这也就是说，要进行社会主义性质的改革。

党的十一届三中全会以来，我们国家进人了改革开放和社会主义现代化建设的新时期。我们进行的改革，是社会主义制度的自我完善和发展。邓小平明确地讲过：我们的改革要达到一个什么目的呢？“总的目的是要有利于巩固社会主义制度，有利于巩固党的领导，有利于在党的领导和社会主义制度下发展生产力”。[③] 这就是说，改革是在坚持社会主义基本制度的前提下进行的，是为了使社会主义制度更加充满生机和活力，以便促进经济的发展和社会的全面进步，实现国家的繁荣富强和人民的共同富裕。

坚持社会主义，巩固、完善和发展社会主义，这是中国人民的根本利益之所在，是中国共产党必须承担的历史性的任务。在和平建设时期，党的领导继续受到人民群众的支持和拥护，其根本原因就在这里。

---

① 《邓小平文选》第 2 卷，人民出版社 2001 年版，第 267—268 页。

② 《毛泽东文集》第 7 卷，人民出版社 1996 年版，第 213—215 页。

③ 《邓小平文选》第 2 卷，第 241 页。

三

中国共产党之所以能够领导人民为中国的独立和富强进行胜利的斗争，是因为：它作为最先进的阶级——工人阶级的先锋队，不仅代表工人阶级的利益，而且代表整个中华民族和广大人民的利益。全心全意为人民服务，是它的唯一宗旨。中国共产党人以行动表明，自己是最忠诚、最热烈、最彻底的爱国者，是中华民族利益的最坚定的捍卫者。

中国共产党之所以能够领导人民为中国的独立和富强进行胜利的斗争，是因为：它以马克思主义的科学世界观和社会革命论作为指导思想的理论基础，坚持马克思主义和中国实际相结合的思想路线，通过调查研究，总结实践经验，为中国的革命和建设制定出切合实际的正确的路线、方针和政策，为人民的斗争指明方向。

中国共产党之所以能够领导人民为中国的独立和富强进行胜利的斗争，是因为：它密切联系人民群众，坚持"从群众中来、到群众中去"的工作路线，使人民群众在自己的周围逐步地团结起来、组织起来，成为一支不可战胜的力量。

中国共产党之所以能够领导人民为中国的独立和富强进行胜利的斗争，还因为：它十分注意在斗争中不断推进和加强自身建设，保持和发展党的先进性，发挥党组织的战斗堡垒作用和党的先锋模范作用，从而经受住各种风险和挑战的考验，使自己所领导的事业不断地发展壮大。

在实践中，中国共产党也犯过不少错误，甚至犯过几次严重的、长时间的、全局性的错误；它所领导的斗争也经历过许多的曲折，甚至遭受过严重的革命失败。但是，首先应当看到，在党的历史上，错误和挫折只是局部的、暂时的现象，并不是本质和主流、主题和主线。同时应当看到，中国共产党作为一个不谋私利、全心全意为人民服务的工人阶级政党，它不但善于从成功的经验中学习，而且也善于从自己的错误中学习，并汲取教训。中共中央在 1945 年和 1981 年先后两次作出关于若干历史问题的决议,以对人民群众高度负责的郑重态度,就自己所犯的错误公开进行严肃的自我批评。这是世界任何资产阶级、小资产阶级的政党没有做、也不可能做到的。最后还应当看到,中国共产党是具有很强的自我净化和自我发展的能力的。错误和挫折不是纯粹消极的东西,只要认真加以对待,可以变成宝贵的财富。事实上,任何错误和挫折都不仅没有把我们的党压垮,反而使它锻炼得更加坚强,使它所领导的事业不断地战胜艰难险阻而走向新的胜利。

中国人民并没有因为中国共产党也可能犯错误而与它疏离。即使在党犯错误的时候,由于它的性质和宗旨都没有改变,广大人民群众仍然把它看作是自己根本利益的代表者,仍然对它表示信任并寄予希望,而且与它同心同德、共渡难关。这是一个具有重要意义的历史事实,表明党和人民群众之间确实有着不可分割的联系。

中国共产党成立以来,紧紧依靠和紧密团结全国各族人民,干了三件大事。第一件大事是,“我们经过 28 年艰苦卓绝的斗争,推翻了帝国主义、封建主义、官僚资本主义的反动统治,实现了民族独立和人民解放,建立了人民当家作主的新中国”。第二件大事是,“我们确立了社会主义基本制度,在一穷二白的基础上建立了独立的比较完整的工业体系和国民经济体系,使古老的中国以崭新的姿态屹立在世界的东方”。第三件大事是,“我们开创了中国特色社会主义道路,坚持以经济建设为中心、坚持四项基本原则、坚持改革开放,初步建立起社会主义市场经济体制,大幅度提高了我国的综合国力和人民生活水平,为全面建设小康社会、基本实现社会主义现代化开辟了广阔的前景”。“这三件大事,从根本上改变了中国人民的前途命运,决定了中国历史的发展方向,在世界上产生了深刻而广泛的影响”①。这个基本的历史事实证明,中国人民选择中国共产党作为自己团结奋斗的核心力量,是完全正确的。

中国特色社会主义的伟大事业正在胜利地向前推进。同时,世情、

---

① 胡锦涛:《在庆祝中国共产党成立 85 周年暨总结保持共产党员先进性教育活动大会上的讲话》,2006 年 6 月 30 日。

国情、党情的发展变化，也使党面临许多前所未有的新课题、新考验、新挑战。为了使党始终成为立党为公、执政为民、求真务实、改革创新、艰苦奋斗、清正廉洁、富有活力的马克思主义执政党，始终成为全国各族人民团结奋斗的坚强核心，必须以加强党的先进性建设和执政能力建设作为主线，坚持党要管党、从严治党的原则，进一步搞好党的自身建设的伟大工程。

历史的经验昭示人们：中国共产党在过去的90年间，为民族独立、人民解放和国家的繁荣富强、人民的共同富裕建立了不朽的功业；在今后，它一定能够领导人民在实现民族复兴的历史征程中创造新的辉煌，把中国建设成为一个伟大的社会主义现代化国家，以造福于我们的民族及其子孙后代，并对世界作出自己更大的贡献。

中国共产党与中国道路的选择[①]

闫志民

中国共产党成立90年来的最大历史成就，一是完成了新民主主义革命；二是完成了社会主义革命；三是进行了改革开放新的伟大革命，开创、坚持、发展了中国特色社会主义。中国特色革命和建设道路的开创，从逻辑顺序上讲，是先后解决了三个基本问题之后才最终得以实现的。第一步，是选择了马克思主义科学真理作为解决中国问题的理论武器；第二步，是创立了马克思主义与中国实际相结合的根本方法；第三步，是制定了符合中国实际的路线方针政策，最终形成了一条中国特色的新民主主义革命道路和一条中国特色的社会主义建设道路。

一、选择马克思主义作为解决中国问题的理论武器

1840年鸦片战争失败以后，中国逐步沦为半殖民地半封建社会，列强对中国的侵略步步进逼，封建统治日益腐败，祖国山河破碎，人民饥寒交迫、备受奴役。面对亡国灭种的严重危机，广大人民群众同帝国主义的侵略和满清政府的专制统治进行了英勇顽强的斗争，先后爆发了太平天国革命和义和团运动。中国的仁人志士忧国忧民，四处探寻强国富民的科学真理。起初，人们不约而同地把目光投向西方资本主义国家，试图通过向这些国家学习先进的科学技术使中国富强起来，提出了科学救国、教育救国、实业救国之类的主张，其中影响最大的是以张之洞、李鸿章为代表的洋务运动。1894年甲午战争的失败，使人们清楚地认识到洋务运动不可能救中国，要解决中国问题必须学习西方

① 此文发表在《红旗文稿》2011年第13期。

国家先进的社会制度，于是以康有为、梁启超为代表的维新派应运而生。戊戌变法的失败证明，自上而下的社会改良在中国是根本行不通的，要改变中国落后的社会制度，只能通过暴力革命推翻清王朝统治。在孙中山先生领导下的辛亥革命，终于推翻了清王朝的封建统治，开创了完全意义上的近代民族民主革命。在推翻了清王朝的专制统治后，人们本以为中国会像当年的西方国家一样，建立起资本主义社会制度，从此发展强大起来。而事实与人们所期待的完全不同，代替清王朝的是北洋军阀的割据和连年混战。在半殖民地半封建的中国，想通过农民起义和学习西方实现救国救民是不可能的，实现强国富民更是难以想象的。

就在人们对辛亥革命后中国的社会发展感到迷茫和失望的时候，俄国十月革命在布尔什维克党的领导下取得了胜利，它使中国人民看到了希望的曙光。俄国革命对中国的最大影响，正如毛泽东同志所说的"十月革命一声炮响，给我们送来了马克思列宁主义"。众所周知，马克思主义在19世纪末20世纪初就开始传入中国，当时报刊上曾出现过一些介绍马克思及其著作的文章，但并未引起人们的广泛关注，其影响是十分有限的。1917年俄国十月革命的胜利，引起了中国先进知识分子的极大兴趣，他们从俄国接受先进的思想影响，不仅积极学习和传播马克思列宁主义，并开始思考用马克思列宁主义解决中国的问题，从而使马克思列宁主义在中国广泛传播起来。就在这时，一件改变中国历史发展的重大事件发生了：马克思列宁主义传入中国以后与中国工人运动相结合，在1921年诞生了伟大的中国共产党。这在中国近代历史上具有开天辟地的伟大历史意义。

中国共产党从成立的那一天起，就把马克思主义作为自己的指导思想和解决中国问题的理论武器。马克思主义是马克思和恩格斯创立的关于无产阶级和全人类解放的学说，它揭示了自然、社会和人的思维发展的一般规律，论证了社会主义代替资本主义的历史必然性，指明了无产阶级解放的道路和条件，阐述了未来社会的本质特征和基本原则。马克思主义的基本原理是放之四海而皆准的科学真理，为我们认识世界和改造世界提供了科学的世界观和方法论，为被压迫人民和被压迫民族争取解放提供了强大的理论武器。中国共产党把马克思主义作为自己的指导思想和解决中国问题的行动指南，使中国工人阶级从一个受苦受难的自在的阶级变为一个在科学理论指导下行动的自为的阶级，使其开始在中国的政治舞台上自觉发挥革命领导作用，形成了能够领导中国社会变革的先进的社会力量。中国共产党领导工人阶级自觉地运用马克思列宁主义来解决中国的问题，也使中国革命活动的指导思想由原来的资产阶级民主主义，转变为无产阶级的科学社会主义，从而使中国革命的面貌为之一新，由原来的旧民主主义阶段跨入到新民主主义阶段。历史已经充分证明，中国共产党把马克思主义作为解决中国问题的理论武器，对于推动中国社会发展、实现中华民族伟大复兴具有划时代的意义，它开创了中国革命历史的新时期。

二、找到了用马克思主义解决中国问题的根本方法

马克思主义作为科学真理，为中国共产党解决中国问题提供了强大的理论武器，但要真正解决中国问题，还必须善于运用这个科学的理论武器，找到用马克思主义解决中国问题的根本方法。

关于如何运用马克思和恩格斯创立的革命理论，马克思和恩格斯在《共产党宣言》1872 年德文版序言中已经有过极为精辟的论述，他们说：“不管最近 25 年来的情况发生了多大的变化，这个《宣言》中所阐述的一般原理整个说来直到现在还是完全正确的。”而“这些原理的实际运用，正如《宣言》中所说的，随时随地都要以当时的历史条件为转移”[①]。这就是说，对于马克思主义的实际运用，马克思和恩格斯提出的根本要求，是“随时随地都要以当时的历史条件为转移”。用我们今天的话来说，就是无论什么时候、什么地点，我们运用马克思主义基本原理，必须一切从当时当地的社会历史条件出发。然而，在中国共产党成立后的相当长一段时间，广大党员对这个问题的认识从总体来说是

① 《马克思恩格斯选集》第 1 卷，人民出版社 1995 年版，第 248 页。

不完全自觉的，而且党内对此存在着严重的分歧和斗争。以王明为代表的教条主义对马克思主义和苏联革命经验采取了简单照抄照搬的态度，从理论和原则出发去剪裁现实生活，套用外国经验来解决中国问题，结果导致了中国革命的重大挫折，造成极为严重的后果。中国共产党从血的教训中深刻认识到马克思主义与中国实际相结合的极端重要性。1938年毛泽东同志在六届六中全会上明确地提出了马克思主义中国化的问题，并且深刻阐述了它的科学内涵。他说："马克思主义必须和我国的具体特点相结合并通过一定的民族形式才能实现"，"离开中国特点来谈马克思主义，只是抽象的空洞的马克思主义。因此，使马克思主义在中国具体化，使之在其每一表现中带有必须有的中国的特性，即是说，按照中国的特点去应用它，成为全党亟待了解并亟待解决的问题。"①马克思主义中国化任务的提出，标志着中国共产党已经找到了如何运用马克思主义解决中国问题的正确方法。这就是：把马克思主义基本原理与中国具体实际相结合，走自己的路。

中国共产党运用马克思主义解决中国问题的根本方法，是把马克思主义基本原理与中国具体实际相结合，走自己的路。其具体的内容和要求概括起来主要包括以下几个方面：

第一，马克思主义不是教条，而是行动的指南。这是把马克思主义与中国实际相结合的基本前提。如果以教条主义态度对待马克思主义，以为只要照搬马克思主义个别词句或者外国革命和建设的经验，中国的革命和建设就一定能够取得成功，那就根本谈不上马克思主义与中国实际的结合问题。恩格斯曾经尖锐地指出：我们的理论"不是必须背得烂熟并机械地加以重复的教条"②，"马克思的整个世界观不是教义而是方法"③。列宁也反复强调马克思主义不是教条而是行动的指南，要根据每个国家的实际运用马克思主义。他说："我们决不把马克思的理论看作某种一成不变的和神圣不可侵犯的东西。……因为它

① 《毛泽东选集》第2卷，人民出版社1991年版，第534页。
② 《马克思恩格斯选集》第4卷，人民出版社1995年版，第681页。
③ 同上书，第742—743页。

所提供的只是总的指导原则,而这些原理的具体应用具体地说,在英国不同于法国,在法国不同于德国,在德国又不同于俄国。”[①]中国共产党人坚信马克思主义基本原理是颠扑不破的科学真理,坚信马克思主义随着实践发展而不断丰富和发展,反对把马克思主义看成是空洞、僵硬、刻板的教条,反对机械照搬马克思主义书本和外国经验的教条主义,坚持把马克思主义作为解决中国问题的理论武器和行动指南来对待,才实现了马克思主义与中国革命实际的成功结合。

第二,解决中国问题是我们运用马克思主义的目的所在。我们为什么要把马克思主义运用于中国?其目的不是别的,正是为了解决中国的问题。毛泽东同志形象地用“有的放矢”的比喻来说明这个道理,他说:“要使马克思列宁主义的理论和中国革命的实际运动结合起来,是为着解决中国革命的理论问题和策略问题而去从它找立场、找观点、找方法的。这种态度,就是有的放矢的态度。‘的’就是中国革命,‘矢’就是马克思列宁主义。我们中国共产党人所以要找这根‘矢’,就是为了要射中国革命和东方革命这个‘的’的。”[②]毛泽东同志的这段话是针对当时的马克思主义与中国实际的第一次结合讲的,是指用马克思主义之“矢”去射中国革命之“的”,后来进行马克思主义与中国实际的第二次结合,其目的也是为了解决在中国如何建设社会主义的问题,去到马克思主义那里找立场、观点、方法,是用马克思主义之“矢”去射发展中国特色社会主义之“的”的。这就要求我们把马克思主义作为武器和方法来对待,而不是当作教条和教义来对待,运用它的目的是为了解决中国的革命或建设问题。这是我们在中国运用马克思主义的出发点和落脚点。

第三,一切从实际出发,是运用马克思主义解决中国问题的基本要求。在运用马克思主义解决中国问题的时候,是从中国实际出发,让理论为分析和研究中国问题服务,还是从理论出发,用理论来剪裁中国的现实生活。这是在用马克思主义解决中国问题上,坚持唯物主义还是

---

① 《列宁选集》第1卷,人民出版社1995年版,第273—275页。

② 《毛泽东选集》第3卷,人民出版社1991年版,第801页。

唯心主义的问题。我们必须十分清醒，马克思主义提供给我们的是解决问题的理论武器和历史借鉴，决不是解决中国问题的具体答案和结论，这些答案和结论要靠我们运用马克思主义，从分析研究中国的实际情况，也就是具体的国情中产生出来。而决不是机械地重复和照搬马克思主义的词句所能解决的，也不是把马克思主义的理论和原理简单地套用到现实生活中所能够见效的。正如毛泽东同志所说："只有认清中国社会的性质，才能认清中国革命的对象、中国革命的任务、中国革命的动力、中国革命的性质、中国革命的前途和转变。所以，认清中国社会的性质，就是说，认清中国的国情，乃是认清一切革命问题的基本的根据。"①所以，我们必须下大功夫研究中国的具体实际，从实际生活中引出必要的结论。

第四，实事求是是运用马克思主义解决中国问题的根本方法。怎样才能把马克思主义基本原理与中国具体实际相结合，其根本的方法是实事求是。邓小平同志曾经说过，实事求是是马克思主义最根本最重要的东西，是毛泽东思想的精髓和活的灵魂，我们过去搞革命靠的是实事求是，现在搞现代化建设仍然要靠实事求是。而实事求是的含义，按照毛泽东同志的解释："'实事'就是客观存在着的一切事物，'是'就是客观事物的内部联系，即规律性，'求'就是我们去研究。我们要从国内外、省内外、县内外、区内外的实际情况出发，从其中引出其固有的而不是臆造的规律性，即找出周围事物的内部联系，作为我们行动的向导。"②毛泽东同志这里所说的实事求是，实际上就是研究中国的实际情况，探索其内在关系和发展规律，并根据这些客观规律指导我们的行动。实事求是的过程也就是达到对中国基本国情正确认识的过程，从中引出有关中国革命和建设的必要的结论的过程。无论民主革命时期的第一次马克思主义中国化，还是社会主义时期的第二次马克思主义中国化，都是运用马克思主义这个理论武器，研究中国国情的具体过程，揭示事物之间内部联系的过程，认识事物的本质和发展规律的过

① 《毛泽东选集》第2卷，人民出版社1991年版，第633页。
② 《毛泽东选集》第3卷，人民出版社1991年版，第801页。

程。我们只有认识客观规律，尊重客观规律，按照客观规律办事，才能制定出符合实际的路线方针政策。

第五，马克思主义与中国实践相结合是一个不断发展的过程。无论世界形势还是中国国情都是不断发展变化的，我们必须不断地用实事求是的科学方法，去研究出现的新情况和新问题，发展我们对人类历史和中国社会发展规律的认识，推进我们对时代特点和中国国情的把握，把马克思主义基本原理与中国具体实践相结合不断地推向前进。这就要求我们在马克思主义与中国实际的结合中不断解放思想，永远与时俱进，勇于开拓创新，及时回答实践提出的各种问题。真正做到胡锦涛同志在 2011 年“七一”重要讲话中所说的“勇于变革、勇于创新，永不僵化、永不停滞”。

三、开创出了中国特色的革命和建设道路

在有了马克思主义与中国实际相结合的根本方法以后，还有一个运用这个根本方法解决中国问题的过程。这个运用过程就是实行马克思主义与中国实际相结合的过程，就是运用马克思主义解决中国问题的过程，因而也是用马克思主义与中国实际相结合的方法开创中国特色革命和建设道路的过程。从成功找到在中国如何运用马克思主义的根本方法，到成功地开创出中国特色的革命道路和建设道路，中间仍然需要经过艰苦的探索和不懈的努力，中间仍然可能出现这样那样的错误甚至一定的曲折。这个过程的必然性和艰巨性从实行马克思主义与中国实际的第二次结合中看得尤为明显。早在 1956 年，我们党就提出实行马克思主义与中国实际的第二次结合，探索中国自己的社会主义建设道路。然而探索并不是一帆风顺的，中间走过 20 多年曲折的路，其根本原因，是对当时的国内外形势和基本国情的认识严重地脱离了实际。例如，在 1957 年“整风”反右以后，认为我国还存在着剥削阶级与劳动阶级的对立，社会的主要矛盾是无产阶级和资产阶级的矛盾；在 1958 年“大跃进”时期，对我国社会的发展水平估计过高，急于向社会

主义更高阶段和共产主义过渡；在中苏论战以后，认为其他社会主义国家已经变质，中国也存在着复辟资本主义的严重危险。正是根据对国际形势和基本国情的这种认识，当时所制定的路线方针政策必然要出现严重的偏差。但由于我们党已经有了马克思主义与中国实际相结合的成功经验，尤其是以实事求是的态度和方法解决中国问题的传统，我们党就能够自己纠正自己所犯的错误，重新回到正确的轨道上来。正如胡锦涛同志在“七一”重要讲话中所说的：“在历史上的一些时期，我们曾经犯过错误甚至遇到严重挫折，根本原因就在于当时的指导思想脱离了中国实际。我们党能够依靠自己和人民的力量纠正错误，在挫折中奋起，继续胜利前进，根本原因就在于重新恢复和坚持贯彻了实事求是。”在1978年十一届三中全会以后，我们党按照实事求是的思想路线进行拨乱反正，在总结中华人民共和国成立以来历史经验教训的基础上，继续推进马克思主义与中国实际的第二次结合，制定出了中国特色社会主义的路线方针政策，终于开创出了中国特色社会主义道路，实现了马克思主义与中国实际相结合的第二次历史性飞跃。所以，运用马克思主义与中国实际相结合的方法开创出中国特色的革命和建设道路，是需要付出巨大的努力的。

马克思主义与中国实际相结合取得成功的标志，是走出了一条中国自己的革命和建设道路，形成了符合中国实际的理论路线方针政策。具体地讲，第一次马克思主义中国化取得成功的标志，是新民主主义革命道路的开创和毛泽东思想的形成，由于中国特色革命道路的成功开创，在民族复兴伟大征程中我们首先实现了国家独立、人民解放的任务；第二次马克思主义中国化取得成功的标志，是中国特色社会主义道路的开创、中国特色社会主义理论体系的形成、中国特色社会主义制度的确立。由于中国特色社会主义的成功实践，我们把中华民族复兴的任务推向一个新的阶段，正在实现着国家繁荣富强、人民共同富裕的任务。

中国共产党所开创的中国特色的新民主主义革命道路，毛泽东同志在《新民主主义论》等著作中作了系统的论述。概括起来主要有以下内容：第一，根据十月革命后历史时代所发生的变化，提出中国的革命已不属于资产阶级领导的旧民主主义革命，而是无产阶级领导的新民主主义革命。中国革命的第一步是在中国建立新民主主义社会，第二步是在中国建立社会主义社会。第二，根据中国的半殖民地半封建社会性质，提出中国的革命是工人阶级领导的，工农联盟为基础的，反对帝国主义、封建主义和官僚资本主义的人民民主革命，革命所建立的国家政权是人民民主专政。第三，根据中国经济政治发展不平衡，反动势力的统治在城市十分强大，而在广大农村相对薄弱的实际情况提出，实行农村武装割据，走农村包围城市、武装夺取政权的革命道路。第四，根据中国的实际情况提出，武装斗争、统一战线和党的建设是保证中国革命取得胜利的三大法宝。

中国特色社会主义建设道路，党的十七大将其概括为“在中国共产党领导下，立足基本国情，以经济建设为中心，坚持四项基本原则，坚持改革开放，解放和发展生产力，巩固和完善社会主义制度，建设社会主义市场经济、社会主义民主政治、社会主义先进文化、社会主义和谐社会，建设富强民主文明和谐的社会主义现代化国家”。中国特色社会主义道路内涵丰富，包括了建设中国特色社会主义的根本保证——中国共产党的领导，“一个中心、两个基本点”的基本路线，经济政治文化社会建设“四位一体”的总体布局和富强、民主、文明、和谐的发展目标，是对中国这样的发展中的社会主义国家怎样建设社会主义的系统回答。

同时我们也要看到，建设中国特色社会主义是一个很长的历史过程，中国特色社会主义的实践在不断发展，对中国特色社会主义道路的探索并没有终结，需要我们与时俱进地不断研究新情况、解决新问题，在建设中国特色社会主义的新的实践中，不断拓展中国特色社会主义道路。

中国特色社会主义道路，是实现社会主义现代化的必由之路，是创造人民美好生活的必由之路。坚定不移地走中国特色社会主义道路，是党和人民从实际经验中得出的基本结论，是全党和全国人民的根本利益之所系。我们要像胡锦涛总书记所说的那样：“始终坚持党的基本路线不动摇，做到思想上坚信不疑，行动上坚定不移，决不走封闭僵化的老路，也决不走改旗易帜的邪路，而是坚定不移地走中国特色社会主义道路。”

（五） 为什么必须坚持以公有制为主体、多种所有制经济共同发展的基本经济制度，而不能搞私有化和单一公有制

坚持社会主义初级阶段基本经济制度不动摇

黄俊立

十一届三中全会以来，我们党以邓小平理论和“三个代表”重要思想为指导，坚持解放思想、实事求是、与时俱进，对传统的公有制及其实现形式进行了改革，走出了一条适应社会主义初级阶段国情的制度创新之路，确立了“公有制为主体、多种所有制经济共同发展”的基本经济制度。坚持和完善这一基本经济制度，对于建立社会主义市场经济体制，促进生产力发展，全面建设小康社会，推进社会主义现代化又好又快发展，具有十分重要的现实意义和深远的历史意义。

当前，我国经济体制改革进入攻坚阶段，一些深层次矛盾和问题集中暴露出来。对于这一复杂局面的形成，人们有着不同的认识，其中有两种代表性的观点将之与我国当前的基本经济制度联系在了一起。一种观点认为，当前经济中的困难与问题是由以国有企业为代表的公有制经济带来的，因此，要从根本上解决问题必须实行私有化，搞彻底的“国退民进”。另一种观点认为，我国的经济改革出现了方向性错误，当前的问题是非公经济的发展带来的，应该扩大公有经济在国民经济中的比重，通过“国进民退”来限制非公经济的发展。显然，这两种观点把公有制经济与非公经济完全对立起来，与我们党关于社会主义初级阶段的基本经济制度的思想相背离。为此，党的十七届四中全会特别指出，必须自觉划清“社会主义公有制为主体多种所有制经济共同发展的基本经济制度同私有化和单一公有制的界限”。这就是说，在社会主义初级阶段的发展过程中，要自觉地与各种错误思潮做斗争，坚持“公有制为主体、多种所有制经济共同发展”的基本经济制度不动摇。

一、社会主义初级阶段基本经济制度的确立

基本经济制度问题,实质上就是所有制结构问题,它包括两个方面的内容,一是社会所允许存在的所有制形式,二是在这些并存的所有制形式中,哪种性质的所有制形式占主体地位。占主体地位的所有制形式决定着一个社会基本经济制度的性质。我国是社会主义国家,现阶段处在社会主义初级阶段,这是我国最大的国情,这一国情决定着我国的基本经济制度只能采取以公有制为主体、多种所有制成分共同发展的制度形式。

(一) 以公有制为主体是社会主义制度的内在要求

历史唯物主义认为,生产力决定生产关系,由生产力所决定的生产关系的总和构成社会的经济基础,决定着社会的上层建筑。生产关系的总和包括人们在物质生产过程中所结成的各种关系,其中处于基础地位的是生产资料所有制关系。生产资料所有制的性质决定一个社会经济的性质,而经济性质又决定着社会的性质。在多种所有制性质的经济成分并存的经济中,占主体地位的所有制性质决定着该社会的经济性质。社会主义同资本主义的根本区别首先就表现在占主体地位所有制性质的不同。在资本主义社会中,生产资料私有制占主体地位;在社会主义社会中,生产资料公有制占主体地位。我国是实行社会主义制度的国家,因此,在我国的基本经济制度中,必须以生产资料公有制为主体。

在现实中,公有制经济不仅包括国有经济和集体经济,而且包括混合所有制经济中的国有成分和集体成分。随着社会的发展,公有制经济还会采取越来越多新的实现形式①,其主体作用会越来越明显。具

① 例如,公有制在现实中的实现形式还包括社区所有制、社团集体所有制。除此之外,基金尤其是公募基金(例如养老金)也属于公有经济成分。参见刘国光:《十七大重申坚持和完善基本经济制度的意义》,《中国经济时报》2007 年 12 月 13 日。

体来说,公有制经济的主体地位体现在如下几个方面:

第一,公有资产在社会总资产中占优势。这种优势不是对每一个地区、每一个行业、每一个企业的绝对化要求,而是对整个国民经济的总体要求。这就是,在某一地区、某一行业中公有制可以暂时不处于优势地位,但这并不影响我国经济的社会主义性质。然而,很长一段时间以来,一些人对一些发达地区非公有制经济的发展表示担心,害怕它们成为地区经济的主导后对我国的社会主义经济制度造成威胁。其实,这种担心多余,这是由于对公有制的主导地位的僵化理解导致的。实践证明,在一些非公经济取得快速发展的地区,政府税收、就业水平增长的速度也比较快,社会因此比较稳定,人们对社会主义制度的认同不仅没有降低,反而在不断提高。

第二,公有资产占优势,除了要有量的优势之外,更要注重质的提高。公有制经济起主导作用,主要体现在控制力上。在党的十五大之前,人们把公有制在国民经济中的控制力理解为"控制整个国民经济命脉"。党的十五大报告指出,公有制经济的控制力是指公有制经济在关系国民经济命脉的重要行业和关键领域所占的支配地位。具体来说,这些行业包括:(1)涉及国家安全的行业;(2)自然垄断的行业;(3)提供重要公共产品和服务的行业;(4)支柱产业和高新技术产业中的重要骨干企业。只要公有制经济控制国民经济命脉,公有制经济的控制力和竞争力得到增强,在这个前提下,公有资产比重减少一些,不会影响我国的社会主义性质。

第三,公有制的主导地位还体现在对非公有制经济发展的引导上。在市场经济的运行中,公有制经济是国家宏观调控的重要力量。我们知道,非公有制经济在市场中按照自己的利润原则来从事生产和销售活动,这些经济活动难免有盲目的地方,也难免会造成资源的浪费和对国民经济发展的影响。为了使整个国民经济持续、稳定、协调发展,需要公有制经济在市场中通过自身的行为,形成一个健康的价格信号,以对非公经济的投资等行为进行引导。

公有制的主体地位不是一成不变的,公有制经济特别是国有企业要采取有效措施,适应社会主义市场经济的要求,不断地增强自身的活力、控制力、影响力。如果公有制经济在社会主义市场经济中停滞不前甚至倒退,那么它的主体地位就会受到威胁,它在社会中存在的必要性就会受到怀疑,甚至被非公有制经济所取代。

（二）发展多种所有制经济是社会主义初级阶段基本国情的需要

我国社会主义脱胎于半殖民地半封建的旧中国,在建国初期,生产力发展水平较低。经过社会主义建设,我国生产力水平尽管有了很大的提高,但还远远落后于发达国家,特别是地区、部门、行业之间以及同一地区、部门、行业内部生产力发展水平很不平衡,呈现出多层次的状况,既有世界上先进的航天技术,又存在传统落后的手工劳动;既有以计算机和网络为代表的信息产业,又有利用人力畜力为主的传统农业。生产力的这种状况造成了双重结果[①]:一方面,成熟的社会主义所需要的物质基础尚未成形,生产社会化程度不足,以致不能实现全社会公有化来容纳全社会的生产力。这就决定了必须在社会主义条件下经历一个相当长的初级阶段,去实现工业化和经济的社会化、市场化、现代化。这是不可逾越的历史阶段。另一方面,在达到建立成熟的社会主义所需要的高度物质生产力之前,非公有制生产关系还具有容纳生产力发展的生命力,其历史使命没有完结。马克思指出:“无论哪一个社会形态,在它所能容纳的全部生产力发挥出来之前,是决不会灭亡的;而新的更高的生产关系,在它的物质存在条件在旧社会的胎胞里成熟以前,是决不会出现的。”[②]恩格斯也强调:“只有在废除私有制所必需的大量生产资料创造出来之后才能废除私有制。”[③]因此,在我国社会主义的现实生产力水平下,建立单一的公有制经济,既没有必要,也不可能。[④]只有建立以公有制为主体的包括私营经济在内的多种经济成分并存的所有制结构,才能适应生产力水平总体还落后以及不平衡、多层次情

---

① 参见李济琛:《坚持两个毫不动摇 完善基本经济制度》,http://finance.sina.com.cn/leadership/mroll/20100730/ 15208395676.shtml。

② 参见《马克思恩格斯选集》第2卷,人民出版社1995年版,第33页。

③ 参见恩格斯:《共产主义原理》,人民出版社1973年版。

④ 马克思和恩格斯在《德意志意识形态》中也指出,“只有随着大工业的发展才有可能消灭私有制”。

况,从而促进生产力的发展。可见,非公有制经济存在并与公有制经济的长期并存、共同发展,是适应我国社会主义初级阶段的国情的。江泽民同志在党的十五大政治报告中指出,“十一届三中全会前我们在建设社会主义中出现失误的根本原因之一,就在于提出的一些任务和政策超越了社会主义初级阶段。改革开放后,现代化建设取得成功的根本原因之一,就是克服了那些超越阶段的错误观念”①。

非公经济的存在和发展不仅在理论上符合历史唯物主义的逻辑,而且在实践中也发挥出了促进生产力发展、维持社会稳定的作用。从(表1)中可以看出,个体、私营企业在上个世纪90年代之后,成为解决社会新增就业人口的主要力量。在1991年,个体、私营企业中的就业人口占城镇就业总人口的比重为4.35%,但到了2010年,这一比重则上升到了30.38%。尤为重要的是,在城镇新增就业人口中,个体、私营企业所占比重更大,从1991年的20.99%上升到54.91%,远远超过国有企业和集体企业所占比重。所以,应该采取有效措施,鼓励和支持非公经济在我国的发展。

表1:城镇中国有集体企业与个体私营企业就业情况(1991—2010)

年份	个体私营企业新增就业人口占城镇新增就业人口比重(%)	个体私营企业就业总人口占城镇就业总人口比重(%)	国有集体企业新增就业人口占城镇新增就业人口比重(%)	国有集体企业就业总人口占城镇就业总人口比重(%)
1991	20.99	4.35	93.63	81.83
1992	19.70	4.69	55.05	81.24
1993	69.33	6.11	-49.13	78.38
1994	112.79	8.35	47.57	77.73
1995	126.10	10.74	-23.51	75.67
1996	32.20	11.69	-16.78	71.58

① 参见江泽民:《加快改革开放和现代化建设步伐夺取有中国特色社会主义事业的更大胜利》,载《江泽民文选》第1卷,人民出版社2006年版。

续 表

年份	个体私营企业新增就业人口占城镇新增就业人口比重(%)	个体私营企业就业总人口占城镇就业总人口比重(%)	国有集体企业新增就业人口占城镇新增就业人口比重(%)	国有集体企业就业总人口占城镇就业总人口比重(%)
1997	39.58	12.84	-38.77	67.02
1998	67.43	14.95	-348.02	50.99
1999	29.51	15.47	-92.60	45.89
2000	-8.50	14.70	-92.38	41.47
2001	26.13	15.16	-68.96	37.02
2002	58.83	16.96	-62.36	32.93
2003	61.13	18.77	-38.23	30.02
2004	55.77	20.21	-25.25	27.87
2005	65.80	21.97	-28.19	25.71
2006	58.87	23.51	-8.38	24.28
2007	69.86	25.49	-3.94	23.07
2008	73.22	27.20	-2.87	22.14
2009	86.62	29.38	-5.80	21.12
2010	54.91	30.38	5.54	20.51

资料来源:《中国统计年鉴》(2011)。

(三)社会主义基本经济制度确立的过程

社会主义基本经济制度确立的过程,是与我们党对非公经济地位的认识不断深化分不开的。

过去很长时间以来,由于很多人认为非公经济中所存在的雇佣劳动关系属于资本主义性质,简单地把非公经济等同于资本主义性质的经济,从而进行取缔和限制。即便改革开放之后提出要发展非公经济,但他们也认为发展非公经济是暂时的,非公经济只不过是对社会主义公有制经济的补充。这种认识导致非公经济长期游离于社会主义经济之外,使得其地位不明确,人们对长期发展非公经济信心也不足。

十四大前后,我们党对非公经济的认识发生了质的飞跃。党的十四大报告明确提出,非公有制经济要与公有制经济"共同发展","国有企业、集体企业和其他企业都进入市场,通过平等竞争发挥国有企业的主导作用";在所有制结构上"以公有制包括全民所有制和集体所有制为主体,个体经济、私营经济、外资经济为补充,多种经济成分长期共同发展,不同经济成分还可以自愿实行多种形式的联合经营"[①]。1993年11月,中共十四届三中全会通过了《中共中央关于建立社会主义市场经济体制若干问题的决定》。《决定》指出:"建立社会主义市场经济就是要使市场在国家宏观调控下对资源配置起基础性作用。为实现这个目标,必须坚持以公有制为主体、多种经济成分共同发展的方针。"并明确提出"国家要为各种所有制经济平等参与市场竞争创造条件,对各类企业一视同仁"。这种"一视同仁"的主张是一个历史性的飞跃,是对非公有制经济在我国经济中的作用和影响的扩大的一种反映,充分体现了我们党对非公有制经济发展的鼓励。

1997年,在党的第十五次全国代表大会上,江泽民同志又提出,"非公有制经济是社会主义市场经济的重要组成部分"[②],第一次把包括非公经济在内的非公有制经济与"社会主义"联系在了一起,从而明确了非公有制经济不再是社会主义市场经济的异己力量。在1999年的宪法修正案中,我国基本经济制度被确定为"公有制为主体、多种所有制经济共同发展"。宪法修正案同时规定,"在法律规定范围内的个体经济、私营经济等非公有制经济,是社会主义市场经济的重要组成部分","国家保护个体经济、私营经济的合法的权利和利益",取消了1988年宪法非公有制经济是社会主义公有制经济"补充"的提法,从而从国家根本大法的角度明确了非公经济的社会地位。由此,我国社会主义初级阶段的基本经济制度开始确立。

---

① 江泽民:《加快改革开放和现代化建设步伐夺取有中国特色社会主义事业的更大胜利》,第227页。

② 江泽民:《高举邓小平理论伟大旗帜,把建设有中国特色的社会主义事业全面推向二十一世纪》,载《江泽民文选》第2卷,人民出版社2006年版,第20页。

2001 年 7 月 1 日，在庆祝中国共产党成立八十周年大会上，江泽民同志明确提出，民营科技企业创业人员、个体户、私营企业主等社会阶层，“也是有中国特色社会主义事业的建设者”①。这是我党历史上第一次对社会主义初级阶段私营企业主社会地位作出的科学论断。

在 2002 年召开的党的十六大上，江泽民同志再次强调指出，“必须毫不动摇地巩固和发展公有制经济；必须毫不动摇地鼓励、支持和引导非公有制经济发展”。同时指出，“在社会变革中出现的民营科技企业的创业人员和技术人员、受聘于外资企业的管理技术人员、个体户、私营企业主、中介组织的从业人员、自由职业人员等社会阶层，都是中国特色社会主义事业的建设者。对为祖国富强贡献力量的社会各阶层人们都要团结，对他们的创业精神都要鼓励，对他们的合法权益都要保护，对他们中的优秀分子都要表彰，努力形成全体人民各尽其能、各得其所而又和谐相处的局面”②。2004 年 3 月 14 日，十届全国人大二次会议高票通过宪法修正案，这是我国现行宪法自 1982 年颁布以来的第四次修正。其中，宪法修正案第 22 条规定：“公民的合法的私有财产不受侵犯。”这一规定标志着我国公民的私有财产权开始从一般的民事权利上升到宪法权利，受到国家根本大法的认可与保护，从而使非公经济业主吃了一颗定心丸。

在 2007 年党的十七大上，胡锦涛同志再次强调，要坚持和完善公有制为主体、多种所有制经济共同发展的基本经济制度，“毫不动摇地巩固和发展公有制经济，毫不动摇地鼓励、支持、引导非公有制经济发展，坚持平等保护物权，形成各种所有制经济平等竞争、相互促进新格局”。在党的十七届四中全会上通过的《中共中央加强改进新形势下党建若干重大问题的决定》中强调，共产党员要自觉划清“社会主义公有制为主体、多种所有制经济共同发展的基本经济制度同私有化和单一公有制的界限”。

---

① 江泽民：《在庆祝中国共产党成立八十周年大会上的讲话》，载《江泽民文选》第 3 卷，人民出版社 2006 年版，第 286 页。

② 江泽民：《全面建设小康社会，开创中国特色社会主义事业新局面》，载《江泽民文选》第 3 卷，人民出版社 2006 年版，第 539—540 页。

总之，社会主义初级阶段基本经济制度是党的十五大确立，党的十六大、十七大反复强调的一种制度，是我国经济发展和社会进步的基础，一定要毫不动摇地坚持。

二、划清社会主义基本经济制度同私有化和单一公有制的界限

由于长期以来"左"的思想根深蒂固和受资产阶级私有化思潮的影响，一些人利用社会主义建设中的所出现的暂时困难，故意曲解社会主义初级阶段基本经济制度，他们或者鼓吹私有化，或者要求限制甚至取消非公经济。这两种思潮不仅违背了党的路线、方针和政策，违反了宪法，而且在现实中会容易造成人们思想的混乱和容易导致严重的社会后果，所以我们必须旗帜鲜明地进行反对，旗帜鲜明地划清社会主义基本经济制度与私有化和单一公有制的界限。

(一) 必须旗帜鲜明地反对私有化

1. 私有化不符合我国国情

经济发展的历史表明，对具有私人物品特性(即在使用上具有排他性)的财产而言，私有制是一种相对有效的降低交易费用的安排。这是因为，产权一旦归私人所有，私人就可以排他地使用和受益，关心自己的产权所带来的价值和不受侵害，并依据市场的价格机制，使资源流向最有效的使用者。但私有产权安排也是有缺陷的，在社会收益大于私人收益的部门和领域(及存在正的外部性)，私有资源往往不愿意流入，长此以往，社会正常的秩序就会受到影响。这时，公有产权的安排就显得非常必要。

从现实中看，私有化也是不符合我国国情的。第一，我国是人民民主专政的社会主义国家。如果没有公有产权为基础的话，人民当家作主的地位就不会存在，社会主义政权就要遭到颠覆。第二，我国经济体制改革的目标是建立社会主义市场经济体制，而社会主义市场经济体制的本质就是要实现公平和效率的有机结合，实现经济和社会的和谐发展。在公有制下，由于生产资料归全体人民或者集体所有，必然会采

取有利于全体人民或者集体的分配方式。实践也证明,私有制必然会导致两极分化,而公有制则能很好地实现社会的公平。

2. 私有化违背人民群众的根本利益

在生产资料私有制占主体的经济中,社会财富被少数人所拥有,他们会凭借其所拥有的生产资料来剥削和掠夺劳动人民所创造的剩余价值,劳动人民处于资本的奴役之中,成为被剥削、被压迫的对象。马克思和恩格斯在《共产党宣言》里指出,"现代的资产阶级私有制是建立在阶级对立上面、建立在一些人对另一些人的剥削上面的产品生产和占有的最后而又最完备的表现"。因此,"从这个意义上说,共产党人可以把自己的理论概括为一句话:消灭私有制"①。

与之相反,生产资料公有制是实现人民群众根本利益的基础和保障。一方面,公有制的建立排除了一部分人凭借占有的生产资料剥削另一部分人的可能性,消除了人剥削人、人压迫人的经济根源,劳动人民成了生产资料的主人,成了国家和社会的主人;另一方面,社会主义生产资料公有制也是消灭剥削、社会消除两极分化、实现共同富裕的重要基础,所以,邓小平同志一再强调:"只要我国经济中公有制占主体地位,就可以避免两极分化。"否则,即便我们在私有制的基础上发展起来,"也不过成为一个附庸国"②。

3. 实施"国退民进"的改革不等于搞私有化

当前我国所有制改革的一项重要内容是调整和完善所有制结构,具体表现为适当缩小公有制经济的比例。而降低公有经济比重,主要降低的是国有企业的比重和缩小国有资本投资的领域。党的十五大之后,这一做法被总结为所谓的"国退民进"。当前的"国退"有两种方式:一是,国有资本从竞争性领域里退出来;二是,在一些关系到国计民生的重要领域当中,国有资本由于不需要100%地持有公司的股份,往往采取吸收其他所有制成分来参与的方式,来绝对控股或相对控股。公有制经济的退出意味着非公有制经济的进入,因此调整和完善所有

① 《马克思恩格斯选集》第1卷,人民出版社1995年版,第286页。

② 参见《邓小平文选》第3卷,人民出版社1993年版,第311页。

制结构也意味着要大力发展和积极引导非公经济的发展,并使得非公有经济和公有经济能和谐共处,在市场竞争中发挥彼此的优势,以把社会主义市场经济的优越性充分发挥出来。

然而,我们必须清醒地认识到,实施"国退民进"的改革不等于搞私有化,主要理由有三个方面:一是,"国退民进"是对过去国企覆盖面过大,战线过长的调整。历史上,由于忽视了生产力发展的不平衡性,公有制在我国的发展受到了片面的强调。这种状况直接导致了生产力的发展受到了束缚。在深化改革过程中,必然会出现公有制比重下降、非公有制比重上升的现象,而且这种情况要延续一个时期。二是,"国退民进"只是一个时期所采取的所有制调整措施,随着公有制经济调整到合理水平和国有经济活力的不断增长,还有可能出现"国进"的现象。三是,"国退"并不意味着国有企业完全从我国经济生活中退出去。如前所述,在关系到国计民生和人民群众根本利益的领域,国有资本是绝对不能退出的。

在现实中,我们还必须看到,私有化在我国仍然很有市场。其原因可以从两个方面来分析①。一是国际原因。大量证据显示,西方敌对势力从来没有放弃从思想政治上对我国进行渗透,他们通过舆论控制、资金资助、政治干涉等手段来宣传鼓吹资本主义意识形态。在一些思想政治教育薄弱的地方,一些不能明辨是非的人很容易上当受骗、从而接受私有化思想。二是我国当前还处于社会主义初级阶段,公有经济的优越性还不可能完全显示出来,这使得我国在经济上、技术上以及与之相适应的人民的生活水平上,在相当长的一个时期会低于发达的资本主义国家。这也必然使得一部分立场不坚定的人产生对社会主义制度的怀疑和对西方资本主义制度的崇拜。可以预计,只要社会主义制度的优越性没有得到完全发挥,这种思潮的影响就不会消失。所以,我们必须提高警惕,做好长期斗争的准备。

---

① 吴树青,《坚持以公有制为主体——分清社会主义公有制为主体、多种经济成份共同发展同私有化的界限》,《人民日报》1996年9月12日。

（二）搞单一公有制在我国没有出路

建国之后，由于特殊的经济发展条件和缺乏经济建设的经验，我们采取了教条主义的做法，在所有制上我们片面追求单一的公有制。实践证明，公有制实现形式的单一化，不能有效地促进社会生产力的发展。首先，公有制采用单一的资本组织形式，不可能适应生产力发展水平的多层次性和社会化大生产多样化发展的要求。如前所述，我国生产力总体发展水平并不是很高，而且还具有多层次性和不平衡性。这种格局不仅决定多种所有制经济可以同时并存，而且也要求公有制采用多种实现形式，否则就会抑制人们的积极性，就不能解放和发展生产力。其次，在只有国有企业和集体企业存在的情况下，尤其是在国有企业比重过高的情况下，不可能真正形成市场竞争主体，因为利益主体单一，难以展开真正有效的竞争。所以，不能搞单一公有制，要积极支持非公经济的发展。实践表明，无论在满足人们多样化的需求、创造更多的就业机会，还是在增加国内生产总值和改变我国传统的社会政治结构上①，非公有制经济都发挥着不可替代的作用。可以说，非公有制经济的崛起，是我国经济体制改革迄今为止所取得的一项最为伟大的成就。

三、在实践中坚持和完善我国基本经济制度

社会主义初级阶段基本经济制度不只是一个理论问题，更重要的是一个实践问题。在实践中坚持和完善社会主义初级阶段的基本经济制度，必须按照党的路线、方针、政策的要求，继续深化国有企业改革，探索探讨和完善社会主义公有制的实现形式；必须毫不动摇地鼓励、支持和引导个体、私营等非公有制经济发展；必须把坚持公有制为主体、

① 参见江泽民同志在党的十六大报告中指出，要"充分发挥个体、私营等非公有制经济在促进经济增长、扩大就业和活跃市场等方面的重要作用"，参见《江泽民文选》第3卷，人民出版社2006年版。

促进非公有制经济发展统一于社会主义现代化建设的进程中,使各种所有制经济在市场竞争中发挥各自优势,相互促进,共同发展。

(一)积极探索公有制的实现形式

江泽民同志在党的十五大报告中指出:"公有制实现形式可以而且应当多样化,一切反映社会化市场规律的经营方式和组织形式都可以大胆利用。"这就是说,公有制的实现形式可以多样化、多元化,而且还应该因时而异、与时俱进。这是对传统社会主义经济理论的重大突破,为探索公有制实现形式指明了方向。

1. 股份制是公有制的主要实现形式

党的十六届三中全会通过的《决定》提出,"要适应经济市场化不断发展的趋势,进一步增强公有制经济的活力,大力发展国有资本、集体资本和非公有资本等参股的混合所有制经济,实现投资主体多元化,使股份制成为公有制的主要实现形式"。实践证明,国有资本通过股份制可以吸引和组织更多的社会资本,放大国有资本的功能,提高国有经济的控制力、影响力和带动力。国有大中型企业尤其是优势企业,宜于实行股份制的,要通过规范上市、中外合资和企业互相参股等形式,改为股份制企业,发展混合所有制经济,重要的企业由国家控股。

之所以说股份制是公有制的主要实现形式,是因为股份制具有其他企业制度或者公有制的其他实现形式所没有的优势。股份制的诞生是企业制度的一场革命,它一方面使得企业能够在短期内集中大量资本,来完成单个资本无法完成的事业,另一方面又使资本所有权与经营权实现了分离,这种分离使得企业的经营权由专业的经理人员来进行掌管和经营,有利于提高企业的经营水平。对国有企业来说,股份制这种形式还具有其他很多优点,它不仅能打破国有企业单一所有制的体制,实现产权多元化,还能够形成企业的法人治理结构,实现企业内部权力的相互制衡,从而有利于促进政府职能转变和规范政府的行政行为,为企业真正建立起现代企业制度打下坚实的基础。另外,公有资本通过绝对控股和相对控股,可以保持重要资产的社会主义公有制性质。

2. 股份合作制是公有制的一种重要实现形式

股份合作制是采取了股份制一些做法的合作经济,是社会主义市场经济中集体经济的一种新的组织形式。在股份合作制企业中,劳动合作和资本合作有机结合。劳动合作是基础,职工共同劳动,共同占有和使用生产资料,利益共享,风险共担,实行民主管理,企业决策体现多数职工的意愿;资本合作采取了股份的形式,是职工共同为劳动合作提供的条件,职工既是劳动者,又是企业出资人。劳动合作与资本合作相结合有利于共同劳动条件的改善、企业竞争能力的提高和劳动者长远利益的增加。股份合作制是能够促进生产力发展的公有制实现形式,是现阶段劳动者创造就业、走向共同富裕的一条重要途径。

实践证明,股份合作制符合社会主义初级阶段的生产力发展水平,符合目前国有小企业和集体企业的实际状况,符合建立体现企业制度要求的产权清晰、权责明确、政企分开和管理科学的改革方向。股份合作制的实行,落实了企业资产经营责任,提高了职工对企业资产的关心程度和风险意识,增强了企业的凝聚力,调动了职工的积极性;促进了政府职能的转变和政企分开,加快了企业成为自主经营、自负盈亏、自我约束、自我发展的法人实体和市场竞争主体的进程;为企业开辟了一条新的融资渠道,促进了企业的技术改造、结构调整、机制转换和企业管理的改进,提高了企业经济效益。同时,实行股份合作制对发展地方经济、增加财政收入、保障职工就业和保持社会稳定起到了积极作用。股份合作制的实践为深化企业改革提供了有益的启示。因此,江泽民同志在党的十五大报告中明确指出,“对这种劳动者的劳动联合和劳动者的资本联合为主的集体经济,尤其要提倡和鼓励。”

3. 在实践中继续探索公有制的其他实现形式

公有制的实现形式是指公有财产的具体组织形式和经营方式。除了股份制和股份合作制这两种新的形式之外,还有其他一些实现形式。例如,公益性基金所办的企业和这种基金组织本身就是最近几年所涌现出来的两种新型的公有制形式,因为这种公益性基金的资金来源既不是政府也不是一般的投资人,而是一个资金所有者集体,其创办目的、组织行为和决策方式与其他公有制经济形式在本质上是一致的。可以预计,随着实践的发展,一些新的实现形式还会继续被创造出来。

(二) 继续深化国有企业改革

国有企业是公有制的重要实现形式,是我国国民经济的支柱。搞好国有企业改革,对建立社会主义市场经济体制和巩固社会主义制度,具有极为重要的意义。

当前,国有企业的体制转换和结构调整进入攻坚阶段。由于传统体制的长期影响、历史形成的诸多问题、多年以来的重复建设以及市场环境的急剧变化,相当一部分国有企业还不适应市场经济的要求,经营机制不活,技术创新能力不强,债务和社会负担沉重,富余人员过多,生产经营艰难,经济效益下降,一些职工生活困难。因此,必须采取切实有效的措施解决这些问题。因为这不仅关系到国有企业改革的成败,也关系到整个经济体制改革的成败。总之,国有企业改革不仅是一个经济问题,而且还是一个政治问题。可以说,国有企业改革成功与否会直接涉及公有制与市场经济的结合能否从理论变为现实,这既是对公有制的一场重大考验,也是对中华民族智慧的一个巨大挑战。

国有企业改革的目标模式是建立现代企业制度,即按照"产权清晰、权责明确、政企分开、管理科学"的要求,对国有性质的企业实行规范的公司制改革,使企业成为适应市场的法人实体和竞争主体。

在深化国有企业改革中,需要注意以下几个方面的问题:第一,推动政企分开和企业转换经营机制。政府按投入企业的资本额享有所有者权益,对企业的债务承担有限责任,企业依法自主经营,自负盈亏;政府不能直接干预企业经营活动,企业也不能不受所有者约束,损害所有者权益。第二,要采取多种方式,包括直接融资,充实企业资本金。第三,把国有企业改革同改组、改造、加强管理结合起来。要着眼于搞好整个国有经济,抓好大的,放活小的,对国有企业实施战略性改组。以资本为纽带,通过市场形成具有较强竞争力的跨地区、跨行业、跨所有制和跨国经营的大企业集团。采取改组、联合、兼并、租赁、承包经营和股份合作制、出售等形式,加快放开搞活国有小型企业的步伐。第四,要推进企业技术进步,鼓励、引导企业和社会的资金投向技术改造,形成面向市场的新产品开发和技术创新机制。要加强科学管理,探索符合市场经济规律和我国国情的企业领导体制和组织管理制度,建立决策、执行和监督体系，形成有效的激励和制约机制。第五，要建设好企业领导班子，发挥企业党组织的政治核心作用，坚持全心全意依靠工人阶级的方针。第六，积极推进各项配套改革。一要建立有效的国有资产管理、监督和营运机制，保证国有资产的保值增值，防止国有资产流失；二要建立社会保障体系，实行社会统筹和个人账户相结合的养老、医疗保险制度，完善失业保险和社会救济制度，提供最基本的社会保障。

（三）要鼓励、支持和引导非公有制经济发展

坚持和完善社会主义初级阶段基本经济制度的另一个重要方面，是毫不动摇地鼓励、支持和引导非公有制经济发展。在我国社会主义初级阶段，发展个体、私营等非公有制经济，具有客观必然性。解决十几亿人的吃饭问题、就业问题以及增加收入、改善生活问题，光靠国家和国有企业是难以做到的，必须发展各种所有制经济，尤其是非公性质的经济。非公有制经济的发展除了具有前面所讨论的有利于调动社会各方面的积极性、鼓励人们创业和扩大社会就业，维护社会稳定之外，还促进了新兴产业和新兴行业的发展，有利于产业结构的优化和升级。非公经济通过其对市场的广泛参与，促进了市场竞争，增强国民经济的活力，方便了人民群众的生活。[①] 非公经济也是政府财政收入的一个重要来源。另外，在引进和吸收先进技术与管理经验、促进国际经济合作等方面，非公经济也发挥着不可替代的作用。因此，鼓励、支持和引导非公有制经济发展，符合我国国情和人民群众的根本利益，绝不是权宜之计，必须长期坚持，毫不动摇。

然而，我们也必须看到，在当前，我国非公有制经济的发展仍然存在着一些体制性、政策性制约因素。因此，促进非公有制经济发展，需要进一步解放思想、更新观念，充分认识发展非公有制经济对发展社会主义市场经济的重要作用。在具体措施上，一要完善法律法规，切实保护私有财产权，支持非公有制企业发展，鼓励有条件的企业做强做大。2005 年 1 月 18 日，《国务院关于鼓励支持和引导个体私营等非公有制

---

① 参见《充满活力的基本经济制度》，《人民日报》2009 年 6 月 10 日，第 8 版。

经济发展的若干意见》在国务院常务会上获原则通过，这项被外界俗称“非公经济36条”的政策于2月24日由新华社全文播发。这是中华人民共和国成立56年来第一次以中央政府的名义发布的鼓励、支持和引导非公有制经济发展的政策性文件。它的颁布标志着中国非公经济的发展又进入了一个崭新阶段，它不仅为非公经济发展提供了更为广阔的空间，而且为确保中国经济可持续增长、构建和谐社会奠定了坚实的基石。二要在投融资、税收、土地使用和对外贸易等方面，使非公有制企业与其他企业享受同等待遇，实现平等竞争。党的十五大特别是十六大以来，党中央和国务院明确提出了一系列政策要求，要求各级政府大力发展和积极引导非公有制经济的发展，从多方面为非公有制经济发展创造条件。例如，2001年12月，国家计委(现为国家发展与改革委员会)发布了《关于促进和引导民间投资的若干意见》和《关于“十五”期间加快发展服务业若干政策措施的意见》。这些文件要求：凡鼓励和允许外商投资进入的领域，都应鼓励和允许民间投资进入；在实行优惠政策的投资领域，其优惠政策对民间投资同样适用；国有商业银行要对民间投资者的贷款申请一视同仁；对目前国有经济比重较高的对外贸易、公用事业、电信、金融、保险等行业，要逐步放宽对非国有经济的准入限制等等。这是国家对非公经济实行国民待遇的新的重大举措。2003年10月召开的党的十六届三中全会也明确指出，要积极“清理和修订限制非公有制经济发展的法律法规和政策，消除体制性障碍。放宽市场准入，允许非公有资本进入法律法规未禁入的基础设施、公用事业及其他行业和领域。非公有制企业在投融资、税收、土地使用和对外贸易等方面，与其他企业享受同等待遇”[①]。三要改进对非公有制企业的服务和监管。同时，非公有制企业也要规范经营行为，努力提高自身素质，遵纪守法，照章纳税，保障职工合法权益，走上良性发展的轨道。

---

① 参见《中共中央关于完善社会主义市场经济体制若干问题的决定》(单行本)，人民出版社2003年版。

(四)积极推进公有制经济与非公有经济和谐共处、共同发展

积极推进公有制经济与非公有经济和谐共处、共同发展,是坚持和完善我国社会主义初级阶段基本经济制度的一项重要任务。党的十六大报告指出:“坚持公有制为主体,促进非公有制经济发展,统一于社会主义现代化建设的进程中,不能把这两者对立起来。各种所有制经济完全可以在市场竞争中发挥各自优势,相互促进,共同发展。”这一重要论述深刻揭示了公有制经济和非公有制经济之间的内在联系,指出了二者相互统一、相互促进的性质和结合途径。[①] 在社会主义市场经济条件下,公有制经济与非公有制经济不是相互对立、此消彼长的,二者的发展都有利于促进生产力发展、增强国家综合实力和加快实现全体人民的共同富裕。一方面,公有制经济的发展能够给非公经济的发展创造更好的技术条件和市场环境,另一方面,非公经济的发展能够为公有制经济提供补充,有利于公有制经济的社会化生产和专业化经营。因此,我们要通过深化改革,努力创造条件,走出一条使各种所有制经济发挥各自优势,相互促进、共同发展的新路子。

有人认为,公有制经济与非公有制经济是彼此对立的,国有企业不退出,民营企业就发展不了。这种观点是错误的。事实上,当前国有企业特别是中央企业,大多处于行业的龙头地位,竞争对手主要不是国内的民营企业而是国外的跨国公司;非公经济以民营中小企业为主,与国有企业形成产业配套和优势互补的格局,绝不是什么“此消彼长”的关系,而是一个共同发展、共同进步的关系。

推进公有制经济与非公有经济的和谐共处、共同发展,首先要促进公有制经济与非公有制经济在社会化大生产中充分发挥各自优势。公有制经济和非公有制经济在现实中各有所长。一般来说,国有企业规模较大,实力较强,生产技术水平较高,在高端制造、基础建设等方面具有比较优势;而非公有制企业大部分是中小企业,与市场经济有着天然的联系,因而生产经营比较灵活,在生产、服务上有着自己的优势。在

---

① 参见国务院研究室课题组:《在实践中坚持和完善我国基本经济制度》,2005 年 10 月,http://www.gov.cn/ ztzl/ 2005-10/03/content_74351.htm。

市场中，公有制经济和非公有制经济虽然存在着竞争关系，但二者更多的是合作关系。因此，要通过加强分工合作，充分发挥公有制经济和非公有制经济各自的优势，实现互利共赢。国有企业应在技术进步、产品质量和产业结构升级等方面起带头与引导作用，通过与非公有企业的合作，形成合理的协作体系，集中资金和技术力量搞好关键部件和环节的生产，加强产品创新、技术创新、管理创新，增强企业竞争能力。一些非公有制企业要主动参与国有大企业的生产体系，通过与国有企业的合理分工合作，促进自身生产技术和管理水平的提高，节约产品开发费用，获得更好的经济效益。

其次，要放开非公经济的市场准入，大力推进公有制经济与非公有制经济在更广泛的领域公平竞争、共同发展。随着国有经济布局战略性调整的不断推进和非公有制经济的快速发展，目前在大多数行业已经形成了各种所有制经济共同发展的格局。今后要进一步放宽非公有制经济的市场准入，允许非公有资本依法进入电力、电信、铁路、民航、石油等垄断性行业和领域。这不仅为非公有制经济开辟了新的更大的发展空间，同时通过各种所有制经济的平等竞争，也将为这些行业的发展注入活力，增强这些行业和领域的经济实力与有效供给能力，使各种所有制经济相互竞争、共同发展的领域更加广泛。

再次，要积极鼓励公有制经济与非公有制经济在实现形式上的相互渗透、相互融合。随着我国改革的不断深化和社会化大生产的不断发展，公有制和非公有制企业相互参股、相互融合，你中有我、我中有你的混合所有制经济将大量出现，传统意义上的纯粹由公有单位持股的公有制企业会越来越少，非公有制企业也会越来越社会化。作为现代企业的一种资本组织形式，股份制越来越成为大中型企业普遍采取的企业组织形式。因此，要顺应企业组织制度变革的大趋势，进一步推动公有制企业和非公有制企业之间的相互参股融合。要采取降低准入等有效措施，鼓励非公有资本参股公有制企业，促使公有制企业实现政企分开、转变经营机制、增强活力。公有资本也可以通过股份、联营等方式参与非公有制企业的经营与决策，这样做一方面可以利用后者的机制优势或者后者所提供的商业机会，保证公有资本保值增值；另一方面也可以充分发挥公有制经济的品牌优势和资金优势，增强非公有制企业的经济实力和公信力。

我国正处于并将长期处于社会主义初级阶段，我们一定要把认识统一到党的十五大、十六大和十七大精神上来，统一到宪法修正案的要求上来，与时俱进，勇于探索，在实践中坚持和完善基本经济制度，把坚持社会主义基本经济制度同发展市场经济结合起来，只有这样，我国社会生产力水平才会不断发展，人民生活水平才会不断提高，我国的社会主义国家综合实力才会不断增强。

毫不动摇地走社会主义市场经济之路

宋国兴

社会主义能不能搞市场经济？中国共产党人不仅从理论上回答了这一问题，而且在30年改革开放的伟大实践中，初步建立起了社会主义市场经济体制，焕发出经济发展的勃勃生机，书写了中华民族新的历史篇章。社会主义可以搞市场经济，这是我们总结多年社会主义建设正反两方面的经验教训，来之不易的结论。坚持改革开放不动摇，不走回头路，在经济体制上，必须坚决走充满生机活力的社会主义市场经济的新路，决不能走被实践证明是封闭僵化的计划经济的老路。

一、建国初期为什么选择了计划经济体制

中华人民共和国成立后，我们几乎照搬了苏联高度集中的计划经济体制。这一方面是由于我们缺乏社会主义建设的经验，另一方面也是由于苏东社会主义国家在计划经济体制建立之初，相对于资本主义市场经济，显示了极强的生命力。

进入到20世纪以后，实行自由市场经济的资本主义世界，经济增长缓慢，而且饱受经济剧烈波动和危机的困扰。在30年代大危机期间，仅美国就有1.3万多家企业和1万多家银行倒闭，全国劳动人口的1/4，即大约1300万人失业。1932年夏天，美国全国工业生产总指数比1929年危机前的最高点下降了55.6%，其中，钢铁工业下降了近80%，汽车工业下降了95%。资本主义市场经济似乎到了穷途末路。

与此形成鲜明对照的是，第一个社会主义国家苏联，在20世纪30年代建立高度集中的计划经济体制以后，经济高速增长。第一次世界大战前，俄国是欧洲最落后的一个农业国，而到了1940年，苏联的工业

产量就已经超过德、英、法,成为欧洲第一工业大国。1940 年与 1913 年相比,苏联工业增长了 6.7 倍,其中重工业增长了 42 倍,轻工业增长了 3.6 倍。第二次世界大战以后,计划经济体制又推广到了东欧的社会主义国家,并迅速改变了这些国家的面貌。50 年代前半期,东欧各国的经济增长率远远超过了资本主义国家和世界的平均水平。

我们选择并长期坚持计划经济体制,还有一个重要原因,就是过分拘泥于马克思主义创始人关于未来社会主义的一些设想。马克思和恩格斯认为,未来的社会主义要消除商品货币。这一思想的影响是深远的。列宁在十月革命以前就认为社会主义和商品经济是不相融的,“社会主义要求消灭货币的权利、资本的权利,消灭一切生产资料私有制,消灭商品经济”[①]。十月革命胜利后的一段时间,列宁仍坚持社会主义就是要废除商品货币关系的思想,并在这一思想的主导下开始向社会主义过渡以及建立计划经济体制的实践。列宁指出“在分配方面,苏维埃政权现实的任务是坚定不移地继续在全国范围内用有计划有组织的产品分配来代替贸易。目的是把全体居民组织到生产消费公社网中,这种公社能把整个分配机构严格地集中起来,最迅速、最有计划、最节省、用最少的劳动来分配一切必需品”,虽然“在从资本主义向共产主义过渡的初期,立即消灭货币是不可能的”,但“俄共将力求尽量迅速地实行最激进的措施,为消灭货币作好准备,首先是以存折、支票和短期领物证等等来代替货币,规定货币必须存放到银行等等”[②]。

1918 年夏, 14 个外国资本主义国家的军队与国内的白匪军一道开始进攻苏俄,企图颠覆苏维埃国家政权。战争迫使苏维埃政权想尽一切办法动员国家的全部资源,把整个国民经济纳入战时轨道,实行“战时共产主义”政策。从 1918 年夏到 1920 年末,苏维埃政权实行的战时共产主义政策主要包括:实行余粮收集制,加速实行包括中小企业在内的工业国有化,取消私人贸易,由国家垄断产品流通,主要消费品的供应实行配给制度。应当指出的是,实行战时共产主义政策不单

---

① 《列宁全集》第 12 卷, 人民出版社 1987 年版,第 75 页。

② 《列宁选集》第 3 卷,人民出版社 1995 年版,第 748—749 页。

纯是为了打赢战争的权宜之计，实际上也是过去列宁和布尔什维克党对社会主义的一贯看法使然。在战时共产主义时期，列宁进一步强调社会主义应当消灭商品生产，要为消灭货币，消灭银行作好准备。“通过把银行结构变成苏维埃共和国的统一核算和公共簿记机关的办法，根本修改和简化银行业务手续。随着把有计划的公有经济组织起来，这将导致银行的消灭，使银行变为共产主义社会的一个会计中心”①。1918 年 12 月召开的国民经济委员会第二次全俄代表大会也赞同坚决消灭货币。在大会所做出的决议中指出：开展经济生活的社会主义改造，势必要求放弃生产中以前的、私有资本主义的相互关系，要求最终消除货币对经济成分相互关系的各种影响。1920 年 1 月召开的国民经济委员会第三次全俄代表大会，还批判了财政人民委员部要求在国内保持并在一定程度上发展货币流通的政策。

战时共产主义政策引发了严重的经济和政治问题，于是列宁不得不实行新经济政策，恢复了城乡之间的商品交换和货币流通。在实行新经济政策的过程中，列宁甚至认为，通过市场机制实行统一的国家计划同计划经济并不矛盾。列宁去世后，斯大林停止了新经济政策，又开始排斥商品和货币。由于把计划经济当作社会主义最基本的经济特征，斯大林最终确立了集中计划经济体制。斯大林虽然后来承认，社会主义社会存在商品生产和商品交换，但又认为全民所有制企业生产的生产资料不是商品，计划经济是排斥商品和价值规律的。斯大林的这些思想及其在苏联的实践，对其他社会主义国家产生了广泛而深刻的影响。

受传统理论的熏陶和原苏联和东欧社会主义国家经济发展的鼓舞，我国几乎照搬照抄了高度集中的计划经济体制。1952 以后，从中央到地方，相继设立计划委员会以及计划司、局、处等机构，甚至在企业也设立了计划科。第一个五年计划时期，国家对国营和公私合营工业企业下达总产值、主要产品产量、职工总数、平均工资、利润等 12 个指令性计划指标。企业所需要的主要生产资料，由各主管部门按计划供

① 《列宁全集》第 36 卷，人民出版社 1985 年版，第 420 页。

应,产品由国家的物资或商业部门调拨或收购,国营企业创造的利润全部上缴财政,所需要的各种生产费用由国家财政拨款。"一五"以后,直接计划的比重越来越大,1977 年,仅由中央一级直接应用物资平衡计划控制的工业产品就有 120 多种,直接统配的原材料 256 种,由商业部统配的商品 188 种。

二、计划经济体制为什么缺乏活力

集中计划经济体制具有非常强的资源动员能力,它能够利用行政手段集中有限的人、财、物资源进行重点建设。苏联和东欧社会主义国家能够在非常薄弱的基础上一度实现工业化和经济的高速增长;我国在"一五"时期能够迅速完成 156 个重点建设项目,初步奠定一个门类比较齐全的工业基础,20 世纪 60 年代和 70 年代初,在严峻的政治氛围和十分困难的经济条件下,能够成功爆炸原子弹、氢弹,发射人造地球卫星,这些都是借助了计划经济体制这一优势。计划经济体制在其建立初期所取得的成就,也在某种程度上促使西方资本主义国家干预市场经济。

但是,随着历史条件的变化,随着国民经济的日益复杂化,计划经济体制固有的弊端越来越充分地暴露出来。进入 20 世纪 60 年代以后,苏联和东欧各国的经济增长率逐年降低,技术进步的步伐放慢。在改革开放以前,我国虽然保持了较高的经济增长速度,但经济增长的质量非常差而且伴随着大起大落。1957 年至 1978 年,我国经济增长速度年均约为 6.1%,并不算低,但按净产值计算的工业全员劳动生产率,1957 年至 1978 年,年均仅增长 3.4%。其中 1966 年至 1978 年,工业劳动生产率年均增长仅 1.5%。如果考虑到经济增长的质量,改革开放前,特别是十年"文化大革命"期间,我国经济基本上处于徘徊、停滞的状态。在这种局面下,人民群众的物质文化生活没有得到明显改善。1957 年至 1978 年 22 年间,全民所有制单位职工名义工资由 637 元增加到 644 元,仅增加 7 元。农民家庭平均纯收入由 72.95 元增加到133.57元,年均仅增加2.9%。与此同时,大多数日用品短缺,粮油、肉蛋、布匹一直凭票定量供应。

实践证明,高度集中的计划经济体制严重缺乏效率,使本来应该生机盎然的社会主义经济在很大的程度上失去了活力。计划经济体制之所以效率低下,从理论上看,主要是这种体制无法解决信息问题和激励问题。

在计划经济下,有关资源配置的决策权主要集中在中央和中央计划机构。经济的集中化决策要做到正确有效的前提是,决策机构拥有经济活动的完备信息,这些信息包括各种资源的状况、技术可行性、企业的生产能力和需求结构等等。问题是,在现实经济生活中,这个前提条件是不具备的。第一,各行业、各地区和各企业的情况千差万别,而且随着时间的变化在不断变化;第二,科学技术不断进步,新产品、新材料、新工艺大量涌现,可供选择的生产方法多样化;第三,随着社会分工的不断深化,行业之间的关联关系越来越错综复杂;第四,随着收入水平的提高,进入消费领域的产品和服务的数量大幅度增长,消费结构变得越来复杂,而且仍在不断升级和变化;第五,信息在多层次的行政体系内传递的距离很长,环节太多,难免发生信息失真的情况;第六,不存在有效的激励机制促使各有关方面向上一级传递真实的信息,实际上经常发生的情况是"报喜不报忧"。因此,任何中央计划机构都无法掌握作出正确决策所需要的充分信息。况且,要搜集和处理巨量的经济信息,其成本也会高得难以想象,苏联计划部门发现,在实行计划经济的头25年间,计划的复杂程度增长了1600倍;实行指令性计划的成本的增长速度是国民经济总产值增长率的平方。

在计划经济下,中央计划机构集中作出有关资源配置的决策以后,将自上而下层层分解给各级主管行政部门和企业。计划指标要能得到不折不扣地被执行,必须保证每一级别的组织和企业没有自己任何特殊的利益,但这是不可能的。事实上,每个经济活动的当事人;包括计划的制订者在内都有自己的利益,这种个别利益和社会的整体利益可能是有矛盾的。因此,经济活动的当事人就有可能为了自己的利益而偏离社会统一的计划。为了防止出现这种偏离所付出的成本,包括制订计划、监督计划的执行等等所需要的费用也是非常高昂的。

计划经济存在的另一个问题是不利于企业的创新活动。一方面，在分层的计划经济体制下，许多创新活动需要层层审批，因而大大减少了创新的机会。而且在完成计划指标的压力下，各级主管部门也更偏好稳妥可靠的老办法。条块分割的管理体制也限制新技术向其他行业的横向扩散。另一方面，在计划体制下，企业之间没有竞争，从事创新活动也没有应有的回报，企业和劳动者缺乏创新的激励。

三、社会主义为什么要搞市场经济

（一）市场是资源配置和提供激励的有效方式，对经济发展有积极作用

在市场经济下，经济决策是由各个经济主体根据市场价格信号分散作出的。分散决策的好处是每个企业都可以利用它们所得到的信息进行决策，从而避免了计划经济难以克服的信息难题。在市场经济下，由供求关系决定的市场价格反映了消费者的偏好，反映了经济资源的相对稀缺程度，引导着生产者作出合理的有效率的反应。例如，当某种产品的价格上涨了，表明社会对这种产品的需求量增大，而企业出于自身的利益也会增加这种产品的生产；又例如，当一种原材料涨价了，从社会的角度看，说明这种产品供应紧张，需要大家更节约这种原材料的使用，而企业为了降低成本，也会改变生产方法，尽量使用相对比较便宜的替代品。因此，这种分散决策可以大大节省信息成本。同时，在市场经济条件下，对利润追求的动机和外在竞争的压力促使生产者不断提高资源的使用效率。因此，市场经济也可以大大节省监督成本。

事实表明，市场能够较快地传递各种经济信号并灵敏地作出反应，促进生产和需求的及时平衡；市场能够利用利益杠杆、通过竞争和优胜劣汰，给生产者以动力和压力，促使他们不断改进技术，加强和改善经营管理，提高劳动生产率。因此，市场是资源配置和提供激励的有效方式，对经济发展有积极作用。“过去，我们往往只看到市场的自发性方

面所带来的一些消极作用，而很少看到市场对激励企业竞争，推动经济发展的积极作用，特别是看不到市场也是一种配置资源的方式，看不到它对优化资源配置所起的促进作用。这显然是一种认识上的片面性"①。

（二）苏联"战时共产主义"和"新经济政策"的实践表明社会主义离不开市场

在苏联，列宁在战时共产主义时期企图消灭商品货币关系的一系列做法，实践证明这是行不通的。这促使列宁转而实行经济政策，并重新审视社会主义社会商品、货币、价值规律的地位和作用。

三年国内战争加上战时共产主义政策，苏联的工农业生产大幅度倒退。1920年苏联大工业的产量比第一次世界大战前的1913年减少了将近6/7。其中1920年的生铁产量仅相当于战前的3%，煤炭比战前减产2/3，石油减产近2/5，纺织品减产19/20。按人口平均计算的生铁产量不到1公斤，棉织品的产量每人不到1公尺。②农民和农业处于破产的边缘，粮食严重不足，城市居民处于半饥饿的状态。在存在严重的经济问题的同时，还出现了严重的政治危机，其中最大的政治问题是农民对余粮收集制的不满。虽然在国内战争这一特殊时期，余粮收集制有实施的必要，也在客观上支持了苏维埃政权取得了战争上的胜利，但余粮收集制毕竟是对农民利益的严重剥夺，因而严重挫伤了农民生产的积极性。农民对粮食政策的不满也影响到了士兵和工人，因为很多士兵是穿上军装的农民，很多工人也和农村有密切的联系。在这个紧要关头，国内外阶级敌人趁机进行破坏和煽动，很多地方的农民发动了暴动，一些工业企业也出现了罢工事件，甚至在1921年3月发生了水兵的叛乱。

列宁清醒地认识到了问题的严重性，他指出："农村的余粮收集制，这种解决城市建设任务的直接的共产主义办法，阻碍了生产力的提

---

① 《江泽民文选》第1卷，人民出版社2006年版，第200页。

② 樊亢：《苏联社会主义经济七十年——苏联经济发展史》，北京出版社1992年版，第30页。

高，它是我们在1921年春天遭到严重经济危机和政治危机的主要原因。”①

1921年2月，列宁在《农民问题提纲初稿》一文中指出，必须满足非党农民关于用粮食税代替余粮收集制的愿望，使农民在地方经济流转中有更大的自由来运用其纳税以外的余粮。粮食税的实行，标志着战时共产主义政策向新经济政策过渡的开始。粮食税作为征集农产品的一种形式，与余粮收集制根本不同。它不是征收农民的全部余粮，而是以征税的方式，按事先确定的标准征收一部分余粮和其他农产品。完税后的余粮和其他农产品，由农民自行支配，粮食税的征收额远低于余粮征集制，因此，更能调动农民的生产积极性。

列宁认为：社会主义经济与农民经济的结合点，必须而且只能是商品交换和商业；在农民和工人之间，或者说在农业和工业之间，除了交换，除了商业，就不可能有别的经济联系。因此，商业是经济生活的试金石，是无产阶级先头部队同农民结合的唯一可能的环节，是促使经济全面高涨的唯一可能的纽带。无产阶级必须全力抓住商业这个中心环节，并认真学习经商。为了更好地实现工农业结合，建立牢固的工农经济联盟，1923年1月，列宁在《论合作制》一文中，进一步强调掌握政权的无产阶级特别是党的干部，要学会做文明商人的本领。列宁指出，通过商业建立工农业结合和工农经济的联盟，开始时前进的速度可能会很慢，甚至还会后退，但从长远观点来看，由于千百万农民群众的积极拥护和参加，社会主义事业发展到了一定时候，这个运动会加快到我们想象不到的速度。列宁不仅把它看作新经济政策的基础和实质、落后国家建设社会主义的根本途径，而且指出它是一切社会主义革命最本质最根本的问题，是一项将会提到一切社会主义者面前的任务。

我们可以看到，列宁对于商品货币关系在社会主义经济中的地位和作用的看法已经发生了变化。如果说在战时共产主义时期，列宁和布尔什维克党还认为商品货币关系与社会主义社会不相容的话，那么现在他们已经把商品货币关系当作无产阶级国家应该加以利用和掌握

① 《列宁全集》第33卷，人民出版社1985年版，第44—45页。

的对象,是建设社会主义的一种工具了。

新经济政策使苏联的国民经济迅速恢复和发展。1925 年农业总产值超过战前 12%,粮食产量达到了 44.24 亿普特,比 1921 年增加近 1 倍,比 1909—1913 年的平均产量多 11.2%。到 1926 年工业生产也超过了战前水平,为 1913 年的 108.1%。①

(三) 中国共产党人的探索表明社会主义与资本主义的区分不在于搞计划经济还是市场经济

在中国,计划经济体制建立后不久,中央许多领导同志就感觉到,其中存在着集中过多,统得过死,忽视商品生产等问题。毛泽东就曾经尖锐地批评过权力过分集中的问题,他指出,我国是一个商品生产很不发达的国家,很需要一个发展商品生产的阶段,必须有计划地大力发展商品生产。但由于受到根深蒂固的传统理论观点的影响,虽然在改革开放以前,我国对计划经济体制也作过几次调整,然而每次调整主要涉及的是中央和地方的关系问题,只是在中央和地方行政分权的框架中反反复复,并没有触及原有体制的核心问题。

十一届三中全会以后,物质利益原则与价值规律得到重视,市场调节机制逐步发挥作用,人们的生产积极性被广泛调动起来,经济出现了加速增长的势头。中国共产党人对市场经济开始了新的认识。

1979 年 3 月 8 日,陈云写了《计划与市场问题》提纲。他认为整个社会主义时期经济必须有两个部分:计划经济部分和市场调节部分。他列举了计划经济的一些弊端:计划太死,包括的东西太多,计划又时常脱节,人们忽视价值规律,没有利润概念,等等。

1979 年 11 月 26 日,邓小平会见美国《不列颠百科全书》副总裁吉布尼和阿姆斯特朗、加拿大麦吉尔大学东亚研究所主任林光达教授和夫人。在会见中,吉布尼提问,是不是可能在未来某个时候,在中国社会主义制度范围之内,在继续社会主义经济体制的同时,也发展某种形式的市场经济? 林光达教授进一步提问:您是否认为,需要在社会主义

① 樊亢:《苏联社会主义经济七十年——苏联经济发展史》,北京出版社 1992 年版,第 64 页。

计划经济的指导之下,扩大非资本主义的市场经济的作用?

邓小平明确地回答:"说市场经济只存在于资本主义社会,只有资本主义的市场经济,这肯定是不正确的。社会主义为什么不可以搞市场经济,这个不能说是资本主义。"他指出,"我们是计划经济为主,也结合市场经济,但这是社会主义的市场经济。市场经济不能说只是资本主义的。社会主义也可以搞市场经济。"①

1982 年党的十二大报告中第一次肯定了"以计划经济为主,市场调节为辅"的提法。虽然这一提法仍然坚持认为社会主义是计划经济,市场调节被局限在辅助和补充的地位,但已经肯定了市场在社会主义主义经济中的作用,这无疑是对大一统的无所不包的计划经济体制的突破。

我国农村实行联产承办责任制取得的巨大成功和城市国有企业放权让利改革试点焕发出来的活力,在猛烈冲击着束缚生产力发展的原有计划经济体制,急切地呼唤观念的更新和理论的创新。1984 年党的十二届三中全会通过了《中共中央关于经济体制改革的决定》。《决定》指出:商品经济的充分发展,是社会经济发展的不可逾越的阶段,是实现我国经济现代化的必要条件。社会主义是在公有制基础上的有计划的商品经济。社会主义计划经济必须自觉依据和运用价值规律。这标志着我们突破了把计划经济和商品经济对立起来的传统观念,开始由计划经济转向计划与市场相结合。邓小平高度赞扬了《决定》,认为它是马克思主义基本原理和中国社会主义实践相结合的政治经济学。他说:这个文件"有些是我们老祖宗没说过的话,有些新话"。

1985 年 10 月,邓小平指出:"社会主义和市场经济之间不存在根本矛盾,问题是用什么方法才能更有力地发展社会生产力。我们过去一直搞计划经济,但多年的实践证明,在某种意义上说,只搞计划经济会束缚生产力的发展。把计划经济和市场经济结合起来,就更能解放生产力,加速经济发展。"②

---

① 《邓小平文选》第 2 卷,人民出版社 1994 年版,第 236 页。

② 同上书,第 148—149 页。

1987年2月,邓小平又进一步指出:“计划和市场都是方法嘛。只要对发展生产力有好处,就可以利用。它为社会主义服务,就是社会主义的;为资本主义服务,就是资本主义的。好像一谈计划就是社会主义,这也是不对的,日本就有一个企划厅嘛,美国也有计划嘛。我们以前是学苏联的,搞计划经济,后来又讲计划经济为主,现在不要再讲这个了。”①1987年,党的十三大根据邓小平的这些思想,把社会主义有计划的商品经济体制界定为计划与市场内在统一的体制,强调计划和市场都是覆盖全社会的,新的经济运行机制应当是国家调节市场,市场引导企业。

20世纪90年代初,中国的改革开放面临新的考验。国际上,苏联解体、东欧剧变,社会主义在全世界范围内遭遇到了严重的挫折;国内发生了政治风波,再加上经济体制中深层次矛盾的暴露,改革和发展遇到了前所未有的困难。在这种背景下,一些人担心搞市场经济会导致资本主义,认为在市场调节背后必然隐藏着资本主义。一个有代表性的文章写道:他们的经济体制改革,一个是取消公有制为主体,实现私有化;一个是取消计划经济,实现市场化。中国在迈向社会主义市场经济体制的历程中,又一次面临着姓“资”姓“社”无谓争论的困扰,又一次期待着新的思想解放,期待着新的思想动力。1990年底,邓小平提出在计划与市场的问题上要解放思想。他说“资本主义与社会主义的区分不在于是计划还是市场这样的问题。社会主义也有市场经济,资本主义也有计划控制”②。1992年南巡期间,邓小平针对计划与市场的问题作了更为精辟的论述,他认为计划经济不等于社会主义,资本主义也有计划;市场经济不等于资本主义,社会主义也有市场。计划和市场都是经济手段。

过去,无论是西方学者还是马克思主义者都认为,社会主义和市场经济是水火难容的,计划经济是社会主义的基本特征,市场经济是资本主义的基本特征。正是这种根深蒂固的理论和观念禁锢了人们的头

① 《邓小平文选》第3卷,人民出版社1993年版,第203页。

② 同上书,第364页。

脑，使我们在计划经济的历史局限性暴露出来后，相当长的时间内仍然无法接受市场经济。邓小平的一系列论断，明确界定了市场经济的属性，解除了长期以来困扰我们的把社会主义与市场经济对立的思想束缚，为我国最终确立社会主义市场经济体制的改革目标奠定了坚实的思想和理论基础。

1992年6月9日，江泽民同志在中央党校对省部级学员的讲话中，针对经济体制上的争论说：我想在十四大报告中，总得最后确定一种大多数同志都赞同的有关经济体制比较科学的提法。我个人的看法，比较倾向于使用“社会主义市场经济体制”这个提法。邓小平对此表示赞同，他指出：实际上我们是在这样做，深圳就是社会主义市场经济，不搞市场经济，没有竞争，没有比较，连科学技术都发展不起来。1992年10月12日，江泽民在党的十四大报告中，郑重宣告：我国经济体制改革的目标，是建立社会主义市场经济体制。他指出：这就是要使市场在社会主义国家宏观调控下，对资源配置起基础性调节作用，使经济活动遵循价值规律的要求，适应供求关系的变化，通过价格杠杆和竞争机制的功能，把资源配置到效益较好的环节中去，并给企业压力和动力，实现优胜劣汰。

四、市场机制为什么必须和国家宏观调控相结合

建立和完善社会主义市场经济体制，就要使市场在社会主义国家宏观调控下对资源配置起基础性调节作用。①

市场虽然在资源配置中能有效地发挥作用，但市场机制不是万能的，也有弱点和不足。市场机制的缺陷主要表现在：在生产和消费活动存在外部性的场合，在相当一部分公共设施的供给方面，市场难以发挥调节作用；市场竞争会导致垄断的出现，垄断会排斥市场竞争，造成效率的下降，但市场本身并不能消除垄断；市场不能实现收入分配的公

① 《江泽民文选》第1卷，人民出版社2006年版，第200页。

平，实际上纯粹的市场调节会扩大收入差距，引发社会矛盾；市场调节是一种事后调节，有一定的盲目性，它不可能自动地实现宏观经济总量的稳定和平衡。因此，必须建立并不断完善社会主义宏观调控体系，通过国家的宏观调控来弥补和抑制市场调节的这些不足和消极作用。“充分发挥市场机制的作用和加强宏观调控，都是建立社会主义市场经济体制的基本要求，两者缺一不可，绝不能把它们割裂开来，甚至对立起来。单纯强调这一面、轻视或者忽视另一面，都不利于改革和发展大业”[①]。

“加强宏观调控并不是恢复计划经济体制下的那一套管理办法，而是要运用符合市场经济发展要求的经济手段、法律手段和必要的行政手段去实现调控的目标”[②]。我国宏观调控的主要目标是：促进经济增长、增加就业、稳定物价、保持国际收支平衡。宏观调控的经济手段，是指政府在自觉依据和运用价值规律的基础上，运用经济计划、经济政策等调节宏观经济。在社会主义市场经济条件下，计划主要是指导性的，计划应当突出宏观性、战略性和政策性。宏观经济经济政策包括财政政策、货币政策、产业政策等。一般而言，通过扩大政府的财政支出、降低税率，或者增加货币的流通量、降低利率可以增加社会总需求，促进经济增长，扩大就业；反之，通过减少政府的财政支出、提高税率，或者减少货币的流通量、提高利率可以抑制社会总需求，缓和物价水平的快速上涨。法律手段，是指政府通过经济立法和司法，运用经济法规来调节经济关系和经济活动。行政手段，是指政府依靠行政机构，采取强制性命令、指示、规定等行政方式来调节经济活动。行政手段具有见效比较快等特点，在必要的时候也需要加以运用。但行政手段容易损害经济主体的利益，扭曲经济关系，引起不良的后果，因此，调控宏观经济时要以经济手段为主。

---

① 《江泽民文选》第1卷，人民出版社2006年版，第467页。

② 同上书，第367页。

五、发展市场经济为什么必须同坚持社会主义基本制度结合起来

市场经济作为一种资源配置手段,资本主义可以利用,社会主义也可以利用。然而在资本主义条件下,由于资本主义基本矛盾的存在,市场本身固有的一些缺陷,例如自发性、盲目性、收入分配上的鸿沟,不仅不能得到有效的改善,反而被放大。资本主义基本矛盾最终导致资本主义制度成为生产力发展的障碍,使社会的公平正义无法从根本上得以实现。

资本家为了获得更多的剩余价值,必然不断地进行资本积累。在技术进步条件下进行的资本积累,一方面使资本主义生产有无限扩大的趋势,另一方面又导致工人大量失业、绝对和相对的贫困化以及社会总需求的不足。生产和需求的尖锐矛盾,引起经济危机频繁爆发。虽然从 20 世纪 30 年代大危机之后,资本主义国家就开始对经济进行干预,但由于生产和需求之间的矛盾源于资本主义制度本身,靠一些具体的政策,难以从根本上解决这一问题。20 世纪 70 年代出现的滞涨,最近几年包括金融危机在内的各种危机的相继爆发,充分表明了这一点。

为了充分发挥市场在配置资源上的积极作用,排除其消极作用,必须把社会主义市场经济体制和社会主义基本制度紧密结合起来,只有这样才能更好地发挥市场经济的长处,更好地发挥社会主义制度的优越性。

1994 年 12 月,江泽民在考察天津工作时指出:我们搞的社会主义市场经济,是同社会主义基本制度紧密结合在一起的,如果离开了社会主义基本制度,就会走向资本主义。我们搞的是社会主义市场经济,“社会主义”这几个字是不能没有的,这并非多余,并非画蛇添足,而恰恰相反,这是画龙点睛。所谓“点睛”,就是点明我们的市场经济的性质。西方市场经济符合社会化生产,符合市场一般规律的东西,毫无疑义,我们要积极学习和借鉴,这是共同点;但西方市场经济是在资本主

义制度下搞的，我们的市场经济是在社会主义制度下搞的，这是不同点。

社会主义市场经济体制是同社会主义基本制度结合在一起的。因此，社会主义主义市场经济体制具有区别于资本主义市场经济体制的本质特征。江泽民在党的十四大报告中指出：

在所有制结构上，以公有制包括全民所有制和集体所有制经济为主体，个体经济、私营经济、外资经济为补充，多种经济成分长期共同发展，不同经济成分还可以自愿实行多种形式的联合经营。国有企业、集体企业和其他企业都进入市场，通过平等竞争发挥国有企业的主导作用。

在分配制度上，以按劳分配为主体，其他分配方式为补充，兼顾效率与公平。运用包括市场在内的各种调节手段，既鼓励先进，促进效率，合理拉开收入差距，又防止两极分化，逐步实现共同富裕。

在宏观调控上，我们社会主义国家能够把人民的当前利益与长远利益、局部利益与整体利益结合起来，更好地发挥计划和市场两种手段的长处。国家计划是宏观调控的重要手段之一。要更新计划观念，改进计划方法，重点是合理确定国民经济和社会发展的战略目标，搞好经济发展预测、总量调控、重大结构与生产力布局规划，集中必要的财力物力进行重点建设，综合运用经济杠杆，促进经济更好更快地发展。

六、社会主义市场经济体制的初步建立及其完善

1993 年，党的十四届三中全会通过了《中共中央关于建立社会主义市场经济体制若干问题的决定》，勾画了社会主义市场经济体制的基本框架。按照这一蓝图和党的其他一系列方针政策，一个崭新的社会主义市场经济体制已经初步建立起来。

第一，建立现代企业制度。国有企业改革最为复杂、艰难，是整个经济体制改革的中心环节。1978 年 10 月，四川省宁江机床厂等 6 个企业进行了扩大企业自主权的试点，确定企业在增收的基础上，可以留

下一部分利润,职工可以得到一定的奖金。国有企业改革就此拉开序幕。1984 年以后,国有企业改革转向“两权分离”,即所有权和经营权的分离。1986 年 10 月,国务院提出“推行多种性质多种形式的承包经营责任制,给经营者充分的自主权”。到 1987 年底,78% 的国有企业实行了承包制。

然而承包制没有触及产权问题,只是企业经营机制在原有体制内的一种自我完善。承包制也带来了经营者行为短期,国有资产流失等新的问题。因此国有企业改革必须转向制度创新。1993 年 11 月召开的党的十四届三中全会通过了《中共中央关于建立社会主义市场经济体制若干问题的决定》。《决定》指出:要进一步转换国有企业经营机制,建立适应市场经济要求,产权清晰、权责明确、政企分开、管理科学的现代企业制度。党的十五大报告进一步明确提出,建立现代企业制度是国有企业改革的方向,报告同时指出,股份制是现代企业的一种资本组织形式,不能笼统地说股份制是公有还是私有,看待股份制的性质关键是看控股权掌握在谁的手中。建立现代企业制度的改革已经取得巨大进展。

第二,建立和完善市场体系。市场机制是资源配置的一种十分重要的手段。它能通过供求、价格、竞争之间的相互作用与影响,推动资源的合理流动与分配,提高资源的使用效率,从而促进社会经济的发展。通过不断完善市场体系,市场机制主要是价格机制这只“看不见的手”,已经在我国经济生活中发挥着巨大的作用。我国已经确立了主要以市场供求关系决定价格的价格形成机制,现在,国家仅对少数关系国计民生的重要产品实行指导价,对主要粮食品种的国家收购实行保护价,其他绝大多数商品和服务的价格,已经由市场竞争决定,我国已有城乡集贸(零售)市场 8 万多个,各类粮食批发市场 600 余家,粮食批发市场年成交量 8000 多万吨。目前,全国粮食收购市场取得收购资格的市场主体 8 万多家,粮食期货交易活跃,已有多个粮油品种在大连和郑州两个商品交易所开展期货交易。一大批年交易额上百亿元的现代化商品交易市场已经成为沟通产销、衔接城乡的重要渠道;现代化的物流中心、配送中心和电子商务也有了一定的发展。

市场调节价在社会商品零售总额、农副产品收购总额和生产资料销售总额中所占的比例，均已超过90%。

在生产要素市场的完善方面，我国重点推进了劳动力、技术、土地和矿产资源市场化进程。劳动力由国家统一调动改变为通过劳动力市场实行供需双方直接见面，双向选择。这极大地促进了劳动力的流动，特别是2亿多农民转移到了第二和第三产业。此外，技术市场、土地市场的交易量也在不断增加。

第三，建设法制经济。无有规矩，难成方圆，市场经济也是法制经济。全国人大修改了专利法、著作权法、中外合资经营企业法，合同法、证券法、信托法、反垄断法等经济法律也相继出台。从而为形成统一、开放、竞争、有序的社会主义市场体系奠定了坚实的法制基础。针对商业欺诈、产品假冒伪劣，尤其是频发的食品、药品安全事故、劣质农资坑农害农等消费领域比较突出的问题，各级政府部门采取了多种措施，加大打击力度，并注意建立维护市场秩序的长效机制。

第四，建立以间接手段为主的完善的宏观调控体系。我国已经初步建立起了间接宏观调控体系。工农业生产目前主要由市场决定，农产品生产的指令性计划已全部取消，工业品生产的指令性计划只局限于木材、黄金、卷烟、食盐和天然气5种，其中木材、天然气和黄金只是在某些环节或部分产品实行指令性计划。宏观调控基本上实现了从计划指令向主要运用经济手段、法律手段和必要的行政手段的转变，从直接调控向间接调控，已经开始综合运用税收、利率和投资政策等调节经济运行。

2006年到2008年上半年，中国的经济在高速增长的过程中，出现了不容忽视的外贸顺差过大、信贷投放过多、投资增长过快的“三过”问题。针对经济中出现的这些问题，中央政府多重用力，综合运用经济手段，法律手段和必要的行政手段果断实施宏观调控。国务院明确规定要严格控制新开工项目，强化投资项目综合管理，从严控制新增建设用地特别是工业用地，加强对全社会投资活动的监管；从严限制高污染、高能耗和资源性行业新上扩能项目，抑制高污染、高能耗产品出口的过快增长。中国人民银行在连续多次上调基准利率的同时，18次上调存款准备金率，以引导商业银行严格控制货币信贷过快增长。2008年1月15日，国家发展和改革委员会启动临时价格干预措施，主要涉及粮食、食用植物油、肉类及其制品及牛奶、鸡蛋、液化石油气等。同时国家规定成品油、天然气、电力价格在近期内不得调整，公用事业价格以及学校的学费、住宿费收费标准不得提高，医疗服务价格和化肥价格要保持稳定。

第五，形成按劳分配与生产要素参与分配相结合的分配格局。平均主义、“大锅饭”式的分配制度基本被打破，按劳分配为主体、多种分配方式并存的格局不断发展，劳动、资本、技术和管理等生产要素参与分配的新制度正在形成，各种劳动收入与合法的非劳动收入得到国家保护和社会认可。现在，农民除务农收入外，由于增加了进入乡镇企业和城市务工的机会，非农收入比重不断增大；城镇居民除工资性收入外，利息、股息、红利、房租等资本和财产收入的比重大幅度提高。

第六，建立社会保障体系。我国已经初步形成了以养老、失业、医疗保险和城镇最低生活保障为主要内容，独立于企事业单位的社会保障体系。截至2011年底，全国城镇职工基本养老、城镇基本医疗、失业、工伤、生育保险参保人数分别达到2.84亿人、4.73亿人、1.43亿人、1.77亿人、1.39亿人。从2003年1月开始，新型农村合作医疗制度开始试点。这项制度的主要做法是以大病统筹为主，适当兼顾小病，农民个人只要缴纳10元钱，就能享受中央和地方财政的双重补贴，最多可获得上万元的补助。目前，我国新型农村合作医疗制度已覆盖所有农业人口的县（市、区），截止2010年，全国新农合参合农民8.35亿，占全国农村人口的近95%。新型农村合作医疗制度的实施和推进，是我国社会保障事业快速发展的一个缩影。

社会主义市场经济体制的初步建立，极大地促进了社会生产力的发展、促进了综合国力和人民生活水平的提高，使我国经受住了国际经济金融动荡和严重自然灾害等严峻考验。但我国同时也存在经济结构不合理、分配关系尚未理顺、农民收入增长缓慢、就业矛盾突出、资源环境压力加大、经济整体竞争力不强等问题，其重要原因是我国处于社会主义初级阶段，社会主义市场经济体制还不完善，生产力发展仍面临诸多体制性障碍。为适应经济全球化和科技进步加快的国际环境,适应全面建设小康社会的新形势,必须加快推进改革,进一步解放和发展生产力,为经济发展和社会全面进步注入强大动力。

在国有企业的改革方面,应当把垄断行业改革作为一个重点。深化垄断行业的改革,主要是要实行政企分开,政资分开,引入竞争机制,同时加强监管,提高资源配置效率,并有效保护消费者利益。对已经实行政企分开、政资分开和初步分拆,引入竞争机制的电力、电信、民航、石油等行业,主要是放开市场准入,引进新的厂商参与市场竞争。而对尚未进行实质性体制改革的铁路、某些城市的公用事业,则要积极推进政企分开,政资分开的改革。

在完善市场体系方面,要发展电子商务、连锁经营、物流配送等现代流通方式。进一步打破行政性垄断和地区封锁,促进商品和各种要素在全国范围自由流动和充分竞争。发展土地、技术和劳动力等各类生产要素市场,更大程度地发挥市场配置资源的基础性作用。要坚持标本兼治,深入整顿和规范市场秩序。健全产品质量监管机制,严厉打击制假售假、商业欺诈等违法行为,维护和健全市场秩序。按照完善法规、特许经营、商业运作、专业服务的方向,加快建设企业和个人信用服务体系。

在完善宏观调控方面,要把经济手段较好地与法律手段和必要的行政手段结合起来,积极探索财政政策的有效实施方式,健全货币政策的传导机制。要进一步健全经济运行监测体系,加强各宏观经济调控部门的功能互补和信息共享,不断增强宏观调控的预见性、科学性和有效性。

（六） 为什么必须坚持改革开放不动摇，而不能走回头路

关键抉择,未来之路

—— 坚持改革开放不动摇

聂志红

1986年10月14日,纽约证券交易所董事长约翰·范尔森来访,邓小平赠其一张面值50元的上海飞乐音响股份有限公司的股票。1990年5月,股票买卖突然火爆起来,但伴随的争论也非常尖锐,包括对股份制的看法、对股票市场的看法。曾经的深交所第一任负责人回忆说,当年他被一位西方人士问得哑口无言。这位西方人士问:“你们有公司法吗?有证券法吗?有会计法吗?有证券商吗?什么都没有。无法过户、无法交割,发行的股票不就是一张废纸吗?”1990年12月1日,深圳证券交易所开业,为保险起见,称之为“试营业”,直到1991年7月3日,才举行正式开业典礼。

中国的改革开放,是在“摸着石头过河”的过程中,在世人的挑剔争议、疑惑不解中一步步走出来的;中国的改革开放,是在世界社会主义运动处于低潮、和平发展成为时代主题、传统计划经济体制积累的弊端已妨碍发展的历史条件下,执政的中国共产党作出的决定当代中国命运的关键抉择。改革开放以来,我们立足客观实际,紧扣时代主题,聚精会神搞建设,一心一意谋发展,极大地调动了人民群众的主动性、积极性和创造性,极大地解放和发展了社会生产力。改革开放30多年来,我国经济以年均9.7%的速度快速增长,这在世界经济发展史上堪称奇迹。社会主义中国在广泛而深刻的变革中,探寻出一条生机勃勃的现代化道路,为世界提供了一个新型社会制度的发展模式;中国共产党引领当代这场新的伟大革命,将几代中国人矢志追求的现代化梦想和民族复兴进程不断向前推进。

改革开放是一个不断探索的历史过程,当前,中国的改革开放正进入攻坚克难的关键时期,经济的快速发展会加大环境、资源压力,深刻的社会变革会引发许多道德、公平问题，环境污染、资源紧缺、通货膨胀、贸易摩擦、官员腐败及贫富差距等一系列经济社会问题可能将会长时间持续存在。如何正确分析认识这些问题，如何正确理解解决这些问题，如何规划改革开放的时间跨度，如何深刻认识改革开放的性质，这些关乎中国将来的稳定快速发展，关乎中国现代化的顺利推进。本文将全面总结这一决定当代中国命运的关键抉择，从历史境遇和现实反思中汲取智慧，探寻那些隐藏在表象下的巨大变革力量，学习并继承开拓者的勇气，在通往未来现代化的道路上，将会有更大的信心和力量。

一、一场解放生产力的革命

股票是社会化大生产的产物。随着人类社会进入到社会化大生产时期，企业经营规模扩大与资本供给不足的矛盾日益突出，于是产生了以股东共同出资经营的股份公司，股份公司的融资活动促成了股票市场的形成。世界上最早的股份公司诞生于1602年，即在荷兰成立的东印度公司。股份公司这种企业组织形态出现以后，很快成为资本主义国家企业组织的重要形式之一。中国的股份制出现也较早，形成于乾隆四十四年即公元1779年的四川自贡“同盛井约”，被厉以宁教授誉为“中国最古老股票”。但是，我国近代股份制不是源于自身经济发展而“自发”产生，而是由西方“舶”来的。一般认为，近代中国第一家股份制企业是成立于1872年的轮船招商局。20世纪上半期，股份公司和股票市场得到政府的扶持，获得了很大的发展。新中国成立后，由于认识的局限及复杂的国内外局势，我们错误地把股票与资本主义画等号，关闭了股票交易所，进入计划经济时期。

计划经济曾被认为是社会主义的经济标志，自20世纪50年代以来中国的计划经济虽然为奠定国民经济基础，为早期的经济恢复和初步发展做出了巨大贡献，但其弊端日渐明显：政企职责不分，无视价值规律与市场调节的作用；一切以计划为纲，“大锅饭”现象严重，丧失了发展经济的活力和动力,成为中国经济发展的最大瓶颈。1978 年党的十一届三中全会作出了实行改革开放的重大决策,尝试对当时国内的经济体制进行全方位的改革,并逐步实行对外开放。那么,在改革开放过程中是否要恢复股票发行,重设股票交易所呢?在股票等于资本主义的错误认识下,在社会主义制度优越于资本主义制度的片面思维下,恢复股票交易就是走资本主义道路,对外开放就是和资本主义国家屈膝媾和,就是彻底否定社会主义,走向资本主义的方向。中国的改革开放一开始就注定面临着巨大争议,对改革开放性质的认识,不但关系着我们是否需要改革开放,关系着如何在现实中实践改革开放,更关系着改革开放的成败得失,决定着中国的命运和前途。可以说,对改革开放性质的认识,是开启和坚持改革开放的枢纽。

邓小平说:"改革是中国的第二次革命。"[①]这是建立在马克思历史唯物主义基础上的提纲挈领的认识,是建立在对社会主义社会基本矛盾认识上的正确判定,也是对中国改革开放性质的最好阐述。毛泽东在 1957 年的《关于正确处理人民内部矛盾的问题》文章中提出:社会主义社会的基本矛盾仍然是生产关系和生产力之间的矛盾,上层建筑和经济基础之间的矛盾。但同阶级对抗社会的矛盾根本不同,它是一种又相适应又相矛盾的情况,不具有对抗性,可以经过社会主义制度本身,不断地得到解决。邓小平后来又进行了总结:判断一种生产关系和生产力是否相适应,要从实际出发,具体问题具体分析;社会主义制度建立后仍有一个解放生产力的问题;把社会主义社会的基本矛盾、主要矛盾和根本任务统一起来;解决社会主义初级阶段主要矛盾的途径是改革,改革是解放和发展生产力的必由之路。

生产力是推动人类社会进步的最终决定力量。生产力和生产关系、经济基础和上层建筑之间的基本矛盾运动是社会发展的基本动力,人民日益增长的物质文化需求与落后的社会生产之间的矛盾是我国面临的主要矛盾,社会主义中国的根本任务仍然是解放和发展生产力,而改革正是在坚持社会主义基本制度的前提下,在阶级革命结束后继续

① 《邓小平文选》第 3 卷,人民出版社 1993 年版,第 113 页。

解放发展生产力的必由路径。刚刚建立起来的社会主义社会在经济和政治制度等方面不可能完美无缺，甚至在某些方面还有程度不同的旧社会痕迹；人们对社会主义社会基本规律的认识和运用也有一个较长的过程，可能会经历一些挫折或反复。要使社会主义制度完善和成熟起来，需要经历一个长期的有效改革的发展过程。改革是社会主义社会基本矛盾运动发展的客观要求，不是由人们意志决定的。改革为社会主义中国注入持续的活力，为社会主义中国的发展提供强大的动力。所以，我们今天所进行的改革，从性质上而言，是一场解放生产力的革命，是社会主义制度的自我完善与发展。

如何进一步理解“改革是中国的第二次革命”呢？第一，这是相对于新民主主义而言的，我们党通过新民主主义革命，把一个半殖民地半封建的贫穷落后的旧中国变成了一个社会主义的新中国；我们党在确立社会主义制度之后，又通过改革把一个经济、文化比较落后的社会主义中国变成了一个富强、民主、文明的社会主义现代化国家。从中国社会伟大变革的意义上说，改革是继新民主主义革命之后的第二次革命。第二，是由改革的目的决定的，从目的看，改革和过去的革命一样，都是为了扫除发展生产力的障碍，革命就是解放生产力。从总体上来说，社会主义生产关系、上层建筑及其基本制度设计是适应生产力发展要求的，而基于其上的具体体制却未必完全符合生产力发展的要求。对阻碍生产力发展的旧体制，就要改革，任何革命都是扫除生产力发展的障碍，改革的性质和以前的革命一样，都是为了扫除生产力发展的障碍，使中国摆脱贫穷落后的面貌，所以改革也叫革命性的变革。第三，是从所引发的社会变革的深度和广度而言的，从深度看，改革不是对原有体制细枝末节的修修补补，而是对不适应社会主义基本制度的全部旧体制、旧机制进行深刻的、彻底的革新，一切妨碍发展的思想观念都要坚决冲破，一切束缚发展的做法和规定都要坚决改变，一切影响发展的体制弊端都要坚决革除；从广度看，改革是一场全方位的变革，它要辐射到社会生活的各个领域，促使社会生活发生整体转型。改革开放引起社会利益关系深刻调整，并使得社会生活和人们思想观念等方面发生广泛而深刻的变化。促进和推动人们思维方式的深刻转变，是改革开放作为新的伟大革命的一个突出标志。改革开放始终以解放思想为先声,不断引导人们打破落后思维方式的束缚。更为重要的是,这一新的伟大革命从根本上改变着落后思维方式赖以存在的社会条件。第四,是由改革的艰巨性和紧迫性决定的。改革越深入,越要涉及深层次的矛盾和问题,在体制转变过程中,会涉及很多的利益问题,这就影响和制约了改革顺利发展,再加上我国的基本国情,这就增加了改革的艰巨性和紧迫性。革命有攻坚战,我们的改革开放事业仍然面临着重重攻坚重任。改革开放作为一场新的伟大革命,不可能一帆风顺,也不可能一蹴而就。当前,我国改革开放面临一系列尚待解决的新矛盾和新问题,我们的工作与人民的期待还有不小差距,前进中还面临不少困难。无论是经济体制改革、政治体制改革,还是文化体制改革和社会体制改革,都需要以更大的气魄和智慧深入推进,对外开放的水平也亟待提高。

如何认识"改革开放"的内涵呢?"改革"就是在坚持社会主义基本制度前提下,自觉调整生产关系和上层建筑的各个环节,以便更好更快地发展中国各项事业而进行的一场具有革命意义的变革。它要求我们必须正确理解革命、改革和改良三者关系,认识到改革的性质是社会主义制度的自我巩固和完善,改革的目的是解放和发展社会主义生产力、促进社会主义中国经济社会全面发展、实现中国人民物质文化生活的共同富裕;必须抛弃社会主义具体体制等同于社会主义基本制度的观念,认识到改革就是要彻底革除旧有落后、僵化的具体体制机制,建立适应经济社会发展新的体制机制;必须积极探索,大胆实践,探索发展社会主义生产力的新路径等。"开放"就是在坚持四项基本原则的基础上,着眼于中国经济社会发展的整体需要,适应市场经济资源配置的需要主动打开交流借鉴之门,顺应世界开放的潮流而主动打开国门,以促进国内外经济、政治、文化和社会的全方位、多层次的沟通交流。开放本身就是一项改革,而且开放也促使改革走向深入。开放是两个开放,即对内开放和对外开放。对内开放就是要求我们摒除地区、部门、行业和单位等的狭隘限制,积极实施"引进来、走出去"的方针,促进技术、资金、人才、管理等生产要素的自由流动,放弃各种限制经济社会发展的条条框框，从影响和制约经济社会发展的各类束缚中解脱出来，激发活力、搞活市场、服务民生。必须摒弃门户之见，积极化解部门利益，整合各类资源，共享发展与建设的成果。对外开放要求我们必须摒除“宁要社会主义的草，不要资本主义的苗”的观念误区，辩证地看待资本主义国家和社会主义国家之间的关系，客观认识资本主义生产力和生产关系、经济基础和上层建筑的长期存在性，正视中国与西方发达资本主义国家在经济社会发展水平上的巨大差距，看到资本、市场、科技和管理等要素的巨大作用；破除“关起门搞建设”的狭隘思想，转而以积极主动的心态迎接国外各种先进的思想、元素，大胆吸收人类文明发展的一切优秀成果，用于推进中国特色社会主义的建设事业。

改革是一场解放生产力的革命，这场革命不是一个阶级推翻另一个阶级的革命，也不是否定和抛弃我们已经建立起来的社会主义基本制度，而是在中国共产党领导下的社会主义制度的自我完善与发展，是要全面改革不适合生产力发展的社会主义的具体体制、机制，是一场根本改变我国经济和技术落后面貌，巩固社会主义制度的伟大革命。当然，如果我们抛开改革和革命共同的解放生产力的本质，仅从利益调整的表现形式而言，二者也存在一定的不同。张维迎在《改革与革命不同：应理性思考中国改革》(2007)一文中论述道：“任何体制下，都会形成既定的利益格局，都存在既得利益阶层。无论是改革还是革命，都会涉及对既定利益格局的调整，但二者在调整利益关系的方法上有着本质的区别。所谓革命，就是通过暴力和强制手段将财富或权力从一部分人手里剥夺，然后转移给另一部分人。革命中一定有人受损，有人受益，所以革命不会是一个帕累托改进(即没有人受损但至少有一个人受益)。即使受益者是多数，受损者是少数，革命也不一定增加社会总财富，所以革命甚至不是卡尔多·希克斯改进(即受益者所得大于受损者所失)。比如说，历史上的土地革命将地主所有的土地无偿拿过分来配给其他农民，从人口比例上讲，受损者是少数，受益者是绝大多数，但土地面积不会增加，也很难说清楚社会总财富是否增加了。改革与革命不同，改革不是把财富从一部分人手中无偿转移给另一部分人，而是在承认原体制下形成的社会各成员既定利益的前提下，通过权利和财产关系的重新安排,调动大家的积极性,增加社会总财富,实现帕累托改进。革命意味着剥夺既得利益,但改革必须尊重原体制下形成的既得利益,不论这种既得利益是法律规定的还是事实上长期被认可的;也就是说,改革不应该使得任何人比原体制下生活得更坏。按照这个原则,在现实中,如果具体的改革措施会带来社会总财富的增加,但同时会导致社会中的一部分人利益受损,此时,受益者有责任从自己所得的增加中拿出一部分补偿("赎买")受损者,否则就不能称其为改革。这也意味着,改革进行的前提是社会总财富将增加。如果社会总财富不增加,受损者不可能得到补偿。"我们的改革既要调整旧的利益分配关系,还要在增加社会财富的同时不使有人受损,难度确实很大。如何稳妥地做到这一点呢?

邓小平提出了我们在改革开放过程中衡量一切工作是非得失的判断标准,他在1992年时指出:"改革开放迈不开步子,不敢闯,说来说去就是怕资本主义的东西多了,走了资本主义道路。要害是姓'资'还是姓'社'的问题。判断的标准,应该主要看是否有利于发展社会主义社会的生产力,是否有利于增强社会主义国家的综合国力,是否有利于提高人民的生活水平。"①三个有利于标准,是不可分割的统一的整体,是从生产力、生产关系、经济基础、上层建筑的综合高度,言简意赅地指出了社会主义的本质特征。从历史唯物主义的角度来看,三个有利于标准的核心,是生产力标准。"三个有利于"标准是生产力标准在我国社会主义初级阶段的具体运用,它为各项工作指出了明确的目标,为各项工作制定具体的评价标准提供了指导原则。它是邓小平在建设有中国特色社会主义实践过程中坚持不断解放思想,实事求是的产物,是在及时分析、总结社会主义现代化建设和改革开放事业中出现的新问题、新情况和新经验的结果。

当我们对改革开放的性质有了正确的认识、明确了在改革开放过程中衡量一切工作是非得失的判断标准时,我们对关于股票的疑问便有了清晰的回答。股票是社会化大生产的产物,它本身不带有特定意

---

① 《邓小平文选》第3卷,人民出版社1993年版,第372页。

识形态、社会制度的标识,资本主义可以用,社会主义也可以用,我们不能把产生于资本主义并在资本主义社会得到广泛应用,但本身不具有社会制度属性的经济现象加以否定;在社会主义初级阶段也不能无条件地拒绝和否定一切资本主义经济成分和因素。所以,在改革开放过程中,我们恢复了股票发行和交易,并不是在走资本主义道路,相反,我们坚持了改革开放解放生产力的内涵,通过股票的发行和交易,筹集了大量资本、集聚了生产要素、促进了社会生产的发展,极大地推动了中国特色社会主义建设的事业。

二、封闭僵化倒退没有出路

《易经》有句名言“穷则变,变则通,通则久”,说的是事物处于困境则必须变革,变革后才会通达,通达就能长久。这句话强调事物的动态发展变化,重视事物的新生、更新,主张积极的创新变革。社会运行中的变革是一种常态,是事物发展变化规律的必然要求。中国人富有改革精神,历史上所经历的大大小小、成功失败的变法不计其数,突出的如商鞅变法、王安石变法、张居正变法等,及至近代的洋务运动、戊戌变法,都在历史上产生了深刻久远的影响。当代的改革开放与历史上的种种变法存在着本质的区别。第一,二者的目的不一样,改革开放以解放和发展生产力,完善和巩固社会主义制度,改善和提高人民生活水平,增强和提升我国综合国力为目的;历史上的变法大都以维护和延缓皇权王朝的统治,以渡过严重的财政、社会危机,或为对外征战、开疆辟土,显示文治武功而进行的社会资源总动员,以更长久地维护对广大属民的压迫和剥削为最终目的。第二,二者的指导思想不一样,改革开放以马克思主义为指导,在实践中不断总结经验教训,不断进行马克思主义的中国化,形成了中国特色社会主义理论体系,这是一个实事求是、与时俱进的开放的体系;历史上的变法以“帝王之术”为指导,重点强调对社会局势的适应性,没有完整、科学的理论指导体系。第三,二者的领导和依靠力量不一样,改革开放坚持中国共产党的领导,以系统性的国家政策指导、扶持，充分发挥依靠广大人民的积极性、创造性，具有强有力的领导和广泛的群众基础，有步骤、有计划地向前推进，利益关系调整比较缓和。改革开放不是个人的孤立冒险，而是有计划有组织的国家战略。历史上的变法大都是某位或某群忠臣贤相在皇帝的支持下发动的，舆论准备、变法步骤、阻力消除和新法实施等关键因素依赖于皇帝的态度，一旦皇帝态度转变或皇位更迭，则变法容易走向流产；没有广泛的群众基础，利益调整格局尤为复杂激烈，一旦失败则身首异处。第四，二者的性质不一样，改革开放立意深远，是一场解放生产力的自觉革命，要变革的是不适合社会主义基本制度的全部具体体制、制度，是范围广阔、时间持久的深层次变革；我国的改革开放不是静态的目标，而是动态的过程；不是局部的变动，而是全面的变革；不是解决一时一地矛盾的权宜之计，而是发展中国特色社会主义的必由之路。历史上的变法大都侧重于对封建王朝的枝枝叶叶进行修修补补，变革的是局部的财税、生产制度等，变革的范围狭窄，时间也不可能持久，更不涉及深层次的阶级矛盾问题。从性质上看，只有改革开放才能称得上是“一场革命”。尽管当代的改革开放与历史上的变法存在着本质区别，但二者都属于社会变革，都是要革除旧规则、建立新规则，都体现了革故鼎新、穷则思变的理念。这说明，任何僵化、低效的制度和规则都必须予以变革。

从近代中国百年的历史看，改革开放是中华民族复兴的必由之路。一个国家的发展，只有从世界和时代的坐标上去认识，才能更加准确；一个社会的变革，只有从历史和现实的对比中把握，才能更加清晰。在人类历史的绝大多数时期内，中国曾是世界上最强大、文明最发达的国家之一。自近代鸦片战争打开中国大门，丧权辱国的《南京条约》被迫签订以后，中华民族开始衰落，从那时起民族复兴成为千千万万有志之士的奋斗目标。历史向我们提出了两大历史性课题：一个是求得民族独立和人民解放，一个是实现国家繁荣富强和人民共同富裕。然而，中华民族复兴之路极其艰难，不可能毕其功于一役，也就是说，两大历史性课题的解决必须分解为两大步骤，先革命后建设，先独立后发展，先生存后富裕。谁有能力又圆满地解决这两个历史性课题，谁就有资格担当起领导中国的责任。中国共产党人在这场历史性大考验中，领导人民成功解决了“民族独立和人民解放”这个历史性课题，成为中国各族人民的领导核心，也为解决第二个课题提供了政治条件和社会基础。只有进一步解决了第二个历史性课题，中华民族才能巍然屹立于世界民族之林。但是，由于建国后复杂的国内国际环境，也由于我们对社会主义建设缺乏全面科学的认识，在社会主义改造完成后，我们完全照搬了苏联模式，实行了高度集中的计划经济体制，同时断绝了与西方世界的联系，形成了一个封闭的经济体系。由于受苏联计划经济理论与实践的影响，中华人民共和国成立后，计划经济被当作是社会主义制度的本质特征，作为社会主义经济理论的一个基本原理，这种观点的逻辑推理是：社会化大生产把国民经济各部门连结成为一个有机的整体，客观上要求它们之间保持一定的比例关系，因此需要以国家指令性计划来配置资源。苏联高度集中的计划经济体制所显示出来的生产力，社会主义建设短期内取得的巨大成功，在国际上显示出来的强大的竞争力，无疑成为我们理想的学习模式。选择计划经济的原因还在于，它可以短时间内集中大量的人力、物力用于社会主义建设，在多年战乱的废墟上和在贫穷的状况下，在短期内建立起强大的国防军事工业、国民经济基础设施，全力以赴保障重点任务，达到“先强后富”的目标，还能够合理调节收入分配，兼顾效率与公平。选择计划经济的原因，林毅夫在《中国渐进改革的逻辑》(2008)一文中还作出这样的阐释：“不管是中国还是苏联、东欧以及其他社会主义计划经济国家，他们普遍推行的都是希望在一个经济发展水平很低的发展阶段，去建立一些当时看起来非常先进，资本非常密集的重工业的发展，但是这样的一个资本密集、技术先进的重工业的产业跟这个国家经济发展水平非常低，主要是农业为基础的资本相当稀缺的这种结构比较起来的话，是不符合它的比较优势。如果不符合比较优势的话，在开放竞争的市场当中，这种想优先发展产业当中的企业是不能够跟国外具有比较优势的企业竞争，必然要亏损，如果必然要亏损，没有政府的保护补贴，是不会有人去投资。这也就是为什么在没有国家的干预之前，这些竞争体系在落后的发展中国家没有出现的原因。由于发展战略的目标跟国家发展要素比较的冲突,因此在宏观的要素环境,以及微观的经营机制上都进行干预,可以讲每一种干预都形成了一种制度安排,而这个制度安排都是内生的,内生的目的就是让政府有能力来配置资源。固然靠这套体系一个发展中国家可以把重工业体系建立起来,但是必然也出现这种经营的积极性受到抑制,资源的配置没有效率,这是我们看到的在改革之前,不光是在中国,还是苏联、东欧国家所存在的问题。"这就是说,为了实现赶超跨越,落后国家存在选择计划经济体制的可能和要求,因为它符合比较优势原理。

计划经济的合理性和历史作用不容忽视,但我们更应看到计划经济在20世纪70年代末的负面效应:第一,计划经济体制对微观经济活动与复杂多变的社会需求之间的矛盾难以发挥有效的调节作用,容易产生生产与需求之间的相互脱节;第二,计划经济体制不能合理地调节经济主体之间的经济利益关系,容易造成动力不足、效率低下、缺乏活力等现象;第三,行政计划容易脱离实际,造成不必要的巨大浪费等。计划经济体制的低效开始严重阻碍中国的发展,同时,"文化大革命"十年浩劫,又将中国推向政治严重混乱的状态。"文化大革命"结束之后,我们党和国家处于十字路口,面临着何去何从的选择。一个选择是固守旧的体制机制,按照"左"的路线走下去,其结果就是社会主义难以获得生机与活力,广大人民群众难以摆脱物质文化生活的匮乏,国家难以赶上时代前进潮流;另一个选择是全盘西化,按照"资产阶级自由化"的思路走下去,全盘照搬照抄西方多党制和"三权分立"的政治制度,其结果就是西方敌对势力"西化"、"分化"中国的图谋得逞,国家和人民重新沦落到半殖民地的苦难深渊。以邓小平同志为代表的中国共产党人清醒地认识到:全盘西化是一条死路,而不搞改革开放、不发展经济、不改善人民生活也是一条死路;只有按照解放思想、实事求是的思想路线,走出"左"的误区,排除"自由化"的干扰,突破旧体制和观念的束缚,才能"杀出一条血路"。因此,改革开放是在总结历史经验和教训基础之上,在承认和认识走了弯路、犯了错误的理性思考下,继续领导人民解决"实现国家繁荣富强和人民共同富裕"第二个历史性课题的必然选择。正如邓小平在1978年总结道:"一个党,一个国家,一个民族,如果一切从本本出发,思想僵化,迷信盛行,那它就不能前进,它的生机就停止了,就要亡党亡国。”① 1992 年他又总结道:“不坚持社会主义,不改革开放,不发展经济,不改善人民生活,就没有出路。”②也可以说,改革开放是我们党和国家摆脱当时所处的严重困境,摆脱高度集中的计划经济体制的长期束缚,实现从困境中奋起的唯一选择。

关起门来搞建设是不成功的,中国的发展离不开世界。对外开放是中国借鉴人类一切优秀文明成果,融入全球化时代潮流的必然选择。建国后,由于东西方特殊的国际斗争形势以及中国较弱的实力状况,中国只能选择在夹缝中求生存。事实上,中国的外交政策是开放性的,毛泽东在1944 年谈道:“中国必须工业化。在中国,工业化只能通过自由企业和在外国资本的帮助之下才能做到,中国和美国的利益是相同和互相关联的,我们可以在经济政治上互相配合,我们可以而且必须合作。”③他在中共七届二中全会的报告中又明确提到:“我们是愿意按照平等原则同一切国家建立外交关系的。”但是,以美国为首的帝国主义国家对新中国推行“孤立”和“遏制”政策,实行长期的经济封锁、政治敌视和军事威胁。在两大阵营尖锐对立的局势下,中国被迫实行“一边倒”的外交政策,这是夹在两大超级大国之间“两害相衡取其轻”的无奈选择,是特殊历史条件下的特殊斗争方式,也是当时条件下唯一行得通的最符合中华民族最大民族利益的选择。1956 年 4 月,毛泽东在《论十大关系》中提出:“我们的方针是,一切民族、一切国家的长处都要学,政治、经济、科学、技术、文学、艺术的一切真正好的东西都要学。”“不但在第一个五年计划要向人家学习,就是几十个五年计划之后,还应当向人家学习。一万年都要学习嘛!”“我们一定要把党内党外、国内国外的一切积极的因素,直接的、间接的因素,全部调动起来,把我国建设成为一个强大的社会主义国家”。为了更好地学习外国,毛泽东刻苦学习英语,并号召“中央和省市的负责同志学一种外国

---

① 《邓小平文选》第 3 卷,人民出版社 1993 年版,第 143 页。

② 同上书,第 370 页。

③ 中共中央党史研究室:《党史通讯》1983 年,第 20—21 页。

文”。由于苏联大国霸权主义的严重威胁，20 世纪 50 年代末中苏关系破裂，“一边倒”政策结束。在“一边倒”的十年中（1949—1959），中国抓住难得的和平机遇大搞建设，迅速积累起基础实力，顶住了美苏两大超级霸权的压迫，为了应对被侵犯的威胁和维护自身的独立生存，被迫实行“两个拳头打人”的外交政策，被迫关起门来搞建设，进入封闭的状态。封闭就会落后，落后就会挨打，中国人没有放弃也一直寻找着机会再次走向世界。20 世纪 70 年代初，毛泽东、周恩来审时度势，打开了我国外交的新局面。1972 年 2 月，美国总统尼克松应邀访华，中美两国由对抗走向对话，西方国家对我国的经济封锁亦自始结束。在此前后，包括各主要资本主义国家在内的 60 多个国家同我国建立或恢复外交关系，我们的对外贸易大幅度增长。在中国历经曲折竭力周旋终获和平后，在中国再次推开大门走向世界时，发现世界范围内蓬勃兴起的新科技革命推动世界经济以更快的速度向前发展，我国经济实力、科技实力与发达国家的差距明显拉大，我国面临着巨大的国际竞争压力，必须通过改革开放来追赶时代前进潮流。中国的发展离不开世界，任何一个国家的经济发展，都不可避免地要依赖于国际间的经济技术交流与合作。邓小平说：“经验证明，关起门来搞建设是不成功的，中国的发展离不开世界。”[①]我国存在人口众多、资源相对短缺、教育水平落后、生产力不发达等各种不利的发展因素，而资本主义已有几百年的发展史，形成了比较完善的市场经济体制。因此，社会主义要获得较快的发展，必须大量引进外资，学习借鉴发达国家先进的科学技术和管理技能。社会主义国家和资本主义国家虽然在社会制度和意识形态上有所不同，但这不应成为相互发展正常交往关系的障碍。要超越社会制度和意识形态的界限，大胆吸收和借鉴人类社会创造的一切文明成果，从国情出发，正确处理独立自主、自力更生与对外开放的关系，在借鉴西方文明成果的基础上不断地创新，只有这样，才有可能取得比资本主义更快的发展速度，最终赶上和超过资本主义国家的发展水平。

在封闭的计划经济下没有了股票，但是我们拥有了无数的布票、粮

---

① 《邓小平文选》第 3 卷，人民出版社 1993 年版，第 78 页。

票、油票、豆腐票……，商店门口排起了长长的队伍。票证、排队背后是物资的极度缺乏，短缺就意味着贫穷。20 世纪 80 年代中期，匈牙利经济学家亚诺什·科尔奈的《短缺经济学》引起了人们浓厚的兴趣，这本书以现实社会主义经济中普遍和长期存在的短缺现象为主线，以企业行为分析为重点，从生产、交换、分配和消费各个方面剖析了现实存在的社会主义体制。《短缺经济学》一出现，中国经济学家就对其分析和术语着迷：短缺经济、投资饥渴症、扩张冲动、父爱主义、软预算约束……几个词串起来，就把一个传统社会主义经济体制的运行特征揭示出来了。人们渴求新的思想资源、理论资源，厌倦了陈旧的话语体系和僵化的无活力的体制，改革开放的势头已经不可阻挡。邓小平在 1992 年南方谈话中讲道：“证券、股市，这些东西究竟好不好，有没有危险，是资本主义独有的东西，社会主义能不能用？允许看，但要坚决地试。看对了，搞一两年对了，开放；错了，纠正，关了就是了。关，关也可以快关，也可以慢关，也可以留一点尾巴。怕什么了，坚持这种态度就不要紧，就不会犯大错误。”[①]通过改革，我们重新尝试建立起股份制，发行了股票；通过开放，我们借鉴先进国家的股份制，启动了国企改革。20 世纪 80 年代，中国的部分国有企业开始以股票形式筹资，并公开向社会发行，改革开放后的第一支股票飞乐音响悄然诞生。1986 年 9 月 26 日，改革开放后第一个证券交易柜台开张——上海静安证券业务部。伴随着“姓社姓资”问题的争论，中国的股票势不可遏，如雨后春笋般地冒出来，同时，那些曾经风光一时的票证在悄然隐退，更重要的是，伴随着股票的复出，我们迅速结束了短缺经济，进入到买方市场时代。

如今，30 多年过去了，中国大地发生了翻天覆地的变化。当我们审视走过的路，欣赏改革开放的巨大成果时，我们不能不认识到：走回头路，就意味着僵化，意味着停滞，意味着“折腾”。我们从 30 多年的亲身经历中认识到：走回头路人民富裕不起来，走回头路国家强大不起来；不改革开放，中国与世界的差距会越来越大，不改革开放，总有一天

---

① 《邓小平文选》第 3 卷，人民出版社 1993 年版，第 373 页。

会被开除球籍。不走回头路,是我们改革开放30多年来的一条宝贵经验。回首改革开放走过的历程,不是没有争论,不是没有困惑,但无论遇到什么干扰和困难,无论遇到什么风险和考验,我们党都始终强调必须坚持改革开放、不能走回头路。正是因为我们一以贯之地坚持改革开放的路线方针政策,不动摇、不懈怠、不折腾,才赢来了百年中国最少干扰、最快发展、最多实惠的宝贵时期,取得了改革开放的历史性成就。

三、解决当代中国现实问题的最终路径

中国自1978年末开启的改革开放成就斐然,通过改革开放,实现了三大转折:第一个转折就是从高度集中的计划经济体制向充满活力的社会主义市场经济体制转变;第二个转折是从封闭半封闭的社会向全方位开放的社会转变;第三个转折是人民的生活从温饱转向基本小康的社会转变,如果没有改革开放就不可能实现这三大转变。时至今日,我们是否仍然要继续坚持改革开放不动摇呢?答案是肯定的,我们不但要继续坚持,而且还要不断深化。

经过三十多年改革开放的推进,中国已进入新旧体制并行运转的特殊时期,新旧社会价值规范之间、新旧文化因素之间、新旧社会制度体系之间的摩擦和冲突,无论是激烈的程度还是波及的社会影响范围均已超过以往任何历史时期。在当代中国的改革开放过程中,交织着前现代、现代与后现代之间的矛盾。前现代、现代、后现代的社会矛盾交织在一起,使当今中国的社会发展呈现出错综复杂的状态,产生了"发展中的困境"。突出地表现在,第一,经济方面,多年来,我国经济增长主要是通过大量投资拉动;地区之间、城乡之间、产业之间及增长与环境之间、投资与消费之间、出口与内需之间存在一系列严重的失衡状况;技术创新迟缓、能源消耗高、环境污染重等问题尤其突出。第二,社会管理方面,在人民生活水平普遍提高的同时,收入差距、地区差距、城乡差距有拉大的趋势;工业化、城市化、市场化过程中带来大量人口流动,推动了社会结构深刻变化;一些人在市场经济中私欲膨胀,出现

了诚信缺失、道德败坏、是非不分、荣辱颠倒、文明底线失守的现象，“三鹿奶粉”等没有起码道德良知约束的行为，在重创着社会的诚信机制。第三，体制改革方面，政治体制改革相对滞后，由于传统政治体制的惯性存在，新的政治体制还处于探索中，利益集团关系调整缓慢，由此造成了许多严重的问题，如官员的滥用职权、腐败堕落，官商勾结、官民对立，群体性事件日益增加。由于政治体制改革不到位，也由于既得利益集团的阻挠，未能形成有效的制衡和监督机制，政府治理危机凸现。医疗体制改革总体上是不成功的，“看病难，看病贵”的问题一直不能得到有效解决，现行医疗卫生法律法规体系存在漏洞，医疗机构运行混乱，医疗信息平台不健全，医疗资源配备不合理。此外，垄断性国企改革、住房制度改革等不到位，一定程度上影响到整个改革开放的进程。第四，生态环境方面，由于粗放式的经济增长模式没有得到彻底改变，人口增长、经济发展同生态环境、资源能源的矛盾加剧，资源紧缺的问题日益突出，水资源供需矛盾十分尖锐，空气、水等生态环境污染恶化，水土流失现象严重。很多地区生态意识淡薄，长期采用有害于环境的生产方法，片面追求经济增长，导致环境退化，从而影响人类生产和生活，我们面临的环境治理的任务相当艰巨。第五，对外经济关系方面，在出口导向战略下，我国经济增长过度依赖出口和出口企业的投资增长，面临外部需求变动的巨大风险。我国经济在国际经济分工中处于不利地位，属于“两头在外”的经济，即技术含量和附加值高的生产环节由发达国家控制，利润高的销售环节和市场也掌控在跨国公司手中。中国的产业处于附加值较低的加工制造环节，应对市场波动的抗风险能力脆弱。同时，由于国内原材料、石油等资源相对不足，大量原材料、燃料需要进口，我国经济对国际原材料及原油的依赖度不断提高。“热钱”对我国金融体系冲击的风险增加，加大了我国货币政策调控和资本管制难度。由于贸易保护主义重新抬头，我国成为全球反倾销诉讼和引发贸易争端最多的国家。所有这些问题，给我们提出了新的艰难挑战。

当前，中国改革开放的航船已经进入“深水区”，如何分析和解决我们所面临的矛盾和问题，关系到中国未来是否能继续快速前进。我们需要用辩证唯物主义和历史唯物主义的世界观和方法论加以审视,不能因为看到了一些消极负面的现象,就对改革的方向和道路产生怀疑,甚至想走回头路。我们需要分清:所面对的矛盾和问题是改革目标取向上的偏差还是发展过程中产生的;所面对的矛盾和问题是改革带来的,还是因为改革措施不到位、不完善所导致的;所面对的矛盾和问题是人类经济社会发展中共性的,还是我国改革开放中所特有的。应该看到,许多矛盾和问题是属于经济社会发展所必须经历和面对的,也有一些是我们认识不清晰、政策不配套、操作不规范造成的,还有的是旧体制弊端的集中显现,或者是既得利益阶层的刻意阻挠形成的。归根到底,我们所面临的矛盾和问题都是不关乎改革开放大方向的问题,绝大多数的矛盾和问题是由于我们改革开放不到位、机制措施不完善所造成的。改革是一场深刻的社会变革,在改革过程中,社会结构要作相应的调整,而社会结构的调整并非那么平顺,其间势必充斥矛盾冲突和种种利益摩擦,是在一定阶段不得不付的代价。原有的社会结构在较长的发展时期内已呈现成熟状态,社会内部各要素经过无数次分化、整合,已达到较高水平的互补和协调。改革作为一场深刻的社会变革,就是要冲破这种已成定势但往往僵化、随着历史的推进而显示出其不合理性的社会关系。在改革过程中,原有的社会结构被不断打破,新的社会结构要素渐次生成。这是一种从平衡走向不平衡,并走向新的更高阶段的平衡的过程。这就是说,当改革涉足"深水区",必然出现深层次问题,要解决这些前进中的问题,唯一的途径只能是进一步深化和扩大改革。

我们过去取得的成就靠的是改革开放,未来的发展仍然要靠改革开放。改革开放同中国特色社会主义相伴而生、相融而进。吴敬琏在《如何看待改革开放面临的问题》(2009)中指出:"自从社会主义市场经济的初步框架建立起来以后,两种前途就严峻地摆在全体中国人的面前:一种是政治文明下法治市场经济的道路。另一种是权贵资本主义的道路。如果我们不能通过政治和经济改革扼制后者的势头,来自另一极端的势力就有可能利用大众对权贵腐败的不满,推销极'左'路线,把中国引向另一条歧路。我国和世界的历史告诉我们,极'左'和极'右'都会带来民族的灾难。"改革开放是促进社会和谐的强大动力。当前我们在构建社会主义和谐社会进程中遇到的矛盾和问题,有的是由发展不充分带来的,这要通过加快经济发展、不断提高国家的经济实力来逐步加以解决;有的是由体制机制不完善带来的,这就要通过深化改革,消除各种影响社会和谐的体制性因素,加紧建立健全保障社会和谐的各方面机制。就是在解决发展问题时,也必须依靠深化改革来提供强大动力。通过改革建立起充满活力、富有效率、更加开放的社会体制,是全面深化改革的目标要求,是构建社会主义和谐社会的重要制度保证。发展永无止境,改革也永无止境。改革是体制演进的方式,改革也是制度生存的方式。社会主义制度本身就是在不断改革、探索中前进的。中国特色社会主义,论时间只有短短 30 多年的实践,论基础要面对人口多底子薄发展不均衡的考验,论环境要迎接国内外复杂多变局势的挑战,还需要在实践中不断解放思想、实事求是、与时俱进。在改革开放中形成的中国特色社会主义,只有通过改革开放不断推向前进,才能获得强大的生命力,才能保证社会主义永不僵化、永不停滞。

在继续深化推进我国改革开放事业的同时,也要总结反思他国的经验或教训。20 世纪 80 年代,苏联领导人戈尔巴乔夫对高度集中的计划经济体制进行了彻底改革,结果导致苏联社会主义瞬间崩溃;俄罗斯在叶利钦的领导下向资本主义市场经济过渡,结果俄罗斯经济实力在相当长的时间内得不到恢复。究其原因在于:第一,对社会主义的认识趋向僵化,简单地把大一统的国有制和高度集中的计划经济体制当作社会主义的标志对待,没有认识到社会主义的解放发展生产力的本质,在传统计划经济体制的弊端显露后,对社会主义的前途产生了怀疑。第二,改革方向上不是坚持社会主义,而是放弃社会主义。由于在认识上的僵化,苏联改革没有明确的方针原则,在改革进程中偏离了社会主义的轨道,不是坚持和完善社会主义制度,没有对具体的体制和制度进行改革,而是逐步滑向了资本主义。第三,改革过程中没有坚持苏共的领导,没有坚强的领导核心。改革是一盘大棋,需要统一筹划、有计划有步骤实施。然而,苏联改革瓦解和削弱了苏共的领导地位,在改革遇到挫折时,西方势力支持下的其他党派得以乘机夺权。第四,在向市场经济过渡的步骤上采取“休克疗法”,容易造成社会动荡,而政府对局势的控制能力不强,影响了改革的效果。林毅夫在《中国渐进改革的逻辑》(2008)中这样论述:“为什么渐进双轨制的改革反而比休克疗法的改革好呢?中国渐进改革方式第一个放权让利,让农民、工人有一部分的自主权,然后变成部分的剩余所有者,在这种情况下,他的积极性提高了,双轨的方式一方面对在计划经济赶超时代受到抑制的轻工业部门允许农民、私营企业家、外资企业进入,它是符合比较优势的,我们经济由于符合比较优势的资源配置的效率,所以经济高速发展,同时对于原来赶超部门不符合比较优势的,企业没有自身能力的那部分,继续给以必要的补贴和干预。在这种情况下,它就不会破产,所以稳定和经济快速的增加可以达到。当然这样的改革方式由于旧的计划体制的这些安排的存在,经济还是有所干预,有所扭曲的。因此就会出现现在我们国内经济当中看到很多奇奇怪怪的现象。在这个过程当中,当市场接轨越来越大的时候,一方面国家掌握的资源越来越多,另一方面原来的扭曲也就越来越少的时候,才会并到完全视同结果,这就是为什么渐进的感觉比休克疗法的效果好。”原苏联、俄罗斯改革给我们最大的启示就是:中国在今后的改革进程中要坚持四项基本原则,妥善处理好改革、稳定、发展之间的关系,不能急功冒进,也不能只求平稳,踯躅不前。2011 年初在突尼斯、利比亚、埃及等国发生的骚乱,再次提醒我们,必须要进行全方位的改革,尤其在政治体制改革方面不能停滞不前,要取得实质性突破,坚决惩治官员腐败、清肃整顿吏治,推进政治民主化进程,确实保障公民政治权利;提高调控管理社会经济运行的能力,防止恶性通货膨胀,调节收入差距,防止贫富两极分化,切实保障民生。

胡锦涛在 2010 年深圳特区建立 30 周年庆祝大会上讲道:“要坚定不移深化改革,提高改革决策的科学性,增强改革措施的协调性,全面推进经济体制、政治体制、文化体制、社会体制改革,努力在重要领域和关键环节改革上取得突破。要坚持社会主义市场经济的改革方向,抓住制约科学发展的体制症结,推进财税体制、金融体制、投资体制、收入分配制度改革,尽快建立反映市场供求关系、资源稀缺程度、环境损害成本的生产要素和资源价格形成机制，从制度上更好发挥市场在资源配置中的基础性作用，加快构建充满活力、富有效率、更加开放、有利于科学发展的体制机制。要坚持中国特色社会主义政治发展道路，加强社会主义政治文明建设，不断推进社会主义政治制度自我完善和发展，保证人民当家作主，增强党和国家活力，调动人民积极性。要扩大社会主义民主，加快建设社会主义法治国家，依法实行民主选举、民主决策、民主管理、民主监督，保障人民的知情权、参与权、表达权、监督权。要推进行政管理体制改革，进一步转变政府职能，建设服务型政府。要全面提升开放型经济水平，把‘引进来’和‘走出去’更好结合起来，扩大开放领域，提高开放质量，创新外贸增长方式、优化进出口结构，创新利用外资方式、优化利用外资结构，创新对外投资和合作方式、加大实施‘走出去’战略力度，形成经济全球化条件下参与国际经济合作和竞争新优势。”这个讲话为我们今后进一步深化改革指明了方向。

在深化改革的过程中肯定会遇到许多难题，只要我们群策群力、集思广益，就一定能找到解决难题的方法。在中国资本市场上，股权分置问题曾被普遍认为是困扰股市发展的头号难题。股权分置是一个具有中国特色的企业所有权制度，中国股市因为特殊历史原因和在特殊的发展演变中，A 股市场的上市公司内部普遍形成了“两种不同性质的股票”（非流通股和社会流通股），这两类股票形成了“不同股不同价不同权”的市场制度与结构。由于历史原因，我国股市上有三分之二的股权不能流通。同股不同权、同股不同利等“股权分置”存在的弊端，严重影响着股市的发展。随着资本市场的发展，解决股权分置问题开始被提上日程。1998 年下半年以及 2001 年，政府曾先后两次进行过国有股减持的探索性尝试，但由于效果不理想，很快停了下来。但是，作为推进资本市场改革开放和稳定发展的一项制度性变革，我们的改革探索没有就此停顿。2004 年 1 月，国务院发布《国务院关于推进资本市场改革开放和稳定发展的若干意见》明确提出“积极稳妥解决股权分置问题”。中国证监会于 2005 年 4 月发布了《关于上市公司股权分置改革试点有关问题的通知》，标志着股权分置改革正式启动。2005 年 9 月，中国证监会颁布了《上市公司股权分置改革管理办法》，这一正式法律文件的出台,意味着股权分置改革从试点阶段开始转入积极稳妥地全面铺开的新阶段。2006 年 10 月,我国资本市场上的头号难题股权分置已取得决定性的改革胜利。只要我们勇于探索、善于改革,就一定能攻坚克难,发挥比较优势和后发优势,逐步缩小与发达国家的发展差距,不断推动我国的经济发展和社会文明进步。

四、社会主义发展模式的不懈探索

中国选择社会主义是历史发展的必然。在我国漫长的封建社会中,形成了世界上最完备也最顽固的封建主义生产关系,虽然封建社会内部已经孕育着资本主义的萌芽,但封建势力不允许中国发展资本主义。在近代中国,帝国主义势力也不允许中国走资本主义道路。毛泽东在《中国革命和中国共产党》中说:"中国封建社会内的商品经济的发展,已经孕育着资本主义的萌芽,如果没有外国资本主义的影响,中国也将缓慢地发展到资本主义社会。"同时,也如毛泽东所说,"帝国主义列强侵入中国的目的,决不是要把封建的中国变成资本主义的中国"。它们的目的,就是要占领中国市场,掠夺中国资源,使中国变成它们的半殖民地和殖民地,并以其强大的经济势力排除和压迫中国的民族资本主义,它们决不允许中国发展成为一个独立富强的资本主义国家。中国的资产阶级也不具备建立资本主义制度的条件,由于他们在经济和政治上的软弱性,他们同帝国主义和封建主义并未完全断绝联系,所以,他们没有彻底的反帝反封建的纲领,更没有推翻封建统治,推翻帝国主义,争取民族独立的能力,只有完全依附于国际资本主义才能得以生存。中国的出路究竟在哪里? 中国的先进分子从俄国十月革命中,看到了中国的出路不是资本主义而是社会主义。中国共产党为中国人民选择了通过新民主主义革命走向社会主义的道路。这一历史性的选择,是中国人民历尽千辛万苦才找到的,是中国社会矛盾发展的必然结果。社会主义制度在中国的确立,体现了中国近现代社会运动的客观规律,是中国历史上最伟大、最深刻的变革。

我们坚持社会主义,是因为社会主义可以发展中国。由于生产社会化与生产资料私人占有之间的矛盾、资产阶级与无产阶级之间的矛盾,以及由此派生出来的各种矛盾和弊病,注定资本主义社会必然要发展到更高级的社会形态。社会主义社会既继承资本主义精华,又克服资本主义弊病,是与资本主义对立的、高于资本主义的新型社会。我们在曲折实践中认识到,社会主义的本质在于解放生产力、发展生产力,消灭剥削,消除两极分化,最终达到共同富裕。我们认为,衡量一种社会制度是否符合一个国家、一个民族的利益,最根本的是看在多大程度上推动了社会生产力的发展和人民生活水平的提高。从社会主义制度的建立,到“文化大革命”结束,尽管我们在一段时间经历了严重挫折,但所取得的巨大成就,是中国以往历史上任何一个时期都无法比拟的。我们在一穷二白的基础上,建立了比较完整的工业体系和国民经济体系,为社会主义现代化建设奠定了坚实基础。邓小平指出:“人们说,你们搞什么社会主义!我们说,中国搞资本主义不行,必须搞社会主义。如果不搞社会主义,而走资本主义道路,中国的混乱状态就不能结束,贫困落后的状态就不能改变。所以,我们多次重申,要坚持马克思主义,坚持社会主义道路。”①党的十一届三中全会作出了把工作重心转移到社会主义现代化建设上来的战略决策,实现了我们党和国家历史上具有深远意义的转折,走出了一条中国式的现代化建设道路,这是一条坚持全面改革和开放的道路。我国的社会主义现代化建设已经创造出举世瞩目的伟大成就,这是社会主义制度的伟大胜利,是中华民族发展史上一个新的里程碑。

坚持社会主义,必须辩证地认识社会主义的优越性。由于我们目前处于社会主义初级阶段,囿于实践进展和认识深度,我们对社会主义优越性的认识一般来说是比较传统和不够全面的。我们必须认识到:衡量和比较一种社会制度的优越性,决不能离开具体国家的历史条件和社会环境。虽然目前发达资本主义国家的经济发展程度和科技水平,一般比社会主义国家要高,但这主要是由于社会历史条件、各自发

---

① 《邓小平文选》第3卷,人民出版社1993年版,第62页。

展的基础和起点不同所造成的,不能片面地从现有的发展程度对比中就得出社会主义不如资本主义的结论。社会主义是一种崭新的社会制度,没有现成的经验可循,对于什么是社会主义、怎样建设社会主义的问题,需要不断地实践、认识,再实践、再认识。社会主义的发展历史,相比资本主义的发展历史还比较短暂,还处于实践和发展的初期。由于社会主义政党在认识上有一个过程,加上复杂的国内外形势所趋,不可避免地会出现一些挫折,我们对社会主义发展过程中出现的失误乃至挫折应有客观、公正的认识。马克思指出:“无论哪一个社会形态,在它所容纳的全部生产力发挥出来以前,是决不会灭亡的;而新的更高的生产关系,在它的物质存在条件在旧社会的胎胞里成熟以前,是决不会出现的。”[①]社会主义代替资本主义,是一个漫长的历史发展过程,不会是历史的瞬间;资本主义在与社会主义竞争发展过程中,不断地调整生产关系和缓和阶级矛盾,可以获得新的生产力发展空间,可能在一定阶段取得相对于社会主义的优势,但是,人类社会发展的历史趋势不可改变。我们应当从人类社会发展规律性的高度、摆脱教条主义的束缚、用发展和动态的眼光观察和分析社会主义制度的优越性。

改革是对社会主义发展模式的探索,是解决社会主义基本矛盾的基本形式。社会主义制度一经形成,便具有相对的稳定性,但并不是就此凝固不变了。在社会主义社会的不同阶段,经济制度和政治制度成熟度不同,因而具体体制的表现形式及其特点也就不同。“所谓‘社会主义社会’,不是一种一成不变的东西,而应当和任何其他社会制度一样,把它看成是经常变化和改革的社会”[②]。事物发展的根本原因在于事物内部的矛盾运动,社会主义社会和其他各种社会形态一样,由于生产力和生产关系等矛盾的运动和发展,需要不断对体制进行改革。处于各个历史阶段上的社会主义的生产关系和上层建筑,对于不断发展的生产力,也都会有某些不相适应的方面和环节。不适应就有矛盾,有矛盾就必须通过改革加以调整和变革,使之适应和促进生产力的发展。

---

① 《马克思恩格斯选集》第2卷,人民出版社1995年版,第33页。

② 同上书,第693页。

生产力的发展没有止境,旧的矛盾解决了,新的矛盾又会产生。在整个社会主义历史时期,在社会主义社会的各个历史阶段,都需要根据经济社会发展的要求,适时地通过改革正确处理生产力与生产关系、经济基础与上层建筑的矛盾,推动社会主义社会不断前进。因此,社会主义的基本制度建立起来,并不等于人们对社会主义本质的认识就完全搞清楚了,也不等于社会主义优越性就能自然而然地发挥出来。社会主义社会刚从资本主义社会、半资本主义社会或前资本主义社会脱胎而出,不可避免地存在许多弊病:其中有的是旧社会的残迹还未彻底清除,有的是旧社会的思想影响在新的社会条件下的表现,有的是因为人们对社会主义的误解造成的,有的是因为社会主义制度还不完善、不健全产生的。社会主义社会的各种弊病要通过改革体制、提高生产、发扬民主、发展科学、加强教育、健全法制逐步予以克服。不发达国家走上社会主义道路之后,由于生产力水平较低、封建主义传统影响较深,更要经常总结经验,探索改革。当代各社会主义国家都面临改革问题,以摆脱历史上僵化的过度集权的模式的影响,创建有本国特点的充满生机和活力的社会主义模式,使社会主义制度日臻完善。从世界社会主义运动发展过程及全局看,体制改革是当代向我们提出的历史性课题。国际共产主义运动的发展,需要各国工人阶级及政党不断解决各个时代的历史性课题。马克思和恩格斯的主要贡献,是创立马克思主义,使社会主义由空想发展为科学;列宁的主要贡献,是指导无产阶级革命在帝国主义统治体系的“薄弱环节”首先获得突破,在俄国第一次使社会主义由理论变为现实;毛泽东的主要贡献,是开创了马克思主义与中国实践相结合的先河,在毛泽东思想指导下,建立了社会主义新中国。新的历史时期,中国共产党人所面临的历史性课题,则是在坚持社会主义基本制度的前提下,通过体制改革,对内对外全面开放,使社会主义重新焕发出生机和活力。这种体制性的革命是其制度性革命的继续和深入。

邓小平指出:“我们的改革不仅在中国,而且在国际范围内也是一种试验,我们相信会成功。如果成功了,可以对世界上的社会主义事业和不发达国家的发展提供某些经验。”[①]中国的改革开放,是在世界社会主义运动处于低潮、和平发展成为时代的主题,经济全球化成为不可逆转的趋势的背景下展开的。经过三十多年的探索,以中国特色社会主义理论体系的形成为标志,我们终于找到了中国社会主义建设的正确道路。这条道路,就是在中国共产党的领导下,立足基本国情,以经济建设为中心,坚持四项基本原则,坚持改革开放,解放和发展社会生产力,巩固和完善社会主义制度,建设社会主义市场经济、社会主义民主政治、社会主义先进文化、社会主义和谐社会,建设富强民主文明和谐的社会主义现代化国家。党的十七大报告指出:“改革开放以来我们取得的一切成绩和进步的根本原因,归结起来就是:开辟了中国特色社会主义道路,形成了中国特色社会主义理论体系。”在经济文化相对落后的条件下如何认识和发展社会主义,长期都是世界社会主义发展的“历史难题”,我们通过改革开放的实践探索,成功地创造了社会主义建设和发展的“民族形式”。相对于苏联社会主义模式而言,中国特色社会主义是一种新型的社会主义。这突出表现在,在经济、政治、文化、社会等方面,采取完全不同的体制。在经济体制上,与苏联模式的高度集权的行政性计划经济体制完全不同,中国特色社会主义实行社会主义市场经济体制,包括实行以公有制为主体的多种所有制经济共同发展的所有制结构,在分配上实行以按劳分配为主体的多种分配方式并存的分配制度,在资源配置上由市场机制发挥资源配置的基础性作用。在政治体制上,与苏联模式高度集权和集中的政治体制不同,中国特色社会主义实行社会主义的民主和法治,包括通过健全民主制度,丰富民主形式,拓宽民主渠道,建立公民政治参与体制;通过完善决策信息和智力支持系统,建立科学化、民主化决策体制;通过发展基层民主,建立保证人民依法直接行使民主权利的体制。在文化体制上,不同于苏联模式的文化专制体制,中国特色社会主义采取在坚持马克思主义主流意识形态前提下保证文化多样性发展的体制。在社会体制上,不同于苏联模式的垄断控制体制,大力开展社会建设,培育和规范各类

① 《邓小平文选》第3卷,人民出版社1993年版,第135页。

社会组织，构建有利于社会和谐的社会管理与运行机制。越南、古巴等社会主义国家借鉴中国经验，通过改革和革新，探索反映时代特点和符合本国情况的社会主义发展道路，也都取得了一定的成效。在改革政策和改革思路与方法上，中国特色社会主义道路的世界意义正在逐步显示出来。当然，“中国道路”并没有完全定型，虽然它的一些典型特征开始显现出来，但我们的现代化任务还没有完成，我们对“中国道路”仍然处于探索之中，仍需要不断扩大和深化改革开放，探索的路途可能还很长。

20 世纪 90 年代末的苏联解体、东欧剧变，使世界社会主义运动遭受了严重挫折，“历史终结论”甚嚣尘上，世界上所有关心社会主义前途命运和人类进步事业的人们对中国都投以期待的目光。作为中国改革开放的总设计师，邓小平对中国社会主义前途命运的思考，始终是与对世界社会主义运动前途命运的思考联系在一起的。他明确宣称：“中国肯定要沿着自己选择的社会主义道路走到底。谁也压不垮我们。只要中国不垮，世界上就有五分之一的人口在坚持社会主义。我们对社会主义的前途充满信心。”①他说：“一些国家出现严重曲折，社会主义好像被削弱了，但人民经受锻炼，从中吸收教训，将促使社会主义向着更加健康的方向发展。”② 30 多年来，我国通过实行以经济改革——由计划经济体制转向社会主义市场经济体制——为中心的全面的体制改革，实行对外开放，开辟了中国特色社会主义道路，形成了中国特色社会主义理论体系，取得了伟大成功，创造了经济社会发展奇迹。在世界社会主义运动处于低潮之际，中国特色社会主义道路则越走越宽广。中国的改革开放，丰富着当今世界的发展模式，让 21 世纪处于发展困境的许多不发达国家，在“拉美模式”、“休克疗法”若干探索之外，看到另一种可能——一种将现代化规律与本国国情相结合的可能、一种将世界文明潮流与自身发展进步相结合的可能。改革开放以来所形成的中国特色社会主义道路，既有社会主义的特殊性，又有社

---

① 《邓小平文选》第 3 卷，人民出版社 1993 年版，第 321 页。

② 同上书，第 337 页。

会主义的一般性。就其一般性而言,中国改革开放所解决的问题,也是当前各个社会主义国家共同面临的问题。只要在经济文化落后国家建设社会主义,就不能回避而必须直面这些问题。正是从这一意义上,中国改革开放的成功实践,解决的已经不仅仅是关于中国社会主义建设的问题,也回答和解决了在经济文化相对落后国家如何建设、巩固和发展社会主义,如何实现现代化的超越这一重大课题。对于具有世界历史眼光的邓小平来说,改革开放的意义,从来就不仅仅局限于中国自身。他指出:“现在我们干的是中国几千年来从未干过的事。这场改革不仅影响中国,而且会影响世界。”中国的改革开放及由此形成的特色社会主义道路所蕴涵的成功经验,对于世界上其他社会主义国家以及第三世界国家的改革来说,无疑具有重要的启示。

30多年中国改革开放事业的伟大成就,证明了社会主义道路的正确性,并推动着世界社会主义运动走出低潮。这一成就将有助于各国共产党人坚定对马克思主义的信仰、对社会主义的信念,努力探求适合本国国情的社会主义发展模式。经过正反两方面的教训和经验,我们现在对社会主义的认识更深刻了。中国的改革开放拓宽了民族国家走向现代化的途径,丰富了人类对社会发展规律和道路的认识,促进了全球化时代人类文明的多样性发展。中国改革开放的成功经验表明,世界文明发展的趋向,不是西方文明横扫一切文明,而是各国和各民族相互包容、借鉴、不断创新和超越的过程。文明之间的相互学习、相互借鉴和结合,明显优越于相互敌视、冲突和替代,制度霸权和文化霸权不是全球化的正确选项。我们有理由坚信,随着中国改革开放事业的不断发展,中国特色社会主义道路实践对于21世纪世界社会主义运动复兴具有重大而深远的意义。

2009年5月20日,纽约泛欧交易所集团首席执行官邓肯·尼德奥尔来华会晤上海证券交易所官员时表示“希望尽快成为第一家在上交所国际板上市的美国公司”[①]。改革开放以来,我国资本市场的开放程度和国际化水平逐步提高。从最早推出的面向境外的B股,到后来

---

① 《第一财经日报》2009年5月21日。

的H股;从允许外地证券公司设立在华代表处到设立基金公司;从我国履行加入WTO证券业对外开放的承诺,到实施对外市场的开放,中国的资本市场走过了一条渐进式的开放道路。2010年中国GDP超越日本,跃居世界第二位,雄厚的经济实力,使得我国证券市场具备了推出国际板的宏观经济基础。股权分置改革的完成,消除了阻碍市场发展的制度性障碍,使得我国证券市场具备了推出国际板的市场基础。截至2010年底,国内股票市场总市值已超过26万亿元,仅次于美国列全球第二位,但其国际化开放程度与发达国家相比还远远落后。尽快推出国际板,已经成为各方探讨和争论的焦点。国际板的推出不仅有利于提升内地证券市场的国际影响力和竞争力,也将为内地投资者提供新的投资渠道,为国内过剩流动性和过高的储蓄率扩展投资空间;优质红筹公司和境外公司进入A股市场,也有助于引导A股市场向价值投资的方向发展。尽管很多人士对国际板翘首以待,但国际板的推出是一个系统工程,涉及发行主体、发行方式、会计制度、外汇管理体制、持续监管、国际合作等一系列问题,需要稳妥推进。不管如何,在改革开放大潮汹涌的中国,作为一项具体的创新探索的任务,国际板的推进势在必行,也一定会成功。中国资本市场也必将继往开来,在继续深化改革扩大开放中,迎接新的更大的成就。

从理论和实践的层面理解改革开放的必然性[①]

陈占安

理解改革开放的历史必然性可以从理论和实践两个层面来把握。从理论层面来看,改革开放是社会主义社会基本矛盾运动的走向和结果;从实践层面来讲,改革开放是走向繁荣富强的一条必由之路。我们应该由衷地感谢邓小平同志。上世纪70年代末,是他用最明确的语言指出不改革就没有出路,是他领导党打破思想僵化,是在他的推动下改革开放变成了现实。

一、从理论层面来看,改革开放是社会主义社会基本矛盾运动的走向和结果

首先,改革开放是解决社会主义社会基本矛盾的必然要求。对马克思主义哲学史有一些了解的同志,对于社会主义社会到底有没有矛盾这个问题,曾经经历了一个认识的过程。在三四十年代的时候,国际共产党运动当中普遍认为或者占主导地位的,是斯大林当时所提出的一个认识,他认为是没有矛盾的。但是到了50年代,在毛泽东同志的一系列讨论和著作当中,修改了这个认识,承认社会主义社会依然存在着矛盾,而且认为社会主义社会的基本矛盾仍然是生产关系和生产力、上层建筑和经济基础之间的矛盾,因为有了矛盾才有解决矛盾的要求。我们说的改革开放就是在认识到、承认到我们国家的社会主义社会存在着矛盾,特别是存在着生产力、生产关系、经济基础、上层建筑之间的

---

① 此文是作者2009年7月3日做客人民网“七一社区·理论论坛”的发言内容,摘自中国共产党新闻网。

这个矛盾下，提出的一种重大举措，它是解决这个矛盾的一种必然要求。

其次，改革开放是在我们科学地认识和把握社会主义社会这个基本矛盾的性质和情况的一种必然的结果。我们刚才说了，社会主义社会依然是有着矛盾的，社会主义社会里面还有着生产关系、生产力、上层建筑、经济基础之间这样的基本矛盾。但是这在毛泽东同志当时已经认识到了。我们这个基本矛盾和旧社会，和资本主义社会的基本矛盾是有着根本不同的性质和情况的，而毛泽东同志当时概括叫，又相适应又相矛盾的特点。也就是说，我们社会主义社会的基本矛盾是基本适应条件下的矛盾，是非对抗性的矛盾。刚才说要解决矛盾必须要有解决矛盾的办法。我们说改革开放这种解决矛盾的办法，就是通过社会主义自身来解决这个矛盾。我们现在说的改革开放就是在坚持社会主义基本制度的前提下，适应生产力的发展要求，多方面改变生产关系、改变上层建筑，使得社会主义制度能够得到自我完善和发展。我想我们去科学地认识和把握社会主义社会基本矛盾的这种非对抗性的矛盾的性质和特点，这是做出改革开放决策的一个重要的认识的基础。

最后，改革开放是在同我们以往的，以夺取政权为目标的社会革命相比较、相联系的过程当中的一种必然的选择。我们通过一系列的经验教训认识到，我们现在所进行的改革开放，不是原来的那种建立中华人民共和国，夺取政权的那种革命。但是我们又认识到，它和革命之间有着同样的一种意义，这是就改革开放所涉及的广度、深度，改革开放的进程当中的复杂性和艰巨性，以及人们的思想观念变化的深刻性和广泛性来讲的。改革开放是对原有的一些管理体制的改变，不过它不是一些细微的修修补补，而是对它的一种带有根本性的变革，这种变革所带来的社会震撼和社会影响不亚于以往以夺取政权为目标的社会革命。邓小平同志曾经就说过，革命是解放生产力，改革也是解放生产力，改革的性质同过去的革命一样，也是为了扫清发展社会生产力的障碍，使中国摆脱贫穷落后的状态。从这个意义上来说，改革也可以叫作革命性的变革。我想邓小平同志是在比较和在联系与区别的过程当中认识到改革开放的性质和特点。这是对改革开放的一种理性认识的基础。这是讲的理论层面的，是讲的有矛盾，没有矛盾就谈不到我们要进行改革开放，改革开放又不同于以往的革命，它是一种社会主义制度的完善与发展。

二、从实践层面来讲，改革开放是走向繁荣富强的一条必由之路

首先，改革开放是我们真正摆脱以往照搬别的国家发展模式的一种客观需要。我们党在20世纪五六十年代的时候，虽然也有过一些类似改革的举动，但是在政治管理体制、经济管制体制等方面，应该说没有大的突破。特别是我们长期实行的计划经济管理体制严重束缚了生产力的发展。在思想上也导致了一种僵化的状态，妨碍的人们积极性的发挥。从总的状况来说，我们国家的体制，包括机构的体制等等，基本上是从苏联来的。那样一种高度集中的管理体制，使得我们国家的社会主义制度本来具有的优越性没有很好地发挥出来。而邓小平同志曾经说过，我们太穷、太落后了，这样做的结果对不起人民。我想这是一种真情实感。

其次，改革开放是纠正"文化大革命"所造成的破坏的一种必然选择。"文化大革命"搞了10年，这是一次动乱，是内乱的一种状态，使党与国家和人民遭受到了严重的挫折和损失。就整个政治局面来说，我们国家处在一个比较混乱的状态。就整个经济状况来说，处于一种缓慢的发展和停滞的状况。很多经验证明，人们审视问题往往是在一种危机发生过后，在一种思考的过程当中，在一种沉痛的教训总结出经验的过程当中，从对比的认识当中才找解决问题的办法。就是平常说的坏事可以变成好事。改革开放实际上是我们党把"文化大革命"这一个坏事变成了我们后来的好事。

最后，改革开放是广大党员和人民群众的一种共同的愿望，就是在经验教训总结当中，特别是对"文化大革命"教训的认识过程当中，要求结束我们政治上混乱的状况、经济停滞的状况和思想上僵化的状况。

改革开放就是一种党心、民心之所向。改革那些被实践证明是不合理的体制，解放和发展我们国家的社会生产力，改善人民的生活，就成了十年动乱以后广大党员和人民群众的强烈愿望，就成了改革开放政策出台的一种强大的推动力。

我们应该由衷地感谢邓小平同志。我们党在20世纪70年代末之所以能够作出实行改革开放这一改变中国命运的重大决策，是因为我们有邓小平的领导。是邓小平同志用最明确的语言指出不改革就没有出路，是他领导我们党打破思想僵化，坚持从实际出发，重新思考当代中国的发展思路。他时刻关注着最广大人民的利益和愿望，善于概括群众的经验和创造，也敏锐地把握时代发展的脉搏和契机，他既继承前人又突破陈规，表现出了开辟新道路的政治勇气和巨大的开拓新理论的理论勇气。我们说邓小平同志是我们国家改革开放和现代化建设的总设计师，这一点我们永远不能忘记。当然，我们党在邓小平同志之后，继续沿着改革开放的道路前进，经过了30年的奋斗我们确实取得了重大成就。正像总书记在十七大的报告当中所指出的那样，改革开放是决定当代中国命运的关键抉择，是发展中国特色社会主义、实现中华民族伟大复兴的必由之路，只有社会主义才能救中国，只有改革开放才能发展中国、发展社会主义、发展马克思主义。

下篇　教学探讨

扎实推进《六个“为什么”》进课堂、进头脑①

杨　河

为贯彻落实中宣部和教育部关于要把《六个“为什么”》作为大学生思想政治理论课的重要内容，推动中国特色社会主义理论体系进教材、进课堂、进头脑的指示精神，几个学期以来，我们在不打乱原有课程体系的前提下，努力把六个为什么的思想融进政治理论课的教学当中，取得了初步的成效。现总结汇报如下：

一、学校党委高度重视，认真组织领导

为保证六个“为什么”进课堂、进头脑工作不流于形式，学校党委亲自抓落实，不仅及时成立了领导小组，而且设立了专项扶持资金，并出台了相应的支持政策，给予了这些工作以强有力的组织保证和实力支撑。

（一）由学校党委组织实施，主管书记亲自抓落实

接到教育部的“试点”任务后，校党委深感责任重大，并深知努力完成此项任务，不仅能有效地推动中国特色社会主义理论体系进学生的头脑，而且将大大地提升思想政治理论课教师的理论水平和问题意识。机遇与挑战并存，必须高度重视，认真组织实施。于是，学校党委决定由主管意识形态的党委副书记杨河教授亲自抓这项工作，并给予必要的资金支持。

---

① 此文是作者参加教育部2011年4月在上海召开的“‘六个为什么’经验交流会”的发言稿，其交流的经验得到了李卫红副部长及与会同行们的充分肯定和高度认同。

（二）成立了三个层次的垂直领导小组

为保证这一工作的具体实施，北京大学于2009年7月初成立了由学校党委副书记、学院院长和主管副院长、研究所所长和课程主持人组成的“推进”工作领导小组。研究所所长和课程主持人具体安排“六个‘为什么’进本所承担课程”的工作；院长直接领导，并负责检查、监督落实；校党委副书记宏观指导，敦促“推进”工作。形成了层层落实、合力推进、相互促动、相互协调的领导构架。领导小组先后召开了数次会议，从传达中宣部和教育部的指示精神、部署工作，到讨论实施方案；从及时沟通信息，到认真总结经验、制定下一步推进措施。整个工作都是在稳步有序地进行。

（三）学校专项资金扶持和政策支持

为保证六个“为什么”进课堂、进头脑工作的资金需要，学校拨付专项资金予以扶持，并制定相关政策，保证落实到位。比如，专项资金将专门用于六个“为什么”的教学课件制作、信息收集、专题研究、实地考察、兄弟院校的经验交流等。

二、明确思路，积极而扎实地推进

（一）基本思路

遵照中宣部和教育部的指示精神，我们确立的基本思路是，既不打乱原有课程体系，也不用原有的教材完全代替六个“为什么”；既要全力把六个“为什么”融入教学，又要围绕六个“为什么”进行科学研究；既要以“概论”课推进为主，又要其他几门课全面落实；既要提高学生对六个“为什么”的思想认识，又要提升老师的理论层次、问题意识和密切联系实际的能力。

（二）扎实推进

按照上述的基本思路，我们在教学、科研和社会考察等方面，积极而扎实的有序推进。

首先,着力将六个“为什么”融入教学。一是理清其对应关系。即理清各门政治理论课分别与六个“为什么”相对应的问题,并在此基础上确立了以什么样的角度、怎样的叙述方式和分析方法突出六个“为什么”。努力做到各门课对六个“为什么”的论述,既各有侧重,又相互衔接;既都有所体现,又不相互重复。二是配名师主讲。各门课尽可能安排理论功底深厚、教学经验丰富且具演讲魅力的教师主讲相应的专题内容,努力达到“精彩一课”的教学效果。三是实行集体备课制。主讲教师在自己独立备课的基础上,向全所教师演示其教学课件,征求大家的宝贵意见,以便做进一步的修改和完善。四是教学录像。五是组织学生分别就六个“为什么”相对应的问题开展课堂讨论,并利用网络教学平台进行网上互动。六是指导学生撰写相关问题的小论文。七是广泛征求学生的意见、建议和要求。八是教学各方随时沟通,及时总结经验,以便完善进一步融入教学的措施。

其次,积极进行六个“为什么”相关问题的专题研究。一是及时总结如何推进六个“为什么”进课堂、进头脑的经验,撰写教学研究的论文。二是围绕六个“为什么”的理论难点问题,撰写理论研究论文。三是积极组织和参与相关的理论研讨和学术讲座。近两年来,其主讲教师参加了10余次相关内容的论坛,并提交论文进行大会交流。四是将六个“为什么”作为一个整体进行研究,课题组分工协作,正在结合教学和科研实践,撰写《六个“为什么”的理论思考》,目前已完成初稿。

最后,有针对性地开展社会调研。围绕六个“为什么”的相关现实问题,主讲教师在国内外进行了社会调研和考察。先后分期分批地前往美国、英国、波兰、比利时、德国、韩国、台湾等国家和地区进行访问、调研。通过访谈、座谈、论坛等形式,了解了大量的有价值的鲜活案例,丰富了围绕六个“为什么”进行教学和科研的基础资料。

三、教学成果显现:“推进”工作取得了实效

(一)主题研究取得进展

一是发表相关教学研究论文和理论研究论文近10篇。一年多来，主讲老师已经相继在《思想理论教育导刊》、《思想理论教育》、《思想教育研究》、《高校理论战线》等刊物上发表了系列的研究论文。二是出版专著一部——《辩证唯物主义问题论集》(中国广播电视出版社2010年版,张守民)。该书对为什么必须坚持和发展马克思主义辩证唯物主义世界观问题作了全面而深入的剖析。

(二)教师加强了理论修养和问题意识

通过学习、研究和讲授六个“为什么”,老师们加强了问题意识,更加注重理论与实际的紧密结合,更加注重挖掘理论的深度以及理论对现实问题的解释力。主讲老师从“问题”导入,然后结合实际进行理论分析,最后得出对“为什么”的有力回答,一定程度上克服了以往就理论讲理论、理论与现实两层皮的问题。

(三)学生提高了思想认识

无论从学生的讨论提纲、读书心得、展示的PPT课件来看,还是从学生的小论文以及在网络上与老师的互动情况看,学生对六个“为什么”的认识,确实有一个不断深化和提高的过程,其教学效果明显。

关于学习《六个“为什么”》的几点思考[①]

陈占安

根据中央的部署，中宣部理论局组织编写的《六个“为什么”——对几个重大问题的回答》（以下简称《六个“为什么”》）一书于2009年5月由学习出版社出版发行后，在社会上引起了强烈反响。中宣部、教育部先后发出通知，要求认真组织这本书的学习活动，其中特别强调：各高校要把《六个“为什么”》作为大学生思想政治理论课的重要辅助材料，扎实推动中国特色社会主义理论体系“进教材、进课堂、进头脑”工作。本文拟就高校思想政治理论课特别是思想政治理论课教师如何贯彻中宣部、教育部的指示精神，把这项工作落到实处，提几点不成熟的建议。

一、提高认识：当代大学生学习《六个“为什么”》具有特殊重要的意义

《六个“为什么”》紧密联系国际国内形势的深刻变化，紧密联系改革开放和现代化建设的实际，紧密联系干部群众的思想实际，以鲜明的观点、深入的分析、生动的事例、透彻的说理，全面准确地阐述了关于社会主义核心价值体系的六个重大问题，从“为什么”的角度和高度，深刻阐述了党在这些重大问题上的基本观点，那就是，为什么必须坚持马克思主义的指导地位而不能搞指导思想多元化；为什么必须坚持中国特色社会主义道路而不能搞资本主义和民主社会主义；为什么必须坚

---

① 此文发表在《思想理论教育》2010年第1期。

持人民代表大会制度而不能搞“三权分立”；为什么必须坚持中国共产党领导的多党合作和政治协商制度而不能搞西方多党制；为什么必须坚持以公有制为主体、多种所有制经济共同发展的基本经济制度而不能搞私有化或“纯而又纯”的公有制；为什么必须坚持改革开放不动摇而不能走回头路。实际上，这是向世人再一次亮明了我们党所坚守的政治底线，或者叫进一步明确了我们国家的主流意识形态底线。在当今世界各种思想文化相互交织、相互激荡的复杂国际背景下，在我国经济体制深刻变革、社会结构深刻变动、利益格局深刻调整、思想观念深刻变化的新形势下，明确这些涉及国家主流意识形态底线的基本观点，具有很强的现实针对性和紧迫性。

意识形态问题本来是一个无法回避的具有普遍性的问题。在马克思主义看来，意识形态是不同社会集团经济利益和政治诉求的观念体系；在任何一个社会里，意识形态都不可能是单一的、纯粹的，而是多元的、多样的，这种多元的、多样的意识形态构成了一个社会的意识形态领域；任何一个社会，总有一种意识形态占有统治地位，成为这个社会的主流意识形态，主流意识形态是经济政治占统治地位的那个阶级的思想观念体系。马克思、恩格斯早在《德意志意识形态》中就指出：“统治阶级的思想在每一个时代都是占统治地位的思想。这就是说，一个阶级是社会上占统治地位的物质力量，同时也是社会上占统治地位的精神力量。支配着物质生产资料的阶级，同时也支配着精神生产资料，因此，那些没有精神生产资料的人的思想，一般是隶属于这个阶级的。占统治地位的思想不过是占统治地位的物质关系在观念上的表现，不过是以思想的形式表现出来的占统治地位的物质关系；因而，这就是那些使某一个阶级成为统治阶级的关系在观念上的表现，因而这也就是这个阶级的统治的思想。”①

我们是社会主义国家，社会主义意识形态必须在多元存在的意识形态领域中占统治地位，成为国家的主流意识形态，这是天经地义的事情。不过，在当今世界，由于社会主义在世界范围正处于低潮，西方敌

① 《马克思恩格斯选集》第1卷，人民出版社1995年版，第98页。

对势力借机通过意识形态领域的渗透来企图实现其蓄谋已久的使我国西化、分化的战略，意识形态领域的斗争显得格外激烈和复杂。而当中，我们内部的一些人，由于受到各种影响和干扰，使得自己对政治、对意识形态产生了种种错误的认识，淡化政治、淡化意识形态，成为一种值得关注的思想倾向。再加上在经济全球化的国际形势下，我们在更多的场合，讲的是经济、贸易、金融，强调的是和平、合作、和谐，一些人由此也产生了一些错觉，误认为现在已经不用再谈政治了，看不到意识形态领域还存在着斗争。但是，政治、意识形态这样的问题又是一种客观存在，对这些政治性、意识形态性的问题的理解，关系到干部群众能否坚定对马克思主义的信仰、对社会主义的信念、对改革开放和现代化的信心、对党和政府的信任的大问题，关系到中国特色社会主义的积极性、主动性和创造性发挥的大问题。

意识形态领域的这种情况引起了党中央的高度重视。邓小平虽然在自己的著作中好像没有使用“意识形态”这个概念，但是他对意识形态领域的斗争是十分警惕的，他就说过：“我们要有计划、有选择地引进资本主义国家的先进技术和其他对我们有益的东西，但是我们绝不学习和引进资本主义制度，决不学习和引进各种丑恶颓废的东西。”① 因而，他一再强调，我们必须坚持“一个中心，两个基本点”的基本路线，即必须坚持以经济建设为中心，坚持改革开放，坚持四项基本原则。

江泽民对这个问题讲得更直接，他指出：“意识形态领域是和平演变斗争的重要领域。资产阶级自由化同四项基本原则的对立和斗争，实质是要不要坚持共产党领导、坚持社会主义道路的政治斗争，但这种政治斗争大量地经常地表现为意识形态领域里的思想理论斗争。”② 1995 年 12 月，他还提出在重大的原则问题上，我们要注意分清几个是非界限的任务。其中包括，马克思主义同反马克思主义的界限，社会主义公有制为主体、多种经济成分共同发展同私有化的界限，社会主义民

① 《邓小平文选》第 2 卷，人民出版社 1994 年版，第 168 页。

② 江泽民：《在庆祝中国共产党成立 70 周年大会上的讲话》，人民出版社 1991 年版，第 23—24 页。

主同西方议会民主的界限，辩证唯物主义同唯心主义形而上学的界限，社会主义思想同封建主义、资本主义腐朽思想的界限，学习西方先进东西同崇洋媚外的界限，文明健康生活方式同消极颓废生活方式的界限，等等。他认为：“划清这些基本界限，才能使我们的同志保持政治上的坚定和思想道德上的纯洁，才能保证党和军队的优良传统和优良作风发扬光大，才能保证全党、全军和全国人民团结一致，不断夺取建设有中国特色社会主义事业的新胜利。”[①]在此基础上，他特别强调，各级领导干部一定要讲政治。

党的十六大之后，针对着意识形态领域的新情况、新问题，胡锦涛总书记指出：“党管意识形态，是我们党在长期实践中形成的重要原则和制度，是坚持党的领导的一个重要方面，必须始终牢牢坚持，任何时候都不能动摇。”[②]他在党的十七大报告中强调：“建设社会主义核心价值体系，增强社会主义意识形态的吸引力和凝聚力。社会主义核心价值体系是社会主义意识形态的本质体现。……切实把社会主义核心价值体系融入国民教育和精神文明建设全过程，转化为人民的自觉追求。积极探索用社会主义核心价值体系引领社会思潮的有效途径，主动做好意识形态工作，既尊重差异、包容多样，又有力抵制各种错误和腐朽思想的影响。”[③]

正是在这样一种背景下，我们党提出要加强社会主义核心价值体系的建设，重视意识形态领域的斗争，建设社会主义核心价值体系，抓住了我国社会主义意识形态建设的关键和根本。《六个“为什么”》的编写和出版发行，就是为了使广大干部群众明确一些最基本的观点，从而把社会主义核心价值体系的建设落到实处。

《六个“为什么”》并非是针对大学生而写的，但是这本书对大学生具有特殊重要的意义。这一方面是因为大学生在整个人群中占有十分重大的地位。他们是国家的未来，是事业的希望。要把大学生培养成

---

① 《江泽民文选》第1卷，人民出版社2006年版，第199—200页。

② 胡锦涛：《在全国宣传部长会议上的讲话》，《人民日报》2003年12月8日。

③ 胡锦涛：《高举中国特色社会主义伟大旗帜 为夺取全面建设小康社会新胜利而奋斗》，人民出版社2007年版，第34页。

为中国特色社会主义事业的合格建设者和可靠接班人，不仅需要帮助他们学好专业知识和技术技能，而且需要指导他们学习政治，了解意识形态领域的斗争，要通过各种有效的工作，包括思想政治教育工作，引导他们牢固树立正确的政治观点，自觉抵制那些错误的思想影响。这种工作具有基础性和战略性的意义。因为大学生的思想政治倾向如何，不仅会影响到当今社会的好多人，更重要的是，将会对大学生就业走上工作岗位以后的思想状况发生长远的作用。

从总体上说，当代大学生的思想倾向是好的。他们不存在同党的指导思想、国家的主流意识形态有什么天然的隔阂和对立。从改革开放以来大学生成长的轨迹和现实表现可以看出，他们拥护共产党的领导，拥护中国特色社会主义道路，拥护改革开放和现代化建设，特别是从他们在声讨以美国为首的北约轰炸我国驻南斯拉夫大使馆、关注5·12四川大地震、支持北京举办奥运会、庆祝新中国成立60周年等重大活动中的表现，可以看出，当代大学生与党是一条心的，与祖国是同命运的，他们是很有希望的青年一代。

但是，另一方面，我们也需要看到，当代大学生也存在一些值得关注的问题，特别是存在着一些思想政治上的问题。大学生是思维最活跃、对社会思潮反应最敏感的一个特殊群体。他们求新，求异，追求独立性，主张选择性。由于大学生的世界观、人生观、价值观和思想意识还处于形成时期，他们富于激情，容易冲动，使得大学生的思想常常处于一种不稳定状态。在当今这样复杂的形势下，他们难免出现政治观念比较淡漠，对意识形态不感兴趣的思想倾向。出现这种情况，并没有什么值得大惊小怪的。这是他们受到复杂的社会环境影响和自身受到就业等压力的结果，也是他们这个年龄段的青年人容易出现的问题。大学生正处于学习的阶段，他们存在的主要是认识层面的问题，完全可以通过教育和学习得到转变和提高。

对大学生进行思想政治教育，主渠道是为大学生普遍开设的思想政治理论课，这种课程对大学生进行系统的马克思主义理论教育，经过中央审定的四本思想政治理论课教材是大学生统一使用的教材。现在，《六个“为什么“》又为大学生提高自己的思想认识提供了重要的辅助材料,它能够对思想政治理论课学习和日常思考中遇到的一些问题起到解惑释疑的作用。我们应该以积极的态度,认真地并且创造性地贯彻落实中宣部、教育部的指示精神。

需要注意的是,我们组织大学生学习《六个“为什么”》并非是为了使学生脑子里全是政治,全是意识形态,而是为了使他们通过对这些最基本的观点的了解,特别是懂得其中的“为什么”的道理,能够更好地理解和把握党的基本理论、基本路线、基本纲领、基本经验,更好地理解和把握国家的大政方针,能够抵御那些错误观点的冲击和干扰,进而切实打牢他们成为中国特色社会主义建设者和接班人的思想基础。

二、精心设计:将《六个“为什么”》巧妙融进思想政治理论课有关章节

需要指出的是,为大学生开设的思想政治理论课,本来就是指导和引导学生思考和回答“为什么”。在2005年,中央领导同志就提出新教材的编写要密切联系大学生的思想实际,着重去回答为什么必须坚持马克思主义在意识形态领域的指导地位,为什么必须坚持中国共产党的领导,为什么必须坚持走中国特色社会主义道路这样一些重大问题。应该说,按照新方案编写的新教材在回答这三个“为什么”上做了很好的探索。

《六个“为什么”》是对上述三个“为什么”的进一步展开和分解。由于现在全国高校统一开设的四门思想政治理论课实际上就是在回答“为什么”,因而我们现在贯彻中宣部、教育部指示精神,不是说要离开现有的思想政治理论课教材另起炉灶,单独设置,而是在不打乱现有教学秩序的基础上有计划地、有重点地使《六个“为什么”》的有关内容巧妙地、自然地融进到有关课程的相关章节中。

贯彻2005年新方案,目前高校本科的思想政治理论课由四门课(专科的思想政治理论课只学其中的两门)构成一个课程体系。由于《六个“为什么”》涉及很广阔的领域和很多方面,各门课程的任务不必

一样，也不应一样。在四门课中，无疑应该以《毛泽东思想和中国特色社会主义理论体系概论》（以下简称《概论》）为主来设计，同时兼顾到其他三门课。

就《概论》来讲，应该将《六个"为什么"》这本书纳入第一章的"阅读书目"中，在此基础上，将书中的有关内容融进有关的章节之中。其中，第十章应突出社会主义核心价值体系，重点讲授第一个为什么，即为什么必须坚持马克思主义在意识形态领域的指导地位。第五章应突出社会主义基本制度在中国的确立，重点讲授第二个为什么，即为什么只有社会主义才能救中国，只有中国特色社会主义才能发展中国。第九章应突出中国特色社会主义民主政治建设，重点讲授第三个为什么，即为什么必须坚持人民代表大会制度；还有第四个为什么，即为什么必须坚持中国共产党领导的多党合作和政治协商制度。第八章应突出中国特色社会主义经济建设，重点讲授第五个为什么，即为什么必须坚持公有制为主体、多种所有制经济共同发展的基本经济制度。第七章应突出社会主义改革理论，重点讲授第六个为什么，即为什么必须坚持改革开放不动摇。

其他几门思想政治理论课也应该结合着课程内容，强调几个"为什么"的教学重点。比如，《马克思主义基本原理概论》课可以突出第一个为什么；《中国近现代史纲要》课可以突出第二个为什么；《思想修养与法律基础》课可以突出中国特色社会主义的理想信念。不过，从课程之间的关系来讲，也不要出现过多的内容重复，主要还是应该使《概论》课在其中发挥更多的作用，加上这门课一般开设在二三年级，理论性强一些，学生也比较适应。

还需要注意的是，《概论》课教学还应该加强党的民族理论与政策的内容；还要积极贯彻党的十七届四中全会精神，进一步充实加强党的建设方面的内容。

与此同时，在思想政治理论课教学特别是《概论》课教学中，应有计划地组织学生开展几次专题讨论，也可以举办相关内容的征文活动，以突出对《六个"为什么"》的关注和理解。应争取形成思想政治理论课教学科研机构与学生工作系统、团委系统联合行动，通过学生党校、团校组织学生阅读文献、观看音像资料，开展专题讨论。如果条件允许，还可以给学生组织几场与《六个“为什么”》相关的专题报告。

我们应该收集一些与《六个“为什么”》相关的文字、图片和音像资料，把它们充实到网络教学平台上去，以方便学生以及更多的读者学习之用。建议教育部社会科学司、高等教育出版社等思想政治理论课的网站积极配合《六个“为什么”》的学习，开设栏目，提供资料，形成氛围。

三、加强科研：把《六个“为什么”》纳入马克思主义理论学科建设中去

我们现在讲高校的思想政治理论课教育教学，必须同已经设立的马克思主义理论一级学科及所属二级学科的建设紧密结合起来，努力形成以教学带动科研、以科研支撑教学的态势，而不能仅就教学论教学，而应该把教学提高到学科的高度上来。我们现在讲在思想政治理论课中加强《六个“为什么”》的学习，一个很重要的工作就是思想政治理论课教师要把科研搞上去，重视学科建设。

教育者为了能承担起教育学生的任务，自己首先需要接受教育，而教师接受教育的过程又是教师自己研究的过程。对于高校思想政治理论课教师来讲，肯定不能只满足于读了《六个“为什么”》这本书，明白了其中讲的一些道理，还应该激发自己进一步思考相关问题的兴趣，要求自己对一些重大问题的回答进入到自己有研究的水平。我们应该将《六个“为什么”》中的有些问题进一步加以分解，将那些大学生还不明白甚至教师自己也不是很清楚的地方挑出来，列出课题，组成课题组集体攻关，把认真组织学生学习《六个“为什么”》的过程变成教师进一步研究和提高的过程。

《六个“为什么”》这本书有一个重要的特点，就是它在推动马克思主义大众化方面做了很好的尝试。这种尝试具体表现在：一是它为了尽可能满足大众的需要，不回避来自大众提出的问题；二是尽可能使用

大众能够听得懂的语言,注意贴近大众的思想实际。我们不是说这本书做的就到家了,但是它所坚持的方向是需要肯定的。我们在贯彻《六个“为什么”》的时候,就应该向这本书的作者、编者学习,力求能够掌握大学生所关注的问题,贴近大学生的思想实际,使用大学生喜欢的语言。这也是我们在进行研究中需要借鉴的地方。

不过,这里有一点也需要注意,《六个“为什么”》是在联系实际的基础上着重往理论性上引导的。现在有一种倾向,人们坐不下来,静不下心来,书看不进去,话也听不进去,尤其是一看讲政治理论方面的书就看不下去,一听人讲有政治内容的话就不喜欢听。这种情况是需要逐渐克服的。我们要在思想政治理论课教育教学中贯彻理论联系实际的原则,包括在教学活动中重视实践教学环节的设计和实施,还要组织大学生的社会实践活动。但是,不管是实践教学环节,还是社会实践活动,其主要目的还是为了提高学生在掌握科学理论的基本内容和精神实质的基础上,努力提高其分析问题和解决问题的能力,而其中,重要是培养大学生的理论思维习惯,提高理论思维能力。为了提高大学生的理论性,思想政治理论课教师应该力求在研究的层面去更深入地把握《六个“为什么”》的基本观点,能用自己所深刻理解的东西为指导,去具体分析重大的理论问题和实际问题,要把教学中学生提出来的问题纳入到科研的课题中来,为学生解惑释疑。

《六个“为什么”》一书讲的是六个“为什么”,而实际上并不只是六个,而是很多个,每一个问题都可以而且需要加以分解。在现实生活中,问题是层出不穷的,因而研究是永无止境的,我们就是要在不断地研究中延伸自己的思考,争取不断的进步,多问一些“为什么”,就会促使我们把研究不断引向深入。很多经验都证明,只有通过深入研究的问题,再向别人讲解,特别是向学生讲授,这样才能真正做到自信、自如、自由,也才能真正打动学生,使学生受到启发,同时也为学生做出示范。

《六个“为什么”》给我们提供的不是教条,而是分析问题和解决问题的方法。人们对这些重大问题的研究还没有完,还在继续,准确地说,这本书是人们在研究这些重大问题的过程上所形成的阶段性成果。

在现有认识的基础上继续向前延伸自己的思考,这是我们认真学习《六个“为什么”》应该力求达到的一种新境界;沿着《六个“为什么”》的方向,继续开展对相关问题的研究,这是我们常提常新的任务。

当代大学生在中国特色社会主义建设中的共同理想追求

祖嘉合

六个“为什么”深刻回答了党和国家应当坚持的指导思想、发展道路、政治制度、政党制度、经济制度、发展方向等重大问题。[①] 这些问题是关系党和国家发展前途命运的根本问题，是全体社会成员普遍关心的重大理论问题和现实问题，也是大学生理想信念教育面临的主要问题。搞清六个“为什么”提出的“必须坚持什么”，“不能搞什么”是大学生树立正确理想信念的理论前提，也是大学生理想信念教育的核心内容。六个“为什么”与大学生理想信念教育密切关联，正确理解“六个为什么”将进一步深化大学生的理想信念教育。其中，坚持只有中国特色社会主义才能繁荣发展中国，对大学生进行中国特色社会主义共同理想教育，是培养社会主义合格建设者和可靠接班人的客观要求，中国特色社会主义共同理想只有得到大学生和广大人民群众的高度认同，才能使这一社会理想从奋斗目标成为社会现实。大学生社会共同理想的确立与引导，是当前社会发展和高校思想政治理论教育的重要实践课题。

---

① 六个“为什么”的具体内容为：为什么必须坚持马克思主义在意识形态领域的指导地位，而不能搞指导思想的多元化；为什么只有社会主义才能救中国，只有中国特色社会主义才能发展中国，而不能搞民主社会主义和资本主义；为什么必须坚持人民代表大会制度，而不能搞“三权分立”；为什么必须坚持中国共产党领导的多党合作和政治协商制度，而不能搞“三权分立”；为什么必须坚持公有制为主体、多种所有制经济共同发展的基本经济制度，而不能搞私有化和单一公有制；为什么必须坚持改革开放不动摇，而不能走回头路。

一、当代大学生共同理想确立的社会意义

在高等教育中,对当代大学生进行社会理想的引领教育意义重大,大学生社会理想和政治信念的确立是国家强盛、民族复兴的重要途径,同时,大学生社会理想和政治信念的确立有助于当代大学生确立正确的人生目标,也是当代大学生健康成才的迫切需要。

(一)共同理想的确立对国家强盛民族复兴意义重大

也许有不少人认为理想信念只是个人的奋斗目标和理论信仰,无关乎国家与民族的前途。在中国社会科学院研究生院2011级新生开学典礼上,李慎明教授有一段让人听后不能忘记的讲话。他说:千万不要认为理想、信念、主义、道路虚无缥缈,与我们普通百姓离得很远甚至没有一点关系。2003年,我到俄罗斯伏尔加格勒大学访问,与一位30岁左右的年轻女教师交谈时,问苏联亡党亡国的根本原因在哪?她低下头半天不作声。等她再抬起头时,发现她的眼睛里充满泪水。她说:“你问的这个问题平时我们都回避。不想甚至不敢深究,这样心里还好过一点。这个问题是我们心灵上的疮疤。平日不想,就慢慢结了痂。但你这一句话,把我心上的疮疤又揭开了。我的心现在在流血。二三十岁以上的俄罗斯年轻人对苏联解体前后的经济社会发展状况都有一个直观的感受和强烈的对比。苏联解体前,我们的生活很好;解体后,我们现在的实际生活就连吃到嘴里的东西也都整整减少了一半。伏尔加格勒州的男性人均预期寿命整整降了10岁,女性降了6岁。过去,我总认为,理想、主义、信念、道路与我们个人无关,那是党和国家各级领导人的事。我的理想就是有一个好工作、好家庭。苏联解体后十几年的经济社会发展实践告诉我们,那些似乎虚无缥缈的理想、信念、主义、道路并不是与我们没有直接关系,实际上国家、民族的命运与我们每个人和每个家庭都息息相关。”李慎明教授说,今年(2011年——作者注)是苏联亡党亡国20周年,其中的殷鉴值得我们好好汲取。从本质上说,社会主义的民主是人民当家做主,其实现途径是人人起来为国

家民族人民同时也是为自己负责;因此,思考关涉理想、主义、信念、道路的大事,是我们中华人民共和国每一位公民,中国共产党每一位党员的神圣职责和应尽义务。[①]

苏联以及许多国家的经验表明,理想信念教育对国家民族的发展非常重要。理想信念既是一种个体意识,又是一种社会意识。作为个体意识,理想信念集中体现了个人对生活目的和人生意义的看法和态度,理想信念对个人的成长成才具有价值导向、动机激发的功能。作为社会意识,理想信念对民族的发展具有凝聚人心、激发斗志的功能,是一个社会聚集力量、促进社会进步或使社会停滞倒退的一种巨大的精神力量。尤其是一代青年知识分子的人生理想信念,可能成为国家未来的指导思想。所以,一个国家的精神文明建设,一个民族主体精神的维系与弘扬,离不开对一代代国民人生理想信念的塑造。没有对新生一代进行科学的、进步的人生理想信念的教育和影响,就难以成为强盛的国家和优秀的民族。要使当代大学生更好地承担起推动中国走向世界强国,完成民族复兴的伟大历史使命,加强对他们社会共同理想的引领教育是高校思想政治理论教育的重要任务。

(二)共同理想的确立有助于当代大学生确立正确的人生目标

一般认为,人生观的形成需要思想、意识等主观条件的成熟。这是因为:第一,当一个人的人生需要由自然需要发展为社会需要时,才可能去追求一个较为广阔和深刻的人生目的,并以此思考人生。第二,当人的思维能力发展到抽象思维水平时,才能概括地认识社会,评价人生的价值,提出确定的人生设想。第三,当自我意识发展到能经常地进行自我分析和评价,提出明确目标来调整自己行动的水平时,才可能根据社会需要和自身实践提出可行的人生目标,选择正确的人生之路。大学阶段是大学生人生观形成的关键时期,大学生已经具备了上述主观条件,他们的思维素质得到明显的发展,抽象逻辑思维形成并逐渐占据主导地位,思维的独立性和批判性正在逐步增强;自我意识的发展,使

---

① 李慎明:《自信人生幸福来——在中国社会科学院研究生院2011级新生开学典礼上的讲话》,《中国社会科学报》2011年9月29日,第4版。

他们能够更客观地认识自己、他人和社会的关系,在此基础上更清晰地认识到社会生活的意义,特别是能够清晰地认识自己承担的社会历史任务。所以,大学阶段是人生各种基本观念初步形成及确立的时期。这一时期,对大学生人生意识的教育,尤其是理想信念的引导教育非常重要,它为大学生的人生奋斗目标由燕雀之志向鸿鹄之志转变指引了方向,进一步提高了他们人生的精神境界。很多大学生成长的事例表明,人的理想的确立是人生发展中的一个重要界碑,它意味着一个人已经逐步成熟,开始规划自己的人生,力图做自己命运的主人。中国特色社会主义共同理想的确立,对国家民族的高度责任感和使命感,使当代大学生把个人理想与社会理想相结合,使个人的选择与社会需要相结合,在更加广阔的社会视野中确立自己的人生目标,使他们既为祖国作出应有的贡献,也实现了自己的人生理想。

(三)共同理想的确立是当代大学生健康成才的迫切需要

每一代人都被所处时代所塑造,带着那一代人成长年代的深刻烙印,所以每一代人都具有属于他们自身不可替代的、不可复制的特点。当今时代,世界多极化、经济全球化、文化多元化已是不争的趋势,经济的竞争与合作,政治的分化与重组,文化的冲突与融合,使这个世界每时每刻都在发生着深刻的变化。当代大学生在社会转型中长大,在市场经济竞争的大潮中承受谋生和就业的风险压力,他们的思想意识在“讲理想、讲奉献、讲集体”的父辈文化的教育培养和时代环境熏陶的双重塑造中,形成了略带矛盾性的发展特点。他们既具有崇尚独立自由、健康向上的理论认知,又有务实、略显功利的自我发展目标,既积极并带有鲜明个性的社会参与意识,又有执行力趋弱趋缓的行动方式。当代大学生的这些特点呈现在追求理想过程中的突出问题就是,他们对个人的近期生活理想和职业理想有非常明确的设计和迫切的追求,他们在理想信念问题上呈现出来的主要倾向是对社会共同理想缺乏自觉的认同,政治信念疏远,政治需求淡漠。由于理想目标的短期化,一定程度上弱化了当代大学生为国家和民族发展作贡献的社会担当意识。

毋庸讳言,当代大学生是在社会物质财富相对充裕的条件下成长起来的,没有经受过重大的社会动荡,相对来说,他们的心理承受能力较弱,缺乏应对挫折的容忍力和超越力。一旦工作不顺、爱情失意、人际关系紧张,便出现沮丧、自卑、孤独、焦虑等消极情绪,有的甚至轻生,缺乏自我心理疏导和调适能力。这些问题对高校思想政治教育提出了一个迫切的任务,即对当代大学生要"加强关于社会人生基本信念的教育,给他们实际的生活以价值导向上的信念引导","确立一些在我们社会中生活所必须的基本信念"①,包括为人民服务的信念、集体主义的信念、爱国的信念等。让他们了解,社会激烈的竞争需要更高的精神动力,科技创新需要执着的目标追求与顽强的意志;信息多元需要价值整合,社会增大流动需要精神支撑,机遇与风险需要有"准备的头脑"。②让他们了解,所有这些需要都与人的理想信念有关,理想信念的确立是现代人应具有的品格。

加强社会共同理想的引领教育,尤其是中国特色社会主义建设目标的认同和引领,是当代大学生健康成才的迫切需要。大学生是十分宝贵的人才资源,是民族的希望和祖国的未来。在思想政治理论教育中,对当代大学生进行共同理想信念教育的目的,就是要把他们培养成为德智体美全面发展的社会主义合格建设者和可靠接班人。因为坚定的理想信念对促进大学生健康成长具有决定性作用。邓小平曾经指出:"为什么我们过去能在非常困难的情况下奋斗出来,战胜千难万险使革命胜利呢?就是因为我们有理想,有马克思主义信念,有共产主义信念。"③在当代,要培养一批批中国特色社会主义建设者和接班人,必须加强对大学生进行理想信念的教育和引领,使他们确立在中国共产党领导下走中国特色社会主义道路的共同理想,实现中华民族伟大复兴。

---

① 刘建军:《关于理想信念教育的几点理论思考》,《教学与研究》2004 年第 11 期,第 15 页。

② 王仕民、郑永廷:《当代大学生理想信念形成特点及原因分析》,《教学与研究》2008 年第 5 期,第 78 页。

③ 《邓小平文选》第 3 卷,人民出版社 1993 年版,第 110 页。

二、当代大学生理想确立的价值诉求和特点

当代大学生理想信念的形成受到社会诸多因素的影响。国际互联网的快速发展,以数字信息技术为基础、以互动传播为特点的新形态媒体,对当代大学生的生活、学习和思想方面都产生了深远的影响。国内社会经济体制深刻变革,社会结构深刻变动,利益格局深刻调整,对大学生的人生理想的确立也产生着巨大的作用。从整体上了解和分析当代大学生社会理想的价值诉求及其呈现的新特点,是大学生理想信念教育的重要方面。

(一)当代大学生理想确立的价值诉求

当代大学生在社会理想信念的愿望和需求,主要表达为:

1. 追求个人成才事业发展的价值诉求

当代大学生在面对愈加激烈的社会竞争时更加关注自我,渴望通过学习来丰富和完善自己,以占领就业的制高点,赢得事业发展的主动权,大学生非常关注学习成绩,近四成学生认为成绩能提高个人竞争力,认为成绩是他人和社会评价自己的主要标准,是获得出国、工作机会、进一步深造的主要条件。为求职的需要,除了紧张的专业学习外,有的学生还选修一些实用性课程,参加名目繁多的课外培训,如英语类、职业认证类、计算机技术类,有的学生辅修热门专业的课程等。①

2. 追求生活幸福快乐的价值诉求

当代部分大学生具有明显的追求即时快乐的价值取向。如果在快乐与理想之间进行选择,不少学生倾向选择前者,他们对“我平庸,我快乐”有较多的认同。当然,求全责备于大学生本身有失公允,这个取向不是整体性的趋势,但是这种倾向的普遍存在值得关注。由于社会开放带来的信息通达和网络交往的社会性,当代大学生群体往往能更

---

① 陈郭华:《“90后”学生群体风格和思想特点研究》,《思想理论教育》2010年第21期,第49页。

早地了解感知社会生活的各种样态和潜在规则，加上当今社会竞争日益激烈，生存发展压力增大，他们乐于接受自己感兴趣的事物，追求快乐的人生，反对沉重，摒弃甚至解构崇高。他们崇拜偶像不喜榜样，读图比读文字有兴趣。快乐取向在表达自我、缓解压力、提高自信心等方面有积极作用，但这种人生态度也会导致某种程度的追求享乐主义、责任意识弱化、缺乏自我反省等问题。当代大学生作为青年的一个重要群体，在考虑人生发展目标时更多考虑现实生活，更多呈现"现实主义"而不是"理想主义"的倾向，对社会发展和中国特色社会主义建设不无影响。

3. 追求服务社会报效祖国的价值诉求

改革开放以后，随着国家的强盛及国际地位的提升，增强了国民对于国家的向心力。由于当代大学生群体的成长历程与中国的崛起之路相互交叠，对于国家的强盛和经济发展有较强的认同感，当代大学生有较强的服务社会的志愿意识，在表达对未来理想的价值追求时，表达了他们的社会责任感和爱国情怀。"报效祖国"、"回报社会"等心声和行动，体现了当代大学生的精神风貌与时代特征，体现了我国社会发展的主导价值方向，这种表达在一些重大事件和活动中表现更加突出，这些表现构成了当代大学生理想追求的主流。但是，不可否认的是，他们中相当一部分人对社会政治信仰有疏离倾向，表现在他们对政党、政府、政治领袖、政治制度、意识形态五个方面的认知兴趣淡漠，在高校中对政治理论教育普遍持冷淡态度。

（二）当代大学生理想诉求的特点

1. 理想的形成选择性更加明显

改革开放与社会信息化的大环境，社会竞争机制的形成，加快了大学生的社会化进程。相比较于他们的前辈，当代大学生在学习、生活、择业的过程中，独立性、自主性进一步增强。在精神生活方面，越来越多的大学生注重自身精神家园的建设，自主选择自己的发展目标和确立理想信念，他们逐渐形成了在比较中认识自己、判断得失、形成观念、选择行为的特点。当代社会的发展需要大学生主动地确定自己在学习、生活、精神等方面的发展取向，根据自己的价值取向决定行为选择，从而使自己的发展路向更具有个性化特点。当代大学生的这种自主比较、自主选择发展取向的特点,是时代发展所赋予,市场体制、民主政治赋予大学生自主性与自由性,改变了过去计划体制、高度统一条件下的依赖状况,体现了时代的开放性。但是,由于还处于青年发展的中期,缺乏社会生活经验,世界观、人生观、价值观正处在形成、稳定的过程中,他们看问题敏感却缺乏应有的深度,做事激情满怀却不能持久,他们的理想信念尚未完全形成,具有极大的不确定性,在比较和选择的过程中,他们虽然耗费了很多时间与精力,却难以实现自身的超越,时常出现不知所向、不知所选的困难,甚至有时进行了不合理、不正确的选择。应该看到,只要有比较和选择,就不可能保证每个选择都是正确的,这是当代学生在比较和选择中不可避免的偏差。问题在于,虽然大学生理想的发轫需要他们自主确立,但是学校的教育引领是当代大学生理想信念形成和发展的不可或缺的外部条件,学校思想政治教育中的人生引领对他们理想信念的形成具有重要的作用,学校的思想政治理论教育应该通过恰当的合宜的综合性教育和比较性教育,引导学生在比较中学会选择,确立起正确的人生意识,校正他们在形成理想信念中的偏差和失误。

2. 理想的确立具有更多迷茫与困惑

由于当代社会环境,呈现出多样性、复杂性、多重性与多变性特点,大学生相对缺乏社会生活经验,因而面临着诸多迷惘与困惑,其中最主要的是由于求发展所带来的迷惘与困惑。主要表现有:发展目标的选择和价值判断的迷惘与困惑,竞争的迷惘与困惑,学业与专业选择上的摇摆,毕业与就业上的压力等等。追求发展、促进成长是每个大学生的主题。激烈的社会竞争孕育了大学生强烈的发展动机和创新意愿,大多数大学生能够结合自己的实际,注重个性发展。当代大学生的发展,经历了一个由自发发展向自觉发展再向创新发展的转变过程。大学生入学之始,其发展往往带有自发性、随意性和盲目性,表现为满足于上大学目标的实现,他们把注意力放在生活、学业、交友等具体事务上,这时的大学生还缺乏人生发展宏观的、长远的考虑。随着年龄增长,面临各种复杂的选择和尖锐的竞争,如果他们的思维一直浸在人生狭窄的空间中，他们的人生视野不能获得拓展，必然使他们思想深处的迷茫、脆弱、无意义感有所增强，从而学习动力有所减退，学习兴趣逐渐弱化，陷入发展型迷惘与困惑。同时，当代大学生中还存在由经济困难等因素导致的基本生存型迷惘与困惑，由追求个人归属需要得不到满足，环境与人际关系上的不适应而陷入的归属型迷惘与困惑等等。大学生是具有较高文化素养和精神追求的青年知识群体，这些迷惘与困惑使他们比同龄人遭遇更多的精神压力，使他们的社会理想信念的确立面临更多的犹豫和踌躇，这种犹豫和踌躇是当代大学生对人生发展取向需求的积极的表达，它向教育者提出了如何满足学生需求的课题与任务。[①]

3. 理想的内容功利性有所突出

当代大学生理想诉求的重要特点是更多地趋向务实，他们中的大多数人不愿避开物质空谈精神、离开经济空谈政治、脱离现实空谈理想，他们务实略显功利的自我发展目标，使当代大学生对生活理想较多地追求物质享受，艰苦奋斗精神淡化，择偶标准有世俗化趋向；他们的道德理想从注重理想主义转向注重实惠、实用，对合理的利己主义的认同度高于对奉献意识的认同，诚信意识有所淡薄；他们对个人的职业理想有设计、有追求，职业理想上更偏重经济价值和权利价值，追求成功的愿望强烈；他们对社会理想疏远，他们没有他们的前辈那样对远大目标的追求和为理想献身的政治热情，他们的理想信念呈现短期化的特点，不同程度地存在对马克思主义信仰、对社会主义的信心和对共产党的信任危机。据调查，“学生学习的第一动力来源于谋求个人美好生活，其次是报答父母的养育之恩，把报效祖国作为学习原动力的学生仅占16.6%”[②]。

客观地说，大学生理想信念的形成遵循着由具体到抽象、由当前到长远的过程，遵循着由生活理想、职业理想到形成人格理想，进而形成

① 大学生理想信念的诉求特点参阅王仕民、郑永廷：《当代大学生理想信念形成特点及原因分析》，《教学与研究》2008年第5期，第75—76页。

② 王兴家：《青年学生思想政治现状调查分析》，《中国青年研究》2007年第7期。转引自《思想理论教育导刊》2007年第10期，第54页。

社会理想的规律。但是，当代大学生在由生活理想、职业理想、人格理想到社会理想的形成过渡中，明显的淡化政治，忽视长远目标的倾向，使他们的社会理想陷于具体的、眼前的利益中而难以升华，阻抗了大学生中国特色社会共同理想形成的道路。在社会信息瞬息万变，社会竞争日趋激烈，开放环境不断复杂的条件下，社会不确定因素、偶发性因素日益增多，许多学生产生了对人生发展的焦虑和困惑，这种发展的困惑和焦虑正是一些大学生理想信念尚未完全形成、价值判断标准尚未完全确立的主观表达，显示出大学生缺乏明确的社会理想信念与价值标准所带来的人生发展问题。学校教育有责任引导当代大学生面向社会、面向未来，立足长远，引导他们认识理想信念形成的层次性与价值性的正比关系，实现对功利的超越，以获取更大的精神动力。加强对大学生进行以理想信念为核心的世界观、人生观、价值观教育，使大学生确立中国特色社会主义共同理想，“使他们中的先进分子树立共产主义远大理想，确立马克思主义坚定信念”①，就显得尤为迫切和重要。

三、确立对中国特色社会主义共同理想的价值认同

当前大学生在理想和信念诉求中的问题，实质是实现社会主义理想信念的真理性因素与价值性因素如何统一的问题，当代大学生在理想信念形成、确立过程中的迷茫与困惑，并不是中国特色社会主义理论的真理性的丧失，也不是大学生主体性的价值需求的不足，而是作为真知的共同理想与大学生个体价值认同出现了矛盾与分裂。大学生是中国现代化的未来，他们的政治思想、价值观念正确与否，直接决定着我国社会主义事业的希望和未来，关系着我国全面建设小康社会和社会主义和谐社会这一宏伟目标的顺利实现。因此，必须始终帮助大学生认清、理解并坚定地确立中国特色社会主义的共同理想。

① 《中共中央国务院关于进一步加强和改进大学生思想政治教育的意见》，《人民日报》2004 年 10 月 15 日。

（一）明确中国特色社会主义共同理想的基本内涵

要确立中国特色社会主义共同理想，首先需要了解什么是中国特色社会主义道路和中国特色社会主义的理论体系，深化对中国特色社会主义理想信念相关理论的认识和研究。

1. 中国特色社会主义道路和理论体系

党的十七大报告在全面回顾改革开放30年的宝贵经验时指出，改革开放以来我们取得的一切成绩和进步的根本原因，归结起来就是：开辟了中国特色社会主义道路，形成了中国特色社会主义理论体系。[①]

中国特色社会主义道路是：在中国共产党领导下，立足基本国情，以经济建设为中心，坚持四项基本原则，坚持改革开放，解放和发展社会生产力，巩固和完善社会主义制度，建设社会主义市场经济、社会主义民主政治、社会主义先进文化、社会主义和谐社会，建设富裕民主文明和谐的社会主义现代化国家。[②] 这个表述包括了党的“一个中心、两个基本点”的基本路线，巩固和完善社会主义制度的“四位一体”建设，以及党在社会主义初级阶段的“富裕民主文明和谐”的奋斗目标。这是经历了党的十三大以来整整20年的实践探索和理论创新，对党经历过的、还要继续走的道路作出的明晰而规范的表述。

中国特色社会主义理论体系包括邓小平理论、“三个代表”重要思想以及科学发展观等重大战略思想。[③] 中国特色社会主义理论体系是对改革开放以来不断创新的理论成果的科学整合，回答了“什么是社会主义，怎样建设社会主义”、“建设什么样的执政党、怎样建设执政党”、“实现什么样的发展和怎样发展”等重大理论问题和实践问题。

2. 中国特色社会主义共同理想的基本内涵

中国特色社会主义共同理想是党的十六届六中全会提出的社会主义核心价值体系的内容之一，它在整个社会主义核心价值体系中处于

---

① 胡锦涛：《在中国共产党第十七次全国代表大会上的报告》，人民出版社2007年版，第11页。

② 同上。

③ 同上。

核心地位,集中体现了全体中国人民的共同价值目标,“社会主义核心价值体系的‘核心’和关键是其中的理想和信念问题,马克思主义指导思想和中国特色社会主义理想直接决定社会主义核心价值体系性质”①。

中共中央、国务院《关于进一步加强和改进大学生思想政治教育的意见》确认并突出强调了理想信念教育在大学生思想政治教育中的核心地位。《意见》对中国特色社会主义的共同理想信念作了新的概括,即“确立在中国共产党领导下走中国特色社会主义道路、实现中华民族伟大复兴的共同理想和坚定信念”。“我们可以大体上从三个基本方面来把握中国特色社会主义共同理想信念的丰富内涵,一是对党的领导的信任;二是建设中国特色社会主义的理想和走中国特色社会主义道路的信念;三是对推进社会主义现代化建设、实现中华民族的伟大复兴的理想和信念。这三个基本方面是缺一不可的,共同构成了我们的共同理想和信念”②。这一概括的一个突出特点,是从三个方面的组合中综合地把握中国特色社会主义理想信念。

(二) 中国特色社会主义共同理想价值认同的作用

1. 中国特色社会主义共同理想认同是一种价值认同

中国特色社会主义共同理想的认同是政治认同的引申概念。政治认同是现代民主政治的一个重要概念。“政治认同是人们在社会政治生活中产生的对政治体系一种情感和意识上的归属感,表现为对民族国家、政治制度、政治体制、政治过程、政治权威和政治意识形态等方面的同意、支持和服从,本质上是人们对政治体系的信任、信念和信仰,是政治统治的正当性基础”③。中国特色社会主义共同理想认同是在中国特色社会主义政治生活过程中产生的一种情感和认知上的归属感。中国特色社会主义共同理想是社会主义核心价值内容之一,是对社会

---

① 李崇富:《社会主义核心价值体系与和谐文化》,《江西社会科学》2007 年第 2 期,转引自《湖北省社会主义学院学报》2008 年第 1 期,第 69 页。

② 刘建军:《关于理想信念教育的几点理论思考》,《教学与研究》2004 年第 11 期,第 15 页。

③ 陈道银:《政治认同建设与构建社会主义和谐社会》,《天府新论》2006 年第 5 期。

主义社会政治、经济、文化、社会制度、社会理念以及未来发展的总的看法和最根本观点。因此,从根本上来说,中国特色社会主义共同理想认同实质上是一种政治价值认同。

我们信仰马克思主义,在于马克思主义揭示的自然界和人类社会的发展规律给了人类最伟大的认识工具,马克思主义的普遍真理一经同具体的革命实践相结合,就变成强大的物质力量,改变了国家和民族的命运;我们确立社会主义信念,坚定不移地走有中国特色社会主义道路,是因为无论有人如何诋毁社会主义,中国的事实证明,社会主义制度的建立,彻底改变了人民群众受剥削、受压迫的社会地位,成为国家的主人,社会主义的强大优越性在60余年的短暂时间里改变了中国积贫积弱的国家命运和面貌,使中国成为世界大国屹立于世界民族之林,极大地影响了人类历程;我们对改革开放和现代化建设充满信心,源于30多年来的改革开放的成功实践,在建设中国特色社会主义的政治、经济、文化等方面取得了举世瞩目的伟大成就,源于对历史发展必然性的科学认识;我们对党的信任,源于党在迄今90余年的发展过程中,历经磨难、艰辛探索,以高度的历史自觉对社会运动规律深刻领悟,对历史发展方向主动营造,取得了新民主主义革命、社会主义革命和建设的伟大胜利,特别是改革开放以来,我们党不断总结经验教训,解放思想,实事求是,不断地把改革开放推向深入。我们深刻认识到,虽然目前这个党存在着这样那样的问题,但这不会影响我们对党的性质、党的宗旨、党的力量的认识,不会改变我们对党领导改革开放和社会主义现代化建设的信任,不会改变“领导我们事业的核心力量是中国共产党”的基本认同。

2. 政治认同对个人和社会的发展具有重要作用

社会成员的政治认同对社会的发展极其重要,“一个社会要是没有共同的信仰,就不会欣欣向荣;甚至可以说,一个没有共同信仰的社会,就根本无法存在”①。从整个社会来看,政治认同对社会的有效整合、社会的良性运行与协调起着重要的促进作用。西方主要通过政治

① 托克维尔:《论美国的民主》,商务印书馆1998年版,第524页。

社会化使社会的政治信念得以传播、普及和延续，通过政治社会化培养个体的政治参与热情和能力，培养个体对某种政治制度和政治价值的认同、忠诚和责任感；在中国，各个层级的学校思想政治理论教育是政治信念教育的主要渠道。鉴于此，在高校的思想政治理论教育中，政治认同的教育内容是绝不能缺少和淡化的。由于政治信念是人们内心深处对政治理想的笃信和奉行，是人们道德人格的升华和自觉，所以，人们对政治生活的看法一旦内化为政治信念，便内在地决定着他的政治生活态度，决定着他的思想、道德，甚至他的审美情趣和文化品位，决定着他的精神生活的总体风貌和基本特征。政治认同作为一种精神纽带，它能把人民连接起来，形成一个共同体，从而具有共同的理想、共同的价值目标和价值取向，它使人们的热情发生汇聚，它是把整个社会成员组织起来的重要凝聚力量。当今社会的价值观多元，一定程度上表示出政治信仰体系遭到分歧，在这种情况下，人们对于主导的政治文化、政府的合法性会产生怀疑。当一个政党统治的合法性遭到质疑时，社会的动荡将有可能发生。因此，在中国的社会变迁中，培育人民的政治价值观认同，加强对人们社会生活的引领，成为维持构建社会和谐、维持社会政治秩序稳定的关键。保持社会成员政治信念和政治行为的协调一致，对中国特色社会主义共同理想的实现具有重要的作用。

（三）充分认识中国特色社会主义共同理想的合理性

理论的透彻性和深刻性影响着理论本身的认同程度。理论研究揭示，理想是真理原则与价值原则的统一。所谓真理原则，就是人们必须依据客观事物的发展规律，依据历史进程的必然逻辑，去设计理想。如果离开了客观规律和历史逻辑，理想状态的建构就失去了科学依据和客观基础。这种所谓的理想既不是事物、历史、现实发展的未来方向，也找不到实现它的道路和方法。理想既是现在的时间延伸，又是现在的必然性的延伸，理想需要符合历史发展的趋势。所谓价值原则，就是人们所建立的理想，总是人们按照自己的尺度和需要去设想的，人们的理想总是体现着人们的价值标准与价值追求，理想的实现就是人的价值的实现。理想如果脱离了价值的规定性，它就丧失了人为之奋斗的意义，那么它就不是理想而是人对外部事物存在状态的一般性认识。

即理想符合人类未来的利益,值得去追求。任何一个关于理想的认识,都包括了对真理的探索和对价值的解读。

1. 中国特色社会主义共同理想的合理性在于中国特色社会主义理论体系的真理性

确立中国特色社会主义共同理想的理论基础是中国特色社会主义理论体系,如前所述,这一理论体系是指包括邓小平理论、“三个代表”重要思想以及科学发展观等重大战略思想在内的科学理论体系。中国特色社会主义理论是马克思主义基本原理与中国具体实际相结合的产物,它正确地回答了和正在不断地解决中国特色社会主义建设中的重大理论问题与现实问题。因此,中国特色社会主义理论的真理性一方面被我国改革开放以来的实践所证实,另一方面由于真理受实践检验的复杂性和相对性,随着中国特色社会主义实践的不断发展,中国特色社会主义理论也在不断地发展和继续完善。这一过程是一个不断反复的过程,因为,“我们在推进改革开放和社会主义现代化建设中所肩负任务的艰巨性和繁重性世所罕见,我们在改革发展稳定中所面临的矛盾和问题的规模和复杂性世所罕见,我们在前进中所面对的困难和问题也世所罕见”①。这意味着,中国特色社会主义理论和实践都将是一个漫长而艰苦的探索过程。

2. 中国特色社会主义共同理想的合理性在于它合乎人民的利益需求,具有价值性

中国特色社会主义对中国发展中的重大问题:中国的发展道路、发展阶段和根本任务等的一系列认识既具有真理性,又合乎最广大人民的利益需求,具有价值性。主要体现在:

(1)中国特色社会主义确定了以经济建设为中心,把发展生产力摆在了首位。以促进生产力高度发展为主要任务,推动社会全面发展进步的提出,这是总结历史教训后做出的深刻反思。中国解决一切问题的关键在于发展,要不断提高人民生活水平,解决经济和社会生活中

① 胡锦涛:《在纪念党的十一届三中全会召开30周年大会上的讲话》,人民日报出版社2009年版,第21页。

的各种矛盾，维护社会稳定，实现全面建设小康社会和现代化建设的战略目标，都离不开发展。改革开放30年来，中国人民的面貌发生了历史性的变化，使一个拥有十几亿人口的发展中的大国摆脱贫困、人民生活水平得到了极大的提高，加快了实现现代化的步伐。

(2)中国特色社会主义以人的自由全面发展为根本目的。中国特色社会主义提出了人的自由全面发展是社会主义的目的本身。马克思的社会主义理论是围绕着这个崇高的价值目标建立起来的，马克思和恩格斯在自己的著作中无数次深刻地阐述了人的全面发展的社会前提问题。他们指出：只有未来的共产主义、社会主义社会才是“以每个人的全面而自由的发展为基本原则的社会形式”①。根据马克思的思想，人的发展与社会发展在本质上是一而二，二而一的问题。人的发展是社会发展的主体内容，社会发展则是人的发展的内涵根据。所以，“全面发展的个人……不是自然的产物，而是历史的产物”②。目前的中国还处在社会主义初级阶段，虽然既不可能立即实现生产力的高度发展，也不可能立即实现人类最全面的发展。但是，我们可以把解放生产力和发展生产力放在中心地位，把摆脱贫穷、消灭剥削、消除两极分化、实现共同富裕作为目标，为人类的自由而全面发展创造基本条件。随着新技术革命的发展，科学技术越来越成为第一生产力，人的素质的提高在社会发展中起的作用越来越重要，人的全面发展在社会主义发展中也占有越来越重要的地位。

(3)中国特色社会主义以最大限度实现社会公平正义为价值旨归。在邓小平的社会主义本质的价值体系中，社会主义之所以最终要消灭剥削、消除两极分化，追求共同富裕，归根结底是为了消除社会的不平等和不公正，使全体人民在政治、经济、文化诸多方面享有同等的权利，从而实现人的全面发展。社会公平就是社会的政治利益、经济利益和其他利益在全体社会成员之间合理地分配，它意味着权利的平等、分配的合理、机会的均等和司法的公正。这样的社会公平是社会主义

① 《马克思恩格斯全集》第44卷，人民出版社2001年版，第483页。

② 《马克思恩格斯全集》第30卷，人民出版社1995年版，第112页。

的核心价值之一,是衡量社会全面进步的重要尺度,是中国共产党长期追求的根本目标,也是社会主义和谐社会的深厚基础。[①] 促进社会公平,维护社会正义是社会主义的本质要求,公平正义是中国特色社会主义的本质体现。

(四) 准确理解共产主义理想的科学内涵

建设中国特色的社会主义是共产主义运动发展的一个必经阶段和具体体现。我们为建设中国特色社会主义而奋斗,也就是为共产主义事业而奋斗。一个时期以来,之所以出现共产主义"渺茫"的思想,固然有世界政治经济格局剧变等客观因素,也与我们长期以来对共产主义理想的一些认识有关。在思想上澄清对共产主义理想的模糊认识,才能准确地理解共产主义最高理想的科学内涵。

1. 澄清对共产主义最高理想的两种模糊认识

(1)以抽象的理性原则和宗教式幻想理解终极理想。由于共产主义理想产生于对现实的批判,因此,对于共产主义的认识,停留于"没有"的否定性模式中,如:"没有私有制"、"没有剥削"、"没有人压迫人的制度"、"没有阶级"、"没有现在意义上的国家"、"没有种族歧视"、"没有个人自由全面发展的障碍"等。作为对资本主义社会的超越,共产主义这种人类终极理想虽然是"历史上"最美好的社会形态,但它的实现只是人作为真正人的起始点,既不可能静止和凝固,也需要在不断的自我否定中获得崭新的意义。当然它也不是"世外桃源",更不是人类历史发展的终结,只不过是人类对"下一个"社会形态的预测。以为马克思主义的"终极"概念不包含非终极性,实际上就会把科学理想当成宗教幻想。"我们对社会未来发展的方向可以做出科学上的预见,但未来的事情具体如何发展,应该由未来的实践去回答"[②]。

(2)忽视了人类理想的实现是"非常漫长的历史过程"。马克思主义经典作家既科学地构建了共产主义理想,同时也强调其实现过程的

---

① 参阅俞可平:《社会公平和善治:建设和谐社会的基石》,《光明日报》2005 年 3 月 22 日。

② 《江泽民文选》第 3 卷,人民出版社 2006 年版,第 293 页。

长期性和曲折性。在如何认识共产主义的问题上，过去我们以为共产主义就在不远的将来，现在终于认识到“实现共产主义是一个非常漫长的历史过程”①，其间不仅要经历若干历史阶段，而且还必然会出现反复，甚至可能是局部的倒退。这样的过程完全符合人类社会发展的客观规律。承认共产主义的实现是一个“非常漫长的历史过程”，并不等于我们放弃对这个理想的追求，更不意味着我们不再对人类发展的未来做科学的预见。如果只纠缠于共产主义理想“何时才能实现”的具体问题，不但会忽视今天的社会主义实践探索，而且可能会导致对共产主义理想的否定。

2. 共产主义理想的内涵包括相互联系的三个方面

全面地、准确地理解共产主义理想的科学内容，是坚定中国特色社会主义共同理想信念的重要前提，也是当代大学生形成和确立共产主义社会理想信念的重要前提。共产主义理想的内涵包括相互联系着的三个方面：

一是指共产主义的思想理论体系，即马克思主义理论体系。马克思主义的理论体系，是无产阶级的世界观方法论，是关于无产阶级斗争的性质、目的和解放条件的学说，是反映自然、社会和思维发展规律的真理，是无产阶级认识世界、改造世界的思想武器。

二是在马克思主义思想理论体系指导下的共产主义运动。共产主义是一种由资本主义生产方式的危机所产生的无产阶级反抗资产阶级的解放运动，是一种由资本主义的条件所形成的无产阶级和广大人民群众改造现实社会，争取全人类解放的运动。这种运动是通过分阶段有步骤地进行的长期发展的历史过程。我们为建设中国特色社会主义而奋斗，虽然这还不是共产主义理想的最终实现，但却是实现共产主义最终目标必须经历的一段路程，是我们在现实条件下通向理想目标的桥梁。

三是指共产主义的社会制度。它是在马克思主义理论指导下，无产阶级和广大人民群众改造现实社会运动的最终结果，共产主义制度

---

① 《江泽民文选》第3卷，人民出版社2006年版，第293页。

是人类最美好的社会制度,是社会发展的高级阶段,需要我们几十代人经过长期奋斗才能完成。当我们为眼前利益和最切近的目标工作的时候,我们不能忘记我们所从事事业的未来,当我们运用现实的手段一步一步地完成现有条件下能够完成的任务时,就会使共产主义的社会理想逐步地从一种现实的可能性转变成现实。确立远大的社会理想,努力工作、积极奋斗是我们应该对人类的前途和祖国的未来承担的义不容辞的历史责任。

四、大学生共同理想教育需要关注的问题

对大学生进行中国特色社会主义共同理想教育,如何才能深入其内心世界、取得良好效果?我们认为,在当代大学生形成对中国特色社会主义相一致的价值认同的基础上,一是引导大学生把社会的共同理想与个人的理想相结合,使个人发展的现实性与社会发展的方向性相契合;二是积极探索新形势下高校思想政治教育的新途径和新方法,增强中国特色社会主义共同理想教育和引领的实效性。这些重要问题都是高校思想政治教育面临的崭新课题,有待于我们深入展开探讨。

(一)正确处理个人理想与社会理想的关系

1. 理想的类型可以分为个人理想与社会理想两大类

个人的理想包括:生活理想、职业理想和道德理想。生活理想、职业理想和道德理想对个人的生存和发展具有重要意义。张闻天说,生活的理想就是为了理想的生活。每个人都有权利对将来恋爱、婚姻、家庭、衣食住行等生活内容进行美好设计与憧憬。职业是人在社会上生存、谋生的重要手段,也是人在社会中获得一定地位并有所发展、实现人生价值的重要手段。人们也一定拥有自己在社会生活中的道德理想目标,也就是人们所向往的理想人格和做人的标准。简单地说,就是要使自己成为什么样的人,具有怎样的道德品质。道德理想的特点是受到一定的历史条件和社会关系的制约,具有鲜明的时代性和阶级性。中国古代社会崇尚孔孟,把“言必称孔孟,行必尊其教”视为理想人格。

中国革命战争时期,毛泽东指出:革命的先锋队具有政治远见,充满斗争精神和牺牲精神,胸怀坦白,忠诚积极正直,不谋私利,唯一地为着民族与社会的解放。“这些人不怕困难,在困难面前总是坚定的,勇敢向前的。这些人不是狂妄分子,也不是风头主义者,而是脚踏实地富于实际精神的人们”①。毛泽东精辟地概括了革命战争时期无产阶级理想人格的特征和标准,并且亲手树立了三个典型:刘胡兰生得伟大,死得光荣;张思德是一个彻底地为人民的利益工作的人;白求恩毫无自私自利之心,一个纯粹的人,高尚的人,有道德的人,有益于人民的人。在改革开放、建设中国特色社会主义的今天,我们倡导的理想人格是具有科学精神、改革精神、创新精神和献身精神的有理想、有道德、有文化、有纪律的社会主义新人。社会理想是人们对未来社会制度和社会状况的向往追求。社会理想是全社会成员的共同理想,它最敏锐地反映着社会发展的特性及其变化趋势。建设中国特色社会主义、实现中华民族伟大复兴,是现阶段我国各族人民的共同理想。

2. 正确处理个人理想与共同理想的关系需要明确的问题

个人理想是人们在现实生活中努力奋斗的直接动力。当代大学生要确立为中国特色社会主义理想的奉献意识,努力使个人的奋斗和社会理想相结合,使个人发展的现实性与社会发展的方向性相契合。

(1)人的生存发展离不开社会。个人的成长条件、发展的机会、肩负的责任都是同社会发展状况紧密联系在一起的。个人理想只有具备了社会的意义,才是更美好的。人不是在社会之外奏响自我生命的乐章,人的现实的生活环境只是人生理想萌芽的土壤。每个历史时代都有与它的时代发展方向相一致的价值目标与共同理想,个人的人生理想应该与自己时代的价值目标、社会理想相一致,个人理想升华到社会理想,才更深刻、更富有意义。

(2)社会的共同理想需要全体公民的努力。社会理想最敏锐地反映着社会发展的特性及其变化趋势。任何一个社会所提出的任何远大

① 《为陕北公学成立与开学纪念题词》,载《毛泽东同志论教育工作》,人民教育出版社1992年版,第41页。

的理想必须成为社会成员行为的内在要素，才有实现的可能。我们现在的社会理想，即把中国建设成富强、民主、文明、和谐的现代化国家，必须通过这个社会中的每一个公民的努力才能实现，如果每个人在自己的工作岗位上没有任何建树，实现这个目标就是一句空话。社会的发展进步是一代又一代人不断提出社会理想并为之奋斗的结果，大学生作为社会青年知识群体，要确立为中国特色社会主义的共同理想的奉献意识。

(3)大学生的称号是一种责任的象征。大学生的称号不仅是一种文化层次的体现，更是一种神圣责任的象征。纵观人类历史发展进程，每一代人有每一代人的使命。当代大学生是在中国改革开放新的历史时期中成长起来的一代，实现社会主义现代化的任务，历史地落在了他们肩上。大学生追求个人理想无可非议，但要自觉地把个人理想融入到共同理想之中，把个人奋斗融入到改革开放和社会主义现代化建设事业的奋斗之中。要用共同理想来整合个人理想和社会理想，在实现社会理想的过程中实现个人理想，找准二者的结合点，在实现个人理想的过程中推动共同理想的实现。当前大学生最大的利益要求是成长成才，在理想信念教育中，要十分重视他们正当的利益需求，千方百计地帮助他们解决在学习、就业等方面所遇到的各种实际困难和问题，让他们在深切感受中坚定正确的理想信念，自觉地把共同理想与个人理想、远大理想有机结合起来。

（二）恰当选择共同理想的教育引领方式

共同理想的教育引领方式可以从多角度进行讨论，这里特别提出三点。

1. 联系实际、融入生活

正确而高远的社会理想、政治信念和共产主义信仰，是现实生活的指引，没有它，生活理想很难高雅清新，从容淡定；职业理想很难竭尽全力、高瞻远瞩；道德理想也难以尽善尽美，领悟真谛。但是，理想信念的引领教育绝不是彼岸世界的理论悬壶。在引领大学生建构精神世界的过程中，要让理论立足、观照、渗透生活实际，而不是脱离、空泛、僵硬地凌驾其上，这是理论具有亲和力的关键。努力使高深理论观照人们的生活世界，是这一引领教育成功的关键之点。因为个体真正精神世界的建构与超越，绝非来自外在的强迫与压力，而是来自内在的认同与觉醒。没有充盈而坚定的生活信念的支撑，道德信念会失去载体，无所依附；社会政治信仰可能如海市蜃楼，倏忽即逝。[①] 针对当代大学生理性务实、关注自我发展的特点，理想信念教育联系实际要采取符合当代大学生接受特点的表达方式，让他们在实践中深化思考、增长才干；同时，要遵循"先贴人，再贴心"的原则，从关注当代大学生成长发展的实际生活入手，从帮助他们解决学习、工作和生活中的实际问题起步，把"大道理"转化为他们乐于接受的"小道理"，由浅入深、潜移默化地引导他们立大志、蓄德能、报家国。[②]

2. 学习阅读、体悟真谛

当今时代的快节奏，使人们做事情尽快地省略和简化，直奔目的。"缩略"的过程把精神的涵育挤干殆尽。读书人无暇为心灵阅读，那些哲学、史学、文学的书籍太过学术，太过源远流长，太费时费力；那些通俗读物、白话今译、生意入门等小册子更为快捷实用。人们坐不下来，静不下来，尤其是政治理论方面的书更看不下去，听不进去，这种情况需要逐渐克服，没有汲取智慧的阅读人无法成长为栋梁，社会无法摆脱浮躁与浅薄。我们要在思想政治理论课教育教学中贯彻理论联系实际的原则，包括在教学活动中重视实践教学环节的设计和实施，高校思想政治理论教育应力求在研究的层面去更深入地把握"六个为什么"的基本观点，教师要用自己深刻理解的东西，具体分析面临的理论问题和实际问题，为学生释疑解惑，使大学生在掌握科学理论的基本内容和精神实质的基础上，提高其对政治理论的兴趣，培养大学生的理论思维习惯，进而提高他们的理论思维能力和理论素养。

① 参阅冯培：《探究思想教育新趋势有效推进马克思主义大众化的课堂传播力》，2011年1月8日在北京市高校"思想道德修养与法律基础"研究会年会上的讲座。

② 参阅于家明：《"90后"青年群体特点及教育对策探析》，《中国青年研究》2010年第1期，第58页。

3. 典型案例、教育至深

青年马克思与一般青年一样，经历了对不同理论从迷恋、崇拜到思考、批判和挣脱、超越的过程，他由资产阶级自由主义者、革命民主主义者，最终确立了自己共产主义的科学信仰，这是一个听起来并不陌生的故事。对于未来面临着的种种选择，他也有着美好的憧憬，也经历过彷徨、苦恼和探索。所不同的是，马克思具有罕见的智慧和从中学开始、长期训练有素的锐利的语言表达，更重要的是，他有极为广博的书籍涉猎、极为严密的理论思考，马克思在对理论信仰的选择上，一次次思想清理都经历了痛苦的思考过程。譬如在向黑格尔哲学转变时，他要求自己深刻地了解这一理论学说，他从头至尾地阅读了黑格尔的全部著作和黑格尔大部分弟子的著作，"象狂人一样在冲洗灵魂"。马克思一生写下几十卷鸿篇巨制，在哲学、经济学、政治学、社会学、历史学众多领域都有独创性贡献。马克思在认真查证大量材料的基础上，通过深刻分析社会发展的基本矛盾，提出了人类历史的发展规律。

马克思对信仰的选择过程对当代大学生理想信念的选择的启发在于：科学信仰的确立是一个十分艰难的探索过程。从 1835 年马克思进入波恩大学学习到 1845 年写了《关于费尔巴哈的提纲》这一"包含着新世界观的天才萌芽的第一个文件"，青年马克思的信仰确立用了 10 年的时间。期间，不仅有阶级立场的转变，有变革旧制度的坚强意志，有实践运动做理论的归宿，更有严格的理论认同、论证和升华，最后才有科学思想的凝聚。

理想信念问题是理论性非常强的内容，正如有的同学所说："一谈到理想信念，更多联想到的是'高尚'、'奉献'、'殉道'、'伟大'这一类离世俗生活很远的名词。"理想信念教育是很现实的教育，尤其是共同理想教育，不能让大学生对理想信念产生距离感和敬畏感。要选择与大学生的学习、生活、阅历有共同之处，能够引起思想、情感共鸣的人物，如：不以功臣而自居，不因伤残而自弃，不为诱惑而自迷，独臂高擎理想和信念的旗帜，在平凡的人生道路上，顽强地续写着一位英模人物本色人生的丁晓兵，使我们不仅见证了成就英雄的瞬间壮举，也见证了考验英雄的漫长之路；曾经用优异的成绩证明了自己的优秀，又用自己的成功证明了人生发展的关键是要将个人命运与国家命运紧紧连在一起的，从北京大学走出的上世纪80年代的第一个村支书吴奇修；20世纪80年代初，凭着一腔青春的热血和建设边疆的信念，放弃了留在北京、上海等大城市的机会，义无反顾地奔赴西藏的“理想主义者”胡春华，在恶虐的环境，落后的设施，贫乏的生活中几十年如一日，在舒适与艰苦之间，在平坦与崎岖之间，在个人幸福与国家需要之间，选择后者，献身边疆，在建设国家的过程中实现了自己的理想和抱负。榜样的力量是无穷的，这些有作为的知识分子，社会中艰难玉成的典型案例，体现了让那些有成就的人讲成就，有贡献的人讲贡献，有理想的人讲理想，有道德的人讲道德，说服力强，对大学生教育深刻，收到了启发引导、学思并重的良好效果。

今天的大学生将有幸亲身参加中国特色社会主义建设这一从根本上改变国家面貌的伟大事业，为祖国的繁荣强盛和人民的共同富裕，贡献自己的知识和才智，实现自身的抱负和价值。让我们在中国特色社会主义建设实践中，树立马克思主义信仰、坚定对党的领导的信任，确立建设中国特色社会主义的理想和走中国特色社会主义道路的信念，增强推进社会主义现代化建设、实现中华民族的伟大复兴的信心，为建设富强、民主、文明、和谐的社会主义国家贡献我们的力量。

社会主义荣辱观在社会主义核心价值体系中的基础地位和逻辑自洽

秦维红

党的十六届六中全会通过的《中共中央关于构建社会主义和谐社会若干重大问题的决定》，首次明确提出了建设社会主义核心价值体系的命题和任务。社会主义核心价值体系的提出，标志着我们党对社会主义思想文化建设、意识形态建设和社会主义发展规律的认识达到了一个新水平。社会主义核心价值体系建设对于构建社会主义意识形态具有重要意义，也是社会主义和谐社会建设的题中应有之义，因为一个社会能否和谐，很大程度上取决于社会成员是否具有共同的价值取向。没有共同的理想信念和良好的道德规范，一个社会是根本无法实现和谐的。

与以往相比，我国意识形态建设的时代背景发生了深刻变化，国际社会主义总体上处于低潮，市场经济体制也与计划经济体制有很大不同。因此，社会主义意识形态建设面临许多新的挑战，不论是意识形态的内容、价值取向，还是意识形态的管理机制和宣传方式等都必须进行相应的调整和发展。那种认为只要意识形态内容是正确的就可以一劳永逸、一成不变的观点是非常危险的。意识形态是对发展着的丰富的现实世界的反映，是历史的、具体的，因此，即使是正确的反映，也必须根据实践的不断发展来重新矫正、修补、强调或弱化某些理论观点。而且，需要强调的是，意识形态本身的正确性与民众是否接受之间也不完全是“正相关”的关系。民众对一种意识形态是接纳还是拒斥，既与这种意识形态本身有关，又与维护和传播这种意识形态的方式方法，以及承载这种意识形态的载体形式有关。社会主义意识形态和核心价值体系是以马克思主义这一科学理论为指导的，是为广大人民群众服务的，与以往的意识形态相比，它无疑拥有更广泛的群众基础，具有真理性和合法性。但这只是从理论上讲的，如果在实际的宣传教育中教条主义盛行，形而上学猖獗，方式方法落后，社会主义意识形态也有被民众拒斥、从而失去合法性的危险，这正是我国当前意识形态建设需要克服的主要问题。而社会主义核心价值体系严密科学的逻辑结构、社会主义荣辱观的基础地位及其对于社会和个人的底线约束，恰恰为改善生硬的宣传方式、获取广大民众的认同，做了积极有效的尝试，值得我们深入研究和解读，以便进一步增强社会主义意识形态的吸引力和凝聚力。

一、社会主义核心价值体系的时代价值和科学定位

每一种社会制度或同一社会制度下的不同发展时期，都有相应的意识形态或核心价值体系作为共同的导向，否则社会不能存在和发展。而这种意识形态和核心价值体系的形成，不是人们头脑里凭空杜撰的，归根到底取决于各种社会形态存在和发展的客观要求，它是在由此决定的核心价值体系的定位基础上，对现存各种价值观念的归纳、扬弃、提炼、筛选与组合。社会主义核心价值体系，就是在文化和价值多元并存的时代背景下，首先明确了社会主义文化的本质——坚持马克思主义的指导地位，又要促进文化的多样发展，使多样化文化朝着健康的方向发展。具体说来，我国这些多元价值取向已经影响人们的意识，使许多人认识模糊、思想界限不清，看不到社会的发展方向，找不到人生的发展目标，以致迷失自我，或被错误的思潮和意识所控制。如果不加以正确引导，不确立社会共同的思想基础，就不仅会出现全社会的精神危机，甚至会出现社会动荡。正是在这种情况下，胡锦涛同志强调指出，在我们的社会主义社会里，是非、善恶、美丑的界限绝对不能混淆，坚持什么、反对什么，倡导什么、抵制什么，都必须旗帜鲜明。而这就需要确立一种反映中国特色社会主义本质要求的、具有广泛的适用性和包容性、具有强大的整合力和凝聚力、为全民族都认同的核心价值体系，作为主旋律从方向上引导人们的思想、意识和行为。社会主义核心价值体系，就既是对一些资本主义社会价值观念的扬弃，也是对我国绵延数

千年传统价值观念的扬弃,还是对我国革命时期和改革开放以前价值观念的扬弃,是在尊重差异和包容多样中形成的价值共识,是多样文化和价值的辩证统一,但其社会主义的、马克思主义的意识形态本质是明确的、不容置疑的。

马克思主义之所以是我们立党立国的根本指导思想,很简单,因为它是科学,它为我们提供了正确的世界观和方法论,提供了正确认识世界和改造世界的强大思想武器,更提供了社会和人的发展的正确方向。这是历史和现实多次证明了的。只有坚持马克思主义的立场、观点和方法,才能正确认识社会发展的客观规律,正确认识社会思想意识中的主流与支流,才能在错综复杂的社会现象中看清本质、明确方向,保证社会和个人的全面协调发展。这里尤其要强调马克思主义与西方文化、中国传统文化以及宗教等的根本不同,它不仅使社会发展第一次建立在客观的物质生产的坚实基础上,也为社会和人的精神发展、全面发展指明了方向,物质决定精神,同时精神又具有巨大的反作用,社会的合力推动历史发展。

对马克思主义的这种认识,学生一般都了解也基本认可,可对马克思主义指导地位的困惑和不满依然存在,为什么?这主要是由于我们过于单一机械的马克思主义宣传,把马克思主义指导思想的一元化当成了文化内容的单一化,从而排斥对其他文化资源的认可和吸收。这样就背离了马克思主义的科学形象,也造成了青年学生对马克思主义的逆反和排斥。

所以,要真正在学生心中确立起马克思主义的指导地位和科学形象,必须更好地解答文化发展的一元指导和多样发展的关系。有人认为,既然当今文化在客观上是多元的,价值选择也允许多元化,那么指导思想为什么不应是多元的?从而认为现在应当从马克思主义的一元主导转向文化发展的“多样和谐”。这种貌似合理的混乱思想在大学生中也存在。

其实,一元主导和多样发展本来就不是对立的,而是既有区别,又相互制约、相互依存、相互渗透、相互贯通。不存在没有多样发展的主导性,也不存在没有主导的多样发展。一元主导需要多样发展,离开了多样发展，一元主导就会失去“主导”的对象、背景和意义，就会变成无的放矢的空洞的说教。同样，多样发展需要一元主导，离开了一元主导，多样发展就会失去规范、选择和价值取向，走向混乱和歧路，最终必定导致纷繁杂乱而整体无序的状态。在进行主导内容教育引导时，要以多样化教育为基础，而在进行多样化教育时，又必须以主导内容为指导。这里要结合国内外历史，讲授割裂二者关系造成的危害，尤其对当今中国否定主流、倡导多元指导形成的思想混乱、信仰缺失乃至社会混乱的情况重点论述。如“文化大革命”中“纯而又纯”的社会主义制度的确立，绝对单一化的意识形态目标、内容和方法的设定，使人与社会的多样发展因主导内容的偏颇和主导机制的扭曲而受到桎梏和压抑。又如在“八九风波”资产阶级自由化泛滥期间，社会主义意识形态虽然也起着主导作用，但因主导的力度不够、实效性不强而使多样性冲突起来。两个历史事件的一个共同点就是：社会意识形态一元主导和多样发展在统一体中的地位和作用发生了畸变，出现了“和而不谐”的失衡状态。前者是“主导过度”、“多样不及”，后者则是“主导不及”、“多样过度”，虽然表现截然不同，但却造成了相同的不良后果，就是一元主导的削弱和多样化发展的抑制。可见，主导性与多样性脱节的实质，就是对理论联系实际这一社会发展基本原则的背离。[①] 相反，坚持指导思想一元化、社会主义核心价值和文化发展多样性的统一，则可以避免文化建设上的专制主义和自由主义两种错误倾向，推动社会主义文化的繁荣发展。

而且，这里还有一个重要的问题需要澄清，那就是客观的文化现象本身与我们应该以什么样的价值去整合文化、发展文化是两个完全不同的问题。也就是说，文化多元并存是一个客观事实，但在客观上多元存在的文化中选择什么作为指导思想，则不是也不可能是自发的、客观的，而必然是一个价值判断。不论是各国历史发展的事实，还是思想文化领域的发展规律，都雄辩地证明了：无论在什么时代，什么社会，一个

① 参照郑永廷、张艳新：《高校德育主导性与多样性发展的失衡与成因》，《思想政治教育研究》2008 年第 1 期，第 5 页。

国家的领导阶级都不会对多元文化的并存采取放任自流的态度，相反，都要以符合自己政治、经济利益的文化思想作指导，去引领、整合其他文化。马克思和恩格斯早就指出：自从社会有了阶级以来，任何一个时代的统治思想始终不过是统治阶级的思想。任何一个统治阶级如果在思想文化领域不坚持以本阶级的思想作为统治思想，它就难以在经济、政治等领域坚持统治地位。东欧剧变、苏联解体就是放弃马克思主义一元化指导地位的前车之鉴。

对指导思想上的大是大非问题必须对学生进行重点讲述，因为很简单，没有统一的思想也就不可能有统一的社会和国家。这也是我们历来在课堂要重点强调的。虽然我们的意识形态和马克思主义宣传教育中存在这样那样的问题，但解决这些问题决不意味着要取消马克思主义及其指导地位，而是为了更好地发展马克思主义，从而增强它的解释力和吸引力。

所以，社会主义核心价值体系的提出，既是对当今中国社会存在的正确反映，也是重视意识能动作用的结果，就是要进一步明确揭示我们共同思想基础的基本内涵和基本要求，明确社会主义意识形态的本质，从而使人们更清醒、更坚定地把握和坚持社会主义先进文化的前进方向，以保证社会主义事业的健康顺利发展。

当然，坚持马克思主义和社会主义核心价值体系在意识形态领域的指导和主导地位，还要注意区分其在不同领域和层面上的内容差别，这是我们为实现坚持弘扬主旋律和提倡多样性的有机统一而采取的思想文化策略，即根据思想文化的性质和特点的不同，把马克思主义和社会主义核心价值体系划分为学术理论研究、思想政治教育和宣传以及现实生活中人们的思想意识三个层面。

尽管我国社会主义意识形态性质主要体现为同一性、统一性、和谐性和合作性，但这些性质在社会意识形态的不同层面的具体表现是有很大差别的。我们党过去在意识形态领域发生的错误和偏差，既有对社会主义意识形态性质总体认定上的偏差，也有忽视社会意识形态内部层次划分的原因。因为很明显，意识形态形式和内容非常复杂，不划分层次，不制定不同的意识形态研究和宣传政策，采取一刀切的行政化管理,是不可能科学地把握意识形态的性质和发展规律,做好意识形态工作的。如果说以往单一体制和利益结构的社会,还能勉强维持意识形态的成效,那么在社会主义市场经济发展的今天,面对社会转型带来的变化,社会阶层的变动、利益诉求和价值取向的多样化,以及传媒时代的到来,还要处理好坚持弘扬主旋律和提倡多样性有机统一的问题,就必须具体分析和研究社会主义意识形态的体系性质和结构,对不同类型、不同层面的意识形态作出科学的划分和说明,在突显我国社会主义意识形态体系的同一性、统一性、和谐性和合作性的同时,更要对不同的社会意识层面给予不同的意识形态政策环境,使不同类型、不同层面意识形态的关系、地位获得法律保障。

在学术研究层面,坚决贯彻“双百”方针,鼓励学术思想的自由探索和不同学术思想与学派的存在、争鸣和发展。在这个层面,马克思主义的指导地位,主要是要通过其理论的科学性和理论创新所获得的彻底性为哲学社会科学工作者所服膺。不论是不是与马克思主义和社会主义核心价值体系的理论观点一致,只要是本着学术研究的目的,而非政治的不良企图,都应该得到鼓励和尊重,否则,以僵化的思想、学术观点甚至行政手段干预学术研究,一方面创造的勇气和积极性会被窒息,创作不出真正有价值的东西;另一方面,即使创作出来,要使它顺利发表出来或被社会承认也十分困难。这种现象不消除,学术就难以发展,文化难以繁荣。中央关于“学术有自由,宣传有纪律”的规定是合理的,这不仅要求每个理论工作者要严格遵守,也需要学术机构和管理部门的管理者认真贯彻,要把学术研究和思想宣传的界限分清,不能以思想宣传的纪律约束和压制学术研究的自由,以保证理论工作者在自由宽松的学术气氛中,有所建树和创新,努力对某些社会问题形成属于自己的观点,并有敢于提出自己观点的勇气和底气,真正为社会主义文化的繁荣和中华民族的伟大复兴贡献微薄之力。

在思想政治教育和宣传层面,要立场坚定、旗帜鲜明,坚持马克思主义的指导地位和社会主义核心价值体系,不允许搞指导思想的多元化。马克思主义的思想政治工作者,要有强烈的责任感和使命感,对于诋毁和诽谤马克思主义的错误言行和糊涂认识予以坚决回应和积极引导,要努力成为社会的“思想引领者”,不论在思想境界、理论修养和人格品质上,都要成为社会的表率,责无旁贷地肩负起资政育人、服务社会的职责,要以弘扬积极有为、奋发向上的社会主义核心价值为目标,以正面宣传和鼓励为主。当然,“正面”要防止滑向“表面”的作秀,在正面报道和正确思想建设的背后,应有相当的思想纵深,把学术研究层面人们公认的科学成果作为思想政治教育和宣传层面的基础,真正做到以科学的理论武装人,以正确的舆论引导人,以高尚的精神塑造人,以优秀的作品鼓舞人,以增强思想政治教育和宣传工作的时代感、说服力、感染力和实效性。

而在实际生活层面则要允许、承认人们思想观念的多样性,允许人们有不同信仰的自由,不能以党员的标准要求所有人。思想观念的多元性存在和争辩不仅应该是允许和被承认的,而且是实际生活中多样性的重要体现。但是,多样性不能和坚持四项基本原则对立,不能危害改革开放和社会主义现代化建设事业的伟大实践,并要随着个人社会实践的深入,提高认识,努力改造落后文化,坚决抵制腐朽文化,支持健康有益文化,大力发展先进文化。

总之,坚持弘扬主旋律和提倡多样性的有机统一是在当今经济全球化、信息网络化的“地球村”时代,我们处理社会主义意识形态与资本主义意识形态以及其他意识形态关系的最高准则。马克思主义这种主流地位的获得,不是通过残酷无情的“铁血”征服和对异端在实体上的消灭,而是经由不同意识形态之间耐心、持久和和平地交流、沟通、对话所积累起来的人类意识形态共识。在人类意识形态体系中,只要不是对社会和人群共同体怀有极端的偏见和危害性,只要不触及社会和人群共同体生活的道德底线,那么,任何意识形态都有其存在和表达的权利,越是非主流的意识形态越应该具有这种权利。主流意识形态对意识形态多样化、非主流意识形态存在和表达的宽容,肩负有崇高的道义责任。

二、社会主义核心价值体系逻辑结构严密且具有可操作性

社会主义核心价值体系是一个严密的逻辑结构,四个内容是一个有机整体,既分工明确又相互融通、相互促进、互为因果,具有内在的本质的一致性和外部兼容性,“是科学性与人民性、主导性和包容性、时代性和民族性、现实性与理想性相统一的价值体系”①、先进性和广泛性的辩证统一,具有广泛适用性和普遍包容性,具有强大的整合力和引领力,操作性很强。其中,社会主义荣辱观处于基础地位,它不仅标示一个社会和社会中的每个公民基本的道德底线,是社会赖以存在的基石,也是其体系内容的具体化。

(一)社会主义核心价值体系的逻辑结构严密

社会主义核心价值体系由马克思主义科学理论、中国特色社会主义共同理想、以爱国主义为核心的民族精神和以改革创新为核心的时代精神、社会主义荣辱观四个内容构成。其中,马克思主义指导思想处于最高层次,是贯穿社会主义核心价值体系的主心骨,统领着社会前进的方向,是高扬的旗帜和引路的明灯;中国特色社会主义共同理想昭示了时代主题,经过了实践的检验,符合人类社会发展的历史趋势和时代要求的阶段性目标,有着广泛的社会共识,具有强大的感召力、亲和力和凝聚力;民族精神和时代精神则为共同理想的实现提供了精神动力;社会主义荣辱观是最基本的层次,为社会成员提供了关于荣辱是非美丑善恶的基本价值判断和基础道德底线,是其体系内容的具体化。

相对而言,马克思主义指导思想、中国特色社会主义、以爱国主义为核心的民族精神和以改革创新为核心的时代精神,这三方面的内容是对于社会主义思想理论的价值认同,在社会主义核心价值体系中发挥着理论前提和思想指导的功能和作用。社会主义荣辱观是在社会主

① 谢松明:《试论社会主义核心价值体系的内涵及构成要素》,《淮北煤炭师范学院学报》2007年第6期。

义核心价值体系思想理论的指导下，对与社会主义市场经济相适应、与社会主义法律规范相协调、与中华传统美德相承接、与世界道德文明的优秀成果相接轨的社会主义思想道德体系的系统概括。它旗帜鲜明地指出了在我们的社会里，什么是真善美，什么是假丑恶，应当坚持什么，反对什么，提倡什么，抵制什么，为各民族、各阶层和不同利益群体的人们在社会主义市场经济条件下判断行为得失，明确价值取向，作出了道德选择，提供了基本规范。如果说前三个内容是属于信仰、理想层面的高位范畴和崇高价值取向，那么，社会主义荣辱观就是具体的价值和行为规范，是下位范畴，集中体现了社会主义核心价值体系，是社会主义核心价值体系的出发点和落脚点，使社会主义核心价值体系体现了现实性与理想性、高低价值的有机统一。可如果再深入到社会主义荣辱观的内部，我们又会发现，在这个社会主义荣辱观的价值规定里同样包含着高的价值追求，其本身也体现了高低价值的有机统一，因为高低价值本来就是互相包含、辩证统一的，这是对社会实践和人们行为所蕴含规律的必然反映。

社会主义核心价值体系及其社会主义荣辱观构成的多层面的逻辑结构，犹如多层面的同心圆，彼此交融，层层相扣，逻辑严谨，层次分明，是一个由高到低、由理论到实践、由思想到行为的动态框架结构，其最最核心的层面就是马克思主义的基本立场、观点和方法，马克思主义的思想意识形态，这也明确地指明了社会主义核心价值体系在上层建筑中的作用定位，以及在社会主义和谐社会多样文化发展中的文化定位。也就是说，对社会主义核心价值体系四个内容之间的关系，还必须明确和把握两个基本点：一是坚持马克思主义的指导地位，不能忽视其他三个方面，“应该统筹兼顾，‘魂’必须‘附体’”①。社会主义核心价值体系在确保自己核心地位的同时，需要和能够尊重差异、包容多样；在尊重差异中扩大社会认同，在包容多样中增进思想共识。二是强调“四位一体”的整体，又不能模糊马克思主义的指导地位，不能以多样发展

① 唐志龙：《建设社会主义核心价值体系必须以科学发展观为指导》，《吉首大学学报》2007 年第 5 期。

为由间接否定马克思主义的指导地位和社会主义核心价值体系的主导作用。社会主义核心价值体系在所有社会主义价值目标中处于统摄和支配地位，决定着社会主义的制度性质、目标任务、发展道路和前进方向。尊重差异，包容多样，“决不是允许各种反马克思主义的社会思潮滋长，更不允许动摇我们的主流意识形态。必须始终高举马克思主义的旗帜，始终坚持用马克思主义中国化的最新成果武装全党、教育人民，不断巩固和发展社会主义意识形态”①。总之，四个内容以及一元与多样的文化间客观存在着必要的引力和张力。

（二）社会主义核心价值体系的可操作性强

社会主义核心价值体系不但定位科学，逻辑严密，而且，相比于以往我国两个重要的精神文明决议和《公民道德实施纲要》，其理论系统更加完整，现实针对性更强，理论和实践结合的动态结构也为社会和个人提出了明确而适当的价值评判标准，具有可操作性。

1986 年 9 月十二届六中全会通过的《中共中央关于社会主义精神文明建设指导方针的决议》，从社会主义现代化建设总体布局的高度确定了精神文明建设的战略地位，明确提出社会主义精神文明建设的根本任务是适应社会主义现代化建设的需要，培育有理想、有道德、有文化、有纪律的社会主义公民，提高整个中华民族的思想道德素质和科学文化素质；社会主义道德建设的基本要求是爱祖国、爱人民、爱劳动、爱科学、爱社会主义；要坚持四项基本原则，反对资产阶级自由化。这是我们党作出的第一个关于精神文明建设的专门决议。这个决议主要是从宏观上阐明社会主义精神文明建设的战略任务，确定了它的根本任务和总的指导方针，排除“左”的和右的干扰，而对社会主义精神文明建设的具体问题、具体做法却规定不够，缺乏可操作性。

十三届四中全会后，以江泽民为核心的第三代党的中央领导集体进一步把精神文明建设提到更加突出的地位。1996 年 10 月十四届六中全会通过的《中共中央关于加强社会主义精神文明建设若干重要问

① 李长春：《准确理解社会主义核心价值体系的内涵》，《精神文明导刊》2007 年第 12 期。

题的决议》,在世纪之交,回答了在发展社会主义市场经济和对外开放的新的历史条件下如何建设社会主义精神文明的问题。它关于精神文明建设总的目标和要求是:以马列主义、毛泽东思想和邓小平建设有中国特色社会主义理论为指导,坚持党的基本路线和基本方针,加强思想道德建设,发展教育科学文化,以科学的理论武装人,以正确的舆论引导人,以高尚的精神塑造人,以优秀的作品鼓舞人,培养有理想、有道德、有文化、有纪律的社会主义公民,提高全民族的思想道德素质和科学文化素质,团结和动员各族人民把我国建设成为富强、民主、文明的社会主义现代化国家。这是党中央作出的第二个关于精神文明建设的专门决议。这个决议的内容明显具体化了,如"以科学的理论武装人,以正确的舆论引导人,以高尚的精神塑造人,以优秀的作品鼓舞人",很有提示和价值引导作用,但对于"什么是科学的理论"、"何谓正确的舆论和精神"等又缺乏明确界定,不利于一般民众清楚地把握要点,也就更谈不上践行贯彻了。

《公民道德建设实施纲要》的20字"爱国守法、明礼诚信、团结友善、勤俭自强、敬业奉献",可以说是非常具体和简单朴实,但由于没有把高低价值的层次性区分开来,没有明确指出高的价值追求,又会使人们感觉过于容易,好像任何人不需要特别努力就能做好,自然也很难激发人们对这些基本问题的驻足思考,更不用说去认真遵守和履行了。

2006年10月,党的十六届六中全会通过了《中共中央关于构建社会主义和谐社会若干重大问题的决定》,首次提出"建设社会主义核心价值体系",明确了社会主义核心价值体系的四个基本内容,指出"社会主义核心价值体系是建设和谐文化的根本",要"坚持把社会主义核心价值体系融入国民教育和精神文明建设全过程,贯穿现代化建设各方面"。2007年党的十七大报告在第一、四、七、十二项共四个部分又七次直接提到"社会主义核心价值体系",突出强调"建设社会主义核心价值体系,增强社会主义意识形态的吸引力和凝聚力";"切实把社会主义核心价值体系融入国民教育和精神文明建设全过程,转化为人民的自觉追求";"积极探索用社会主义核心价值体系引领社会思潮的有效途径"。

通过对比,可以很容易看出社会主义核心价值体系在理论上的巨大进步。一方面,社会主义核心价值体系避免使用一些惯常的相对空泛的价值提法,如“以为人民服务为核心,以集体主义为原则,以爱祖国、爱人民、爱劳动、爱科学、爱社会主义为基本要求”,而是用一些更有时代感和具体指向的提法,如“中国特色社会主义共同理想、以爱国主义为核心的民族精神和以改革创新为核心的时代精神”。尤其是社会主义荣辱观的八点具体规定,不但提法新颖,通过价值对比的形式达到强烈的警醒和引导目的,而且避免了以前仅限于概念对比的惯常提法,而是把一些基本的价值取向如集体主义和个人主义,以任何人都可以切实感受到的是非和荣辱这些基本做人底线的形式表现出来,并且语言生动,非常醒目,具有很强的现实针对性。社会上有许多人看重金钱、注重享乐、以自我为中心,但如果将他们简单定性为拜金主义者、享乐主义者或个人主义者,他们会觉得很过分,从而难以产生真正的检省意识,反而起不到警示作用。相反,我们避免这些大而空的概念的使用,而是就事论事,明确指出他们到底是见利忘义、损公肥私、不讲信用、欺骗欺诈还是好逸恶劳、骄奢淫逸、违法乱纪,那就有很强的针对性和震撼力,使每个人都会不自觉地扪心自问,从而起到应有的警示作用。

另一方面,社会主义核心价值体系不仅对于诸如“什么是科学的理论”、“何谓正确的舆论和高尚的精神”等有了明确界定,而且特别注重崇高的价值目标和基本的做人底线的有机结合,注重理论和实践的统一、知行合一,内容更具包容性和可操作性。比较而言,两个决议和公民道德实施纲要,前者重于强调社会主义、集体主义、爱国主义等抽象的基本价值,后者又过于局限于具体的道德规范,理论均缺乏全面性。中国特色社会主义事业的总体布局,已经明确地由社会主义经济建设、政治建设、文化建设三位一体发展为社会主义经济建设、政治建设、文化建设、社会建设四位一体,相应的,中国特色社会主义事业的价值目标,也已经更加明确地由社会主义物质文明、政治文明、精神文明三位一体的目标,发展成为社会主义物质文明、政治文明、精神文明和社会文明四位一体的目标。所以,社会主义核心价值体系不仅提出了精神文明的基本内容和方向，而且特别关注社会文明的贯彻实现，强调将其融入国民教育和精神文明建设全过程，而“八荣八耻”就是社会文明的具体的价值评判标准和行为规定，实践性强。也就是说，“八荣八耻”既注意提倡社会主义基本价值，引导人们摆正个人、集体、国家的关系，正确处理个人与社会、竞争与协作、经济效益与社会效益等关系，更注意强调广泛性的社会文明要求，注重确立全体公民普遍认同和自觉遵守的行为准则，即一些人之为人的维持社会存在的基本的底线、起码的是非、美丑和善恶界限。不能颠倒是非，以丑为美，以恶为善，以耻为荣，这应当成为我们这个社会的共识，也应当成为每个人做人的准则。是与非、善与恶、美与丑在程度上的差别，可能属于多元价值“见仁见智”的判断范畴，但判断的界限应以“八荣八耻”为标准。某个东西有多好有多坏，这是可以讨论的，但某个东西是好是坏是善是恶，应该有明确的主流价值取向。“八荣八耻”就这样为社会和人们提供了知荣明耻、褒荣贬耻、扬荣抑耻等具体的价值依据和评价标准。在是与非的价值判断上没有主流价值的导向，一个社会的道德生态就会荒漠化。相反，如果这些基本的是非界限和做人底线能被人们普遍认可和遵守，社会道德风气的改善和提高就会是自然而然的，崇高的社会主义人生价值观的贯彻执行也就有了坚实的基础。

社会主义核心价值体系和荣辱观的这种高低价值结合的逻辑层次性，是人们现实生活和道德水平提高的真实反映，对于揭示社会发展规律和为人们如何辩证地理解崇高的价值追求和基本的做人底线的关系提供了切实的内容，也为人们如何将崇高的价值追求和基本的做人底线有机结合起来提供了具体的努力方向和实施途径。具体来说，任何社会的发展都是有目的有意识的，需要远大理想和目标的指引，没有共同理想的社会只能是一盘散沙，会因各种反方向力的存在而彼此内耗，难以前进。所以，中国特色社会主义共同理想的确立，是社会发展的必然要求，为我国社会的发展进步提供了明确的方向。但是，中国特色社会主义共同理想如果离开了马克思主义的科学指导，就是一句空话，毕竟，正确理想的确立要以科学理论为依据，而马克思主义就是迄今为止揭示了社会历史发展规律的唯一科学的理论。在科学理论指导下的正确理想,如果不能得到人们的认可和信奉,也同样是空谈,而不能转化为实实在在的现实。因为从人的思想认识规律来看,对纯知识与意识形态的接受情况不同,纯知识以其真理性、科学性为人们所信服和接受,但意识形态的接受相比于"真","信"更关键,人们是否接受它主要取决于他对信仰对象是否"确信",而不在于信仰对象是否"确真",这也就是为什么一些邪教也有大批信徒的原因。所以,马克思主义和中国特色共同理想是科学,也不意味着会被人们自然而然地接受,还必须依靠民族精神和爱国精神的激发凝聚人心,并为之注入精神动力。社会主义荣辱观为社会的发展和共同理想的实现提供了具体的实践路径和价值标准。这是四个基本内容由高到低的演进过程和基本线索,可见,这四个内容是紧密相连的整体,不可分割。

三、社会主义荣辱观逻辑自洽的科学层次性和实践指导性

社会主义荣辱观的逻辑性和层次性主要不是理论上的推演,而首先是人们现实生活和道德水平提高的真实反映,对于提示人们如何辩证地理解崇高的价值追求和基本的做人底线的关系提供了切实的内容,也为人们如何将崇高的价值追求和基本的做人底线有机结合起来提供了具体的努力方向和途径。

(一)社会主义荣辱观的科学层次性及其辩证关系

社会主义荣辱观的八条内容,体现了鲜明的高低价值的辩证关系,是对人的价值实现和实践规律的科学把握。社会主义荣辱观将"以热爱祖国为荣、以危害祖国为耻"作为最高的价值取向提出来,而爱国又不能仅仅停留在口头和情感中,还必须体现在实实在在的行动中,那就要"以服务人民为荣、以背离人民为耻",通过服务人民实现个人价值,价值不是个人给定的而是社会赋予的。热爱祖国和服务人民,在当今时代就是要掌握科学文化知识,并通过劳动为社会创造财富,即"以崇尚科学为荣、以愚昧无知为耻"、"以辛勤劳动为荣、以好逸恶劳为耻"。既然人是社会存在物,他的社会劳动就必须在集体中以合作的形式来

实现,因此,团结互助、诚实守信就必然成为维护集体存在的基本道德规范,所以要"以团结互助为荣、以损人利己为耻","以诚实守信为荣、以见利忘义为耻"。而维持社会、集体的规范除了道德规范还有法律规范,法律规范是道德的底线,一个守法公民不必然是一个有道德的人,因此,社会主义荣辱观把"以遵纪守法为荣、以违法乱纪为耻"作为一个人的最低要求提出来。

这种由高到低的价值指向让我们充分认识到,一个人真的是要立意高远才能方向明确,有所作为,否则就会陷在个人利益的权衡中患得患失,正所谓"人无远虑必有近忧"。但是,崇高的价值不是空中楼阁,也不能仅限在美好的想象和愿望中,它需要一砖一瓦慢慢垒起,没有做人基本素质的确立,没有个人基本职责的履行,这些高的价值就只能停留在认识上而难以落实在行动中。高低价值是如此紧密地联系在一起,互相影响,缺一不可。但是,崇高价值的引领还是具有决定作用,因为没有崇高价值的引领,就难以使人具有明确的奋斗方向和坚守基本做人原则的勇气和毅力。正所谓做一件好事容易,难的是一辈子都做好事。而一辈子做好事,如果没有崇高的为国家和人民奉献的价值追求是不可能的。

人们一般倾向于认为,一个人只有为自己打算、为自己活着才会有竞争心和动力,才会过得好。其实,这种竞争心和动力如果没有一个更高的价值目标牵引,是不可能持久的,从而也注定不可能生活得好。因为仅仅是为个人的物质享受和精神价值很容易达到极限。财富积累到一定程度就会沉浸于享乐,名声达到一定程度也就不思进取,甚至违法乱纪。现实生活中这样的例子实在是太多了:把自己辛辛苦苦挣来的钱挥霍在吃喝嫖赌上,不但无益于社会也因此葬送了自己的生活;为自己艰苦努力得来的名声和地位沾沾自喜,缺乏更大的追求和关怀视野,也就必然会转向追求个人享乐,毁掉自己的一生。原河北省政府办公厅秘书、河北省国税局局长李真因受贿、贪污罪被判处死刑。他在反思自己走向毁灭的根源时说:"人可以没有金钱,但不能没有信念,丧失信念,就要毁灭一生。"

这种信念往低里说,就是人不能只为自己活着。往高处说,就是要为人民服务、为社会奉献。其实,不为自己活着的朴实信念,必然会把人引向更高的为社会、为人类服务的崇高信念追求上。因为,不为自己活着,就必然在处理索取与奉献、享乐与创造、个人与他人、个人与社会等各种人生矛盾时不仅想着自己,也想着别人。而心中有别人,就会自然看淡和正确处理很多利益冲突,心中坦然,所谓“君子坦荡荡,小人常戚戚”。而不为利益所羁绊,不会陷在患得患失的利益漩涡中不能自拔,就必然会始终把奉献、付出作为人生的目的,总在为社会的进步和发展尽自己最大的努力,从而逐渐把自己从小我提高到大我的精神境界,并在这一过程中感受到创造的快乐,感受到生命的价值和永恒意义。而这也就是正确和错误人生观的根本区别。错误的人生观错就错在它侵害了别人的利益甚至生命,把自己和他人、社会摆在了对立的位置。可见,一切人生价值观共有的核心问题就是“为什么人”(基本的就是“为我”还是“为他”)的问题,这是一个根本的问题,原则的问题。因此,为人民服务的人生观必然成为社会主义道德建设的核心,体现集体主义的价值原则。

应该说,当代大学生是有理想有崇高价值追求的,但是,由于受多种价值观念尤其是个人主义的影响,他们在价值选择和理想追求上存在很多困惑。一是在当前功利主义、拜金主义盛行的情况下,一些学生怀疑乃至放弃了自己以前的崇高理想追求,不再相信努力付出就有收获的人生真谛,不知道人生的路该怎样走。随波逐流心有不甘,仅为自己活着也很无聊,但想努力奋斗又觉得活得太累,不知道自己能否坚持住,也不确信值不值得,心中茫然不知所从。还有的学生干脆不再考虑什么人生价值追求问题,倡导所谓“我平庸,我快乐”的生活理念,因为“追求为痛苦之源,平庸为快乐之本”。二是由于我们以往极端地强调为集体、为他人的无私精神,甚至个人正当利益都不能提及,致使他们对为人民服务、集体主义原则等存在很多误解。因此,教育引导大学生正确定位人生、选择崇高有价值的人生,不仅有利于他们个人的健康发展,对于社会的发展也是至关重要的,毕竟他们代表国家的未来。而且,越是优秀的群体也越容易接受崇高的理想和价值追求,孟子曾经说过:“无恒产而有恒心者,唯士为能。”大学生是最容易从价值低谷中崛起的群体。

我们认为,大学生对为人民服务、集体主义原则的误解至少有两个关系需要澄清,这也是大学生对为人民服务人生观产生错误认识和逆反抵触心理的两个主要问题。这个人生根本问题弄明白了,功利主义和拜金主义对大学生的不良影响也就很容易消除了。

一是无私奉献和个人利益的关系。倡导无私奉献不是否定个人的正当利益。"无私"不是不要私利,而是强调索取不应成为奉献的目的和动机,即奉献者在为社会和他人作贡献时,不以获得报酬为前提,不计较报酬的有无和多少。很显然,道德高尚的人可以做到不带任何自私自利之心为社会、为他人和为国家献身,但也无法做到任何工作都不要报酬。再通俗些来理解,"无私"就是没有多余的私。或者可以直接把"私"理解为过度的、膨胀的、不正当的利益。因为在古人那里,"私"本来就不包含正当利益,所谓"私"就是不正当的利益、膨胀的人欲。正当的个人利益不是"私",也是公的,是符合群体利益要求的。朱熹讲"存天理,灭人欲"并不是要消灭、禁绝人的一切欲望,而只是禁绝那些不符合公理和群体利益的过度的人欲。可见,我们以往之所以觉得"无私"高不可攀、不符合人性,是因为对私的理解极端化了。其实,如果我们再切实一点理解国家倡导无私奉献的目的,就会发现它主要是在倡导人们要有高的精神境界追求,本来就不包含否定个人正当利益的意思,否则,这不与多劳多得的社会主义按劳分配原则矛盾了吗?而且,实际情况也是,真正无私奉献的人,他们作出贡献后都得到了社会、国家丰厚的回报。因此,是自私还是无私,其实就是一念之差,即行为动机是为我还是无我。但恰恰就是这一念之差显示做人境界的不同。只要动机是无私的,即使结果并没有达到为他的目的,也是道德行为,是奉献,如冒死下水救人,但未能救活。相反,虽然有的行为客观上是为他人了,但却不是道德行为,更谈不上奉献,如以捞取个人名利为前提的捐款捐物。由此可见,倡导无私奉献也不包含以实际贡献大小来论英雄的意思,奉献只是一种崇高的思想境界在行动上的体现,并不是非要惊天动地。人的能力是有大小,对社会作出的贡献(尤指物质贡献)也有大有小。但贡献有大小,精神可以无高下。当然,真正有奉献精神的人，他们又总可以在自己平凡的岗位上作出不平凡的业绩，或为国家作出突出贡献，创造物质财富，或为后人留下宝贵的精神财富。即使做不到这样，他们至少可以让自己周围的人感受到他们存在的意义，从而自己也生活得心胸坦然，这也就是精神价值追求的意义所在。可见，如果从这个角度来看无私奉献的提法，会感觉有点同义反复的味道，因为奉献本身就是无私的。的确，任何奉献都包含无私的成分，但是，毕竟无私的程度还是可以有差别的。这里，我很同意罗国杰教授对于奉献精神层次的理解。

他认为，奉献精神是有境界和层次之分的，大体来说，可以分为三个层次：无私奉献是最高层次；爱岗敬业是第二层次；助人为乐是第三层次。

无私奉献，就是把国家和人民利益放在首位，全心全意地为满足社会需要而贡献自己的一切。这里的“无私”不仅仅是没有利己动机的问题，而是其境界已超越于一切功利、舍弃了个人利益、不计较任何报酬，把维护国家利益、保障社会安宁、谋取他人幸福作为自己整个人生的目的。这是奉献精神的最高层次。可以说，社会各个领域的最优秀者都在某种程度上接近这种境界。

爱岗敬业是奉献精神的第二层次，是社会主义基本道德规范的重要要求。可能很多人会认为，干好本职工作不能算奉献。对此，我们也赞同，正如有人说：“拿了工资，就要把本职工作干好，就要完成任务。”但是，“爱岗敬业”、“尽职尽责”不同于一般的“在岗从业”、“拿一份钱干一份活”，它要求一个人必须对自己的工作有一种极端负责任的意识和态度，特别是当工作中遇到困难、出现不公时，仍能忠于职守，做好工作。真正爱岗敬业的人都更看重贡献，而看轻报酬和回报的多少，所以这种对工作的极端负责，对岗位的热爱，已经突破了一般的“在岗从业”的范围，超越了“按劳分配”的界限，升华了“完成任务”的局限，具有了更高层次的“责任意识”，所以可以看作奉献精神的第二层次。虽然现在社会的职业道德方面存在很多问题，但是这样恪尽职守的人还是很多的。

“助人为乐”、“志愿行动”、“爱心活动”等属于奉献精神的基本层次。中国有句古话:“勿以善小而不为,勿以恶小而为之。”这就是说,在日常生活中多做有利于他人、有利于社会和国家的事情,尽管这些事都属于小事,但是“积善成德”,这种小事也体现出对他人、对社会、对国家的奉献精神。我甚至认为,恰恰是这些不起眼的小事,很能衡量一个人的道德水准。毛泽东同志评价雷锋的话我们很熟悉也很赞同,一个人做一件好事不难,难的是一辈子做好事。[①] 可见,要做好这些不起眼的小事,其实也要由为人民服务的精神追求所牵引。所以,奉献是有层次性,但在能为他人、为人民、为社会着想这一基本价值取向的理解上又是没有层次的。这也就是高低价值之间为什么能够互相促进的根本原因。

二是贡献与索取的关系。贡献与奉献虽然只是一字之差,但意义却很不相同。如果说奉献强调的是行为的动机,那贡献就是指行为的结果。奉献主要表现为精神境界的不同,贡献则主要表现为创造财富的多少。从社会主义按劳分配原则出发,贡献与索取应该相等,这没有错,而且也是社会公正的基本表现。但是,“必须”二字太绝对,因为这只是对贡献与索取关系的一种认识,多贡献、少索取的大有人在,而索取高于贡献的也不乏其人。从绝对平等的角度来理解贡献与索取的关系,毕竟还只是停留在法律的基础上,只看到了个人权利、个人利益的正当性,而没有再进一步对个人权利、利益上升到道德层面的认知。因为,国家能否保证公平和个人要求公平的回报不是一回事。前者主要具有法律意义,而后者主要指道德意义。个人对于贡献和索取关系的不同理解,恰恰可以反映人的境界的高低。真正坚信人生价值在于奉献的人,也就自然不会计较太多利益得失,功利主义的算计也就不可能影响他们。

而当代大学生缺乏的恰恰就是这种坚定的人生信念。他们是有理想,也希望脚踏实地一步步实现自己的理想,可是,一旦遇到挫折,有限的经历和阅历使他们难以从容地把握理想与现实的空间距离,对理想实现的艰难过程缺乏足够的思想和心理准备,对个人利益患得患失,结

---

① 罗国杰:《听八方热谈论谈我看奉献》,《人民日报》2003 年 6 月 17 日,第 5 版。

果是理想与行动脱节，不能用理想指导实践、引领生活，理想也随之因为意志薄弱、缺乏执著信念而破碎，从而经常陷于理想选择的动摇和迷茫之中。因此，大学生要真正树立起人民服务的人生观，首先要有对人生价值的正确理解，而正确价值的坚守靠的就是为他人付出的坚定信念和日常生活的磨炼。

（二）社会主义荣辱观的实践指导性

社会主义荣辱观蕴含的高低价值的辩证关系和层次的科学性，不仅明确了高的价值追求的意义——任何社会和个人只有立意高远才能方向明确，有所进步，更科学总结了人们的价值提升和道德水平提高的由低到高的客观规律，从而为每个人追求崇高的人生价值提供了具体的途径和方向：一个人首先要遵纪守法，然后才可能在个人道德修养上有良好的发展，而个人道德水平提高的极限就是把自己和社会、国家、人民的命运紧紧联系在一起。最后一条“以艰苦奋斗为荣、以骄奢淫逸为耻”既是针对社会主义初级阶段的社会现实，强调艰苦奋斗的时代意义，也有统贯各种价值追求的意味。说到底，不论处在何种社会条件下，一个人要实现价值都必须艰苦奋斗，艰苦奋斗的侧重点在“奋斗”上。没有奋斗也就没有价值实现，低的价值的实现是这样，崇高价值的实现更是这样。

以爱国为例，这一崇高价值的实现不是存在于思想中，也不可能建立在夸夸其谈上，而是要实实在在地从基本的日常行为做起、从点滴做起。

应该说，大学生与社会其他人相比，不缺乏爱国主义的理性思考，他们对于为什么要爱国、怎样爱国等问题有很多思考，说起来头头是道，而且也知道要把爱国的情感切实贯彻到日常的学习生活中，注重从自身做起，自觉完善自己。我们这种观点与一些研究者的看法正好相反，他们认为大学生和其他群体一样，也是对于爱国主义传统和内容缺乏系统的了解，他们有朴素的爱国热情，但缺乏对爱国主义的理性认识。其实，我们知道，大学生对爱国主义和其他道德规范理论上都是了解的，但这种了解更多是停留在认知层面，缺乏贴心的体会和理解，更缺乏脚踏实地、默默奉献、持之以恒坚守的思想准备。大学生的实际情况为我们提供了足够的论据，也促使我们思考到底应该如何切实加强大学生爱国主义教育：爱国的大学生为什么缺乏基本的学习动力？为什么口口声声要报效祖国的大学毕业生，却都到国外、外企、到挣钱多的地方去了？一个爱国的人为什么连基本的公德都不能遵守，随地吐痰、乱闯红灯者大有人在？一个爱国的人为什么连自己的生命都不珍惜，对小动物也缺乏起码的爱护？

当然，这些状况并不代表大学生的主流，造成这些状况的原因也是多方面的，并不仅仅是大学生本身的问题，而且，我们也不能绝对肯定这些当事者一点爱国精神都没有。但是，不可否认，这些状况的确反映了大学生在爱国问题上的知行不一。而这又与我们以往教育的偏差密切相关。长期以来，我国家庭教育和学校教育由于受应试教育模式的影响，不少父母和教师心目中的"好孩子"、"好学生"的衡量标准就是学习成绩。他们过多注重学生的智育，而忽视了道德素质的教育。而道德教育和人生观教育又过多关注知性层面的理论灌输，注重一些较高精神境界的教育，却忽视了做人基本素质的教育，忽视了对学生情感、意志、行为的培养，忽视了对学生内心世界的塑造和自我教育、自我约束能力的培养，对知行统一的关注相对不足，尤其是对学生道德情感和习惯的培养，以及道德信念的形成等缺乏应有的关注和具体的指导。或者说没有把那种朴素的爱国情感与理性教育相结合，以理性来强化情感，提升情感，通过道德践行循序渐进地由爱父母、爱同学、爱自然的教育慢慢提升到爱国的高度，而是仅仅在理论上强调树立爱国主义远大理想的重要，从而使学生形成了好高骛远的价值偏向，认为人生就是要做大事、成就轰轰烈烈的人生价值，所以很自然地看淡日常小事对人的意志品质的形成和崇高人生价值实现的作用。当然，日常道德的养成并不是崇高理想实现的充分条件，即并不是只要注重日常道德的养成，只要做好小事就一定能成就伟大事业，这还取决于你是否有更高的价值指向、是否有坚定追求的信念和意志。但是，毕竟道德情感是所有这一切的基础。一个连父母、亲人都不爱的人，我们很难设想他会去爱他人、爱集体、爱祖国，更不能想象这种没有根基的爱国之情在他遭受不公、国家不能满足他的个人需要时还能保持。

我们认为，以小见大，从点滴作为来培养牢固的道德情感，这是对人的道德情感和道德品质形成的客观规律的正确把握，也是人类长期历史实践的经验总结。通过日常养成，基本的道德情感培养起来了，那么，个人在从家庭到学校，再到社会、国家时，不仅伴随着活动境遇的自然扩展，也伴随着基本情感的自然扩展，爱国就是人的感情自然而然发展起来的最高形态，并不高远，而各种情感的发展归宿也必然是责任和行动。对此，有的大学生说得特别好：“我是国家的一员，因此对国家的太平与富强有责任；我是社会的一员，因此对别人的生活的方便有责任；我是家庭的一员，几年后，更是家庭的主人，因此，我对家庭有着很大的责任；我也将成为某个工作集体中的一员，因此我对集体的进步也有责任。”但是，这里还是要提醒大家，不能把这仅仅停留在认识层面，而是必须通过脚踏实地地付出真正培养起道德情感，才能让责任成为内在的约束。

这就是高低价值之间的辩证关系，这种辩证关系在爱国主义这里可以诠释得最为充分，因为爱国主义既是首要的、最基本的道德规范，也是最高的道德和价值要求，是远大理想的集中体现。没有基本的道德情感和素养的养成，不可能建立起最高最重要的爱国主义的道德品质，同样，离开了爱国主义这一最终目的，基本的道德素养也难以真正实现，毕竟所谓个人道德素养的高低就主要表现在对个人利益、集体利益和国家利益的矛盾处理中，而真正具有高的道德素养的人自然会看淡个人利益的得失，以集体和国家利益为重，国家利益是他们思考问题的出发点和价值判断的准则。这不是唱高调，而是许多典范人物真实生动的人生写照。被誉为“当代毕升”的北大教授王选，在为祖国奉献了毕生精力、创造了辉煌的人生业绩后，想到的不是国家应该给予他什么，而是直到去世还念念不忘为国家分忧解难，并因为自己为祖国作出了一点贡献而死而无憾。他在遗愿中这样写道：“一旦病情不治，我坚决要求安乐死……我不愿浪费国家和医生们的财力物力和精力……我能够在有生之年为此（祖国富强）作了一点贡献，已死而无憾了。”

苏联著名教育家苏霍姆林斯基也一再强调人的爱心、同情心对爱国主义的基础和决定作用，并特别重视在劳动和日常生活中培养学生的敏感性、同情心和责任感，从而把爱国这一人的基本情感和爱国主义这一最高道德要求通过日常实践紧密地联系了起来。

他说："我们最重要的教育任务是要在我们公民的心灵中树立起一种对于祖国的敌人毫不妥协的精神，准备好去和蓄意侵犯祖国的自由和独立的人进行殊死搏斗。但是，谁要是没有受过关于仁慈、诚恳和同情的教育，他也就没有憎恨敌人的高尚情操。因为勇敢精神是人类高度仁慈的表现。"[①]苏霍姆林斯基认为情感是道德信念和精神力量的核心和血肉，没有情感，道德就会变成枯燥无味的空话，只能培养伪君子。他曾正确地断言，没有细腻的情感、缺乏同情心的人，是不可能有崇高的道德品质和道德理想的。因为缺乏同情心就会对人漠不关心，并从漠不关心发展到自私自利，从自私自利发展到冷酷无情。这一见解看似简单实则极为深刻，自私、以自我为中心的人是不可能真正爱别人的。现在很多大学生的负性事件都有力地证明了这一点：因为失恋而伤害对方不可能是真爱，而是典型的自我中心的表现；以科学研究的名义伤害黑熊，也不可能是真爱科学，而是感情冷漠的表现，因为真正爱科学、致力于科学的人，必然是基于对人类的深深的爱，希望用科学为人类造福。可见，在"爱"的名义下有太多对"爱"的混乱理解。其实，爱既平常又伟大，平常得让我们许多人认为甚至是与生俱来、不需要培养的自然情感，但爱又实在是伟大的，因为爱的本质就是无私，就是奉献。

所以，爱心的养成，必须首先立足于基本的道德情感的培养，从关心、爱惜和惦记一切有生之物和美好的东西做起，才能培植起爱国主义的高尚道德，而只有达到爱国主义基础上的爱才是真正的爱，才是最高层次的爱。正如苏霍姆林斯基所说的："掌握了最基本的道德素养之后，学生们就能认识到，共产主义实质上就是仁爱和道德的最高形式，是吸取了人类最宝贵的道德财富的思想和信念的体系。如果不具备这个最基本的素养，一个人在道德发展方面就会一无所获。对于这样的

① 苏霍姆林斯基：《公民的诞生》（黄之瑞等译），教育科学出版社 2002 年版，第 216 页。

人来说，共产主义道德的思想和原则——热爱祖国，忠于人民的理想，在为祖国的自由、荣誉、独立、庄严和富强而进行的斗争中所表现出的坚忍不拔和英勇顽强的精神——都将成为不能理解的东西。”[①]现在一些学生嘲弄崇高、迎合低俗，认为这才是所谓现实的人的生活，殊不知，这实在是把人这种高贵的动物——以精神和理想存在为本质的人降格了。纵观古今中外的历史，我们看到，各行各业有所成就的人都是爱国的。所以，我们非常赞同苏霍姆林斯基的话，“一个真正热爱祖国的人，在各方面都是一个真正的人”[②]。大学生作为社会的优秀分子，更要自觉地树立爱国主义理想，时刻注意把爱国之情、报国之志化作爱国之行，言行一致。虽然我们当中的很多人可能最终并没有为国家作多大贡献，但是国家兴亡、匹夫有责，“位卑未敢忘忧国”。只要我们注意确立爱国信念，做好自己的本职工作，就都可以算是一个爱国主义者了，我们所反对的主要是不付诸实践的空头爱国者。正像有的学生所说的，爱国首先要爱人。能够以一颗真诚的心去关心身边的人，关心祖国的人民，都是真正爱国的人。社会主义荣辱观就是这样为人们践行高低价值追求提供了具体的方向和途径。

① 苏霍姆林斯基:《公民的诞生》(黄之瑞等译)，教育科学出版社 2002 年版，第 219 页。

② 苏霍姆林斯基:《给儿子的信》(张田衡等译)，教育科学出版社 1981 年版，第 39 页。

我国思想政治教育课程的发展规律和建设经验

——一项基于思想政治理论课早期发展史的分析

宇文利

从最早在革命战争年代开设马克思主义理论教育课程这一宽泛意义上说,思想政治教育课程迄今已有90余年的发展和建设的历史。即便从狭义上即思想政治教育作为学科和专业设立上来说,思想政治教育课程也已有近30年的建设历程。在这段时期内,思想政治教育课程的发展展现了一些基本规律,在课程建设方面也积累了一定的经验。本文结合着我国思想政治理论课和思想政治教育课程发展的历史,从整体论和系统论的思维出发,将二者视作一个不可分割的总体,对课程的发展规律和建设经验做些探讨。

一、思想政治教育课程的发展规律

课程是人类的主观思维和客观世界相结合、主观见之于客观的产物。课程的发展过程受到来自于主观、客观两个世界中诸多因素的影响和制约,也反映主观的思维规律和客观的自然规律。恩格斯指出:"思维规律和自然规律,只要它们被正确地认识,必然是互相一致的。"[①]在现实状况中,课程的发展是主观认识规律和客观规律相互作用、有机统一、保持一致的结果。在这种主客观规律的相互作用、统一和保持一致的现实情况中,潜藏着课程发展的规律和线索。思想政治教育课程是一类特殊的课程,其阶级性、政治性和意识形态性的本质决

---

① 《马克思恩格斯选集》第4卷,人民出版社1995年版,第334页。

定了在一般性的课程规律之外,它还具有自身特殊的发展规律。但是,不管有多么特殊,课程发展的规律归根结底也是要符合辩证法规律并需要从辩证法的规律出发来加以解释的,因为"辩证法的规律是自然界的实在的发展规律,因而对理论自然研究也是有效的"①。我们认为,思想政治教育课程的发展规律主要有以下几条:

(一)与社会的经济基础和时代的根本要求保持一致

从本质上看,思想政治教育课程属于意识形态教育的一种特定的方式。根据马克思主义的辩证唯物主义,意识形态是社会的上层建筑,最终是由社会的经济基础决定的,思想政治教育课程的发展必然由产生它的那个阶级和所处社会的经济基础及其时代要求来决定。恩格斯指出:"阶级斗争的各种政治形式和这个斗争的成果——由胜利了的阶级在参加者头脑中的反映,政治的、法律的和哲学的理论,宗教的观点以及它们向教义体系的进一步发展。这里表现出这一切因素间的交互作用,而在这种交互作用中归根到底是经济运动作为必然性的东西通过无穷无尽的偶然事件(即这样一些事物和事变,它们的内部联系是如此疏远或者是如此难于确定,以致我们可以认为这种联系并不存在,忘掉这种联系)向前发展。"②换言之,思想政治教育课程发展的内部支配规律之一,就是其发展必须与社会的经济基础和时代的根本要求保持一致。这意味着思想政治教育课程的发展必须与它所服务的阶级所占有或争取获得的生产力和生产关系形式及其变革相符合。而要做到这一点,就需要改变与时代精神不合拍的旧的不合理的经济形式及建筑于其上的教育及课程制度,创造和维护新的植根于本阶级的经济基础及时代使命的经济形式以及建筑于其上的教育模式和课程制度。

从历史上看,思想政治教育课程的变迁多是伴随着重大的社会变革,应时代之运而发生的。新民主主义革命时期,中国共产党领导的在苏区和根据地、解放区的大学中的思想政治教育课程,无论是在主题还

① 《马克思恩格斯选集》第4卷,人民出版社1995年版,第311页。
② 同上书,第696页。

是在内容上都与中国工农革命的基本任务、社会基础和当时无产阶级革命时代的特征相吻合。中华人民共和国成立后,思想政治教育课程又应当时社会变革和时代要求而进行了调整和变革。当时的《中国人民政治协商会议共同纲领》就要求“人民政府应有计划有步骤地改革旧的教育制度、教育内容和教学法”①。这其中显然也包括对思想政治教育课程的改革。而探索中国特色社会主义道路和改革开放新时期以来,思想政治教育课程所经历的多次调整和变迁,无疑也都是和当时的社会经济基础以及时代要求相一致的,这种一致性体现在,思想政治教育课程在发展主线、课程主题和思想内容上都反映社会和时代的精神。总的来说,社会经济基础和时代要求决定了思想政治教育课程的本色和实质,与它们相一致是思想政治教育课程发展的基本规律之一。

(二) 由党的中心工作和任务来决定

思想政治教育课程是党领导进行意识形态斗争和意识形态教育的武器,其主题和要义理所当然地是根据党的中心工作和任务来安排的,其发展和变化也是由党的中心工作和任务来决定的。中国共产党成立初期,由于需要传播和进行马克思主义理论教育,因此当时在工人中进行革命教育的核心任务就是“提高工人的觉悟”,“除非常必要的情况外,不应教若干门不同的课程”。② 到了第一次国内革命战争时期,思想政治教育课程的主题是要反映并有助于推动轰轰烈烈的工农革命,其内容一方面是教授马克思主义的基本思想理论,另一方面是以关于中国社会中劳动、农民和工运等为命题,讲授国民革命、社会发展、帝国主义侵华和社会运动方面的内容。抗日战争时期,集中一切力量抵抗日本帝国主义的入侵,消灭日本企图灭亡中国的野心是当务之急。故此,毛泽东结合长期抗战、争取最后胜利的情势,指出:“实行抗战教育政策,使教育长期为战争服务”,“在一切为着战争的原则下,一切文化教育事业均应使之适合战争的需要”。为此,抗战的课程政策就是“改

① 《建国以来重要文献选编》第1册,中央文献出版社1997年版,第11页。

② 中央档案馆编:《中共中央文件选集》第1册(1921—1925),中共中央党校出版社1989年版,第7页。

订学制，废除不急需与不必要的课程，改变管理制度，以教授战争所必需之课程及发扬学生的学习积极性为原则”[1]。在革命根据地中，思想政治教育课程的制定规范是：“既然根据地干部的中心任务是战争和生产，我们的干部教育，无论名目过去叫做中学、师范、大学、学院或训练班，就应该把指导战争和生产实际需要的知识列为课程，来部分地或全部地代替那些为升学考试而存在、为所谓正规化而遗留的课程。”[2]关于课程设置的原则，“这要看各根据地的情况、学生的成分、学校的性质和形式来决定，刻板的科目表是无益的。一般地说，我们应该减少一些课程，改变一些课程，增加一些课程”[3]。对于干部学校旨在进行思想政治教育的课程，则“首先要学根据地概括或根据地建设一类的课程，并且应该使它成为全部课程表和全部学习过程的灵魂。工作中的各种具体任务，凡有比较复杂的技术，需要单独讲授的，都应该列为被重视的课程”[4]。正是依据这样的原则，才设置了诸如包括战争性质、敌我力量对比、日寇侵华史、中华民族的优良传统、持久战研究，和抗战史观等在内的民族解放教育、包括抗战建国纲领、政党研究、政党与抗日政权、军民关系、“三三制”政权形式和敌后经济建设等在内的政治常识类的具体课程。建国后，进行社会主义中国的建设成为党的中心工作和任务，思想政治教育课程的主题也就转移到这上面来了。1950年8月14日，教育部颁行的《关于实施高等学校课程改革的决定》鲜明地提出，全国高等学校的课程必须“力求与国家建设的实际相结合”[5]。当时的政治课主要讲授马克思主义理论，同时围绕着总结新民主主义革命的经验、探索社会主义革命和建设的方略进行设置和安排。改革开放以来，思想政治教育课程的主题随着党的中心工作和任务发生了转变，逐步过渡到以马克思主义中国化理论、当代中国特色社

---

① 中央档案馆编：《中共中央文件选集》第11册（1936—1938），中共中央党校出版社1991年版，第616页。

② 《根据地普通教育的改革》，《解放日报》1944年4月7日。

③ 《论普通教育中的学制与课程》，《解放日报》1944年5月27日。

④ 同上。

⑤ 刘光主编：《新中国高等教育大事记（1949—1987）》，东北师范大学出版社1990年版，第15页。

会主义建设实践为主线来进行思想、理论、政策和时事教育。从上述发展线索来看,思想政治教育课程的发展是紧紧围绕着党在不同时期的中心工作和任务来布局、设置的。这一方面是课程内在性质的要求,另一方面也是课程特殊发展规律的体现。

(三)受知识水平和教育目标的影响

知识水平和教育目标都是与课程密切相关、直接影响到课程发展的重要因素。在一个既定社会形态中,知识的质量、增量和发展水平决定着课程内容的质量、增量和发展水平,教育目标决定课程目标。因此,课程的发展难免会受到知识发展水平和教育目标的影响。这是课程发展的普遍规律,也是思想政治教育课程发展的基本规律。我们知道,思想政治教育课程具有鲜明的目的性、思想性和知识性。其中课程的目的性是受教育目标制约的,思想性和知识性也是结合在一起的。没有教育目标,思想政治教育课程不称其为思想政治教育课程,思想性如果脱离了知识性也难以完成其向课程的转化,难以完成其教育教学的实现。这样一来,思想政治教育课程除去要按照既定的教育目标而进行思想训育外,也必须进行社会的政治、经济、制度、时事等各方面的知识的传递,以便从思想、逻辑和知识经验上培育出相对完整和全面发展的人才。

纵观思想政治教育课程发展演变的历史,我们不难看出,思想政治教育课程的稳定性和变动性与知识水平及教育目标之间的关系极其密切。一般来说,如果社会的知识水平和教育的根本目标保持恒定,课程乃至思想政治教育课程也就不会有多大变化。只要社会的总体知识形态特别是与思想政治教育密切相关的特定领域内的知识水平有了变化,思想政治教育课程的内容势必要随之而更新;只要社会的总体教育目标特别是思想政治教育的培养目标有了调整,思想政治教育课程的内容也必然会随之发生改变。在一定程度上说,思想政治教育课程的添置和删减以及其主线和内容的变更,都受到了当时的知识水平和教育目标的制约,并以它们为直接或间接的规范和标准发生变动。这在革命时期是如此,在建设和改革时期也同样如此。故此,受知识水平和教育目标的影响也是思想政治教育课程发展的基本规律之一。

（四）与学生的成长需要相吻合

学生是课程直接作用和服务的对象，是与课程应用的关系最直接、最密切的群体之一。一般情况下，学生的成长需要会在教育目标和教学目标中得到显示，但必须在课程实施过程中得到落实。思想政治教育课程是从思想上、人格上和精神上塑造具有高尚的政治觉悟、敏锐的政治思维、崇高的道德情操的特殊课程，与学生成长的需要联系较一般课程更为紧密。从学生的角度看，他们对于思想政治教育课程及其思想内容的学习兴趣、信任程度、认同水平和践行意志都是和他们自身的需要紧密结合在一起的。马克思和恩格斯曾经指出，需要是人们活动的原动力，“他们的需要即他们的本性，以及他们求得满足的方式”①。学生的成长需要决定了学生对于教育教学以及课程的包容性和接受度，这贯通于他们对于思想政治教育课程的感知和理解中，往往也会在课程的设置模式和思想内容的变革中体现出来。这样看来，思想政治教育课程变化中要与学生的成长需要相吻合便成为了该种课程发展的一个基本规律。

思想政治教育课程反映学生成长需要这一规律在其发展历程中得到了明显的体现，其中最直观的体现就是思想政治教育课程数量、内容和结构模式的变化是要与学生的成长需要相吻合的。例如，毛泽东在1939年要求根据地的抗日军政大学在政治课课程内容上必须教列宁主义，因为这是由在政治上武装学员干部们的头脑的需要决定的；他1957年要求大学加强思想政治教育和改进思想政治教育的同时也要求削减课程、要求政治课联系实际、生动有趣，不要教条化的课程，其原因也是由当时学生的成长需要决定的。就像他指出的，课程要减少，分量要减轻，减少门类，为的是全面发展。② 再如，不同时期内思想政治教育课程体系内的马克思主义理论几个组成部分的组合与拆解、建国前后和改革开放后80年代基于学生的思想状况以及亟待道德品质教育的需要而增设、调整共产主义品德课程，乃至在不同时期内反复调整

---

① 《马克思恩格斯全集》第3卷，人民出版社1960年版，第514页。

② 《毛泽东文集》第7卷，人民出版社1999年版，第247—248页。

和变革的时事教育和形势政策教育等，无不是基于时代的变化和学生成长的现实需要。思想政治教育课程尊重和遵循学生成长的需要而发展的规律，实际上也反映了思想政治教育课程能够获得发展的活力和动力的源泉之所在，故此也是思想政治教育课程建设不可摈弃的规律之一。

二、思想政治教育课程建设的历史经验

在过去数十年中，思想政治教育课程的发展给我们展示了其富于动态变化和不断变革创新、在调整中进步的一面。但是，这种发展变化和创新进步并不是任意而未加控制的，而是在中国共产党的领导和指导下取得的。换句话来说，思想政治教育课程的发展过程实际上也是一个积极建设的过程。在这个过程中，思想政治教育课程的建设积累了一些初步的经验。这些经验对于未来的课程建设和发展具有指示和启发意义，值得认真总结和吸取。

（一）思想政治教育课程建设必须坚持党的领导和指导

思想政治教育是无产阶级政党创造的革命教育形式，是无产阶级从事革命实践过程中进行经验总结和理论概括的成果。思想政治教育课程是进行思想政治教育的基本形式，是进行革命思想和政治意识灌输的基本途径。思想政治教育以阶级性和政治性为本质属性，这就决定了思想政治教育课程的党性特征。由其产生的根源和内因所决定，思想政治教育课程从一开始就与党的领导和指导紧密地结合在一起。事实上，正是因为有了党的领导和指导，思想政治教育和思想政治教育课程才得以创造、产生和发展。因此，思想政治教育课程坚持党的领导和指导，是由其内在的本质的属性所决定的。与此同时，思想政治教育课程的功能和目标是围绕着培养合格的人才而制定的，人才合格与否不能脱离开一定的阶级标准，因此也就不能脱离开党的领导和指导。思想政治教育课程坚持的党的领导和指导，是政治领导和政治指导，即政治原则、政治方向上的领导和指导，并不意味着党要包办一切思想政

治教育事务,也不意味着思想政治教育课程就是党务课程。从基本原则和方向上看,思想政治教育课程必须反映党所追求的思想、理论、主张、纲领、路线、方针和政策,反映党的政治意志和政治要求,这一点是确定无疑的,不坚持这一点也就不能坚持思想政治教育和思想政治教育课程的本质属性。这是思想政治教育不同于一般教育、思想政治教育课程不同于一般课程的地方,也是思想政治教育和思想政治教育课程的特质所在。

中国共产党一贯重视对思想政治教育及其课程建设的领导,始终把思想政治教育作为其他一切工作的生命线,作为党和国家各项任务的中心环节。在革命战争年代,毛泽东指出:“掌握思想教育,是团结全党进行伟大政治斗争的中心环节。如果这个任务不解决,党的一切政治任务是不能完成的。”[①]社会主义革命和建设时期,他又指出:“思想工作和政治工作,是完成经济工作和技术工作的保证……思想和政治又是统帅、是灵魂。只要我们的思想工作和政治工作稍微一放松,经济工作和技术工作就一定会走到邪路上去。”[②]在中国共产党领导中国革命和社会主义建设的历程中,思想政治教育的称谓有过多种形式,思想政治教育课程也在发展中经历着从内容到方法的变迁,但思想政治教育和思想政治教育课程坚持党的领导与指导的性质和角色都没有改变。无论是在历史上还是在现实中,党的领导和指导都是思想政治教育得以开展的保证,也都是思想政治教育课程沿着正确方向发展的保障。脱离了党的领导和指导,思想政治教育和思想政治教育课程同样会失去方向和灵魂,走到邪路上去。在这个意义上,坚持党的领导和指导,不仅是革命和建设工作的需要,也是思想政治教育及课程发展历史的经验总结。

(二)必须从实际出发安排课程的内容和结构

从实际出发是马克思主义思想和工作方法的精髓,是中国共产党的优良传统和思想优势。毛泽东曾经指出:“我们讨论问题,应当从实

---

① 《毛泽东选集》第3卷,人民出版社1991年版,第1094页。
② 《毛泽东文集》第7卷,人民出版社1999年版,第351页。

际出发,不是从定义出发。……我们是马克思主义者,马克思主义叫我们看问题不要从抽象的定义出发,而是要从客观存在的事实出发,从分析这些事实中找出方针、政策、办法来。”①从实际出发是尊重客观事实的表现,也是发现解决问题思路的规律所在,它适用于一切工作,也是最科学的思路。思想政治教育植根于革命和建设的实践,是和客观的事实紧密结合在一起的。这样一来,无论是从理论事实的角度还是从实践事实的角度,思想政治教育课程都不能脱离开实际和事实,不能丢掉其科学性和对客观事实的尊重与发现。思想政治教育课程对事实的体现是多方面的,其中最主要的是课程的内容和结构。课程内容对事实的体现,要求内容必须具有真实性和客观性,必须对事实有理性的发现和解释。课程结构对事实的体现,要求结构必须具有科学性和逻辑性,必须对事实有合理的尊重和揭示。概括而言,所谓从实际出发安排思想政治教育课程的内容和机构,其基本要求是课程的内容和结构必须充分考虑到三方面的实际:一是教育目标和教学目的的实际,即要培养什么样的人,他们需要获得哪些思想素质;二是课程内容必须和社会实际相结合,根据社会客观需要制定,包括全国的情况、党的中心任务和一般任务、各地革命或建设的实际、地区间的经济与文化差异、学习生活和斗争的实际等;三是学生的实际,包括他们的文化程度、思想意识、成长环境、生活习惯和个性差异以及其阶段性发展和进步的具体情况。

从实际出发安排思想政治教育课程的内容和结构不是抽象的口号,也不是单凭想象就能得出的结论,而是思想政治教育课程建设的经验总结。我们知道,思想政治教育课程从出现到现在已经经历了内容和结构上的多次的变革与调整,期间不论是课程内容的增删,还是课程结构的变动都不是凭空发生的,而是根据发生了变化的事实及其要求做出的,是尊重并从实际出发而产生的结果。举例来说,形势与政策课是在新民主主义革命时期就在党领导下的高校和干部培训学校中存在的一种思想政治教育课程,尽管当时课程的名字未必如此,但其反映的

① 《毛泽东选集》第3卷,人民出版社1991年版,第853页。

却是党所领导的轰轰烈烈的革命斗争的实践，讲解的是党的革命所面临的形势和环境，党的即时性的纲领、政策和革命策略等。但是，到了建国后乃至于改革开放以来，形势与政策这门课的课程内容显著地发生了变化和调整，侧重当时党领导社会主义建设和改革开放所处的国内外环境、所面临的形势和任务、所采取的方针和政策等。与此同时，思想政治教育课程具体科目之间的搭配及其逻辑也发生了时代性变化。这些变化，显然是回应实际之要求而安排进行的。照此来看，从实际出发安排思想政治教育的课程内容和结构，应当是该课程建设的重要经验。

（三）必须制定科学适宜的课程原则

课程原则是指导和规范课程存在与发展的基本准则，是课程建设必须遵循的规章。一般说来，课程原则具有预设性和规制性，为课程的建构提供方向性的指导。按照课程原则来建设课程，是符合课程发展惯例和建设走势的必然选择，也是保障课程实施的基本前提。思想政治教育课程的建设不是随意的，而是要按照既定的目标设置课程内容和结构、组织编订课程材料、进行课程研制、设计和开发、推进课程应用、课程实施和课程管理。多数情况下，贯通思想政治教育课程构建全过程、具有纲领性质和指导作用的准则，就是思想政治教育的课程原则。思想政治教育课程的有效应用和实施依赖于科学适宜的课程原则。所谓科学，即所提出的课程原则必须符合课程发展的规律，合乎学科的特点，具有科学性。所谓适宜，即所提出的课程原则必须适应于课程的静态保持和动态调整，贴近课程的本质，具有适应性。只有制定出科学适宜的课程原则，才能为课程的规范发展和建设成效提供保障。

中国共产党领导下的思想政治教育发展和思想政治教育课程建设，重视对课程原则的开发和制定，为保障思想政治教育课程效果提供了有益的尝试，同时也积累了宝贵的经验。比如，1949 年 7 月 26 日，华北人民革命大学在总结该校思想政治教育课程的开设情况和经验教训时有过这样一段描述：“我们采取了以历史唯物主义为中心，结合学生的思想实际，为本校基本教育方针，把学校作为‘思想战场’或‘政治工场’来办事。故应以系统地进行马列主义最基本的理论与思想教育为中心。既反对脱离思想实际的空洞的教条主义的教育,也反对零碎的片段的忽视理论学习的经验主义的教育。把理论学习作为改造思想的武器,把改造思想作为理论教育的直接目的,两者要密切结合,有步骤、有计划、有重点地实施。课程以少而精为原则,总的以历史唯物主义为中心,其中又以三个问题为主题,即劳动创造世界、阶级斗争和国家学说,配合中国革命基本问题及政治形势、国际主义、党史党纲党章等学习。"[①]这其中所提到的思想政治教育课程的建设原则,可以从多方面做出概括,如:实事求是,理论联系实际,有步骤、有计划、有重点,少而精等。诚然,这些原则是未加归纳的,也正如截至目前也没有经过系统化、整体性总结的思想政治教育课程原则一样,但它们无疑是思想政治教育与课程的原则,并且在实际运用过程中对该课程的建设起到了重要的指导作用。需要指出的是,在既有关于思想政治教育课程的纲要和规划中,显然可见一些富有建设性和指导性的课程原则。它们的科学引导和适宜运用,是保证思想政治教育课程良性应用和不断发展的基础。

① 中央档案馆编:《中共中央文件选集》第 18 册(1949.1—9),中共中央党校出版社 1992 年版,第 408—409 页。

六个"为什么"融入"概论"课教学的体会①

孙蚌珠

中宣部、教育部先后发出通知，要求各高校把根据中央部署、中宣部理论局组织编写的《六个"为什么"——对几个重大问题的回答》一书，作为大学生思想政治理论课的重要辅助材料，扎实推动中国特色社会主义理论体系"进教材、进课堂、进头脑"工作。本文拟就如何在《毛泽东思想和中国特色社会主义理论概论体系》（以下简称"概论"）课教学中开展推进工作谈些认识。

一、明确"六个'为什么'"和"概论"课教学的关系

（一）"六个'为什么'"是"概论"课教学中不能回避的重大问题

"概论"课教学以中国共产党把马克思主义基本原理与中国实际相结合的历史进程（即马克思主义中国化）为主线，以马克思主义中国化的理论成果（即中国化的马克思主义）为主题，以毛泽东思想和中国特色社会主义理论体系为基本内容，以中国特色社会主义理论体系为重点。目标是使学生从理论与实践、逻辑与历史的统一上理解马克思主义中国化的理论轨迹，系统地把握马克思主义中国化的理论成果，科学地认识中国经济社会发展中的重大理论和实践问题，坚定走中国特色社会主义道路的理想信念。

"概论"课的教学对象是20世纪80年代后期出生的青年学生，他们生活在社会主义市场经济体制逐步建立、对外开放全面推进、现代化进程加快的历史时期。这一时期世界联系日趋密切，各种思想相互激

---

① 此文发表在《思想理论教育导刊》2010年第3期。

荡，各种文化相互渗透；我国社会结构发生着深刻的变动，利益格局不断进行着调整，人们的思想观念也在不断变化着。他们这个群体总体来说是积极向上的，由于感受到了中国改革开放以来取得的巨大成就和中国国际地位的不断提高，对国家有比较强烈的认同感，但在一些重大问题的认识上有双重性，对中国共产党的领导、马克思主义在意识形态的指导地位、社会主义基本经济制度和政治制度、中国特色社会主义道路等并不排斥，但也有困惑。他们具有怀疑和批判精神，不迷信、不盲从，在接受一种观念或者思想之前往往先问“为什么”，用他们的话说要有理由，他们相信什么不相信什么关键在于能不能说服他们。他们思想活跃，容易受各种思潮影响，如果不能对他们的质疑和迷惘作出回应，用科学的解答征服他们，就会失去这块思想阵地。

“六个‘为什么’”紧密联系国际国内形势的深刻变化，紧密联系改革开放和现代化建设的实际，紧密联系干部群众的思想实际，以鲜明的观点、深入的分析、生动的事例、透彻的说理，全面准确地阐述了关于社会主义核心价值体系的六个重大问题，从“为什么”的角度和高度，深刻阐述了党在这些重大问题上的基本观点。虽然不是特别为青年学生而写，但对他们也是适用的，并具有针对性，涉及的问题恰恰是“概论”课必须回答而不能回避的学生们关心的重大问题。

（二）“六个‘为什么’”应该融入和突出体现在“概论”课教学中

对“六个‘为什么’”进课堂有很多不同看法，一种认为本来思想政治理论课尤其是“概论”课就在讲这些问题，没有必要再把它们单独提出来，担心会因此打乱教学体系；另外一种观点则认为这些问题正是思想政治理论课程应该解决的，可以不那么在意原来的课程体系，应该集中讲授这些问题。

的确，“六个‘为什么’”本来就涵盖在思想政治理论课尤其是“概论”课教学之中，但单独把这些问题提出来至少有两个方面的作用，一是强调它们在教学中的核心地位。思想政治理论课与一般专业课最大区别之一就是，它不但要传授科学理论知识，更重要的是在传授科学理论知识过程中发挥思想导向功能，“六个‘为什么’”是思想政治理论课教育教学中要回答的最核心问题，但往往因为被分散在各门课程之中，不够突出。提出“六个‘为什么’”进课堂可以促使不同课程之间做合理分工,集中讲授,增强针对性。二是督促教师在教学过程中培养“问题意识”。在教学过程中,没有突出这些问题的意识,很容易讲给学生零散的知识和理论本身,而忽略思想政治理论课的导向功能。只有突出问题意识,教师在教学中才有可能有目的地引导学生思考和把握这些重大的理论和实践问题,增强教学的实效性。提出“六个‘为什么’”进课堂,既明确了思想政治论课的核心也明确了思想政治论课的要求,应该说是有意义的。至于是不是打乱了教学体系,在于如何处理这个问题而不在于是不是提出这个问题。

我们不赞同打破原有教学体系专门讲授这些问题的认识和做法。这样做忽视了思想政治理论的教学规律。因为不系统的学习思想政治理论相关课程,简单地就问题而谈问题,学生没有办法深刻地理解和认识它们,因为大部分问题在几门课程中是相互联系着的、层层递进的。具体举例来说,“为什么要坚持马克思主义在意识形态领域的指导地位,而不能搞指导思想的多元化”,贯穿于各门课程中,“马克思主义基本原理概论”回答的是我们之所以要坚持马克思主义,因为它是科学,揭示了人类社会发展规律;“中国近现代史纲要”回答的是当初我们为什么选择了马克思主义并如何把马克思主义和中国实际结合起来;“毛泽东思想和中国特色社会主义理论体系概论”回答的是马克思主义怎样在和中国实际相结合过程中形成了马克思主义中国化的理论成果,以及在当今历史条件下为什么坚持马克思主义在意识形态领域的指导地位,而不能搞指导思想的多元化,以及这样为什么和思想文化的繁荣并不矛盾等;“思想道德修养和法律基础”回答的则是如何把上述问题具体化。如果没有上述各门课的基础,单独讲解问题很难让学生理解和把握,任何一个“为什么”都不是空洞的说教,更不是苍白的口号,是需要有理论和实践支撑的。此外,单独讲授“六个‘为什么’”势必和其他课程造成内容上的重复,并且确实会打乱教学体系。

在“概论”课教学中,“六个‘为什么’”几乎都有涉及。基于上述原因,我们认为“六个‘为什么’”应该融入教学之中,但一定要突出出来。

二、理清“概论”课教学融入和突出体现“六个‘为什么’”的思路

虽然“六个‘为什么’”是“概论”课教学中的核心问题,几乎所有内容和“六个‘为什么’”都有直接间接的关系,在教学中要突出问题意识,但不能用“六个‘为什么’”替代或者覆盖全部的教学内容,这就需要理清“概论”课教学融入和突出体现“六个‘为什么’”的思路。

(一)“六个‘为什么’”和“概论”课教材之间的对应关系

“概论”课教学要融入和突出体现“六个‘为什么’”,首先要搞清楚在什么地方融入和突出,明确“六个‘为什么’”和“概论”课教材之间的对应关系,以便在教学设计中进行安排。

第一个“为什么”,即“引领我们前进的旗帜——为什么必须坚持马克思主义在意识形态领域的指导地位,而不能搞指导思想的多元化”的相关内容主要涵盖在“概论”教材的第十章“建设中国特色社会主义文化”和第一章“马克思主义中国化的历史进程和理论成果”中。

第二个“为什么”,即“中华民族伟大复兴的必由之路——为什么只有社会主义才能救中国,只有中国特色社会主义才能发展中国,而不能搞民主社会主义和资本主义”的相关内容,主要涵盖在“概论”教材的第一章“马克思主义中国化的历史进程和理论成果”中。

第三个“为什么”,即“人民当家作主的根本政治制度——为什么必须坚持人民代表大会制度,而不能搞“三权分立”的相关内容,第四个“为什么”,即“具有强大生命力的政党制度——为什么必须坚持中国共产党领导的多党合作和政治协商制度,而不能搞西方的多党制”的相关内容,主要涵盖在“概论”教材的第九章,即“建设中国特色社会主义政治”中。

第五个“为什么”,即“充满活力的基本经济制度——为什么必须坚持公有制为主体、多种所有制经济共同发展的基本经济制度,而不能搞私有化和单一公有制”的相关内容,主要涵盖在“概论”教材的第八

章“建设中国特色社会主义经济”中。

第六个“为什么”，即“改革开放是推动当代中国发展的强大动力——为什么必须坚持改革开放不动摇,而不能走回头路”的相关内容,主要涵盖在“概论”教材的第七章“社会主义改革和对外开放”中。

（二）在教学设计中融入和突出“六个‘为什么’”

1. 要体现教学体系和教材体系的区别

把“六个‘为什么’”融入到“概论”课的教学中,不仅仅是找到对应关系,还要在教学设计中根据不同情况做出不同处理,体现教学体系和教材体系的不同。首先,要进行梳理和整合,每个“为什么”在一个教学点中讲授,比如在“六个‘为什么’”中关于中国特色社会主义的问题分布在两个“为什么”中,在“概论”课程教学中,可以集中安排在一个专题中,讲清楚坚持中国特色社会主义理论体系就是真正坚持马克思主义、只有中国特色社会主义才能繁荣发展中国、必须坚定不移地走中国特色社会主义道路。其次,在教学专题设计中可以突出“为什么”。比如在教材中第七章是社会主义的改革和对外开放,在教学中可以用第六个“为什么”作专题名称,即“改革开放是推动当代中国发展的强大动力”。对不设计为专题的“为什么”,在教学中可以作为突出的问题提出来进行讲解。

2. 要注意“概论”课和其他课程角度的不同

“六个‘为什么’”在不同课程中可能都有所涉及,但不同课程阐述的角度不同,各有侧重。我们认为“马克思主义基本原理概论”应该主要讲清楚为什么说马克思主义是科学,为什么社会主义必然取代资本主义,西方的“三权分立”和“多党制”的实质是什么,私有制为什么不符合生产力的发展要求,社会主义探索是一个长期的曲折的过程;“中国近现代史纲要”则主要讲清楚中国为什么选择了中国共产党,选择了马克思主义,选择了社会主义。“概论”则主要回答在历经了世界历史和国际形势的风云变幻,中华人民共和国成立60年和改革开放30的发展后,在当今的历史条件下为什么必须坚持马克思主义在意识形态的指导地位,而不能搞指导思想的多元化;只有中国特色社会主义才能发展中国,而不能搞民主社会主义和资本主义;为什么必须坚持人民代表大会制度，而不能搞“三权分立”；为什么必须坚持中国共产党领导的多党合作和政治协商制度，而不能搞西方的多党制；为什么必须坚持公有制为主体、多种所有制经济共同发展的基本经济制度，而不能搞私有化和单一公有制；为什么必须坚持改革开放不动摇，而不能走回头路等。

“概论”课在教学中融入和突出体现“六个‘为什么’”更强调理论联系实际，从当今国情和世情出发，不回避现实中的问题和人们提出的各种疑问，这是在“概论”课中讲清楚“六个‘为什么’”的前提和基本要求，在教学设计中要加强对现实的解释力和学生思想实际的针对性。

（三）在教学中实现“六个‘为什么’”的有机融入

在“概论”课教学中实现“六个‘为什么’”的有机融入，需要处理好两个问题，即“概论”课教材和《六个“为什么”》辅助材料的关系，教材体系向教学体系的转换问题。特别要强调的是，避免用《六个“为什么”》辅助材料替代“概论”教材，避免因为强调现实问题而忽略“概论”教学的理论性要求。“概论”教材是在中宣部和教育部组织领导下精心编写的，并经过多次修订，应该说比较好地达到了“三个充分体现”和“一个针对性”的要求：充分体现马克思主义中国化的最新成果，充分体现中国特色社会主义实践的最新经验，充分体现马克思主义理论研究的最新进展，有针对性地回答大学生关心的重大问题。但由于教材篇幅、体例等诸多因素的限制，在生动性和实际材料方面需要教学过程弥补，所以，我们强调教材体系要向教学体系的转换。辅助材料有生动的事例、大量的数据、透彻的说理，为这种转换提供了一些视角和材料，但还不能直接等同于教案。在教学中，需要把“概论”课教材和辅助材料结合，实现教材体系向教学体系的转换，把理论高度和深度与生动的实际有机结合起来，提高教学效果。

此外，有两点需要特别提出来：一是“六个‘为什么’”进课堂本身不是目的，进学生头脑才是目的。要更好地实现这一教学目的，既要发挥教师的主导作用，又要发挥学生在教学过程中的主体作用。二是“六个‘为什么’”进课堂、进学生头脑是一项长期的工作，需要不断探索。更重要的是，要通过把“六个‘为什么’”融入教学中，给我们提供一种思路或者说是一种思想方法。高校思想政治理论课教学一定要有问题意识,必须结合当今世界和中国经济社会发展中的重大理论和实际问题,结合大学生思想实际,不断探索,让科学理论的力量在青年学生的成长中发挥引领作用。

《六个“为什么”》与思想政治理论课教学[①]

白雪秋

2009年7月,北京大学马克思主义学院承担了教育部社会科学司的委托课题——推进《六个“为什么”》进课堂、进头脑的具体实施工作。在学校党委副书记杨河教授的亲自领导下,课题组成员满腔热忱地、积极地投入到推进工作中。大家在认真学习了《六个“为什么”》的基础上,首先明确了《六个“为什么”》与四门必修的思想政治理论课之间的内在联系,找准了各课的教研视角,在此基础上,形成了既不打乱原有课程体系,也不用原有的教材完全取代《六个“为什么”》,多种视角、各有侧重、整体推进的工作思路。

一、不打乱原有的课程体系,也不用原有的教材完全取代《六个“为什么”》

一方面,《六个“为什么”》涉及的六个重大理论和实践问题,在现有必修的四门思想政治理论课教材中都有所体现。四门课程都从不同的视角、以不同的论述方式各有侧重地进行了剖析,只是由于教材修订受时间和教材所要求的稳定性、系统性的限制,不可能做到像《六个“为什么”》那样,随时把国际国内形势的深刻变化、改革开放和现代化建设的实际以及当代大学生的思想实际联系得如此紧密,从而,也不可能像《六个“为什么”》那样,以如此鲜明的观点和鲜活的事例,全面准确集中地阐述关于社会主义核心价值体系的六个重大问题。因此,推

① 此文是作者参加教育部2011年4月在上海召开的“‘六个为什么’经验交流会”的发言稿。

动《六个“为什么”》进课堂、进头脑，应在保持原有课程的科学性、系统性和全面性的基础上，突出重点，准确把握，而不是打乱原有课程的体系，搞“版块结合”。

另一方面，《六个“为什么”》作为重要的辅助教材，其作用也是不可替代的。《六个“为什么”》对事关中国前途和命运的根本性问题，从历史与现实、理论与实践相结合的角度，以深入的分析和透彻的说理，进行了全面准确的论述，具有很强的现实针对性和理论说服力，其重要作用是现有思想政治课教材所无法取代的。因而，应在尊重原有学科体系和知识结构的前提下，把《六个“为什么”》的基本观点和思想内容，科学、合理地穿插、安排、充实到现有的思想政治课教学的各个环节中，以增强思想政治课的针对性、说服力和感染力，使大学生能够较为全面、系统、深刻地理解和把握中国特色社会主义理论体系的思想内容和精神实质。

二、多种视角，各有侧重，整体推进“六个为什么”进课堂、进头脑

现有必修的四门思想政治理论课，都在不同程度上以各自的视角阐述了六个“为什么”。其中《毛泽东思想和中国特色社会主义理论体系概论》课涉及的最多也最直接。《形势与政策》课也紧密结合国际国内形势发展的新变化，随时回答着相关的“为什么”。

《马克思主义基本原理概论》课的绪论——“马克思主义是关于无产阶级和人类解放的科学”，本身就在说明第一个“为什么”即为什么必须坚持马克思主义在意识形态领域的指导地位而不能搞指导思想的多元化的问题。应该说，这不是一个“融入”的问题，而是“绪论”的核心内容。第四章的第一节通过资本原始积累的过程和本质的讲述、第四节通过对资本主义基本矛盾和经济危机的讲述，第五章的第一节通过对帝国主义的实质以及新老殖民主义的讲述，都在强调中国不能搞资本主义，不可能靠资本主义方式来发展。这实际上是在回答第二个

“为什么”,即为什么只有社会主义才能救中国,只有中国特色社会主义才能发展中国,而不能搞民主社会主义和资本主义的问题。

《中国近现代史纲要》课的其中三讲,分别论述了中国人民选择了马克思主义、选择了中国共产党、选择了社会主义的必要性和正确性。“辛亥革命”一讲从历史上分析为什么资本主义在中国走不通;“马克思主义的早期传播与中国共产党的成立”这讲,集中阐述了先进的中国人选择了马克思主义及中国共产党成立的历史必然性;“社会主义基本制度的确立”一讲主要说明社会主义是中国人民的历史选择这一主题。上述“三个选择”正是第一个、第四个和第二个“为什么”的问题。

《思想道德修养与法律基础》课的“确立核心价值,引领社会风范”专题和“了解法律制度,遵守法律规范(上)”专题,分别涉及了第一个和第三个“为什么”,前一专题着重论述了马克思主义作为指导思想是社会主义核心价值体系的灵魂和理论基础的问题;后一专题阐明了人民当家作主的法律确认问题。

《毛泽东思想和中国特色社会主义理论体系概论》课有五个专题与六个“为什么”紧密相连:专题“中国特色社会主义理论体系与马克思主义中国化最新理论成果”,回应了第一、第二个“为什么”;“坚持社会主义初级阶段的基本经济制度”和“改革开放是推动中国发展的强大的动力”两个专题,分别直接回答了第五个、第六个“为什么”;“中国特色社会主义政治建设”专题直接回答了第三、第四个“为什么”;“中国特色社会主义文化建设”专题,主要阐明了为什么必须坚持马克思主义在意识形态领域的指导地位,为什么指导思想一元化不会影响思想文化的繁荣等问题。

总之,各门思想政治理论课都从不同的学科背景出发,基于各自理论基础和分析路径,分别回答了六个“为什么”的问题。“原理”课主要从人类发展规律的认识角度论述;“纲要”课从历史发展的史实角度进行阐发;“概论”课从理论与现实紧密结合的视角进行辨析;“基础”课从核心价值和法律认定角度进行研判。《形势与政策》课从理论阐释与政策解读相结合、不变的大势与多变的现实相结合的视角进行分析。

三、将六个“为什么”融入思想政治理论课教学的几点体会

几年来,在教育部社科司和学校党委的领导下,学院扎实推进“六个‘为什么’”进课堂、进头脑,取得了一定成效。几点体会如下:

首先,领导高度重视是顺利推进的前提条件。学校党委高度重视这项工作,由党委副书记杨河教授亲自挂帅,部署推进工作;学院全力贯彻落实,既认真组织全院教师认真学习《六个“为什么”——对几个重大问题的回答》小册子的内容,讨论六个“为什么”与所讲课程的关系;又组成了专项课题小组,进行教学设计和安排,并选用名师主讲与六个“为什么”关系最密切的课程内容,以期实现重点突破。比如,由陈占安等教授主讲“为什么坚定不移走中国特色社会主义道路”、郭建宁和孙熙国等教授主讲“中国特色社会主义文化建设”、张守民和李少军教授等主讲“为什么必须坚持马克思主义在意识形态领域的指导地位,而不能搞指导思想的多元化”、关海庭和程美东教授等主讲“为什么必须坚持中国共产党领导的多党合作和政治协商制度,而不能搞西方的多党制”、孙蚌珠等教授主讲“为什么必须坚持改革开放不动摇,而不能走回头路”、仝华教授等主讲“马克思主义的早期传播与中国共产党的成立”、康沛竹教授等主讲“辛亥革命:从历史上分析为什么资本主义在中国走不通,以及辛亥革命后多党政治的实行及失败”,等等。实践证明,领导重视是重要的推动力,是六个“为什么”顺利进课堂、进头脑的前提条件。

其次,措施得当是有效推进的重要保证。为了扎实有效地推进这项工作,学院依据其设计方案,对重点讲授者、发表相关论文者以及参与该课题的其他方面的推进者,予以多方面的支持和激励。一方面,对于主讲教师制作六个“为什么”的教学课件、信息收集等给予必要的资金支持;另一方面,实行政策倾斜,对于承担该课题任务的老师在排课时间、教室以及录像等教学设备的配置上给予优先考虑,并在课时费计算上从优。同时,奖励与六个“为什么”内容相关的教学研究成果,并

对相关专题的调研提供便利。只要调研的主题明确、内容必要、频率适当、路线合理，学院给每位进行专题调研的教师提供全额的经费支持。而且在调研的时间上，除了鼓励利用假期调研外，如果确有特殊需要，也尽量在排课上给予照顾。这些措施，有力地调动了教师们的积极性和主动性，有效地推进了六个“为什么”进课堂、进头脑。

再次，“重论证、以理服人”是推进工作取得成效的关键所在。六个“为什么”既是热点、重点问题，更是难点问题。所谓难，既有理论层面的，也有现实层面的。因此，要讲清楚六个“为什么”，必须选好视角，重论证，即重点论证我们所要坚持的六项为什么“好”，而不是把“好”作为前提而着力论证我们必须坚持之。比如，在论证为什么必须坚持人民代表大会制度而不搞三权分立问题时，在理论论证上，主讲老师就选取了逻辑的视角和历史的视角。在逻辑视角下，分别从形式逻辑推演（人民民主专政这一国体就决定了国家的一切权力属于人民）和从实质逻辑上进行推演（公有制的经济基础，决定了广大人民的根本利益是一致的，没有分权的社会经济基础）；在历史的视角下，主要讲了三权分立的历史起点——分权是为了夺权。在现实层面的论证上，主讲教师通过“制度设计的差异”和“制度的优劣对比”分析，比较有说服力地论证了这一“为什么”，收到了很好的教学效果。学生在教学网上踊跃回帖，讨论热烈，从回帖的内容看，学生对此问题的认识度明显提高。

最后，“平等对话、多渠道沟通”是加深学生认识的有效方法。课堂上的讲授时间毕竟有限，对于像六个“为什么”这样的理论难题，仅靠课堂上的讲授是不可能完全使学生消化理解到位的。因而，课堂讲授以外的多渠道沟通，就成为了课堂讲授的一个必要的延伸。为此，2010 年 1 月份我们对所有选课学生进行过一次问卷调查，内容是关于学生对教学的体会、意见和建议。2010 年 6 月份对所有选“概论”课的学生再进行一次问卷调查，进一步了解 80 后后期和 90 后大学生的思想特点，提高六个“为什么”、“四个界限”等相关重大理论和实践问题的教学针对性。了解了学生的困惑和最关心的问题之后，利用网络教学平台、课堂讨论、论文评阅等多种渠道，与学生平等对话，耐心细致地解答同学们提出的各种相关问题,与学生展开深层次的交流,收到了显著的效果。比如,关于在中国能不能搞三权分立的问题,主讲老师班上的学生回帖数十份,绝大多数同学认为不能搞。还有同学表达了从以前的误解到听课后认识上的变化。此外,主讲老师还认真地回复了同学们利用电子邮箱提出的各种相关问题。特别是有的老师为摆脱文字表达的局限,还约同学面谈。总之,通过这些多渠道的沟通和平等对话,进一步加深了学生对六个“为什么”的理解和认识,收到了预期的教学效果。

今后,学院将在前期工作的基础上,继续做好推进工作,以使六个“为什么”能够真正地进课堂、进头脑。

附件:各课教学融入《六个“为什么”》的基本思路

附件Ⅰ:

六个“为什么”进《马克思主义基本原理概论》课堂的基本思路

黄小寒

绪论　马克思主义是关于无产阶级和人类解放的科学

这一部分的教学目的与要求:从总体上理解和把握什么是马克思主义、为什么要学习马克思主义、怎样学习马克思主义。

结合这一章的教学主题,主要落实第一个“为什么”。引导我们前进的旗帜——为什么必须坚持马克思主义在意识形态领域的指导地位,而不能搞指导思想的多元化。其中的5个小问题都可以引入:为什么必须坚持以马克思主义为指导;指导思想不能搞多元化;指导思想一元化不会影响思想文化的繁荣;坚持中国特色社会主义理论体系就是真正坚持马克思主义;坚持和巩固马克思主义在意识形态领域的指导地位。

第一章　世界的物质性及其发展规律

这一章的教学目的与要求:学习和把握马克思主义唯物论与辩证法的基本原理,着重了解世界的物质统一性和实践的基本观点,掌握唯物辩证法的基本规律和根本方法,树立主观能动性与客观规律性的辩证统一的基本思想。

结合这一章的教学主题,主要落实第二、第五个“为什么”。要以马克思主义科学的世界观和方法论为指导,从实际出发,实事求是地回答中国的现实问题。如中国为什么要选择社会主义？为什么必须坚持公有制为主体、多种所有制经济共同发展的基本经济制度？等等。要把主观能动性与客观规律性辩证地统一起来，正确地、全面地（政治、经济、文化、社会）进行社会主义现代化建设。在具体的结合过程中可以统筹安排，本章、第二章和第三章可以各有侧重。

第二章　认识世界和改造世界

这一章的教学目的与要求：学习和把握马克思主义认识论的基本观点，了解认识的本质及其规律、真理与价值等理论，坚持理论创新和实践创新，不断提高在实践中自觉认识世界和改造世界的能力。

结合这一章的教学主题，主要落实第二个“为什么”。结合中国的具体实践，坚持和发展马克思主义，在实践中检验和创新思想观念。如第二个“为什么”：中华民族伟大复兴的必由之路——为什么只有中国特色社会主义才能发展中国，等等，而不是坚持教条主义和书本主义的社会主义。

第三章　人类社会及其发展规律

这一章的教学目的与要求：学习和把握历史唯物主义的基本原理，着重了解社会存在和社会意识的辩证关系、社会基本矛盾运动规律、社会发展的动力和人民群众是历史的创造者等观点。

结合这一章的教学主题，主要落实第五、第六个“为什么”。第五、第六个“为什么”共 8 个小问题与历史唯物主义原理有着紧密的联系，可以根据原理，深入讨论，理论联系实际。

总之，六个“为什么”主要是依据马克思主义唯物论与辩证法的基本思想，实事求是地分析中国的基本国情，理论联系实际而得出的基本结论。因此，教学过程中一定要认真讲解马克思主义的基本原理，重点结合中国发展过程中的六个重大问题，不断提高学生的政治思想水平。

第四章　资本主义的形成及其本质

这一章的教学目的与要求：学习和把握马克思揭示的人类社会发展规律，正确认识资本主义经济制度的本质及其政治制度和意识形态的实质。

结合这一章的教学主题，主要为讲清楚第二、第三个“为什么”奠定理论基础。比如，第二节“资本主义经济制度的本质”揭示了资本主义生产方式产生、发展和必然灭亡的历史趋势，为科学社会主义奠定了坚实的理论基础。第三节“资本主义的政治制度和意识形态”阐明了资本主义上层建筑的实质和作用，有助于认识和把握第三个“为什么”。

第五章　资本主义发展的历史进程

这一章的教学目的与要求：深刻理解资本主义必然为社会主义所代替的历史必然性，坚定资本主义必然灭亡、社会主义必然胜利的信念。

结合这一章的教学主题，主要为讲清楚第二个“为什么”。比如，第三节“资本主义的历史地位和发展趋势”，揭示了社会主义取代资本主义的不可避免性和长期性。

第六章　社会主义社会及其发展

这一章的教学目的与要求：学习和了解社会主义从空想到科学、从理论到实践的发展过程，充分认识经济文化相对落后的国家社会主义建设的艰巨性和长期性，坚定社会主义必胜的信心。明确马克思主义政党在革命和建设中的地位和作用，坚持和改善党的领导。

结合这一章的教学主题，主要讲清楚第二、第四个“为什么”。比如，第二节“社会主义在实践中发展和完善”，既阐明了社会主义建设的长期艰巨性，也展示了社会主义发展道路的多样性以及社会主义的发展前景等问题，有助于深刻认识第二个“为什么”。第三节“马克思主义政党在社会主义事业中的地位和作用”，将重点渗透第四个“为什么”。

第七章　共产主义是人类最崇高的社会理想

这一章的教学目的与要求：树立和坚定共产主义的远大理想，积极投身于中国特色社会主义建设事业。

结合这一章的教学主题，重点渗透第二“为什么”。比如，第二节“共产主义是历史发展的必然趋势”，论证了社会主义是走向共产主义的必由之路，阐明了共产主义远大理想与中国特色社会主义共同理想的关系。

附件 II：

六个"为什么"进《毛泽东思想和中国特色社会主义理论体系概论》课堂的基本思路

宋国兴　孙蚌珠

《毛泽东思想和中国特色社会主义理论体系概论》这门课与六个"为什么"联系得最为紧密，其教材中的许多目就是六个"为什么"的问题。

第一个"为什么"在第十章"中国特色社会主义文化"中有专门的目；第二个"为什么"在第一章中有目；第三、第四个"为什么"在第九章"中国特色社会主义政治"有专门的目；第五个"为什么"在第八章"中国特色社会主义经济"中有专门的节；第六个"为什么"在第七章是专门的章。

鉴于以上的直接联系，这门课程设计如下：把六个"为什么"中的"两个"作为讲授专题的名称，一个是关于改革开放的，专题名称是"改革开放是推动当代中国发展的强大动力"；另一个是关于基本经济制度的，专题名称是"坚持社会主义初级阶段的基本经济制度"。

第一个专题："改革开放是推动当代中国发展的强大动力"

改革开放是历史的必然选择。理论上，从马克思主义的基本原理、从社会主义基本矛盾理论出发，应该认识到改革开放就是在坚持社会主义基本制度的前提下，适应生产力的发展要求，改革生产关系和上层建筑等领域中不适应生产力发展的环节和方面，使得社会主义制度能够得到自我完善和发展；应该认识到只有改革开放才能发展中国特色社会主义，认识到社会主义的生命力体现在不断适应生产力发展要求，不断改革、不断探索和不断发展的能力上。实践上，应该清楚改革开放启动的时代和历史背景。十一届三中全会前后，我们面对着"文化大革命"后的混乱局面，面对着世界新技术迅猛发展、我们和发达国家的差距进一步拉大的现实。因此，改革开放是广大党员和人民群众的一种共同的愿望。

在教学中,通过回顾改革开放的历程,通过各种数据和材料,充分反映改革开放以来我国经济迅速发展,国家综合实力大为增强、人民群众生活大大改善的实际。可以指导学生以调查报告的形式,反映教育、科技、文化、某个产业发展的情况,剖析一个社区、一个家庭的具体变化,以充分认识改革开放以来的伟大历史成就和改革开放的历史必然性。

在各种教学环节中,也还要具体解决思想上存在一些问题。首先,从改革的广泛性和深入性,从改革对利益关系的调整和深远影响上,认识到改革是一场革命,但这场革命不同于历史上一个阶级推翻另一个阶级的政治革命。改革不是要改掉社会主义本身,而要区分制度和具体体制,认识到改革必须坚持社会主义的基本制度和马克思主义的指导地位。其次,要正确认识改革开放进程中存在的一些问题,比如收入差距拉大的问题、环境和可持续发展的问题等。通过和改革开放前的比较、通过分析存在的一些问题的原因,使同学们认识到,改革开放的方向和道路是完全正确的,改革开放作为一场广泛而深刻的社会变革,不可能一帆风顺,也不可能一蹴而就。要看到,不改革问题更多,不发展困难更大。不能因为发展中出现的一些新的问题和矛盾而否定发展,不能因为改革开放的长期性和艰巨性而否定改革开放,认识到停顿和倒退没有出路。

第二个专题:“坚持社会主义初级阶段的基本经济制度”

理论上,结合生产关系一定要适应生产力发展状况等马克思主义的基本原理,首先,搞清楚,公有制代替私有制,社会主义代替资本主义是历史发展的必然趋势。同时,公有制是社会主义的经济基础,离开了公有制,公有制不占主体,就谈不上社会主义。其次,我们是在半殖民地、半封建社会的基础上建设社会主义的,我国的基本国情是正处于并将长期处于社会主义初级阶段,这一点与马克思所设想的不同,我们还不能搞单一的公有制,还必须大力发展多种非公有制经济。

从实践上来看,改革开放前,搞单一的公有制,使社会主义的优越性没有充分发挥出来,我们走了弯路。改革开放后,从农村集体经济改革,到逐步发展个体经济、私营经济和外商投资经济,我国的生产力迅速增长，人民生活水平迅速提高。我们是在实践的基础上，从把以公有制为主体、多种所有制经济共同发展从一项长期不变的政策上升到了基本经济制度的高度。这符合实践标准，符合“三个有利于标准”，顺应了党心和民心。把公有制为主体、多种所有制经济共同发展确立为我国社会主义初级阶段的基本经济制度，是我们党对建设社会主义长期实践经验的科学总结，既坚持了马克思主义基本原理，又创新发展了马克思主义所有制理论。

在教学过程中，我们可以利用“傻子”瓜子的案例、温州大力发展民营经济的案例等，让同学们认识到发展多种所有制经济的原因和必要性。通过走访一些成功的民营企业和外商投资企业，让同学们认识到非公有制经济在发展经济、解决就业、增加国家税收、发展外向型经济等方面的重要作用。

在各种教学环节中，也要让同学们明辨一些是非，解决一些实际存在的模糊的认识。包括为什么不能搞私有化、不能搞单一的公有制，为什么说在市场经济条件下，公有制经济也能发展等。

关于中国特色社会主义政治制度要重点讲“根本政治制度”和“政党制度”。

关于中国特色社会主义文化要重点讲“马克思主义意识形态”。

关于中国特色社会主义理论体系要重点讲“为什么只有中国特色社会主义才能发展中国”。

关于社会主义依靠力量要主要讲“民族团结和民族政策”。

同时，在课堂讨论中会设计与六个“为什么”相关的讨论题目。

附件 III:

六个"为什么"进《中国近现代史纲要》课堂的基本思路

康沛竹

从2006年9月起,北大开设了《中国近现代史纲要》课程。2008年,此课被评为北京市、国家精品课。

根据教学目的、《中国近现代史纲要》新的教材体系,参照多年教学经验,我们在导言之外设计了以下专题:

外国入侵与近代中国社会的主要矛盾及历史任务,对国家出路的早期探索,辛亥革命,马克思主义的早期传播与中国共产党的成立,国共合作与国民革命,中国特色革命道路的探索,中华民族的抗日战争,为新中国而奋斗,社会主义基本制度的确立,社会主义建设在探索中曲折发展,改革开放与现代化建设新局面。

这些专题既遵循了教材编写的逻辑结构,又重点突出,即从总体上把握历史发展的脉络和规律,又深刻阐述重大历史问题。

如何让六个"为什么"进《中国近现代史纲要》课堂,我们的想法是在不打乱原有课程安排的前提下,把六个"为什么"的思想融会在课程讲授的内容中。具体安排如下:

一、辛亥革命:从历史上分析为什么资本主义在中国走不通,以及辛亥革命后多党政治的实行及失败

在辛亥革命这一讲,主要讲授资产阶级共和国的试验及失败。辛亥革命开创了比较完全意义上的资产阶级民主革命,它推翻了清王朝并结束了在中国延续两千多年的封建帝制,是20世纪中国经历的第一次历史性巨变,为中国的进步打开了闸门。但是,辛亥革命未能改变中国社会半殖民地半封建的性质和人民的悲惨境遇。其胜利果实最终被封建旧势力的代表袁世凯所窃夺,革命归于失败。历史表明,半殖民地半封建的中国民族资产阶级,虽不满意帝国主义、封建主义的压迫和束缚,有反帝反封建的革命要求,但是,阶级的和历史的局限性决定了它担负不了领导中国民主革命取得胜利的任务，改变不了中国的历史命运，欧美式资产阶级共和国的方案在中国行不通。资产阶级民主主义不能引导中国革命取得胜利，需要新的理论指导。[1]

辛亥革命后，中国曾仿照西方实行议会制和多党政治，其结果是社会动荡、政治混乱。[2]

二、马克思主义的早期传播与中国共产党的成立

在马克思主义的早期传播与中国共产党的成立这一讲，集中讲授先进的中国人是如何选择了马克思主义及中国共产党成立的历史必然性。马克思列宁主义来到中国之所以能发生这样大的作用，正如毛泽东所说，“是因为中国的社会条件有了这种需要，是因为同中国人民革命的实践发生了联系，是因为被中国人民掌握了”。否则，任何思想都是起不了这种作用的。所以，我们必须坚持马克思主义的指导地位，必须沿着马克思主义中国化的方向，继续不断地推进马克思主义在中国的创造性的发展。[3]

三、社会主义基本制度的确立

社会主义基本制度的确立这一讲，集中讲授社会主义是中国人民的历史选择这一主题。按照世界历史进程的规律，中国的近代社会理应像西方那样，发展资本主义。但是中国的志士仁人学习西方、发展资本主义的努力却很难收到成效。

资产阶级在政治上不能救中国，不能使得中国独立自主。资产阶级富国的努力也相继失败。中国共产党领导的人民大革命，虽然经过种种艰难曲折，但最终在走向胜利。1949 年中华人民共和国成立，历史进入一个崭新的阶段。1952 年底以毛泽东为核心的中共中央提出了过渡时期总路线，把全面对农业、手工业和资本主义工商业进行社会主义改造提上了议事日程，1956 年社会主义改造完成，标志中国由新

---

① 中共中央宣传部理论局编：《六个“为什么”——对几个重大问题的回答》，学习出版社 2009 年版，第 25 页。

② 同上书，第 65 页。

③ 同上书，第 7 页。

民主主义社会进入社会主义初级阶段。[1]

总之,《中国近现代史纲要》课主要是从历史发展的脉络去讲述六个“为什么”,实际上每讲内容都有涉及。在专题讲授中,就是讲授“中国近代以来抵御外来侵略、争取民族独立、推翻反动统治、实现人民解放的历史。帮助学生了解国史、国情,深刻领会历史和人民是怎样选择了马克思主义、选择了中国共产党、选择了社会主义道路”。就是通过对中国近现代历史的叙述和分析,帮助大学生了解国史、国情,使其懂得“三个选择”的必要性和正确性。

历史教育在大学的公共理论课中一直占有重要地位,虽然课程名称随着社会发展几次调整,但重视历史教育的传统没有变。清朝龚自珍说,“欲知大道,必先为史”。“灭人之国,必先去其史;隳人之枋,必先去其史;绝人之材,湮塞人之教,必先去其史;夷人之祖宗,必先去其史”。这个道理讲得很深刻,把历史提到了国家存亡的高度。历史具有很强的社会功能,历史知识在大学生的世界观、人生观、价值观的形成中发挥着重要作用。历史虽然发生在过去,但它的价值却体现在现在,并引领着未来。通过对过去的回忆与思考,可以起到启迪心智的作用,激扬开拓进取的精神。作为中国的大学生,较深入地了解中国的历史是应该具备的基本素养。近代史是爱国主义教育的好教材,这种激励作用是其他学科不能代替的。

---

① 中共中央宣传部理论局编:《六个“为什么”——对几个重大问题的回答》,学习出版社 2009 年版,第 26 页。

附件Ⅳ：

六个“为什么”进《思想道德修养与法律基础》课堂的基本思路

程立显　秦维红　张会峰

六个“为什么”是对我国政治生活中几个最根本、最重大问题的回答，大学生应该在了解的基础上有更深刻的理解。根据中宣部和教育部关于要把《六个“为什么”》作为大学生思想政治理论课的重要内容，推动中国特色社会主义理论体系进教材、进课堂、进头脑的知识精神，《思想道德修养与法律基础》课将在思想道德修养和法律基础两部分重点讲授两个“为什么”。具体设计如下：

一、第一个“为什么”：“引领我们前进的旗帜”进第二专题“确立核心价值，引领社会风范”的具体设计

本专题“确立核心价值，引领社会风范”，主要讲授社会主义核心价值体系，讲授主流意识形态的重大意义和作用，“马克思主义指导思想”是社会主义核心价值体系的灵魂和理论基础，所以，以马克思主义为指导是“确立核心价值，引领社会风范”重点讲解的问题。

本专题主要对第一个“为什么”中的四个问题分两组进行解答，即“为什么必须坚持以马克思主义为指导”和“坚持和巩固马克思主义在意识形态领域的指导地位”为一组，重点阐述和解答社会主义意识形态为什么选择马克思主义作为指导思想的问题；“指导思想不能搞多元化”和“指导思想一元化不会影响思想文化的繁荣”为一组，则主要是给学生讲清指导思想一元化和文化多样发展的辩证关系，矫正一些模糊认识。

本专题重点讲授：

(1) 马克思主义的科学性。马克思主义之所以是我们立党立国的根本指导思想，因为它是科学，它为我们提供了正确的世界观和方法论，提供了正确认识世界和改造世界的强大思想武器，更提供了社会和人类发展的正确方向，这是历史和现实多次证明了的。只有坚持马克思主义的立场、观点和方法,才能正确认识社会发展的客观规律,正确认识社会思想意识中的主流与支流,才能在错综复杂的社会现象中看清本质、明确方向,保证社会和个人的全面协调发展。这里,尤其要强调马克思主义与西方文化、中国传统文化以及宗教等的根本不同,它不仅使社会发展第一次建立在客观的物质生产的坚实基础上,也为社会和人的精神发展、全面发展指明了方向,物质决定精神,同时精神又具有巨大的反作用,社会的合力推动历史发展。

(2) 一元主导和多样发展的辩证统一关系。对马克思主义的认识,学生一般是了解和认可的,但对马克思主义指导地位的困惑依然存在,主要原因是把马克思主义指导思想的一元化当成了文化内容的单一化,从而排斥对其他文化资源的认可和吸收。这样就背离了马克思主义的科学形象,也造成了青年学生对马克思主义的逆反和排斥。所以,要真正在学生心中确立起马克思主义的指导地位和科学形象,必须更好地解答文化发展的一元指导和多样发展的关系。

(3) 多元文化的客观并存与指导思想一元选择的关系。文化多元并存是一个客观事实,在客观多元存在的文化中选择什么理论作为指导思想,不是也不可能是自发的。它是一个价值选择。不论是各国历史发展的事实,还是思想文化领域的发展规律,无论在什么时代、什么社会,统治阶级都要以符合自己政治、经济利益的文化思想作指导,去引领、整合其他文化。东欧剧变、苏联解体就是放弃马克思主义一元化指导地位的前车之鉴。没有统一的思想也就不可能有统一的社会和国家。这也是我们历来在课堂要重点强调的。虽然我们的意识形态和马克思主义宣传教育存在这样那样的问题,但解决这些问题决不意味着要取消马克思主义及其指导地位,而是为了更好地发展马克思主义,从而增强它的解释力和吸引力。

二、第三个“为什么”:“人民当家作主的根本保证”的内容,进入本课程第12个专题“了解法律制度,遵守法律规范(上)”的具体设计

《中华人民共和国宪法》是“以法律的形式确认了我国各族人民奋斗的成果,规定了国家的根本制度、根本任务和国家生活中最重要的原则。具有最大的权威性和最高的法律效力”。宪法序言和总纲里面确认了马克思主义的指导地位、社会主义制度、人民代表大会制度、政党制度、基本经济制度和改革开放的基本国策等内容，是对这些重大问题的法律确认，六个“为什么”则是对上述重大问题的理论阐释，两者具有密切的联系。可以将之融入到宪法部分的教学之中，让学生“知其然，知其所以然”。在六个“为什么”中，“人民当家作主的根本制度”（人民代表大会制度）与法律学科的渊源极为紧密，可以植入《思想道德修养与法律基础》第12个专题法律基础的教学体系之中。

人民当家作主是社会主义民主政治的本质和核心。如何实现和保障人民当家作主，决定着社会主义事业的成败。因而这也是一个被广泛关注的根本性问题。“基础课”教材从多个方面阐述了人民代表大会制度作为“人民当家作主的根本制度”的优越性，从而指出“历史和现实都表明，人民代表大会制度，是符合中国国情具有中国特色的能够保证人民群众当家作主、有效管理国家和社会的根本政治制度，也是党在国家政权中充分发扬民主、贯彻群众路线的最好实现形式”。但是由于篇幅所限，教材对这部分的阐释不够充分。六个“为什么”以更翔实的论据，史论结合、中西结合、正反结合，为人民代表大会制度的正当性、合法性、有效性提供了充分的论证。特别是与西方“三权分立”制度的对比，为学生澄清了一个重要的理论“迷区”或“误区”，从而使得学生对人民代表大会制度更加认同和拥护，有利于本课程教学目的的实现。要将六个“为什么”中“人民当家作主的根本保证”的内容引入课堂，在不打乱原有教材、教学体系的前提下，实现与教材的无缝衔接。教学的过程，也是中国特色社会主义理论体系进教材、进课堂的过程，教学目的实现的过程，也就是中国特色社会主义理论体系进头脑的过程。